SUAS VERDADES
O TEMPO NÃO APAGA

Américo Simões

SUAS VERDADES
O TEMPO NÃO APAGA

Barbara

Revisão
Sumico Yamada Okada

Capa e diagramação
Meco Simões

Foto capa: Julian Winslow/Corbis(DC)/Latinstock

Terceira Edição. Inverno de 2012

Dados Internacionais de Catalogação na Publicação (CIP)
(Câmara Brasileira do Livro, SP, Brasil)

Garrido Filho, Américo Simões
Suas verdades o tempo não apaga / Américo Simões. - São Paulo:
Barbara Editora, 2007.
ISBN 978-85-99039-20-5
1. Espiritualidade 2. Romance brasileiro I. Título.

07-6215   CDD-869.93

Índices para catálogo sistemático:
1. Romances: Literatura brasileira   869.93

BARBARA EDITORA
Rua Primeiro de Janeiro, 396 – 81
Vila Clementino – São Paulo – SP
CEP 04044-060
Tel.: (11) 5594 5385
E-mail: barbara_ed@2me.com.br
www.barbaraeditora.com.br

É proibida a reprodução de parte ou da totalidade
dos textos sem autorização prévia do editor.

Para Deus
Por não ter desistido de nós
quando tomados pelo ódio, pela arrogância,
pela obsessão, pelo poder,
pela vaidade e pelo ego prejudiciais,
entre outros comportamentos negativos.
Por nos permitir reparar nossos erros,
reescrever as páginas de nossa vida
com mais dignidade,
amor verdadeiro,
valores reais, compaixão,
tornando, assim, nossa vida
o espelho da alma de todos nós,
reflexo do bem,
do mais puro e sincero amor,
o bálsamo da vida,
a essência de Deus.

*As palavras de Jesus
atravessaram os tempos
porque são a verdade,
o caminho e a vida.
E as verdades o tempo não apaga jamais....*

Primeira Parte

As verdades o tempo não apaga...

Brasil – 1872

O sol se destacava com seu brilho intenso na imensidão daquele céu azul, atravessando as ripas das cercas, aquecendo a terra, a plantação, o lago, e fazendo tudo crescer e viver. Naquela suave manhã de domingo, as aroeiras que margeavam os arredores daquelas terras agitavam sua folhagem à brisa. Ao contrário de toda aquela tranquilidade e placidez, havia uma mulher cujo coração batia brumoso, soturno, aflito e em desespero. Era o coração de Antônia Lins Amorim, esposa de Romeu Duarte Amorim.

Naquela manhã, ela estava trancada em seu quarto sofrendo mais uma vez pelo dilema de sempre: deveria contar seus segredos ao marido ou levá-los consigo para o outro lado da vida? Não restava muito mais tempo para se decidir. Sabia que em breve a morte se abateria sobre ela. Tinha de tomar uma decisão urgentemente. Já tentara buscar forças em seu interior para dizer a ele, frente a frente, olhos nos olhos, o que acreditava ser o certo dizer, mas se sentia incapaz. Não tinha coragem o bastante para aquilo. O único modo que encontrou para lhe revelar seus segredos, suas mentiras, foi por meio de uma carta. Ela iria escrever e deixaria para o marido ler após sua morte.

As folhas de papel estavam ali sobre a escrivaninha, aguardando sua decisão. Antônia respirou fundo mais uma vez, pegou a pena e mergulhou no tinteiro. Estava trêmula, mas tinha de escrever a carta. Duas cartas, na verdade. Seu marido em breve voltaria de viagem e, então, não teria mais a oportunidade de escrevê-las, sem o receio de que ele entrasse pela porta do quarto e visse o que fazia.

Um confronto com ele poderia antecipar o dia de sua morte, adiantar o dia que o destino escolhera para levá-la deste mundo por conta própria.

Quando terminou de escrever as duas cartas, Antônia partiu em busca de Ida, a escrava por quem tinha grande adoração e confiança. Ela era uma mulher grande, tão forte quanto um homem. Tinha o rosto redondo e vincado, com grandes olhos castanho-escuros. Apesar da meia idade, seus cabelos eram tão negros quanto as penas de um corvo. Ao ver sua *sinhá*, a negra compreendeu, só pelo seu olhar que ela precisava lhe falar em particular. Ida a seguiu calada até o quarto da patroa.

Assim que entraram, Antônia trancou a porta com chave. Foi até a cômoda e pegou de dentro de uma das gavetas as duas cartas escritas há pouco. Voltou seu olhar para a escrava e explicou-lhe, com as palavras mais simples que encontrou em seu vocabulário, o que desejava dela. Seriamente, reforçou seu pedido:

– Essas cartas devem ser entregues ao meu marido após a minha morte, compreendeste, Ida?

A negra completamente atordoada não sabia o que dizer, senão:

– *Num* diga uma coisa dessas, *sinhá*. A senhora ainda é muito moça *pra morrê*.

Antônia umedeceu os lábios com a ponta da língua. A quentura desapareceu de seus olhos, substituída pela tristeza, ao falar:

– O doutor Gervásio me examinou... estou condenada. Restam-me apenas algumas semanas, talvez dias, de vida...

A cabeça da escrava se deslocava lentamente de um lado para o outro.

– *Num* pode *sê*... *vamo pedi* a Deus pela sinhá...

– Ida, ouve-me, promete-me que entregarás essas cartas a quem é de direito após minha morte? Promete-me.

Os olhos negros de Ida ficaram rasos d'água. Logo, as lágrimas começaram a escorrer por seu rosto lívido e faiscavam à luz fraca do quarto. Ela precisou arrancar de dentro de si as palavras para fazer-lhe a jura:

– Prometo, sinhá. Essa *nega* aqui promete...

Antônia acariciou o rosto úmido da mucama, procurando confortá-la, mas logo lhe deu as costas para poder enxugar as lágrimas que começaram a vazar de seus olhos. Ida tornou a falar em meio às lágrimas dolorosas que continuavam rolando e riscando seu rosto:

– A sinhá há de *sobrevivê*... *Vassuncê* há de *sobrevivê* e essas *carta* não há de *tê* necessidade, sinhá há de *vê*...

O estado de saúde de Antônia piorou nos dias que se passaram, e ela faleceu poucas semanas depois. Romeu, o marido, um homem alto, em plena forma física, cabelos esbranquiçados nas têmporas, com ares de importância e de autoridade, viu-se drasticamente perdido após a morte da esposa. Jamais pensou que Deus levaria tão cedo a mulher, companheira tão amada e exemplo de perfeição.

Ele quis morrer com ela, mas Antônia havia pedido, na verdade, implorado a ele, em seu leito de morte, que se mantivesse forte para poder cuidar dos filhos: Breno, de dez anos de idade, e Thiago, de oito anos de idade.

Era pelos dois meninos que ele se segurava desde o falecimento da esposa para manter-se vivo. Os dois filhos passaram a ser para Romeu, desde essa época, a única coisa que o prendia à vida. Se se soltasse deles, morreria de tristeza pela saudade dolorosa que sentia da mulher amada.

Ida estava tão arrasada quanto seu dono. Antônia fora como uma filha para ela. E ela fizera pela negra tudo o que pôde, inclusive ensiná-la a ler e a escrever. Foi graças à sua alfabetização que ela, Ida, pôde ler as cartas que a querida sinhá lhe deixara para entregar ao marido após sua morte e, depois da leitura, ter decidido jamais entregá-las. Não podia. Aquilo destruiria a imagem de Antônia. Seria capaz de fazer Romeu odiar a esposa. Além do mais, poderia prejudicar terceiros. Ela não queria isso, não, jamais e, se dependesse dela, Romeu nunca teria acesso àquelas cartas. Diante do túmulo de Antônia, a escrava pediu-lhe perdão.

Um ano depois, em 1873

Ida se apressava ao redor de um fogão a lenha, localizado sob um caramanchão próximo à casa de alvenaria. Queria terminar o mais rápido possível o que cozinhava. Era o dia de fazer a visita. Assim que terminou, tirou o avental e foi direto até o jardim frente à casa-grande colher algumas flores com as quais montou um buquê. Carregou-o consigo e se pôs a caminhar para fora dos arredores da sede da fazenda, andando toda encolhida, envolta num xale, em meio àquele dia frio e melancólico.

Romeu dava ordens ao capataz junto ao grande terreiro onde o café era posto para secar. Ele parou de falar ao avistar a escrava. Frisou a vista para vê-la melhor.

– Ora, diacho, aonde ela está indo em um dia frio como este?

O funcionário mirou na direção que o patrão olhava e, com um risinho tímido, disse:

- *Num* sei não, sinhô. Ida sempre faz dessas *coisa*, meu sinhô.

Romeu manteve os olhos fixos na negra, distanciando-se ao longe. Alguma coisa então estalou em seu cérebro, instigando-o a ir atrás da mulher. Ele assim o fez. Seguiu-a com cuidado para não ser visto. Em meio a seus passos, refletindo, ele percebeu que aquela não era a primeira vez que Ida fazia aquilo.

À certa altura do caminho, um pássaro passou voando, rasante, por Romeu. Aquilo o assustou e desviou sua atenção por instantes, quando voltou o olhar para a direção que a negra havia tomado, não mais a avistou, ela havia desaparecido. Concatenando os pensamentos, Romeu chegou à conclusão de que Ida devia estar metida no meio dos eucaliptos que beiravam a pequena estrada de terra.

Caminhou, então, estreitando a vista na direção das árvores para ver se a avistava em meio aos troncos. Mas foi em vão. Uma coisa era certa, se Ida havia entrado ali, haveria de sair, portanto, ele aguardaria seu retorno. Ele se infiltrou em meio às árvores e ficou na surdina, esperando o regresso da escrava. Um silêncio dominou o local, um silêncio que vinha do próprio ambiente, pareceu até para o fazendeiro que a vida emudecera completamente.

Vinte e cinco minutos depois, Ida apareceu. Romeu a chamou:

– Ida!

A negra levou a mão à boca para segurar o grito de susto. Depois, pousou a mão sobre o coração.

– O que fazes aqui? – perguntou Romeu.

A face redonda da mulher se contorceu. A presença do sinhô ali a chocou profundamente. Romeu percebeu que o sangue da escrava fervilhava e lentamente subia para o pescoço, o rosto e a cabeça. A resposta dela saiu numa voz entrecortada, envolta de tensão, enquanto seus olhos pareciam crescer ainda mais, úmidos e tomados de estrias vermelhas:

– Na... nada, meu sinhô. Nada...

Romeu a olhou desconfiado.

– Aonde levaste aquelas flores que colheste há pouco? – havia um ligeiro toque de irritação na voz do fazendeiro.

Ida passou a mão pela cabeleira desalinhada pelo vento, e sorriu, mas era um sorriso falso e inseguro.

– Faço minhas *reza,* o sinhô bem sabe...

O homem encarou a escrava com severidade por alguns segundos antes de voltar a falar, e quando o fez foi num tom áspero.

– Estás escondendo-me algo, mulher?

A escrava respondeu mais circunspectamente.

– Ida nunca esconde nada do sinhô...

Romeu achou melhor não estender mais a conversa. Apesar de a negra ter sido categórica ao fazer tal afirmação, ainda assim ele sentia que ela escondia algo. Por mais que tivesse sido sempre uma criatura singularmente devotada e sincera, ele não conseguia se livrar da sensação de que ela lhe escondia algo.

Desde então, Romeu ficou observando com certa discrição os passos de Ida. Deixou o capataz alerta a respeito e ordenou-lhe que avisasse toda vez que a visse, saindo dos arredores da sede da fazenda.

Duas semanas depois, Romeu avistou a escrava seguindo o mesmo caminho, levando consigo um buquê de flores colhidas do jardim. Ele esperou alguns segundos para que ela tomasse a dianteira e não percebesse que estava sendo seguida. No minuto que considerou conveniente, Romeu vestiu seu casaco, pôs o chapéu e partiu atrás dela.

A certa altura, a negra olhou de maneira temerosa para trás, de modo a ter certeza de que ninguém a tinha visto ou seguido. Por sorte, Romeu fora cuidadoso, manteve-se na surdina. Viu quando ela se meteu mata adentro. O mesmo local que a encontrara na vez passada. Ele caminhou por entre as árvores sorrateiramente em sua busca. De repente, sentiu uma ponta de desânimo, ao notar que a escrava parecia ter se evaporado do lugar misteriosamente. Ele apertou as pálpebras, receoso de que estivesse fraco da vista. Rosnou entre dentes, baixinho:

– Diabos, onde essa mulher foi parar?

A curiosidade formigava em suas veias, estimulando-o a seguir adiante em busca do paradeiro da escrava. Quando passou por mais algumas árvores, compreendeu porque perdera Ida de vista. Ela tinha se ajoelhado. Estava ali a poucos metros de distância dele, ajoelhada diante de um canteiro de flores.

Romeu permaneceu escondido atrás de um tronco de eucalipto, observando-a com os olhos empertigados. Em meio a isto, resmungou alguma coisa para si mesmo.

Ida orava quando ouviu o som de folhas e galhos secos sendo pisados. Virou-se de súbito e estremeceu ao ver seu sinhozinho ali, encarando-a, com a testa franzida e uma expressão curiosa. A face redonda e vincada de Ida empalideceu. Ficou imóvel, olhando para ele com seus olhos visivelmente aterrorizados. Após um momento de hesitação, ela gaguejou:

– Sinhô... Oh! *Me* desculpe, sinhô...

Romeu perguntou enquanto dirigia o olhar para o local onde o buquê de flores repousava:

– O que é isso?

Ida mexia os lábios, contudo as palavras não saíam. Era visível que não sabia o que responder, ou procurava por alguma desculpa. Romeu tornou a perguntar, e dessa vez impondo calma na pergunta:

– O que é isso?

Por fim, a negra respondeu, aflita:

– É um altar, sinhô... um altar!

– Por que um altar aqui, no meio do nada?

– *Pra fazê* oração, meu sinhô...

Romeu perdeu de vez seu aspecto imperturbável.

– Tu me escondes algo...

Ida resfolegou, tomada de pavor.

– Não... eu juro... essa *nega* aqui *num* tem o que *escondê*!

– O que há embaixo desse canteiro de flores? Por que essa cruz? Isso mais parece...

Ida começou a balançar a cabeça em sinal de discordância.

– Não! – bradou.

Romeu sentiu um mal-estar ao dizer:

– Parece ser um túmulo...

O pavor dominou totalmente o rosto da negra. Romeu reforçou o olhar inquisitivo e perguntou:

– É um túmulo?

– Não, sinhô...

Romeu interrompeu-a em tom áspero.

– Diz-me a verdade, mulher, ou eu te mando para o tronco sem piedade... nunca fiz isso, mas sou bem capaz... bem capaz se não me disseres o que esconde...

– *Num* sinhô, essa *nega* aqui *num* esconde nada. Eu juro...

Perdendo de vez seu imperturbável equilíbrio, Romeu agachou-se de cócoras e começou a desenterrar as flores ali plantadas.

– *Num faz* isso, meu sinhô. Eu imploro...

A escrava suplicava, tomada de desespero. Mas, em vão. Após arrancar quase todos os maços de flores do local, Romeu começou a cavoucar aquele retângulo de terra. Ida arrojou-se aos pés do fazendeiro, tentando segurar um dos braços, mas ele lhe deu um safanão, jogando-a longe.

Ela ficou ali chorando, suplicando ao seu sinhô que parasse, enquanto as lágrimas desorientadas atravessavam seus olhos, ostensivamente.

– *Pô favô*, meu sinhô, pare!

Perdendo o controle, o fazendeiro gritou:

– O que há aqui? Quem está enterrado aí?

Ele avançou sobre ela retesado de cólera. Agarrou o braço esquerdo da escrava pelo punho com tanta força, que por pouco não o quebrou, ao levantá-la. Romeu respirava ofegante, tenso, transpirava como se estivesse num dia de sol quente. Ida permaneceu cabisbaixa, chorando copiosamente.

– Tu vais para o tronco! Para o tronco! – bramiu.

O tom de Romeu era imperioso. Arrastou a mulher até a sede da fazenda. Ao avistarem-no arrastando Ida, os escravos se assustaram, inclusive o capataz. Jamais vira o patrão daquele jeito, transtornado, fora de si. Ainda mais diante de Ida, sempre tratada como se fosse um membro da família. Ela tinha um quarto só seu nas imediações da casa-grande, diferentemente dos negros que dormiam todos juntos na senzala e em meras esteiras de vime.

Diante do tronco, Romeu chamou o capataz e ordenou furioso que prendesse a escrava nele. O empregado acatou a ordem prontamente. Lembrou a si mesmo que seu papel era acatar ordens, jamais contestá-las.

– Detesto ser enganado... detesto que me escondam as coisas... sempre fui a favor da verdade... sempre, e tu sabes bem disso, Ida...

Os demais escravos da fazenda olhavam estupefatos. Os filhos de Romeu, ao ouvirem o burburinho lá fora, saíram e ficaram chocados com a cena.

– Vais ficar no tronco só com pão e água... – ordenou o fazendeiro, enfurecido.

Ida, banhada de suor, com o rosto transfigurado pela dor, pediu clemência. Ele sobrepôs sua voz à dela, dizendo:

– Se não me disseres o que quero saber... ficarás sem pão e sem água...

A escrava permaneceu imóvel, com os olhos lacrimejantes semifechados, voltados para o chão. Romeu ia bater em retirada, mas algo o deteve. Eram os olhos dos filhos à certa distância vendo aquilo tudo. Pensou em voltar atrás, instigado por sua consciência e seu bom coração. Mas não podia, não enquanto Ida não lhe contasse a verdade e ele saberia que ela lhe disse a verdade, nada mais que a verdade, através de seus olhos. Sem mais se ater a pensamentos, Romeu seguiu o caminho até a casa-grande.

Diante dos filhos, seu rosto recuperou a calma e placidez novamente. Deu-lhes uma desculpa qualquer e proibiu-os de aproximarem-se do tronco. Foi com dor no coração que Romeu seguiu adiante com sua determinação. Mal dormiu a noite, tamanha preocupação com Ida. Por pouco, não saltou da cama em meio à madrugada para desprendê-la do tronco, mas conteve-se.

Nem bem o galo cantou, Romeu acordou e seguiu até o pelourinho. Todos na fazenda ainda dormiam. Aproximou-se da escrava com lentidão, contudo Ida manteve-se quieta. A face da negra revelava que ela havia passado a noite em claro, chorando convulsivamente. Seu dono, arrependido, mordeu os lábios. Num tom desconcertado, ele falou:

– Estou aqui. O que tens a me dizer?

Ida voltou a sacolejar o rosto e a chorar novamente. Romeu lhe perguntou, aturdido:

– Por que estás fazendo isso comigo? Contigo? Diz-me... foste sempre tão honesta conosco... com Antônia, principalmente com Antônia... não é justo.

A negra permaneceu muda, imersa no choro compulsivo.

Romeu, por fim, resfolegou e expeliu uma baforada de impaciência. O silêncio ligeiro caiu sobre eles. Nessa fração de segundos, o homem chegou à conclusão de que a escrava não cederia, por mais que a torturasse, o que ele não faria. Tinha de haver um modo de desvendar aquele mistério, sem precisar prosseguir com aquilo...

De repente, teve uma ideia. Aproximando-se novamente da escrava e se fazendo passar por um homem severo, no limite de sua paciência, ralhou, num tom ameaçador:

– Negra teimosa, acho bom me dizeres, senão vou mandar cavoucar aquele retângulo de terra para descobrir o que, ou quem, está enterrado lá...

Ida intensificou o choro, tomada de pavor. Naquele instante, alguns escravos aproximaram-se do local. Romeu repetiu mais uma vez sua ameaça. Depois se voltou para os escravos e ordenou que pegassem as enxadas.

Quando o fazendeiro estava prestes a seguir caminho, acompanhado de dois escravos, Ida berrou:

– *Pô favo, num faz* isso... meu sinhô...

Romeu voltou-se para ela, tomado de ansiedade.

– Quem está enterrado lá? O que me escondes?

Ida fez uma pausa dramática. O olhar contrafeito da escrava acentuou-se. Era evidente que não lhe agradava ter de revelar seu segredo. Mas o que fazer senão contar a verdade que ela tanto guardou e queria levar para o túmulo? Romeu a olhou com receio. Por um segundo, teve medo do que a mulher estava prestes a lhe revelar, um medo sobrenatural.

Ida rompeu o silêncio dramático, com uma voz rouca, como se houvesse uma corda de aço em sua garganta:

– Seu *fio*, sinhô... seu *fio tá* enterrado lá...

Romeu circunvagou o olhar pelo rosto amargurado de Ida. Depois falou vacilante:

– O que foi que disseste?

– Isso mesmo que o sinhô ouviu... o *fio* do sinhô e de sinhá Antônia *tá* enterrado lá...

– Louca! – rugiu ele, num repente.

Ida mergulhou em lágrimas novamente. O tempo pareceu por instantes se arrastar sem fim. Com a voz entrecortada pelo choro, a escrava voltou a falar:

– Ida diz a verdade, meu sinhô... a verdade que essa *nega* aqui nunca quis *qui* o sinhô *subesse!*

– O que dizes não é verdade! Não pode ser! Meus filhos, meus dois filhos estão lá dentro da casa-grande, no quarto, dormindo... Antônia e eu só tivemos dois filhos... Dois filhos, desmiolada!

O rosto do fazendeiro branqueou como cera ao proferir as últimas palavras.

– É verdade, sinhô! – insistiu a escrava, amargurada.

– Não pode ser... Não pode ser! – ecoava Romeu, sem saber o que fazer, ou tampouco pensar.

A voz de Ida se tornou estridente, os olhos dilataram-se, ao afirmar:
– Eu posso *prová pro* sinhô que é verdade... a carta...
– Que carta?
– A carta... da sinhá... era *pra Ida entregá pro* sinhô, mas *num* tive *coragê*...
Romeu estremeceu novamente. Depois, voltou-se de chofre para ela.
– Onde está essa carta? Onde está essa carta, Ida?
– *Tá* guardada *nu* quarto de Ida... Ida *busca*...

Diante da carta, Romeu hesitou um momento. Tinha consciência de que seu coração batia forte e sentiu uma espécie de langor apoderando-se de seus sentidos. Junto com essa sensação de languidez, veio um sentimento de antagonismo. Era por medo, medo profundo do conteúdo da carta. Mal começou a lê-la, seus olhos viçosos lacrimejaram. Cada palavra lida trazia a esposa tão amada de volta à sua lembrança, era capaz até de sentir sua presença ali.

– Minha esposa querida, minha amada Antônia... – murmurou Romeu num tom lúgubre.

A seguir, ele respirou fundo para afugentar a tristeza e recuperar o equilíbrio, enxugou as lágrimas e se concentrou na leitura. Leu cada linha com cuidado por temor de seu conteúdo.

Meu amado marido Romeu.
Quando estiveres lendo esta carta, já não estarei mais ao seu lado. Resolvi escrevê-la para te contar tudo o que acredito que é meu dever te revelar, mas que nunca tive coragem de te dizer pessoalmente, olhos nos olhos, por medo, medo de te ferir...

Espero, do fundo do meu coração, que compreendas o que me levou a fazer tudo o que fiz. Sei que ficarás desapontado comigo, decepcionado. Mas eu não consegui evitar tomar as medidas que tomei... perdoa-me... meu amor, meu grande amor.

Não acredito em vida após a morte, mas se houver, sei que não sossegarei enquanto não tiver o teu perdão. Sempre te amei mais que tudo. Por ti, seria capaz de fazer qualquer coisa e por isso fiz o que fiz.

Fiquei muito em dúvida, chegando a passar noites em claro se deveria ou não revelar-te a verdade, preferia levar tudo comigo para o túmulo, mas temi o pior. Temi que, por algum motivo alheio à minha vontade, tu descobrisses o que foi feito e por isso viesses a te zangar comigo, mesmo eu estando morta, e a passares o resto de tua vida vendo-me do avesso do que sei que fui e representei na tua vida.

Meu querido Romeu, repito, tudo o que fiz foi por amor. Por amor a ti. Para fazer-te feliz. Foi só essa a minha única intenção. Somente essa... é tão difícil ainda para eu ir direto ao assunto, não sabes o quanto. Mesmo sabendo que toda a verdade só te será revelada quando eu estiver morta, ainda assim temo dizê-la. Não quero que te zangues comigo, não quero te ferir. E também não quero que a verdade cause mal aos nossos filhos queridos.

Bem... o que tenho a te revelar refere-se a um de nossos filhos, aquele com quem, sinto eu, tu mais te identificas, o primogênito. Deves te lembrar que quando dei à luz a ele, tu estavas viajando. Recordas? Demorou quase um mês para conheceres a criança. Tive tantos problemas durante a gravidez que receava nunca mais poder engravidar. E isso começou a me deixar desesperada, pois sabia o quanto tu desejavas ter um filho. O quanto isso era importante para ti. Se não pudesse te dar esse filho tão almejado, não suportaria mais viver. Seria para mim uma vergonha. Uma vida sem propósito, indigna para contigo, meu amor.

Nosso primeiro bebê nasceu fraquinho e o leite materno, que seria o ideal para ajudá-lo a se fortificar, eu não tinha. Eu fiquei desesperada[1].

Ao ver-me em desespero, Túlio, teu fiel escravo, contou-me sobre uma mulher de cor branca, muito pobre, que havia dado à luz uma criança poucos dias antes da nossa nascer. Era mãe solteira. Pensei que talvez ela pudesse dar de mamar para o nosso menino, se eu oferecesse em troca alguns trocados. Ela, com certeza, não recusaria, pois estava tendo dificuldades para sustentar o bebê. Era, de fato, extremamente pobre.

Mandei buscá-la sem causar alarde entre os demais escravos da fazenda. A mulher deu de mamar para o nosso filho, enquanto eu orava, mesmo não crendo

---

[1] Ao contrário da maioria das mulheres do país que tinham por hábito dar seus bebês para as amas-de-leite amamentarem, Antônia quis ela mesma amamentar seu filho, mesmo porque, não se sentia bem, vendo uma criança branca sendo amamentada pelo seio de uma negra, tampouco delegando os cuidados a elas, as chamadas "mães-pretas" (Nota do Autor).

em Deus, para que se Ele de fato existisse que ajudasse meu filhinho a sobreviver. Ou minhas preces não foram ouvidas, ou não existe nada mesmo além de nossa vida, ou não fui digna de receber tal ajuda, pois nosso filho morreu dias depois...

Romeu tirou os olhos da carta, vazios como os olhos de um sonâmbulo e pousou-os no nada. Estava branco, o rosto contraído do choque e ligeiramente trêmulo. Um arrepio de frio fez seu corpo estremecer. Seus olhos se dilataram, assumindo um ar trágico.

– Não pode ser... isso não pode ser verdade... – murmurou numa voz atordoada.

Antes não tivesse lido aquilo, Ida estava certa, teria sido melhor para ele nunca ter recebido a carta. Ele preferia esquecer esse trecho de sua vida, simplesmente apagá-lo. No entanto, já era tarde demais. Melhor seria parar a leitura ali mesmo, rasgar a carta e ignorar, apagar da memória para sempre as linhas que lera até então. Mas, um lado seu o instigava a prosseguir a leitura até o final, por mais que lhe viesse a causar dor.

Fazendo um tremendo esforço para se controlar, Romeu voltou o seu olhar grave e compassivo para a carta e prosseguiu sua leitura:

Somente Ida e Túlio souberam da morte de nosso filho, pois estavam comigo no quarto quando isso aconteceu. Fiquei desesperada. Temia que não pudesse ter outro filho jamais. Não sabia o que fazer. Foi então que me ocorreu uma ideia. Mandei chamar Alzira, a mulher pobre que amamentara nosso filho, e lhe propus que me desse seu filho para eu criar já que ela não tinha condições de criá-lo. Ela de imediato não quis, mas eu insisti. Ela quis um tempo para pensar. Eu disse que não podia dar-lhe esse tempo. Tu poderias voltar repentinamente e eu não queria que soubesses da verdade. Jamais. Mostrei-lhe então as joias que lhe daria e que lhe permitiria começar uma vida mais digna. Queria que o brilho das joias ofuscasse os olhos dela, mas não aconteceu como eu queria. Ela ainda permanecia em dúvida.

Por fim, creio eu, ela teve pena de mim e resolveu deixar a criança comigo, com a condição de que um dia ela pudesse revê-la e dizer-lhe toda a verdade. Eu aceitei sem pensar em mais nada. Dei-lhe as joias. Todas as que tinha e ela foi levada por Túlio para a Corte, como eu sugeri. Não a queria aqui por perto.

Peguei então nosso filho morto e saí segurando-o nos braços, acompanhada de Ida, para o local em meio aos pinheiros, que eu escolhera para enterrá-lo. Antes de partir, Túlio já havia feito uma cova para sepultá-lo. Eu e Ida o enterramos ali e depois plantamos flores para deixar o túmulo improvisado sempre bonito. Quase não consegui enterrar meu bebê, se não fosse Ida... Não queria soltá-lo de meus braços. Era meu filho, meu verdadeiro filho que estava ali junto a mim, que crescera dentro de meu útero durante aqueles nove meses que quis que passassem logo para que ele nascesse e, no entanto, estava morto em meus braços. Ida me fez perceber que tudo o que me restava era sepultá-lo. Não havia outro jeito. Foi com pesar, com uma dor tamanha, horrível.

Mal consegui voltar para a casa. Mas eu precisava me recuperar. O menino, a criança que adotei, aguardava-me. Buscando o que restava ainda de minha força de vontade, amparada por Ida, regressei para nossa casa. Já era noite. Cheguei até o berço onde repousava o bebê e disse para mim mesma: "esse agora é meu filho. Nunca mais te esqueças disso, Antônia". E de fato nunca mais esqueci. Não sei se o amei tanto quanto amaria o nosso filho legítimo, mas o amei de coração aberto, com todo o meu amor...

Romeu passou a mão cansada sobre o rosto que transpirava fortemente de nervoso.

Sei que deves estar baqueado por tudo o que acabas de saber. Mas eu repito, fiz tudo isso por amor. Por amor a ti! Por temer que não pudesse ter outro filho. Foi o único jeito de garantir que tu tivesses uma criança tua. Quando me descobri grávida outra vez, um ano depois, foi uma surpresa para mim e, ao mesmo tempo, uma tensão, pois temia sofrer as mesmas complicações que sofri quando engravidei pela primeira vez, porém, dessa vez tudo correu bem.

Dei à luz a Thiago e esse nasceu forte como um touro e cresceu sem problemas. Por ver o quanto tu amavas Breno, o filho adotado, decidi jamais te contar a verdade a respeito dele. Mas, quando me vi diante da morte, achei que não seria justo morrer sem te revelar o que fiz. Só não tinha coragem de fazê-lo, como disse, olhos nos olhos. Daí a razão por estar te contando tudo isso por meio desta carta e pedindo que tenhas compaixão e piedade por mim, pedindo o teu perdão e clemência, e que não me odeies pelo que fiz.

Cada palavra que lia, mais lágrimas desorientadas saíam dos olhos de Romeu. Ele não podia precisar o que estava sentindo além do estardalhaço que tal revelação estava fazendo dentro dele, revoltando o seu emocional como um forte vento revolta as árvores a ponto de arrancá-las do solo.

Antes de prosseguir a leitura da carta, Romeu se viu diante de outra revelação cruel: o que fizera contra Túlio, o escravo por quem tanto tinha apreço, fora uma injustiça. Justo ele, Romeu, que sempre fora contra injustiças, ainda mais contra um negro que tinha como a um irmão. Tal percepção fez o homem sentir nojo e repugnância de si próprio. Antes que o desespero e a revolta o dominassem por completo, ele voltou a ler a carta deixada pela esposa.

Espero, meu amor, de coração, que tal revelação não te faça te voltares contra Breno. Espero que preserves em teu coração o mesmo amor, aquele grande amor que sempre sentiu por ele. Ele não merece nenhum tipo de revolta, pois sempre foi adorável e carinhoso para contigo. Por tudo isso, meu marido, continua a amá-lo como se fosse teu filho legítimo, realmente, pois bem sei que ele te ama e vai te amar como a um pai legítimo para sempre.

Estou nesse momento sentindo-me trêmula para continuar a escrever. A doença já deve estar começando a paralisar meus órgãos. Creio ter muito pouco tempo de vida, no máximo mais algumas semanas. Não quis te contar a verdade sobre meu estado de saúde, o grau da doença a que fui acometida para não te fazer sofrer antecipadamente. Perdoa-me por isso também, meu querido. Perdoa-me.

Creio que já deves ter percebido, ou talvez não, por estares com a cabeça tumultuada diante da revelação, a respeito do que aconteceu com Túlio. O escravo que tu tinhas como a um irmão. Ele me foi também muito útil. Mas temi, temi que por ser tão fiel a ti viesse algum dia a dar com a língua nos dentes e por esse motivo o acusei de roubar minhas joias. Era também o único modo de explicar o desaparecimento delas. Se senti dó ao vê-lo posto no tronco, suplicando por clemência e depois sendo vendido? Sim, senti muito dó. Ele fora tão bom e prestativo para comigo, mas... Mas não podia te dizer a verdade. Não! Tu jamais poderias saber da verdade. Não quero que te culpes pelo que fez a ele, tampouco a mim. Mas compreende que o destino quis assim.

Romeu tirou os olhos da carta novamente e a pousou sobre a cômoda. Estava completamente transfigurado. Foi até Ida e perguntou quase num berro:

– O que mais, Ida, o que mais há para eu saber? Estou com medo de prosseguir a leitura desta carta...

Ida se pôs novamente a debulhar-se em lágrimas.

– Como posso ter feito o que fiz àquele negro? Como? – perguntou Romeu ao léu.

Tão desesperador era o estado da escrava, que nenhuma palavra conseguiu atravessar seus lábios grossos.

– Há males que não podem ser remediados... – murmurou Romeu transpassado, agonizando de dor pelo arrependimento.

Os dois ficaram ali por instantes, somente ao som do choro de Ida e da respiração fadigada de Romeu. De repente, a voz dele voltou a soar no aposento, uma voz profunda e gutural:

– Meu filho... morto...

Ida permanecia chorosa, respirando ofegante de tensão, e, ao mesmo tempo, orando mentalmente. Seu senhor respirou fundo, antes de pronunciar a próxima frase:

– Isso não pode ser verdade... Breno é tão igual a mim... Identifico-me tanto com ele, que isso não pode ser verdade, Ida. Breno tem de ser meu filho de sangue.

Ele se voltou para a escrava, fuzilando-a com os olhos.

– E tu sabias de tudo isso e não me contaste nada...

A escrava encolheu-se ainda mais atordoada e aos prantos.

– Como ela foi capaz de me fazer uma coisa dessas, Ida? Como?

Houve uma pausa. Adquirindo um tom menos agressivo e inconformado, Romeu se voltou para a negra e ordenou:

– Para de chorar.

Ida tentou controlar o choro mas em vão. Novamente, ele ordenou:

– Para de chorar... o que está feito está feito... não há como remediar.

O fazendeiro se agachou diante da escrava e pegou em suas mãos. O gesto a fez olhar piedosamente para seus olhos. Era o que ele queria, que ela olhasse firmemente para que ele visse seus olhos, ao fazer o pedido. Tomando ar e, num tom calmo e sério, disse:

– Ida, olha bem nos meus olhos e ouve-me. Ouve-me, por favor. Promete-me. Promete-me que nunca dirás a verdade aos meus filhos, nunca. Ouviste? Prometa-me.

– Prometo, sinhô. Prometo...

Ida achou por bem não comentar a respeito da carta que Antônia deixara para ser entregue para o filho adotivo quando este completasse dezoito anos, a qual continha toda a verdade. Seria melhor. Ao menos por ora... Ao menos por ora.

Romeu pôs-se de pé, encheu o peito de ar para se fortificar, e fez outro pedido:

– Vem... vem comigo até o túmulo.

– O sinhô *num tá* bem, é *mió tomá* um chá *pra acalmá* os *nervo*.

– Depois... agora preciso ir até o túmulo de meu filho... vem comigo, por favor.

Os dois caminharam calmamente por entre as árvores de eucalipto. Romeu transparecia agora mais calma, mas ao se ver diante do túmulo do filho, caiu de joelhos frente a ele, e começou a chorar convulsivamente. Mergulhou suas mãos nos cabelos num ato repetitivo, desesperador, como se quisesse arrancar os fios, rasgar a própria pele. Ida se manteve ao lado dele, também chorando copiosamente.

O fazendeiro passou a mão por entre as plantas que cobriam o pequeno túmulo e que sobreviveram ao seu ato de fúria, acariciando suas folhagens com delicadeza. Aquilo o fez de certo modo recobrar seu equilíbrio.

– Ela deveria ter me dito a verdade. Eu teria compreendido... – murmurou ele com pesar, após uma persignação – deve ter sofrido durante todos esses anos, aflita, com medo de que eu, porventura, descobrisse sobre a troca dos bebês. Pobre Antônia... pobre Antônia. Eu a teria compreendido e lhe perdoado.

Quando Romeu retornou à casa, encontrou Thiago na sala de estar.

– Estiveste chorando, meu pai? – perguntou o menino, com ares de adulto.

– Não foi nada – respondeu Romeu, escondendo os olhos do filho mais novo.

– O que te preocupa?

– Nada... cadê teu...

– Estou aqui, pai.

Romeu se voltou para o filho mais velho e por instantes emudeceu. Os meninos acharam estranha a reação do pai. Por fim, Romeu disse, numa voz trepidante:

– Breno, meu filho...

O menino lançou-lhe um de seus sorrisos iluminados.

– Sim, pai...

Romeu foi até o garoto e o abraçou fortemente.

– Meu menino. Meu bom menino.

Breno não entendeu a reação do pai, tampouco Thiago, que diante da cena sentiu-se inquieto. Ida observou o olhar de Thiago para o pai e o irmão, e não gostou do modo como ele olhava para os dois. Havia algo nele que ela temia. Sempre temera há muito tempo.

– Meu filho amado. Meus dois filhos amados – desabafou Romeu, voltando o olhar para o local onde Thiago se encontrava postado.

Foi até ele abraçado a Breno e o abraçou também, tornando a repetir:

– Meus dois filhos queridos.

– Estavas chorando por causa da mamãe, não é? – indagou Thiago pensativo.

– Sim... é por isso mesmo... ainda não consigo lidar bem com a falta dela...

– Eu também não – confessou Breno com a sinceridade sempre estampada na voz.

Ida se pegou novamente observando o olhar do pequeno Thiago sobre o pai e o irmão. Havia algo por trás daquele olhar vago, como se ele maquinasse alguma coisa em seu cérebro. Aquilo confirmava o que ela temia, que quando ele crescesse não teria um dos melhores gênios.

Naquela mesma noite, quando Romeu se recolheu em seu dormitório, estava tomado de pensamentos tempestuosos, pareciam todos circular ao seu redor como um redemoinho. Até o canto dos grilos que provinham do lado de fora da casa, e que desde a morte da esposa lhe faziam companhia, estavam o irritando. A triste e melancólica cama que o abrigava toda noite após o falecimento de sua amada esposa nem foi notada neste dia por estar tão envolto em pensamentos. Queria no íntimo dizer à mulher amada que a perdoava por tudo. O amor que sentira por ela era tanto, que seria capaz de perdoar qualquer lapso seu, mas agora era tarde. Muito tarde para dar-lhe o perdão. Se ao menos ela tivesse lhe revelado tudo aquilo em vida... Talvez morrera de desgosto, de preocupação quanto à reação que ele teria ao descobrir toda verdade.

O homem estava prestes a apagar a vela dentro da luminária quando seus olhos bateram na cômoda. Foi então que se lembrou da carta, a bendita e reveladora carta da esposa. Permanecia ali, repousando em cima da cômoda como ele a deixara. Só então se lembrou que ainda não terminara de lê-la por completo. Restava uma parte. Temeu seu conteúdo a ponto de sentir um arrepio desconfortável percorrer-lhe todo o corpo, mas tinha de lê-la até o fim. Até o fim.

Romeu levantou a coberta e o lençol que lhe cobriam, e se pôs de pé. Caminhou até a cômoda e apanhou a carta. Voltou então para a cama e sentou-se nela rente ao criado-mudo com a luminária sobre ele. Abriu a carta novamente e continuou a lê-la de onde havia parado.

Querido senhor meu marido, agora que me vou, não poderei mais fazer algo que só em vida sou capaz de fazer. Por tudo isso tenho de contar a ti também esse outro segredo meu.

– Mais um segredo – murmurou Romeu, apreensivo.

Sempre te disse tudo a respeito de minha família, o fato de que meus pais morreram muito cedo, quando eu ainda era uma menina e que fui criada por uma tia que faleceu pouco antes de eu te conhecer. Enfim, tudo isso foi verdade, mas omiti algo de ti. Algo que não tive coragem de te contar durante todos esses anos de casamento por medo de perder-te. Espero novamente que compreendas minha atitude. Bem, enfim, eu não fui filha única como te disse, tenho uma irmã. Seu nome é Luísa.

– Uma irmã? – murmurou Romeu surpreso.

Quando nos conhecemos, ela estava passando suas férias escolares na casa de uma amiga que conhecera na Corte e que se mudara para o interior. Quando retornou, temi apresentá-la a ti por um motivo simples. Minha irmã tem distúrbios mentais, sofre das ideias. Infelizmente, temi que se tu soubesses dela, desistirias de se casar comigo por crer que a loucura, a insanidade pudesse ser hereditária e, portanto, seus filhos pudessem herdá-la, caso os tivesse um dia comigo.

Conheci uma amiga que sofreu este preconceito. O noivo a abandonou quando soube que havia um caso desses em sua família e, portanto, protegi-me.

Sei que deves estar apreensivo ao leres estas linhas, ansioso para saberes como pude esconder minha irmã durante todos esses anos, bem... ela está num hospício chamado Pedro II, fica na Corte, encostado à Santa Casa de Misericórdia.

Eu a internei lá com a ajuda de um médico. Desde então sempre que pude, eu ia visitá-la. Ida sempre ia comigo. Esse era o real motivo para eu querer ir à Corte uma vez a cada estação, e não apenas o de comprar tecidos e alguns mantimentos para nós. Houve momentos em que temi que pensasses que eu estivesse fazendo alguma coisa errada por insistir tanto em ir à Corte, só na companhia de Ida, e, portanto, toda vez que tinha de visitá-la era uma verdadeira tortura. Bem, agora acometida dessa doença, não pude mais vê-la e creio que nunca mais a verei pessoalmente, pois estou certa de que me restam poucos dias de vida.

Quando leres esta carta, descobrirás que ela não sabe ainda de minha morte. Não me preocupo, pois fraca das ideias como é, não deve se dar conta dos fatos. Enfim, meu marido, revelo-te isso para te pedir que mande alguém até o hospício vez ou outra para saber como ela está. Não quero deixá-la desamparada. Sentiria muito se isso acontecesse.

Romeu tirou os olhos da carta pensativo.

– Uma irmã? Por que omitir uma coisa dessas de mim? Que tolice.

Romeu teve pena da esposa amada novamente e da irmã dela. Apesar de não conhecê-la, sentia dó da cunhada por não ter nascido mentalmente saudável.

Assim que o dia amanheceu, Romeu pulou da cama. Em seguida, mandou preparar a charrete enquanto tomava café da manhã. Assim que encontrou Ida, contou-lhe o que lera sobre sua cunhada e disse:

– Preciso vê-la, Ida, e tu vais comigo.

A negra arregalou os olhos atônita:

– Aquele *lugá*? *Num vô* não, sinhô.

– Vais, sim. Além do mais, por não ter me entregue a carta antes, a irmã de Antônia está sem notícias dela há um ano, deve estar preocupada ou necessitada de algo.

– Meu sinhô, *tira* essa *muié* dos *pensamento*. *Num* mexe com essa gente... Larga essa ideia! Deixa ela lá... é louca. O lugar é cheio das *pessoa*...

Ida se arrepiou ao lembrar-se do local:

– *Pô favô*, meu sinhô, *num* vá!

Romeu se manteve irascível, irredutível quanto a seus planos, continuou saboreando uma fatia de pão caseiro com manteiga e bebendo café. Sem dar ouvidos às súplicas da negra, uma hora depois estava pronto para partir. Ida o seguiu até a charrete calada, tensa e trêmula. "Bem que eu *num* queria *entregá* essa bendita carta, minha sinhá. Bem que eu *num* queria...", dizia para si. E em pensamentos começou a orar de acordo com sua crença religiosa: "Laroyê! Laroyê!".

A certa altura do caminho para a Corte, Romeu perguntou à escrava:

– Por que não quiseste entregar-me a carta, Ida? Por quê?

A pergunta pegou a negra desprevenida. Ida começou a chorar, quando Romeu a repreendeu:

– Para de te lamuriar mulher, e diz-me...

Ida emitiu um suspiro de tristeza lânguido antes de declarar:

– *Pro* sinhô *num pensá mar* da sinhá. *Pra* isso, meu sinhô.

– Mas, eu...

– Ida temia que o sinhô se zangasse e ficasse contra o menino Breno...

– Eu amo meu filho, nada vai fazer eu me voltar contra ele...

– Mas, Ida temia, meu sinhô.

– Tu gostavas muito de Antônia, não é?

– Sinhá foi uma mãe *pra* essa *nega*, meu sinhô. Uma mãe... *num* pense *mar* dela, ela só fez tudo aquilo por amor ao sinhô.

– Por amor fazemos coisas realmente incríveis... por amor somos capazes até de fazer mal ao próximo... às vezes tenho medo do amor... parece bonito, o paraíso, mas como tudo na vida há dois lados, um lado bom e um perverso. Temo muito o lado perverso do amor...

De repente, a expressão de Romeu pesou:

– E ela, Ida? A tal mulher, a mãe verdadeira de Breno. O que houve com ela?

Os olhos de Ida se dilataram. Ela encolheu-se toda, envolta de pensamentos nebulosos. Atônita, se deveria ou não dizer a verdade. Diante do olhar amedrontado da negra, Romeu disse firmemente:

– Pelo visto, minha mulher não te ensinou somente a ler, mas a omitir fatos muito bem. Diz-me o que sabes a respeito da mãe verdadeira de meu filho Breno. Nunca mais souberam dela? Ela deu algum sinal?

Ida se conservou quieta por um instante, e então disse:

– Ela *voltô* à fazenda alguns anos atrás, sinhô e pegou sinhá Antônia de surpresa. A sinhá *num* esperava que ela voltasse jamais. A *muié* queria porque queria o filho de volta. Sinhá *ficô* desesperada. Pobre sinhá. *Num* sabia o que *fazê*. Desesperada, *mandô* o capataz *expulsá* a *muié* das *terra* do sinhô, e *falô pra* ela nunca mais pôr os *pé* nessas *banda*. O capataz *colocô ela* na charrete e *levô ela pra* Corte. Foi a última vez que *ouvimo falá* dela. Depois nunca mais. A sinhá, *pobrezinha*, passou noites em *craro* com medo de que a mãe verdadeira do pequeno Breno encontrasse o sinhô e desse com a língua nos *dente*, mas depois, se *acalmô*, percebeu que se essa *muié* falasse *arguma* coisa *pro sinhô, vassuncê ía pensá* que ela era apenas uma *muié* fraca das *ideia. Afinar,* a sinhá tinha feito tudo nos *conforme,* sem *levantá* suspeita!

– Tenho pena dessa mulher e compreendo o que a fez voltar em busca do filho. Ela é mãe. Coração de mãe bate pelos filhos. Minha mãe me ensinou isso...

Romeu calou-se por instantes:

– Se essa mulher um dia voltar à fazenda, tu mandas me chamar. Ela pode causar problemas... eu não quero que meu filho Breno sofra. E Ida, antes que me esqueça, não comentes nada a respeito da troca dos bebês com a irmã de Antônia... como é mesmo o nome dela? Luísa?

A negra concordou prontamente com a cabeça.

– Se bem que não é preciso me preocupar com isso, uma vez que uma mulher com problema mental jamais compreenderia de fato o que ocorreu – acrescentou ele, reflexivo.

Após a exaustiva viagem, Romeu e Ida estavam em frente ao hospício Pedro II, construído na Chácara da Praia Vermelha, na Corte. O local era um anexo à Santa Casa de Misericórdia, local que Romeu visitara quando seu pai fora internado certa vez.

Apesar do conhecimento de Romeu a respeito do que ocorria pelo país e pelo mundo ser restrito, ele já ouvira falar do Hospício Pedro II, cujas portas foram abertas em 1852.

Antes de Dom Pedro II mandar construir o hospício, os alienados, como muitos chamavam os doentes mentais na época, eram acolhidos pela Santa Casa do Rio de Janeiro. O mesmo faziam as demais Santas Casas espalhadas pelo país.

Ao longo do século XIX, não houve no mundo modelos assistenciais muito diferentes do que aqueles que as Santas Casas do Brasil prestavam aos doentes mentais encarcerados ou confinados.

Nos mesmos moldes, a partir de verbas públicas, donativos e loterias, durante o Segundo Reinado, foram construídas várias instituições "exclusivas para alienados", inicialmente nas províncias do Rio de Janeiro, São Paulo, Pernambuco, Pará, Bahia, Rio Grande do Sul e Ceará; e, já na República, nos Estados de Alagoas, Paraíba, Minas Gerais e Paraná.

Acredita-se que o fato de haver uma pessoa na família real com problemas mentais, D. Maria I, os seus descendentes se tornaram mais tolerantes com a loucura, bem como mais dispostos a construir esses locais para auxiliá-los.

Romeu nunca se deparara com um doente mental até aquela data. Seria a primeira vez que veria um.

– *Chegamo*. É aqui, meu sinhô. – anunciou Ida.

Romeu olhou com curiosidade para o local. A bela construção, em estilo neoclássico francês, sabia muito bem a princípio esconder a amargura que ocupava o seu interior. O lugar que de fora parecia calmo e sereno perdia toda sua falsa tranquilidade assim que se pisava no seu interior. Gritos histéricos e risos sarcásticos dos doentes, bem como choros, misturavam-se pelos aposentos. O lugar era deprimente.

Uma freira veio atendê-los. Romeu explicou ao que vinha. A mulher pediu que eles a acompanhassem. Romeu seguiu o caminho, apreensivo, uma inquietação em meio a um desconforto percorria suas veias. Ele se enchia de pena ao avistar cada rosto dos pacientes internados ali; chegou a pensar que talvez fosse melhor nunca ter posto os pés no local. O que via era desumano demais, até mesmo cruel. Receava que aqueles rostos ficariam para sempre cravados em sua memória atormentando-o. Teve pena até das pessoas que trabalhavam ali.

Por outro lado, agradeceu a Deus por existir um local como aquele, entre outros mais espalhados pelo país, para cuidar dos infelizes atingidos por aquela triste enfermidade, que só com os sentidos da alma, pura e sem preconceito, poderiam ser vistos sem enorme repugnância.

Logo mais, a freira voltou-se para eles e, apontando discretamente com o dedo, disse:

– Meu senhor, ela está ali...

Romeu percorreu com os olhos os diversos rostos de mulheres ali presentes, entretanto, não conseguiu descobrir o rosto de sua cunhada. Procurava pelo rosto de uma mulher que tivesse alguma semelhança com Antônia, mas não o encontrou.

A freira parou então diante de uma paciente ainda bem moça, por volta dos vinte e cinco anos de idade, e num tom ponderado falou:

– Luísa?! Há visitas para ti.

A moça voltou a cabeça para trás e, ao avistar os visitantes, sorriu para ambos amavelmente. Não demonstrou surpresa alguma ao vê-los, parecia até que aguardava pelos dois. Os cabelos castanhos de Luísa, levemente ondulados, caíam-lhe bem e realçavam suas feições delicadas. Tinha uma expressão inocente, porém, de personalidade. Era um rosto bonito, não tanto quanto de Antônia, considerou Romeu, mas um rosto bonito.

Passou-se um longo tempo antes que ela falasse, e quando o fez, foi num tom seguro:

– Tu deves ser Romeu... sempre quis conhecer o homem que se casou com minha irmã.

– Sim, sou eu mesmo. Muito prazer.

Romeu jamais pensou que sua cunhada fosse uma mulher refinada como aquela e de tanta lucidez. Estava literalmente espantado.

Ida manteve-se calada. Fez apenas um aceno com a cabeça para a paciente, sem sair do lugar onde estava. Olhava-a com certa indiferença. Luísa sorriu novamente antes de dizer:

– Então, ela resolveu te contar a verdade... sempre soube que só conseguiria fazer após...

Ela deu uma pausa, olhou para céu, e só então completou a frase:

– Após sua morte.

Os olhos perplexos de Romeu se fixaram nos da cunhada:

– Então, sabes...

– Sim...

O autocontrole da cunhada era admirável. Não havia o menor sinal de choque ou de pesar, exceto talvez por uma certa rigidez de atitude.

– Eu não entendo... como podes saber? A não ser que Ida... – disse Romeu, chorando.

– A escrava não me contou nada, não. A última vez que a vi foi quando ela acompanhou minha irmã até aqui na última visita que me fez. Faz mais de um ano.

– Ainda não consigo compreender, como é que soubeste, então?

A bela moça sorriu, exibindo sua bela arcada dentária.

– Então, ela não te disse...

Romeu fez um a expressão de como quem diz: "há mais o que dizer?".

– Então ela não te contou o tipo de loucura que tenho? – acrescentou Luísa, seriamente.

Romeu não soube o que dizer, apenas acrescentou:

– Não. Ela apenas me contou que escondera de mim tua existência por temer que eu não quisesse me casar com ela por receio de que nossos filhos herdassem... sofressem do mesmo... mal que tu... Bem, mas tu me pareces curada de teus problemas... esperava encontrar uma...

– Mulher louca? Insana? – Luísa riu com certo deboche – desculpa-me.

Firmando seus olhos calmos, cinza-esverdeados nos do cunhado, ela foi enfática ao dizer:

– Qual de nós duas era realmente a louca, hein?

Romeu tossiu para tirar o pigarro da garganta. Engoliu o comentário atravessado. Seu cenho fechou. Não admitia que alguém se referisse à esposa como louca.

– Desculpa-me. Não devia ter dito o que disse – retorquiu ele com aquela sua voz grave, após engolir o nó na garganta.

– Peço desculpas. Pelo visto, amaste muito, e ainda amas, minha irmã – volveu a cunhada com sutileza redobrada.

Romeu irrompeu em lágrimas, escondendo seu rosto entre as mãos. Luísa o guiou até um banco de madeira e o fez sentar.

– Acalma-te. Ela está bem. Agora ela está bem – confortou a cunhada.

– Eu a amava tanto... tanto... não fazes ideia.

– Faço, sim...

Fez-se um breve silêncio, nesse tempo Romeu recuperou seu equilíbrio e, endireitando o corpo, voltou a falar:

– A vida é esquisita... injusta muitas vezes...

– Nem sempre...

O comentário de Luísa calou o cunhado, deixando-o pensativo temporariamente. Houve um intervalo – uma pausa prolongada, antes que alguém ali voltasse a falar. E esse alguém foi Romeu:

– O que posso fazer por ti? Parece-me curada de teu problema...

Luísa interrompeu com habilidade.

– Nunca sofri de insanidade, meu cunhado.

– Como não? – espantou-se Romeu, que logo repreendeu-se por ter falado alto.

Sem olhar para ele, Luísa respondeu em tom prosaico.

– Minha insanidade não é exatamente uma insanidade, mas minha irmã e muitos médicos me declararam louca.

Romeu contraiu o cenho. Ela prosseguiu no seu tom calmo peculiar:

– Eles me achavam louca por eu fazer comentários como o que fiz há pouco... sabia que minha irmã havia falecido sem ninguém me dizer... sabia porque tenho um dom... – ela baixou a voz.

Romeu empertigou-se:

– Um dom?

– Sim... eu vejo os mortos e converso com eles...

Aquilo surpreendeu Romeu. O que a cunhada estava dizendo não era delírio, não podia ser. Parecia-lhe tão sincera.

– Minha irmã e minha tia tinham vergonha de mim por isso. Eu via o espírito das pessoas que morreram. Não de todos, mas de alguns. Muitos vinham me procurar por causa do meu dom, para eu poder assim ajudá-los. Isso não é loucura. É o que chamam de mediunidade, meu cunhado. Mas para minha tia, e principalmente minha irmã, era loucura, puramente loucura, e por esse motivo, ela me trancafiou neste lugar por todos esses anos. Já cheguei até a pensar que ela foi capaz de pagar o médico para diagnosticar o que fosse necessário para me aceitarem aqui e assim ser internada. Sabe, meu cunhado, se é que posso te chamar assim, no fundo, ela sabia que de louca eu não tinha nada, mas quis prender-me aqui por alguma razão alheia talvez até para a sua própria percepção.

Romeu ficou em dúvida se acreditava ou não no que estava ouvindo. Ela poderia estar delirando.

– Não acreditas em mim, não é?

– Não é isso...

– Sei que não acreditas... mas não tem problema algum... um dia, quem sabe, compreenderás...

Romeu soltou um suspiro tenso, pôs-se de pé, e disse:

– Eu acredito em ti. Não sei por que, mas acredito em ti. Parece-me realmente uma mulher "normal".

Um ar de felicidade transpareceu nos olhos de Luísa. Ela levantou-se, sorrindo, encantada para o cunhado. Ele baixou a voz e perguntou:

– Diz-me, podes realmente ver os mortos?

Ela balançou a cabeça positivamente, antes de dizer:

– Mas, não temas...

– Não, eu não temo... tenho mais medo dos vivos do que dos mortos – respondeu, convicto.

Luísa ia dizer algo, mas manteve-se calada. Preferiu não prolongar o assunto. Não seria o momento apropriado para contar ao cunhado, que estava conhecendo pela primeira vez, que há espíritos mortos que podem fazer muito mal aos vivos. Um dia, ela falaria a respeito, não agora.

– O que queres que eu faça por ti, Luísa?

– Não tenho casa, não tenho família, creio que até meu dinheiro minha irmã confiscou de mim... portanto, não há nada que possas fazer por mim, meu cunhado. Estou destinada a viver neste lugar para o resto da vida. Não que me importe. Não me importo. Gosto daqui. Aprendi a gostar. Ajudei muita gente que por aqui passou e ainda passa. No fundo, essas pessoas são como minha família.

– Tenho dois filhos, não sei se sabes. Pois bem, eles ficaram órfãos de mãe. Talvez fosse muito bom, saudável para eles, ter uma tia para fazer-lhes companhia, ensinar bons modos, ajudar-me, enfim, em sua criação. O que achas?

Luísa ficou pensativa por instantes. Por fim, respondeu:

– Tens certeza de que não vou incomodar?

– Não será incômodo algum. Creia nisso. Para mim, fará... para nós, fará um tremendo bem tua presença na fazenda.

Ela percorreu os olhos pelo local. Cada rosto que viu transmitiu a ela certa tristeza, aumentando sua indecisão. Sabia que, ali, ela era muito útil para os pacientes. Longe dali talvez eles não tivessem alguém com a paciência que ela tinha para compreendê-los melhor, e ajudá-los diante de seus problemas.

– E então? – perguntou Romeu.

Antes de dar uma resposta, a imagem da irmã despontou no céu dos pensamentos de Luísa. O que Antônia acharia daquele convite? Se contorceria de ódio se soubesse disso. Acabaria sabendo, bem sabia ela. Mas não queria que sofresse por causa daquilo. Talvez acabasse apreciando por causa dos dois filhos, para ampará-los. Por fim, Luísa tomou um suspiro rápido, e falou:

– Eu aceito.

Nos dias que se seguiram, Romeu foi atrás de médicos especialistas para que examinassem Luísa e dessem alta para ela deixar aquele local. Não houve problemas, os exames comprovaram que se ela um dia fora acometida de loucura, estava agora livre desse mal. Era uma pessoa normal. Luísa apanhou suas poucas vestes que couberam confortavelmente numa pequena valise, e foi tudo o que levou consigo do hospício.

Em frente ao hospital psiquiátrico, antes de entrar na carruagem enviada pelo cunhado para levá-la até a sua nova morada, Luísa voltou o olhar para o local mais uma vez, a fim de admirá-lo. Sabia que um capítulo de sua vida estava encerrando-se ali, e um novo estava prestes a começar. Gostaria de saber o que ele lhe reservava, mas não tinha dom para prever o futuro, apenas para se comunicar com os espíritos desencarnados.

No caminho para a fazenda de Romeu, ela lançou um olhar ligeiro para a paisagem que a janela lhe oferecia e isso bastou para certificar-se de que quase se esquecera do quão bela era a natureza, e o quanto lhe fazia falta estar em contato com ela. Parecera até que vivera todos aqueles anos dentro de uma prisão. Ou talvez pior, pois numa prisão os presos, ao menos até onde ela sabia, não eram submetidos, tal como cobaias, a experiências de loucura pelos que se julgavam profissionais de saúde capacitados para cuidar de pessoas com verdadeiros problemas mentais.

Uma revoada de pássaros a despertou de suas reflexões. Luísa se viu tocada, emocionada, ao ver a claridade dourada do sol da tarde, pairando por toda a natureza composta de gameleiras, perobas, cedros, copaíbas, entre outras espécies. O lugar tornava-se deslumbrante àquela hora do dia e quando a manhã alcançava o apogeu do meio-dia, o local parecia imaculado, concluiu ela com seus botões.

– O sol, tão lindo, tão mágico. Essa é uma das razões para viver... – exclamou a jovem, pendendo a cabeça positivamente.

Quando seus olhos avistaram a sede da fazenda instalada numa pequena elevação no meio da propriedade, seus olhos brilharam. Um calor subiu-lhe às faces, uma leveza súbita no coração fez seu espírito alçar um leve e gostoso voo. Sua nova morada era um lugar acolhedor e bonito. No caminho até a casa, ela avistou montes de terra enfileiradas e recobertos por uma grama farta que se estendia até uma tulha de espigas de milho, cujos pendões brilhavam como seda. Os raios de sol incidiam sobre um enorme e bem cuidado jardim, repleto de boninas a desabrochar.

Quando a carruagem parou em frente à casa-grande da fazenda, Romeu foi até a cunhada saudá-la.

– Bem-vinda às terras dos Amorim. Esta é a fazenda Novo Horizonte.

– Tanta grandeza me aterra! – agradeceu ela.

Luísa admirou a casa de bela arquitetura e o olhar dos escravos sobre ela. Mas nada despertou mais seu encanto que o olhar dos dois sobrinhos. Um olhar de admiração, perplexidade e inquietação.

– Então, estes são meus dois sobrinhos? – perguntou ela num tom amável.

– Thiago e Breno – apresentou Romeu.

Com determinação, ele acrescentou:

– Cumprimentai a tia.

Cada um dos dois deu um beijo em Luísa. O beijo de Breno foi mais caloroso do que de Thiago. Ela, já de imediato, sentiu que o sobrinho mais velho era mais carinhoso.

– Mamãe nunca nos falou a teu respeito – disse Thiago, olhando curiosamente para a tia. – Onde estiveste esse tempo todo?

– No exterior, meu filho. Na Europa – apressou-se Romeu na explicação.
– Ah!!! – exclamou o menino, envolto de certa desconfiança.

Uma escrava foi incumbida de mostrar o quarto para Luísa. Depois do almoço, Romeu saiu a pé com a recém-chegada pelos arredores da fazenda para mostrar a propriedade em detalhes. A senzala foi um dos locais que mais despertou a atenção dela. Luísa nunca estivera numa fazenda antes, tampouco tivera contato com a vida que os escravos levavam em um lugar desses.

Os doentes mentais com quem conviveu anos a fio não eram negros nem escravos; porém, de algum modo, viviam como escravos também, presos àquela perturbação mental e, conforme aprendera com seus amigos desencarnados de mais elevada sabedoria, só seriam alforriados com uma ajuda espiritual. Ao se ver a sós em seu quarto naquela noite, Luísa abriu seu diário e começou a relatar nele as mudanças que ocorreram no último mês de sua vida. Depois, foi para a cama, onde dormiu como há muito tempo não dormia: em paz.

Cerca de uma semana depois, Romeu pediu à cunhada que cuidasse dos filhos enquanto estivesse viajando. Era uma viagem sem data de retorno. Precisava encontrar um negro que fora seu escravo. Mas não contou a ela o verdadeiro motivo. Deu-lhe apenas uma desculpa.

Romeu partiu com o raiar do dia em busca de Túlio, o negro a quem cometera uma injustiça. E sua busca começou a levar mais tempo do que supusera, pois ninguém sabia do paradeiro dele. O homem, cujo mercador de escravos dissera-lhe que o havia comprado, já o havia vendido para outro e seu novo comprador era, segundo soube, uma espécie de caixeiro-viajante. Cada dia estava num lugar do país.

Na Corte, Romeu chegou até mesmo a procurar nos classificados dos jornais da cidade, tal como a Gazeta de Notícias, pois acreditava que Túlio tornara-se um escravo de aluguel. O setor era utilizado por proprietários de escravos que os alugavam para diversos fins, tais como para cozinhar, costurar, ser copeiro, cocheiro, atuar como carpinteiro, entre outras atividades. Essa seção também era utilizada para compra e venda de escravos. Ainda assim, Romeu não conseguiu encontrar o paradeiro do negro. Mas não desanimou. Era um homem de muitas virtudes, sendo a maior delas a persistência. Quando traçava um objetivo era capaz de ir ao inferno para realizá-lo.

Na fazenda, Luísa se agradava cada dia mais com sua nova morada e sua nova vida. Muitas vezes ao dia pegava o sobrinho mais novo observando-a, sempre na escuta, como se suspeitasse de algo a respeito dela. Parecia até um detetive, e aquilo a divertia de certo modo. Numa tarde, Breno foi até ela e presenteou-a com um desenho pintado por ele mesmo.

– Que lindo, meu sobrinho! – exclamou Luísa envaidecida, e notou de imediato o olhar desdenhoso de Thiago para ela.

Voltou-se então para ele e perguntou:

– E tu, Thiago, não sabes desenhar?

– Sei, sim - respondeu o menino de imediato e num tom ríspido.

Num movimento rápido, apossou-se do desenho que o irmão fizera e o rasgou, dizendo:

– É muito melhor que essa porcaria que o Breno desenhou e pintou. Muito melhor – afirmou, jogou os papéis no chão e saiu correndo.

Luísa voltou o olhar penalizada para o sobrinho mais velho.

– Não fiques triste. Eu faço outro! – adiantou-se o menino.

Suas palavras comoveram a tia. O coração do garoto era visivelmente pura generosidade. Ela, porém se preocupou com Thiago. Ele parecia invejar o irmão. Era preciso dar-lhe mais atenção, ser mais companheira dele, melhorar sua educação, elevar sua autoestima para que ele desenvolvesse uma personalidade mais sadia.

Tal como ela e a irmã, Antônia, Thiago e Breno, apesar de terem o mesmo sangue, eram um o avesso do outro. Ela fora o avesso de Antônia, completamente o avesso.

Foi na tarde do dia seguinte, por volta das treze horas, que Luísa fez um convite ao sobrinho mais novo. Fazia parte de seu plano de aproximação do menino.

– Queres andar a cavalo comigo?

– Não!

A resposta de Thiago foi rápida, curta e grossa como sempre.

– Ora, vamos...

– Não quero! Deixa-me em paz!

– Onde está teu irmão?

– Por aí, não sei... não me interessa...

– Vem, Thiago, vamos cavalgar um pouco...

O menino levantou-se e, olhando profundamente nos olhos da tia, disse num tom firme:

– Não gosto de ti. Não gosto de t-i!

Ele saiu correndo. Luísa suspirou fundo. Seu semblante mudou, profunda ruga barrava-lhe a testa, agonizando agora de preocupação.

Segunda parte

Segunda Parte

Entre o amor e o ódio

Dez anos depois – 1883

Em meio à plantação, que de longe parecia mais um belo tapete entalhado à mão, um rapaz de 18 anos de idade e de beleza exuberante montava seu cavalo que galopava com vivacidade pela pequena estrada de terra em meio à plantação. O rosto bronzeado acentuava sua beleza, e seus olhos vivos eram capazes de paralisar quem quer que estivesse diante deles. O dono daquele belo corpo que fora privilegiadamente bem esculpido pela natureza era Thiago Lins Amorim. Aos dezoito anos, parecia ser um homem maduro. Havia uma impávida vontade de chegar ao vilarejo, e por esse motivo atiçava o cavalo a correr o quanto mais pudesse.

Seu coração queria rever o mais urgente possível a bela moça que vira dias atrás para que assim, quem sabe, pudesse voltar a bater no ritmo certo. Desde que a vira, seu órgão vital batia descompassado, e seu interior se incendiava toda vez que pensava nela.

A tarde já estava agradável, rever a linda jovem tornaria o dia ainda mais inspirador, Thiago estava certo disso. O ar límpido, ao ser inspirado por suas narinas, revitalizava todo o seu corpo. Diante da bela moça, seus sentidos se abrandavam e seu poder diante do mundo parecia ganhar proporções ilimitadas...

Enquanto o cavalo seguia pela pequena estrada que dava acesso à pequena vila, chamada Vila da Mata, um vilarejo cercado por um punhado de casinhas, todas rodeadas por arbustos, espalhadas pelos dois lados de uma única rua. Voltou à memória de Thiago, o dia em que viu pela primeira vez a bela jovem que não conseguia tirar dos pensamentos.

Ele estava atravessando a porta da frente do banco, quando a avistou caminhando calmamente pela calçada do outro lado da rua. A visão deixou-o tão petrificado, tão perdido em seus pensamentos, que um senhor baixo com grandes bigodes, que tentava sair do banco teve que pedir licença várias vezes para passar. Ao notá-lo, Thiago desculpou-se:

– Sinto muito, estava distraído.

Aquilo fez Thiago cair em si novamente. Tomou ar e seguiu em direção da belíssima jovem, acelerando os passos a cada metro que andava. De tanto que estava com os olhos fixos nela, quase esbarrou num dos senhores que vinham na direção contrária. Sem olhar para o sujeito, apressou-se em desculpar-se:

– Desculpa-me...

Ao alcançar a moça, Thiago estava esbaforido e com os olhos vidrados. A jovem continuou caminhando sem notar sua aproximação. Talvez tivesse notado, sim, mas naquela época, não era de praxe uma mulher voltar-se na direção de um moço e dizer alguma coisa. A primeira coisa que o jovem deslumbrado notou foi o perfume dela, suave e doce como uma chuva recém-caída. Diante da falta do que dizer, Thiago disse a única coisa que veio-lhe à mente:

– Por favor, preciso falar com a senhorita.

A linda donzela deteve-se, surpresa. Quando os olhos dela, os belos olhos mareados pela compaixão, bateram nos de Thiago, o rapaz ficou certo de que jamais, em toda sua vida, iria se esquecer daquele momento, nem que perdesse a memória, nem do outro lado da vida, caso o espírito realmente sobrevivesse à morte. Os dois ficaram ali parados, olhando um para o outro, cada um a seu modo, cercados pelo silêncio.

Thiago tossiu para tirar o nó que amarrou sua garganta naquele instante:
– Bom dia...

Com um sorriso bonito, a moça de rosto angelical também disse:
– Bom dia.

A voz dela parecia um veludo. E, ao entrar nos ouvidos do rapaz, anestesiou os sentidos dele. Ele tossiu novamente para limpar a garganta, antes de falar:
– Eu...

Nisso, uma senhora de estatura pequena, ar vago e cabelos grisalhos juntou-se à jovem. Thiago se viu frente a uma mulher, no mínimo, trinta centímetros mais baixa do que ele. Ela tinha o rosto completamente enrugado, o que indicava ter cerca de sessenta anos. Trazia consigo um semblante franzido. Ela o olhou com certa severidade. Thiago recuou o corpo, ficando mais uma vez sem saber o que dizer.

– Vamos, Maria Eduarda – disse a senhora.

"Maria Eduarda", aquele então era o nome da moça.

As duas mulheres seguiram caminho, deixando o rapaz de feição bonita e sedutora ali petrificado. Não muito à frente, a jovem de aparência angelical voltou-se para trás e, ao notar o estado do rapaz, um brilho diferente tomou-lhe a face. O rosto de Thiago parecia ter sofrido uma paralisia congênita dos músculos que o tornava incapaz de mudar seu semblante. O encontro deixou o filho mais novo de Romeu Duarte Amorim tão abestalhado, essa seria a palavra certa para descrevê-lo, que por pouco ele não se esqueceu do que o trouxera ao vilarejo.

"A venda... a venda...", lembrou-lhe uma voz interior.

Thiago deixou a cidade naquele dia, galopando calmamente. Por mais que tentasse, não conseguia tirar da mente o rosto da bela e meiga Maria Eduarda. Não era só da mente que não conseguia tirá-la, mas do coração, mas isso ele ainda iria descobrir.

Nos dias que se seguiram, o jovem rapaz ficou preso à vontade de rever a moça. Onde viveria? Não seria difícil descobrir. Como reencontrá-la? Onde? A missa... a missa... lembrou-se ele. Seria o lugar ideal para revê-la.

E foi o que ele fez, arrumou-se com esmero no domingo pela manhã para ir à igreja na esperança de rever a mulher que não saía dos seus pensamentos, e cuja beleza e magia exalavam por seus poros. Apesar de estar entorpecido de paixão pela moça, Thiago não demonstrou nenhuma mudança em seu comportamento para com os familiares, empregados e escravos da fazenda. Permaneceu rígido, como de costume.

Lá estava ela, sentada num dos bancos da pequena igreja ao lado da mulher de estatura pequena, ar vago e cabelos grisalhos. Thiago entrou, fez o sinal da cruz e sentou-se na bancada oposta a que elas se encontravam sentadas. O lugar era o mais propício da igreja para os dois se verem, tanto que se ela virasse a cabeça para o lado esquerdo, e ele, para o lado direito, ambos se veriam face a face, e foi o que aconteceu pouco antes de a missa começar. Era, sem dúvida, uma mulher linda, inescrupulosamente linda, observou o jovem galhardo mancebo.

Emocionado, Thiago não conseguiu dessa vez conter e esconder a felicidade que sentiu ao vê-la. Não conseguiu impedir que um sorriso de pura felicidade resplandecesse em sua bela e máscula face. Ela, no entanto, manteve-se séria. Logo desviou o olhar, mas foi por segundos.

Quando os olhos castanho-escuros e brilhantes de Maria Eduarda colidiram com os de Thiago novamente, ele pôde compreender que fazia todo o sentido quando dizem que os olhos são as janelas da alma. Ele podia mesmo ver através daqueles olhos raros, tais como joias raras, a alma daquela moça. A visão só servia para confirmar o que já supusera, era a alma de uma moça divina, de alguém que não parecia ser daquele mundo. Ambos ficaram ali estáticos, olhando um para o outro, até a missa começar.

Thiago emergiu de suas lembranças ao ver que estava se aproximando do seu destino. Parou em frente à casa que tinha um grande e belo carvalho a seu lado. Uma casa de tábuas, construída em restritos metros quadrados de terra. Lembrou-se de ter notado aquela casa em especial uma ou duas vezes quando criança, mas jamais pensou que um dia a visitaria, muito mais que se encantaria por um de seus moradores.

Saltou de seu cavalo, subiu uma trilha de pedra até a porta da frente da casa e bateu palmas. Foi a própria moça que tanto almejava reencontrar, a mulher por quem se apaixonara à primeira vista, que o atendeu à porta.

Maria Eduarda era só apenas uns poucos centímetros mais baixa que ele, magra, de um rosto de exuberante beleza, com cabelos castanhos, batendo nos ombros, belos olhos castanho-escuros e olhar profundo e inocente. Trajava um vestido simples de algodão de cor clara que acentuava sua beleza. Não usava nenhum tipo de joia, somente um crucifixo feito de madeira preso a uma corrente de barbante na cor preta.

A simplicidade da moça era talvez o que mais comovia Thiago. O carisma dela parecia minar por seus poros. Era o que poderia se chamar de mulher brilhante. Thiago tirou o chapéu, e cumprimentou-a como um elegante cavalheiro:

– Boa tarde, senhorita.

– Boa tarde, meu senhor – respondeu Maria Eduarda com sua voz aveludada, que parecia enfeitiçá-lo.

O rapaz de beleza exuberante ficou em dúvida quanto ao que dizer a seguir, apenas engoliu em seco. A bela jovem à sua frente era capaz de causar uma reação retardada em seu cérebro, habitualmente alerta. Foi ela quem desatou o embaraço entre os dois.

– Queira entrar, minha tia ficará lisonjeada em revê-lo.

– Eu agradeço muito a gentileza – respondeu ele, não antes de refletir por uns segundos.

Thiago entrou em uma casa modesta onde o sol minava pelas janelas. Logo, avistou a tia de Maria Eduarda, observando-o. Ele ergueu os olhos, foi em direção à tia e a cumprimentou beijando-lhe a mão. Antes de estender-lhe a mão, porém, ela a limpou com um pano de prato que mais lhe parecia um trapo.

– Como vai o senhor? – a voz dela soou visivelmente formal.

– Muito bem.

– Queira se sentar.

Maria Eduarda indicou um conjunto de cadeiras, e Thiago aconchegou-se numa delas. Enquanto isso, a senhora discretamente observou o visitante com atenção. Logo, Thiago notou que a tia de Maria Eduarda era uma mulher séria e que se tornara assim devido aos sofrimentos que passara na vida.

– Meu senhor, minha sobrinha é tudo o que tenho nesta vida, é como uma filha para mim. Não viverei por muito mais tempo e temo deixá-la desamparada. Se tiver boas intenções para com ela, o senhor a proteja – disse a senhora sem rodeios num momento oportuno.

Thiago balançou a cabeça positivamente. Jamais conhecera alguém assim tão direto como aquela mulher.

Uma semana depois, no arrebol...

Com o consentimento da tia de Maria Eduarda, Thiago e ela saíram juntos pela primeira vez para dar um passeio pelos arredores da Vila. Logicamente, Thiago providenciou a vinda de uma escrava mucama para acompanhá-los, como era de praxe na época. Thiago e Maria Eduarda seguiram de charrete por um caminho que passava pelo coração da região das fazendas, de onde era possível ter uma vista espetacular de todas as direções. À direita, a cerca de um quilômetro ao sul, via-se a terra plana arável elevar-se, como um muro, coberta de árvores e mato.

Dali de cima, era possível ver o tapete verdejante feito de pés de café, em fase de crescimento.

O casal entrou noutra trilha pequena e esburacada que corria paralela à cadeia de árvores. Próximo dali, havia um majestoso lago, cuja superfície parecia um espelho. Thiago ajudou Maria Eduarda a descer da charrete e, entrelaçando seu braço direito no esquerdo dela, caminharam até as margens do riacho.

De repente, ao se virarem, os dois ficaram sem jeito, pois se viram face a face. Separados por cerca de dois palmos, Thiago estendeu a mão e alisou os cabelos dela, depois o rosto. A pele dela era macia, literalmente apaixonante, observou. Sem mais querer dominar seus instintos, ele aproximou-se dela para beijá-la, mas ela recuou. Sua reação o deixou completamente sem graça.

– Vê! – disse ela.

Ao longe, avistava-se um poeirão, sendo levantado por um cavalo sacolejante que galopava a uma velocidade estonteante, deixando claro que quem o montava deveria estar extremamente apressado. Aquilo deixou Thiago inquieto. Apesar de tentar manter a calma, Maria Eduarda notou sua perturbação.

– O que foi? Tu me pareces preocupado... – perguntou ela, ainda calma.

Ao notar que o cavalo tinha tomado aquela direção, Maria Eduarda indagou:

– Quem será?

– Não sei – respondeu Thiago apreensivo.

O cavalo desembestado foi aproximando-se do casal. Seu galope deixou os dois cavalos da charrete, que estavam amarrados à árvore, inquietos a ponto de relincharem. Ao aproximar-se de onde o casal se encontrava, o montador do cavalo foi parando o animal. Como tinha o sol às costas, era difícil para Thiago ver a face do homem. Só percebeu tratar-se de um negro.

Thiago quis adivinhar sua intenção, mas não houve tempo para isso. O homem saltou do animal e puxou de dentro de suas vestes o que parecia ser um facão. Maria Eduarda soltou um grito de pavor. Thiago se pôs à sua frente para protegê-la.

Ao soar a voz do negro, Thiago o reconheceu de imediato. Para seu espanto e perplexidade, tratava-se de um dos escravos de propriedade de seu pai. Adamastor era seu nome. Ficou ali, olhando desafiadoramente para Thiago. Um olhar fulminante de ódio.

– Posso *perdê* a vida, sinhozinho, mas *vassuncê* vai *aprendê num fazê mar pra* minha gente!

– Afasta-te, negro imundo – desafiou Thiago, encolerizado.

– Vem, branco safado. Vem cá, que eu *vô enfiá* essa faca na barriga *d'ocê*! – rosnava o negro enfurecido, quase fora de si.

Thiago saltou sobre o escravo, mas o homem foi rápido nos pés e conseguiu safar-se das garras do filho de seu dono. O jovem rapaz foi ao chão com tudo, mas levantou-se num salto. Maria Eduarda assistia a tudo, petrificada. Em meio ao desespero, sentiu vontade de correr para trás de alguma árvore para se esconder e se proteger ali. Nem bem deu o primeiro passo, o escravo a agarrou e a segurou pela cintura. O ato paralisou Thiago, elevando sua adrenalina ao ápice.

– Solta-a, eu estou mandando! – ordenou Thiago, com a voz por um fio.

– Vem cá, sinhozinho, vem cá... vem *tirá* sua *muié* dos braços desse *nego* aqui, vem!

– Eu estou te alertando... – enfatizou Thiago.

Um tiro ressoou nesse instante como o estampido de um trovão no céu. Thiago viu o negro levar a mão ao braço, tombar para a frente e aterrissar de cara na terra. Maria Eduarda caiu de joelhos nesse instante, Thiago correu ao auxílio dela.

– Maria Eduarda... meu amor, tu estás bem? – disse ele sem medir as palavras.

Os olhos grandes, vivos e inocentes de Maria Eduarda penetraram nos de Thiago querendo dizer algo, expressavam uma dor latente. Ele viu seu desespero se agravar quando notou uma mancha de sangue na região do estômago da moça amada se alastrando pelo vestido. Pensou ser sangue do negro, mas era dela própria. Antes de ir ao chão, o escravo tentara se segurar na jovem e, ao fazer isso, cravou, talvez sem querer, parte do facão na moça indefesa.

– Não! – berrou Thiago apavorado.

Nisso, a pessoa que dera o tiro quase certeiro juntou-se ao casal às margens do lago.

– Meu sinhozinho está bem? – era o capataz da fazenda.

– Rápido, ajuda-me a pô-la na charrete, preciso levá-la ao médico urgentemente. Está perdendo sangue.

Assim que eles ajeitaram Maria Eduarda sobre o veículo, o capataz perguntou:

– E o que faço com esse negro rebelde? Ainda está vivo. Dou fim nele por completo?

Thiago sentiu vontade de mandá-lo para os quintos dos infernos com facadas pelo corpo todo, ali mesmo, mas deteve seu instinto, apenas disse:

– Não. Leva-o para a fazenda e aguarda-me chegar, então decidirei o que fazer com ele.

A escrava mucama assistia a tudo estupefata.

Quando Luísa viu Adamastor sendo quase que arrastado pelas correntes ligadas às algemas presas em seu punho, ela correu até o capataz:

– O que é isso? Estás pensando que estás tratando um animal?

– Saia da minha frente, sinhá. São ordens do patrão.

A voz de Luísa elevou-se num agudo protesto.

– Meu cunhado não compactua com isso!

– Esse escravo fugiu e *ameaçô tirá* a vida de sinhozinho Thiago. Se *num* chego a tempo...

– Ele está ferido, precisa de tratamento... – imprecou ela com amargura.

– Ele precisa é de uma boa surra, isso sim, sinhá.

O capataz puxou com firmeza o negro que olhou para Luísa com olhos de clemência. Ela engoliu em seco, e logo um nó apertou sua garganta. Vivera anos presa àquele manicômio, mas jamais presenciara algo tão triste assim. Os olhos de Luísa ficaram olhando para o nada, mas seus pensamentos tinham um foco preciso: Deus. Era para Ele que ela se dirigira, orando em prol daquele escravo ferido, ferido na carne, ferido na alma.

Ela tivera a oportunidade de viver com Adamastor durante todos aqueles anos, desde que chegara para morar na fazenda, e nunca o vira fazendo nada de errado. Algo de muito ruim seu sobrinho deveria ter feito contra ele, só podia ser isso, caso contrário não atiçaria sua fúria a tal ponto. Mas o quê? O que Thiago havia aprontado dessa vez? Rogara tanto por ele e, no entanto, o tempo, em vez de melhorá-lo, parecia cada vez mais piorá-lo.

Ao se ver tomada de tristeza e decepção por perceber que suas súplicas não foram atendidas, Luísa lembrou-se do que um espírito de luz havia lhe falado certa vez. Muitos espíritos só mudam, só percebem o que fazem realmente ao próximo quando sentem na própria pele os mesmos atos. Por mais que tentemos ajudá-los, se eles tiverem o corpo fechado, protegidos por espíritos obsessores, nossa ajuda será retalhada, interceptada, em meio ao caminho. Luísa entrou na casa-grande, atordoada e foi direto para o quarto orar em silêncio.

Uma hora depois, Breno assustou-se ao ver o irmão entrar, transfigurado, pela porta do grande casarão.

– Meu irmão, que bom que chegaste. Estávamos preocupados contigo! – desabafou Breno, numa voz ansiosa, um pouco confusa.

Breno aproximou-se do irmão e colocou sua mão no ombro de Thiago, que o olhou de soslaio e manteve-se calado, mas era visível que o ódio estava corroendo-lhe por dentro. Luísa levantou-se e foi até Thiago. Não podia disfarçar o ar de aborrecimento em seu rosto. Os olhos do sobrinho mais novo a fuzilaram quando colidiu com os dela.

– Thiago! – exclamou a tia, ansiosa.

Luísa escolheu cuidadosamente o que iria dizer. Uma palavra em falso poderia causar um resultado desastroso.

– Meu sobrinho, não tomes decisões precipitadas. Espera ao menos teu pai voltar. Ele decidirá o que fazer com Adamastor...

O moço de beleza exuberante a olhou incrédulo, o pedido o chocou. Luísa pôde ver o sangue fervilhar e tomar todo o pescoço, o rosto e a cabeça do sobrinho. Ao contrário do que esperava, Thiago apenas inspirou fundo e manteve-se calado com uma expressão até aquele minuto incógnita.

– Não deixes o mal dominar teu coração, Thiago. Quem faz o mal atrai o mal – disse Luísa, com um raio de esperança.

Desta vez, o olhar do sobrinho sobre ela tornou-se demoníaco. Parecia que ia saltar sobre ela. Ao ver o estado dele, a tensão se espalhou por todo o corpo da tia, como se fosse uma onda. Ela sentiu a pressão aumentando sobre seu coração.

– Meu sobrinho... – volveu Luísa num tom angustiado e confuso.

Thiago bufou de raiva e retirou-se, deixando Luísa e Breno olhando um para o outro, espantados e alarmados. Luísa balançou a cabeça desolada ao dizer:

– A justiça divina move-se lentamente, mas no fim age com precisão.

O tom categórico da voz da tia deixou Breno pensativo.

...

A passos largos, Thiago deixou a sala rumo ao seu quarto. Após se recompor, seguiu direto até as imediações da senzala. Àquela altura, Adamastor já havia sido preso ao tronco, como ele ordenara ao capataz.

Desnudo, o escravo tremia de frio, sede e fome, pois Thiago havia proibido dar comida e bebida a ele. O jovem se aproximou do "pau da paciência", como também era conhecido o pelourinho, e ali ficou a vibrar ódio.

Depois, aproximou-se do ouvido da vítima e, num tom enojado, falou:

– Sabes por que não te matei, negro ordinário? Porque matar-te aos poucos é muito mais dolorido para ti e mais prazeroso de se ver. Quero ver-te implorar para viver, desgraçado.

O capataz veio até seu sinhozinho e lhe deu um dos oito chicotes que carregava consigo. O instrumento tinha tiras de couro espessas e bem retorcidas. Thiago decidira ser ele o próprio carrasco do negro. E, então, começou a açoitá-lo sem piedade, até deixar o homem em carne viva. Fulo, Thiago tinha o cacoete de girar a cabeça e levantar os lábios.

Assim que o chicote ficou enlameado de sangue, o jovem carrasco tomou outro da mão do capataz, pois o sangue da vítima amolecia o couro, e assim não tinha o mesmo efeito na pele do castigado. Adamastor aguentou tudo calado, por caráter, sequer seus gemidos de dor soaram alto.

O melhor amigo de Adamastor assistia a tudo aquilo, sofrendo igualmente. Ele tinha de buscar forças dentro de si para impedir que Thiago, aquele malévolo e demoníaco rapaz, realizasse o que pretendia fazer contra o amigo. Mas que poder tinha ele? Nenhum. Seu único poder era orar para os orixás.

Estaria Adamastor arrependido por ter estouvado seu sinhozinho, aquele, cujo corpo servia de caleche para o demônio galhofar com a bondade?, inquiriu o amigo de Adamastor.

Quando o braço de Thiago cansou, ele voltou-se para os escravos que assistiam àquilo, a pedido dele mesmo, e falou:

– É assim que um negro rebelde deve ser tratado. E não adianta, *negraiada*, fazerdes aqueles batuques, danças, orações, maldições, sei lá o que fazeis, que não conseguireis tirar esse imundo desse tronco. Não conseguireis!

Thiago soltou uma gargalhada ao vento, sentindo como se fosse um deus e, baixando novamente seu rosto, rente ao ouvido de Adamastor, rosnou:

– Isso não é tudo, negro nojento. Tenho ainda uma surpresinha para ti!

Adamastor sentiu-se congelar de pavor naquele instante. Não precisava ser um adivinho para descobrir qual seria a surpresa. O capataz, ajudado por dois outros empregados brancos, arrancaram o escravo dali, e o levaram para um local onde suas chagas foram lavadas com pimenta, vinagre e muito sal, cujo efeito era parecido com o fogo, queimando-o vivo.

Quando Adamastor foi novamente preso ao tronco, o capataz escolheu, entre os negros mais fortes, um para ser o carrasco e ficou ali de vigia, assistindo-o açoitar a vítima, pronto a punir qualquer afrouxamento ou fraqueza por parte dele. O negro escolhido para ser o carrasco sofria tanto quanto o negro preso ao tronco, já que tinha Adamastor como a um irmão.

Naquele instante, carrasco e vítima sofriam ao mesmo tempo a dor dos açoites. A cada açoite, a dor fazia com que o pobre homem preso ao tronco retraísse todo o seu corpo a ponto de erguer-se nas pontas dos pés. Tão repetido era esse seu movimento que o suor da fricção de sua barriga e de suas coxas contra a madeira a deixavam toda polida. Thiago ordenou que o homem fosse açoitado até a morte.

Breno tentou distrair a tia, puxando conversa, mas Luísa parecia estar bem longe dali, alheia a tudo. Por fim, ela se levantou e desabafou:

– Preciso tomar um pouco de ar.

A seguir, Luísa saiu do aposento e foi até a varanda. O ar que cercava a casa estava pesado, tomado de energia negativa. Ela, então, procurou se acalmar, vagando os olhos na escuridão da noite.

Minutos depois, Breno foi até a tia, trazendo consigo uma xícara de chá para ela tomar e ficou temporariamente parado ao lado seu em silêncio, olhando também para escuridão. Após alguns minutos, ele falou:

– Thiago não está bem. O incidente deve tê-lo transtornado muito.

A voz de Luísa o interpelou:

– Como pode?

Breno lançou um olhar curioso para ela.

– O que foi, tia?

– Como pode vós dois serdes irmãos, filhos do mesmo ventre, se sois tão diferentes um do outro? Eu não compreendo, por mais que eu tente... – Luísa calou-se, ao lembrar-se que ela nascera do mesmo ventre que a irmã, e eram também altamente diferentes, a água e o vinho.

– Eu amo meu irmão, tia, tanto quanto amei minha mãe e amo meu pai. Só que Thiago, coitado, é só um pouco nervoso, perturba-se fácil com as coisas...

– Tenho medo dele... – desabafou Luísa, inebriada.

– Não deves temê-lo... é que, às vezes, ele perde o controle quando se irrita, só isso. Mas também não é para menos que ele esteja irado... depois do que passou... Segundo o capataz, por pouco Adamastor não o mata com o facão!

– Ele procurou por aquilo!

– Como assim, tia? Perdeste o juízo?

– Ele colheu o que plantou...

– Não compreendo...

– Um dia hás de me compreender, meu sobrinho. Teu coração não tem maldade, porque não cabe maldade. Tu és um espírito bom, sinto-me orgulhosa em ser tua tia.

Breno sorriu. Seus dentes brilharam, brancos e fortes à luz do luar.

Adamastor morreu preso ao tronco, sofrendo em silêncio até a última chicotada. Os açoites abriram chagas tão profundas, que suas veias, as mais importantes, foram diliceradas, provocando uma grave hemorragia que o levou à morte.

Foi um dia triste na fazenda para todos, tal e qual o dia em que Ida morreu, porém de morte natural, cerca de dois anos antes daquela data. Somente uma pessoa não se entristecera com o fim do escravo.

Esse alguém era Thiago, cuja mente vagava longe, tomada por imagens de Maria Eduarda, linda, e dos momentos maravilhosos que passava ao lado dela. Era inspirador demais.

Algumas semanas depois dos últimos acontecimentos...

Maria Eduarda e Thiago estavam novamente a passeio pelos lindos campos ao redor de Vila da Mata. Na barriga da jovem ficou a cicatriz da facada que levou do negro naquela tarde fatídica. Ela, porém, nunca mais tocou no assunto, pois era da opinião de que não se deve ficar remoendo acontecimentos tristes. Do negro não guardou ressentimento algum, tudo o que fez foi orar por ele. Logicamente, ela nunca ficou a par do que Thiago reservara para o escravo após ele tê-los atentado.

Por algum tempo, a belíssima jovem olhou preguiçosamente para as plantações ao longe. Verdadeiros tapetes feitos pela mão da natureza. Então, sonhadora, disse:

– O ar aqui em cima é tão maravilhoso!

Ela inspirou o ar delicadamente e, com a mesma delicadeza na voz, acrescentou:

– Ouve...

Thiago percorreu o olhar ao redor quietamente por alguns segundos.

– Não ouço nada.

– Exato. Só o silêncio – disse ela.

O jovem rapaz empertigou-se com a observação.

– No nosso cotidiano, muitas vezes, esquecemos de observar certas coisas profundas sobre a vida... tal como observar as diferentes cores que o Sol cria, do matiz púrpura ao amarelo canário. Notar... deixar-se observar que no silêncio absoluto podemos perceber que até o silêncio pode ser ouvido.

– É verdade... – ressaltou Thiago com ar divertido.

– O silêncio da natureza nos é reconfortante. A natureza em meio ao silêncio nos permite que entremos em contato com os segundos, os minutos do prazer de ser um ser vivo. Aqui, longe do burburinho das pessoas, posso ter meus próprios pensamentos. Aqui posso entrar em contato com meu interior, deixar que meus próprios pensamentos emerjam em paz, e posso ouvi-los com clareza.

Ela tomou ar e continuou:

– Para muitas pessoas isso aqui passa despercebido, jamais é observado e sentido. Para a maioria das pessoas, a vida se resume em cuidar dos filhos, fazer mexericos ou saber dos últimos que circulam pelos vilarejos e cidades, brigar, lidar com a raiva que vive em alternância com o amor pela pessoa amada. Para mim, a felicidade vai mais além. A vida vai mais além, e nesse além podemos aprender a lidar com tudo de modo mais gentil...

– A vida para mim és tu, Maria Eduarda... – confessou Thiago.

Ela emitiu um sorriso carinhoso. O belo rapaz retribuiu com outro. Naquele momento, Thiago pôde compreender o real significado de Maria Eduarda em sua vida. Ela era seu sol e sua lua, seu mundo inteiro.

– Lembra do que me disseste logo que me conheceste? Que tinhas a sensação de já me conheceres há muito tempo? – perguntou ela, a seguir, com sua voz aveludada.

Thiago concordou com a cabeça.

– Pois bem, eu tive a mesma sensação.

– Por que não me disseste?

Ela deu de ombros.

– Às vezes, levamos tempo para dizer o que pensamos...

– Eu que o diga...

– Por que dizes isso?

– Por nada... por nada...

– Comentei com minha tia a respeito, e bem...

Thiago permaneceu aguardando, pacientemente, ela falar.

– Diante dessa sensação... digo, a de parecer que te conheço há um bom tempo, pus-me a refletir: se nunca nos vimos, como podemos ter essa mesma sensação?

– Sei lá. São mistérios da vida... quando nos esbarramos neles não há como...

A voz dela se interpôs sobre a dele com delicadeza.

– Sabes o que penso, Thiago? Que temos essa sensação porque de fato já nos conhecíamos...

O jovem rapaz franziu a testa.

– Mas quando e onde? Quando crianças? Tu me disseste que te mudaste há poucos anos para cá...

– Não nos conhecemos nesta vida e sim, numa vida anterior.

O comentário mexeu com Thiago. Maria Eduarda acrescentou:

– De onde haveríamos de nos conhecermos, senão numa vida anterior a esta?

– Mas, Maria Eduarda, isso não existe...

Ela inspirou o ar delicadamente antes de prosseguir.

– Pouco antes de deixarmos a Corte, minha tia tomou conhecimento de um professor francês que desenvolveu uma teoria bastante curiosa a respeito da vida. Não sei muito a respeito, tampouco minha tia, mas o pouco que eu soube fez um tremendo sentido para mim. Ele diz que nós somos aqueles que morreram no passado... Somos um espírito, como aprendemos na nossa religião, mas esse espírito após a morte e um tempo no céu, ao lado de Deus, volta para este planeta para viver uma nova vida. Ele nasce dentro de um novo corpo, e é por tudo isso que muitas pessoas têm a sensação de conhecer as outras há muito tempo, porém sem nunca terem estado juntas uma vez sequer nesta vida...

Thiago suspirou:

– É...

– Confuso? – arriscou ela.

– Incabível, eu diria...

– Eu gostaria de saber mais a respeito. O que sei é tão pouco...

– Não me interesso em saber sobre mais nada na vida a não ser sobre ti.

Ela sorriu.

– Eu me apaixonei por ti no exato instante em que te vi pela primeira vez – disse ele, colocando a mão sobre as dela, e sentindo o calor da sua pele.

Carinhosamente, ele acrescentou:

– Perto de ti, eu me sinto maior. Tudo faz mais sentido.

Tomando um tom mais sério, o jovem acrescentou:

– Eu nunca vou mentir para ti, Maria Eduarda, e nunca te serei infiel. Serei o melhor marido do mundo. Eu te amarei com toda minha alma. Eu te amo, Maria Eduarda, eu te amo profundamente...

Thiago envolveu com suas mãos de afeto o rosto suave dela. Alisou-o carinhosamente antes de beijá-la. Depois, ofertou-lhe um ombro de algodão para ela repousar sua cabeça. A jovem deixou seus olhos se fecharem e sua mente se perder em meio à tênue sensação de paz que sentia toda vez que ficava ao lado do homem amado. Ele fez o mesmo, regozijando do prazer de estar ao lado da mulher de sua vida. Era a primeira vez que os dois nessa vida atual sentiam verdadeiramente o que era o amor, o que era a paz, o que era o divino em carne e osso.

Duas vizinhas que conversavam na calçada interromperam sua conversa, ao verem a charrete que trazia Maria Eduarda parar em frente à casa dela para deixá-la.

– Bonita moça – comentou uma delas.

– Um encanto.

– Moça de sorte. O rapaz é filho de fazendeiro produtor de café.

– É um rapagão.

– Bonito. Extremamente bonito.
– Tanto quanto ela.
– Seus filhos serão lindos...
– Sim. Com tanta beleza assim, os filhos só podem nascer belos.
– Ele é bem mais bonito que o irmão...
– Eu o conheço?
– Lógico que, sim. O nome dele é Breno. Um encanto de rapaz. Modos finos e polidos. Mas é fisicamente diferente do irmão. É um tipo "feio bonito".

O assunto das duas se desvirtuou ao perceberem a aproximação de Maristela, a rapariga que vendia o corpo para viver, e por quem o dono da única taberna do vilarejo morria de paixão e ciúme.

Ao avistar Maria Eduarda sendo trazida por Thiago, o batimento cardíaco de Maristela acelerou. Por pouco, não deixou a trouxa de roupas que trazia sobre a cabeça cair no chão de paralelepípedos. A respiração dela tornou-se ofegante. Seus olhos e sua face começaram a queimar feito brasa. Foi o *zum, zum, zum* das duas senhoras que a despertou do transe. Ao vê-las, olhando para ela de maneira julgadora, seu sangue fervilhou ainda mais.

– O que estais olhando? Nunca vistes, não?! – ralhou Maristela, irritada.

As duas senhoras empinaram o rosto para trás, lançando-lhe um olhar desafiador. Com repugnância, xingaram-na:

– Despeitada.
– Promíscua... Rameira, cortesã!

Maristela jogou a cabeça para trás, soltando uma gargalhada. Em meio a risos, disse num tom provocador:

– Despeitada, sim. Promíscua, também. Mas é por tudo isso que os teus maridos me procuram... antes ser o que sou e satisfazer um homem na cama a ser igual a *vosmicês*, casadas, ruins de cama, infelizes e mal-amadas!

As duas senhoras fecharam o cenho e deram-lhe as costas. Maristela tirou a trouxa de roupa da cabeça e pousou-a no chão. Pegou um punhado de terra e correu atrás das duas senhoras, arremessando-o sobre suas cabeças. As duas gritaram horrorizadas e correram trôpegas pelo chão de paralelepípedos.

Maristela não tinha medo das autoridades do local. Sabia como pô-las a seu favor: bastavam alguns minutos com eles deitados em sua cama. A prostituta gargalhou mais uma vez e retomou seu caminho, carregando a trouxa de roupas. Entretanto, ao passar em frente à casa de Maria Eduarda, o cenho de Maristela mudou, fechou-se como quando o tempo se fecha para arremessar um enorme temporal.

Foi somente cerca de um mês depois de Thiago ter recebido o consentimento da tia de Maria Eduarda para fazer-lhe a corte, que a jovem teve a oportunidade de conhecer Breno pessoalmente, seu futuro cunhado. Já o conhecia de vista, mas nunca havia sido apresentada a ele, tampouco trocado meias palavras.

O encontro não foi algo premeditado, foi ocasional. Ela e Thiago estavam conversando em frente à casa dela na Vila, quando ela o viu. Maria Eduarda notou de imediato que Thiago mudou, assim que avistou o irmão. Tomando um aspecto pesado, quase grotesco.

– O que houve?

– Nada – respondeu ele, tentando disfarçar seu nervosismo à flor da pele.

– Aconteceu alguma coisa?

– Não foi nada. Já te disse!

A voz de Thiago soou, pela primeira vez ao lado dela, levemente agressiva. Ele logo percebeu e pediu-lhe desculpas. Maria Eduarda mordeu os lábios, pensativa. Pouco depois, Breno chegou até eles. Diante da namorada do irmão, tirou o chapéu para cumprimentá-la e beijou-lhe a mão.

– Como estás?

Como sempre, seu tom era gentil, refinadamente polido.

– Muito bem. Grata! – respondeu ela cortesmente.

Percebendo que Thiago não faria as devidas apresentações, Breno adiantou-se:

– Sou o irmão de Thiago.

– Sei bem quem és...

Ambos sorriram, exceto Thiago que travava os dentes, chegando a rangê-los, o que não era novidade, ele sofria de bruxismo.

Assim que Breno seguiu seu caminho, Maria Eduarda voltou-se para o namorado e perguntou:

– O que ele te fez de tão grave?

A pergunta tomou Thiago desprevenido, e ele não soube o que responder.

– Por que guardas tanto ódio no coração, Thiago? – insistiu ela.

Incerto quanto ao que responder, Thiago apenas disse:

– Não quero falar a esse respeito agora... um dia talvez...

No exato momento em que ele pronunciava as palavras, ouvia a mentira ecoando dentro dele. Ele não poderia falar com Maria Eduarda a respeito daquilo, jamais. A verdade era insuportável. A verdade que nem ele mesmo sabia explicar. Só sabia que odiava Breno, o qual o *odioso destino,* como Thiago assim o chamava, fizera ser seu irmão.

A voz de Maria Eduarda despertou o namorado da rigidez, fazendo-o olhar curioso para ela.

– Toda vez que te sentires triste, irritado, nervoso, lembra do que é engraçado... e ri à vontade. Isso te fará um tremendo bem.

Thiago exibiu seus belos dentes num sorriso espontâneo.

– Hei de me lembrar... – respondeu ele, perdendo a carranca, dissipando a irritação.

A certa distância, Breno voltou o olhar para o irmão em companhia da namorada. Por instantes, observou os dois com atenção, principalmente a ela. Era de fato encantadora. Um sorriso iluminou sua face, um sorriso de verdadeira felicidade, por saber que o irmão estava comprometido a uma mulher verdadeiramente bonita por fora e por dentro. Montou seu cavalo e partiu.

Duas semanas depois, Maria Eduarda estava ligeiramente eufórica para contar a Thiago algo que a deixara muito feliz:

– E, então, ela te contou?

Thiago arqueou as sobrancelhas:

– Contou? O que? Quem...

– Tua tia... Luísa... eu a conheci ontem no empório do *seu* Moraes.

Os olhos de Thiago se dilataram ressabiados.

– Vós conversastes? – a pergunta saiu trêmula.

– Sim. A princípio não sabíamos quem éramos, quando descobrimos, foi divertido. Ela é um encanto de mulher.

Assim que Thiago se viu a sós com a tia, ele ralhou:

– Não quero que te aproximes dela...

– De quem? – perguntou Luísa, surpresa.

– Não te faças de sonsa. Sabes muito bem de quem estou falando... afasta-te dela.

– Ah! Tu te referes a Maria Eduarda... Ela é um encanto de moça. Praticamente uma menina...

– Afasta-te dela! – tornou ele a repetir numa voz ainda mais exaltada.

– Tu e ela são tão diferentes, a água e o vinho, Deus e o...

Foi a chegada de Breno ao local que fez com que a tensa querela entre tia e sobrinho recebesse um ponto final. Thiago saiu, pisando duro, rumo ao estábulo. Montou seu cavalo e saiu da fazenda feito um andarilho sem rumo certo. Estava mais uma vez deixando-se ser entorpecido pelo ódio. Crente mais uma vez que ela, a tia, tinha o dom de atordoá-lo, provocar sua ira.

O rapaz embrenhou-se pelo capinzal e contornou uma cadeia de eucaliptos entre pequenos arbustos de flores de São João. Estava surdo para o canto dos pássaros, o murmúrio do balanço das plantas e dos grãos, provocado pelo vento. Ao avistar o lago, ele se convidou a sentar-se à beira d'água. Aquilo com certeza acalmaria seus nervos, mas não os acalmou. Nem a lembrança de Maria Eduarda estava conseguindo tranquilizá-lo naquele dia. Tudo o que sentia era o ódio, corroendo seu interior. O ódio instigado pela tia e pelo irmão...

Ao voltar para casa naquele dia, o rapaz de corpo e rosto belos e exuberantes entrou no quarto do pai e deixou-se cair na poltrona que ficava junto à cama. Queria se recompor. Gostava de ficar ali, não por ser o quarto do pai, mas da mãe. De algum modo, ele podia sentir a presença dela ainda por ali, e aquilo o acalmava.

Mesmo após estar ali fechado há uns bons minutos, ele ainda se percebia suando frio, de tensão e ódio. Sua cabeça ainda pesava, contaminada por vozes diversas, falando ao mesmo tempo com ele. Aquilo só servia para ajudar a esgotar mais ainda suas energias.

Não podia sequer pensar na tia e no irmão, que aquilo fazia triplicar sua fúria, criar brotoejas na pele de tanto ódio. Como ele os odiava. Considerava-os dois molengas, dois "nada". Como podia ter o mesmo sangue deles em suas veias?

Thiago bateu com as mãos nos braços da poltrona, num gesto nervoso. Dirigiu-se até o espelho pendurado sobre a cômoda e observou seu reflexo.

Nesse instante, a imagem de Maria Eduarda despontou no céu da mente dele, com seus olhos castanho-escuros vivos e magníficos. Ele a amava profundamente, mesmo não sabendo o que era o amor num todo, no seu mais extenso significado. Sim, ele a amava como ninguém, e seu interior lhe dizia que ela seria a única mulher que amaria de verdade em toda a sua vida.

    Meticuloso e detalhista como era, Thiago notou que o espelho estava ligeiramente fora de ângulo na parede e o endireitou. Ao fazer isso, a moldura se soltou do prego e caiu sobre a cômoda. O peso da moldura feriu a madeira do móvel, deixando uma cicatriz ali para sempre. Ele tirou o espelho do local para poder pô-lo no chão e ser consertado. Foi então que notou algo atrás dele. Uma espécie de compartimento onde podia se guardar algo. Ele o abriu e duas cartas caíram.

    Aquilo atiçou sua curiosidade. Antes de ler o conteúdo delas, porém, foi até a porta e a trancou com a chave, só depois começou a ler a primeira correspondência que se encontrava com o envelope aberto. Ergueu a folha de papel, que o tempo encarregara-se de desbotar, em direção à claridade e começou a ler. Reconheceu de imediato a caligrafia de sua mãe.

    – Uma carta de minha mãe? – murmurou ele, antes de aprofundar-se na leitura.

    A expressão de Thiago foi mudando e agravando-se a cada linha lida. Ao meio da leitura, pousou a carta no colo. Apesar do choque que a revelação surpreendente lhe causara, ele sentiu certo alívio, entrelaçado a uma esquisita sensação de triunfo e alegria, emanar-se pelos quatro cantos do seu ser.

    – Então é por isso... – murmurou ele com descaso – por isso que aquele desgraçado do Breno não tem nada a ver comigo. Por isso que eu o odeio tanto... não tem o meu sangue nas veias... é um qualquer... um João Ninguém... e meu pai sabe disso e aceitou aquele pulha, falastrão... mesmo assim. Como pôde?

    Thiago deixou soltar uma respiração pesada e voltou a ler o restante da carta. Ao término, pôs-se de pé e ficou andando de um lado para o outro, aturdido em pensamentos.

    – Europa? Aquela desgraçada nunca esteve na Europa, e sim num hospício... é louca. Meu pai, meu desmiolado pai, é tão louco quanto ela, aceitou-a normalmente, e a trouxe para viver aqui na nossa casa. Uma doente mental!

    Eram muitas revelações para um dia só, mas nenhuma assustou mais Thiago do que descobrir que o pai soubera de tudo e remediara toda a situação, por ter um coração que o jovem considerava fracote. Aquilo fez sua ira com relação ao pai aumentar.

– Como pôde aquele estafermo continuar amando aquele ordinário, mesmo sabendo que é filho de outro? Como? – perguntava-se Thiago ao léu.

Num acesso de raiva, lançou um soco contra o encosto da poltrona e caiu num profundo choro.

– É a mim que ele deveria amar mais que tudo, e não àquele sem eira nem beira, miserável, janota. A mim que ele deveria dar toda a atenção. A mim... que sou o filho legítimo. O que tem seu sangue nas veias e não aquele que foi pego para criar. Que ódio. Que ódio... não sei qual deles é mais ordinário.

Thiago despertou de seus pensamentos ao ver a outra carta, que leu em seguida com uma curiosidade voraz. A carta que deveria ser entregue ao irmão e que, no mínimo, o pai achara por certo não entregá-la. Mas nada, nem ninguém, tiraria dele o gosto de revelar a Breno que fora pego para criar, que o pai que tanto amava não era seu de verdade. Aquilo seria a maior vitória em toda a sua vida. Humilhá-lo. Vingar-se dele por tudo que ele lhe havia tirado durante todos aqueles anos. A atenção do pai e seus carinhos, que eram para ser todos seus.

Uma coisa era certa, valeria a pena esperar pela vingança, pois Breno não só sairia humilhado daquilo tudo, mas exatamente como entrou, com uma mão na frente e outra atrás, tal como chegara ali, pois aquilo tudo que pertencia ao pai era apenas do filho legítimo, por herança e direito. Breno não herdaria nada, nem um centavo. E se dependesse da vontade de Thiago, não herdaria sequer mais um carinho e um sorriso do pai de criação.

Assim que Romeu voltou de viagem e soube sobre os últimos acontecimentos que envolveram Adamastor, quis ter uma conversa a sós com Thiago. Iria repreendê-lo pelo que fizera ao escravo. Nem bem começou a falar, foi interrompido pelo filho:

– Como pudeste, meu pai?

A pergunta assustou Romeu.

– Como pude o quê? Do que estás falando?

– Como pudeste trazer uma louca para morar dentro de nossa casa? Como? – ao término da pergunta, a voz de Thiago já estava totalmente alterada de raiva.

– O que estás dizendo?

A voz de Romeu começava a se tornar trêmula.

– Não te faças de tolo. Eu sei de tudo, completamente tudo a respeito daquela que diz ser minha tia... Nunca esteve na Europa, e sim internada em uma clínica para doentes mentais, loucos!

Romeu se viu perdido, sem saber o que dizer. Quando o silêncio foi quebrado pela voz grossa de Thiago, Romeu suava com profusão. Suarento e sem fôlego, ele tentou pronunciar algumas palavras, mas não conseguiu.

– Perdeste o juízo, meu pai?

Os olhos sem expressão do homem se fixaram nos do filho, que para Romeu deveria ser a última pessoa a saber do que acontecera no passado. Quase num murmúrio, o pai perguntou:

– Como soubeste?

– Não importa. Só não consigo compreender onde estavas com a cabeça quando...

Uma raiva incipiente se insinuava na voz de Thiago.

– Ela não é louca! – bramiu Romeu, tenso.

O filho jogou sua cabeça para trás com súbita impaciência, exibindo o seu proeminente pomo de Adão.

– É louca, sim... com comprovação médica!

– Não creio... os médicos que a examinaram não eram, digamos, capacitados assim...

Romeu preferiu não contar o que realmente pensava a respeito da internação de Luísa. Acreditava ele que sua esposa pagara a um dos profissionais do local para alegar que sua irmã sofria de demência e poder assim interná-la.

– Por que tu a defendes? – rosnou Thiago, inconformado.

– Porque tua tia não é louca! – enfureceu-se Romeu também.

– O senhor, meu pai, só pode estar ficando fraco das ideias...

Fez-se um silêncio desconfortável até que um deles voltasse a falar, e foi Romeu quem o fez, retomando seu tom ponderado:

– Tua tia tem um dom, apenas isso...

– Um dom para quê? – espantou-se Thiago, estreitando a vista, desconfiado.

Romeu baixou os olhos e, com uma voz respeitosa, disse:

– Um dom para ver e se comunicar com os mortos...

Thiago não conseguiu conter-se, e gargalhou, jogando novamente a cabeça para trás. Uma risada aguda e afiada, sarcástica. Com escárnio, falou:

– Um dom... Um dom para a loucura, isso sim. Onde já se viu, meu pai? Onde? Alguém ver e falar com mortos? Só loucos, insanos! Não me decepciones! Abre os olhos para aquela doida, insana.

Sem dar-lhe trela, Romeu acrescentou:

– Se teu irmão soubesse da verdade...

Os olhos de Thiago se fixaram nos do pai, fuzilando-os:

– Irmão?

Os olhos negros do pai se arregalaram abobados.

– Sim, teu irmão!

Hirto de cólera, Thiago aproximou-se do pai, ficando a exatamente um palmo do rosto de Romeu, para dizer o que tinha para dizer e, com muito prazer na voz, um prazer letal:

– Eu sempre tive nojo dele e agora sei o porquê!

Romeu virou um tapa na cara do filho. Um tapa tão forte que fez com que o rapaz perdesse o equilíbrio e caísse aos pés do pai de joelhos.

– Cala a boca, Thiago! Cala essa boca!

Thiago levou imediatamente a mão ao rosto, e segurou firme a vontade de chorar. O pai tornou a repetir, impondo na voz toda força que ainda lhe restava:

– Cala já essa boca, demônio!

Quando o filho voltou os olhos para o pai, lágrimas profundas escorriam de seus olhos avermelhados. Avermelhados de indignação, nervosismo e tristeza, mas principalmente de ódio e revolta. Um ódio profundo, cortante tal como um ácido corrosivo. Seu coração batia em disparada.

– Ele foi pego para criar... – pronunciou Thiago, pausadamente com a voz poluída de escárnio e repugnância.

Romeu bateu o pé com tanta força, que todo o chão de madeira estremeceu.

– Já te disse: cala essa boca, Thiago! Cala essa boca!

Romeu começou a chorar, gemendo e murmurando:

– Isso é um acinte!

– Ele foi pego para criar... pego para criar... aquele desgraçado! – ressaltava o filho numa voz cada vez mais tomada de prazer – e não adianta dizeres que não, porque isso é um fato consumado, irrefutável e definitivo...

Ele deixou escapar um riso desnorteado, cínico, com um prazer ilícito:

– E... eu vou contar para aquele desgraçado... Eu vou contar para aquele desgraçado... quem ele é...

Thiago soltou um riso curto, realizado, de alívio. Romeu continuava a lutar com pensamentos estranhos, ao mesmo tempo em que observava o filho de esguelha. Por fim, disse:

– Tu és meu filho, mas se disseres uma única palavra a Breno... não sei o que sou capaz de fazer...

– Sou seu único filho! – a frase saiu num berro, revoltado.

O rosto de Thiago baixou, quase até se encostar no peito, os músculos das mandíbulas contraídas sobressaíam por baixo das têmporas. Afogueado, Romeu expressou seus mais profundos sentimentos:

– Eu amo Breno com se fosse meu filho de sangue!

– O senhor... o senhor, meu pai, deveria ser internado junto àquela que se diz minha tia...

– Meça tuas palavras, Thiago! Meça as tuas palavras... eu estou avisando-te!

Fez-se um minuto de silêncio, até que um dos dois voltasse a falar. Nesse ínterim, Thiago levantou-se do chão e ajeitou sua roupa com as mãos. O pai manteve-se sério, encarando-o com os olhos frisados. As mãos do pai estavam cerradas, enquanto o sangue se esvaía das articulações esbranquiçadas.

Num repente, foi para cima do filho, pegou-o pelo colarinho e arrastou-o até o rapaz ficar nariz com nariz com ele. Com toda autoridade que podia emitir na voz, Romeu disse:

– Controla o demônio que tem dentro de ti! Controla-te! Se tu disseres alguma coisa para o teu irmão, eu repito, Thiago, eu repito, tu vais arrepender-te amargamente. Estás me ouvindo? Vais arrepender-te amargamente!

Por não obter uma resposta, Romeu insistiu na pergunta, elevando a voz quase num berro:

– Estás ouvindo-me?

Thiago manteve-se mudo, inerte nas mãos do pai. Apenas mantendo sobre ele um olhar desafiador, voraz, determinado e audaz. Romeu, por fim, desistiu de insistir na pergunta, soltou o filho e deu-lhe as costas.

Thiago ajeitou o colarinho, pigarreou e saiu da sala a passos largos e pesados. Suava frio e já não derrubava mais nenhuma lágrima. Ardia de febre, a febre que só a ira pode causar, e a bondade pode curar. Mas o bem não podia alcançá-lo, não estando ele cercado por espíritos que compartilhavam dos mesmos sentimentos dele: ódio, inveja e revolta.

Romeu deixou o corpo cair na poltrona e mergulhou num choro convulsivo. Sentia-se drenado, estripado, deformado e esquartejado. Ao passar pela sala, Januária, a escrava que assumira os afazeres da casa após a morte de Ida, assustou-se ao ver o sinhozinho ali, jogado aos prantos. Não era preciso indagar o que o fizera ficar naquele estado. O bate-boca entre os dois atravessara as paredes. Nada podia ser ouvido com nitidez, mas, pelo tom das vozes elevadas, presumia-se que pai e filho estavam discutindo mais uma vez. O sinhozinho estava mais uma vez sendo instigado a vibrar o mal pelo filho mais novo, algo comum entre os dois.

Thiago atravessou a grande porta da entrada do casarão, andando apressado. Desceu a pequena escadaria que ficava em frente à casa, e partiu rumo ao celeiro onde eram guardados os cavalos. Estava tão perdido em pensamentos que nem o som do canto dos negros que ecoava da senzala o incomodou, como de costume, naquele momento. Na verdade, como sempre acontecia quando ficava fulo de raiva, tornava-se surdo para o mundo exterior. Só podia ouvir o mundo interior tomado de vozes impregnadas de ódio a respeito dos últimos acontecimentos que envolveram sua vida.

Valêncio, o capataz, não muito longe dali, caminhava acompanhado de Ruth, uma das escravas que aceitava se deitar com ele em troca de algum agrado. Ao avistar o sinhô-moço, Ruth chamou a atenção do amante. Valêncio frisou os olhos para enxergar o patrão mais claramente em meio àquela escuridão. Uma interrogação esgrouvinhou seu cenho.

Thiago saiu a cavalo na escuridão da noite, sem destino certo, atarantado. A única noção que tinha naquele instante dentro de si era a vontade de rever Maria Eduarda e se confortar com sua presença, contar-lhe todo o desaforo que viveu nas mãos de seu pai. Atiçou o cavalo a correr o quanto mais pudesse. O animal em pouco tempo seguiu desembestado pela estrada que levava à Vila da Mata.

Quando se viu nas proximidades da casa de Maria Eduarda, Thiago mudou de ideia quanto a vê-la. Por estar todo suado, amassado e furioso, poderia assustá-la com seu estado deplorável e suas palavras encolerizadas. Era melhor e mais ponderado que ela não o encontrasse naquelas condições.

Thiago puxou a rédea do cavalo, mudando-o de direção. Uma súbita vontade de tomar uma bebida, qualquer uma, desde que fosse bem forte, assumiu o controle dos seus passos. Dirigiu-se então à taberna do pequeno vilarejo.

– Dá-me uma cachaça – ordenou Thiago secamente para João, o dono da taberna, que logo percebeu que o rapaz não estava para conversa.

Em segundos, o homem colocou a bebida nas mãos de Thiago, que a tragou em um só gole. A bebida deslizou por sua goela abaixo, queimando-a prazerosamente. O belo jovem bateu o copo vazio sobre a mesa, como muitos fazem para indicar que querem mais da bebida. João veio prontamente atendê-lo. Assim que encheu seu copo, Thiago segurou-o pelo braço e tomou-lhe a garrafa das mãos. O proprietário voltou para trás do balcão de modo submisso.

Maristela, a única prostituta do vilarejo, foi até a taberna ver se descolava algum freguês. Após percorrer os olhos pelas pessoas ali presentes, seus olhos pousaram em Thiago.

Encontrá-lo ali foi uma surpresa para ela. Deitar-se com ele estava longe de ser um sacrifício, como era deitar-se com muitos dos homens que a procuravam. Deitar-se com ele era um prazer. Seria capaz de deitar-se com ele, sem que ele lhe pagasse um vintém sequer. Seria capaz até mesmo de pagar para o jovem mancebo se deitar com ela. A beleza dele chegava até a petrificá-la de tão deslumbrante e estarrecedora que era.

Thiago lançou-lhe um olhar incógnito, atiçando-a. Maristela não soube precisar se ele estava com vontade de servir-se de seus préstimos ou não. Ele lhe pareceu, na verdade, um tanto quanto fora de si. O cenho dele estava fechado e seus lábios contorciam-se de ódio, ela pôde notar. Mas observando-o melhor, ela teve a sensação de que ele precisava dela naquela noite, bem mais do que precisou nas noites anteriores.

Maristela resolveu se guiar até ele com seus passos delicados e flutuantes. Com seu jeito provocante de arquejar o corpo, ela debruçou-se sobre a mesa onde ele se encontrava sentado. Os olhos dele bateram-se com os dela sem emitir emoção alguma. Ela deu uma tossidela como que para quebrar o gelo. Mas Thiago permaneceu inerte, perdido em pensamentos. Nem o decote saliente e exuberante da moça, tampouco seus seios fartos e sedutores, despertaram-no do redemoinho de pensamentos confusos e das vozes críticas e negativas que dialogavam com ele naquele momento.

Maristela pegou a garrafa e encheu o copo semivazio que repousava sobre a mesa, preso entre os dedos de Thiago. Os olhos do rapaz deram sinal de reação naquele instante. Vendo que ele não sorveria daquela dose, ela tirou o copo de sua mão e bebeu todo seu conteúdo numa talagada só. Voltando-se para ele com o olhar insinuante, a rapariga sedutora arriscou dizer-lhe umas poucas palavras:

– Meu príncipe, precisas de mim esta noite...

Thiago manteve o mesmo ar distante. Ela folgou mais o laço do decote para deixá-lo maior. Thiago, entretanto, não pareceu notar, sua mente estava por demais ocupada, remoendo os últimos acontecimentos de sua vida sem que pudesse prestar atenção em outras coisas, nem mesmo num decote atraente, diante do qual era fraco, quase obcecado.

– O que te afliges?

Ela hesitou antes de acrescentar, com uma expressão facial que oscilava entre o sorriso e uma careta:

– Vem até meu quarto. Lá, tu poderás relaxar um pouco...

Maristela pegou as mãos do galhardo mancebo com firmeza e ergueu-as. Ele permaneceu na mesma posição. Ela levou seus lábios até os ouvidos dele e, com uma voz provocadora, sussurrou:

– Meus préstimos te serão muito úteis essa noite, meu senhor...

Dessa vez, o corpo do rapazola mexeu-se num todo, como se tivesse voltado a si. Ele voltou o olhar para ela e disse com descaso:

– Saia de perto de mim, imunda.

Ela riu.

– Não saio.

Mesmo diante do olhar de descaso e desdém que lançava sobre ela, a assanhada persistiu:

– Vem, meu príncipe.

– Tu não prestas! – rufou ele com a boca torta devido a embriaguez.

Ela riu outra vez desafiadoramente.

– Eu sei, é por esse motivo que os homens gostam de mim...

Lançando-lhe mais um olhar desafiador, ela ousou mais uma vez, acentuando a sensualidade na voz, chamá-lo:

– Agora, vem. Tu estás precisando dos meus carinhos esta noite. Eu sei. Eu sinto. Vou te propiciar a noite de amor mais fantástica que *vosmecê* já teve e terá em toda a tua vida.

Maristela tornou a encher o copo e a beber seu conteúdo numa golada só. Depois esvaziou o que restara na garrafa no próprio gargalo. Thiago tirou algumas moedas e deixou sobre a mesa. Levantou-se e seguiu, sendo puxado pela mão esquerda de Maristela até o casebre dela que ficava nas proximidades.

Um sorriso malicioso iluminou o rosto de um dos fregueses ali entregue há horas à bebida. Um outro freguês voltou-se para ele e disse, com a língua enrolada por causa do forte efeito do álcool no organismo:

– Pobre rapaz...

– Que pobre, que nada. Eu queria estar no lugar dele! – salientou o outro com uma voz totalmente embriagada.

O velho João Silvério, dono da taberna, fechou o cenho ao ver Maristela partir com Thiago. O ciúme, quase doentio que sentia pela prostituta, novamente começava a corroer João por inteiro. Ele amava aquela rapariga profundamente, ao menos era o que pensava ser o amor, e a queria só para ele. Já arriscara fazer tal pedido a ela e tudo o que recebeu como resposta foi uma risada sarcástica.

Ele podia propiciar-lhe uma vida mais digna, seria capaz até de casar-se com ela e assumi-la diante de todos, mas ela, não. Ela não o queria. Não por ela ter se acostumado àquela vida, nem por considerar de pouca valia o dinheiro e os bens que João Silvério possuía, mas por considerá-lo velho. Ele bem sabia, já notara, o interesse com que ela olhava para todo homem jovem e de porte físico viçoso. Isso ele não podia lhe oferecer, infelizmente. João Silvério chegava a ponto de se odiar por ter um físico de constituição pequena. Um ódio que era capaz de danificar seu próprio físico, sem que ele se desse conta disso.

Novamente, o dono da taberna prestou atenção em Maristela, puxando Thiago pelo braço pela rua que levava à sua humilde casa. O sangue de João novamente ferveu de ciúme. Estava, de um tempo para cá, preocupado consigo mesmo, com medo de um dia perder as estribeiras e dar uma surra na rameira. Por muitas vezes se segurou, por pouco não a esbofeteou. Acreditava que se ela ficasse com o corpo dolorido e cheio de hematomas, afastaria a freguesia dela. Maristela tornar-se-ia então dependente dele e assim, ele a dominaria. Assim ele se acalmaria.

Por mais que Maristela o fizesse de gato e sapato, ele ainda chegava a ponto de se humilhar para ela. Desde que ela tomara conhecimento da paixão que ele sentia por ela, a prostituta duplicou, depois triplicou e até quadruplicou seu preço para ele dormir com ela. E ele pagava sem se dar conta que aquilo de certo modo o excitava.

Assim que Maristela e Thiago entraram no quarto, ela o deitou sobre a cama e começou a despi-lo. Tirou primeiro seu sobretudo, andrajoso. Depois, desatou o nó de sua gravata, em seguida a camisa úmida de suor, e assim por diante.

Nua, deitou-se sobre ele com delicadeza e começou a beijar com terna efusão os ombros, o dorso, as mãos e os braços de Thiago. Então, parou e pousou sua face direita sobre seu peito, roçando por uns segundos os pêlos que cobriam toda a região e ali ela relaxou, ouvindo as batidas do coração daquele homem semiacordado. Eram batidas descompassadas, frívolas. Sentiu pena dele, sem saber precisar o porquê. Queria mais que tudo afagar-lhe o corpo, a alma para todo o sempre, como uma mãe afaga um filho.

Sentiu um aperto no coração ao lembrar que aquilo seria impossível. Ela sabia muito bem precisar a realidade. Sabia que nunca poderia tê-lo na vida, senão por algumas noites, apenas para sexo. Ela espantou a tristeza antes que a dominasse e se pôs a dar prazer ao homem que a atraía profundamente. Simplesmente o melhor do prazer.

Daquele dia em diante, a beleza refinada de Thiago deu espaço para uma fisionomia fustigada pelo ódio que percorria seu interior. Ele chegou a ficar quase irreconhecível com a barba que deixou encobrir seu rosto. As noites maldormidas causaram-lhe olheiras profundas, parecia anêmico. Procurou evitar de todos os modos possíveis o contato com o pai que também não fez muita questão de procurá-lo para dialogar. Apesar de Romeu se manter decidido a evitar o filho, seu coração, o coração de pai ardia de tristeza.

Breno, como sempre, mantinha-se solidário ao irmão, o que causava em Thiago uma irritação quase desesperadora. Por muitas vezes, Thiago sentiu vontade de contar a Breno o que descobrira. Por pouco ele não lhe disse. O irmão mais novo não sabia precisar o que o segurava, talvez o amor que sentia por Maria Eduarda... A moça, por sua vez, começou a ficar preocupada com o estado do namorado.

– O que te arrufas? Tu pareces arrufado com alguma coisa... o que houve?

Maria Eduarda dirigia-lhe a palavra, mas o namorado respondia ao acaso.

– Não foi nada...

Ela atravessou os olhos dele como se quisesse enxergar o que Thiago escondia por detrás.

– Não te preocupes, meu amor. Tudo vai acabar bem... – opinou a jovem na tentativa de confortar seu amado – tuas mãos quando tremem entre as minhas me dizem que no íntimo tu não queres ficar só... Vê?

Com esforço, Thiago olhou para as mãos de ambos entrelaçadas e forçou um sorriso. Ela comentou:

– Ontem vi Breno e Lívia na missa. Os dois parecem terem sido feitos um para o outro...

Maria Eduarda sorriu com ternura para ele ao acrescentar:

– Como nós...

O jovem rapaz de rosto bonito respondeu placidamente, sem muito interesse:

– Como nós...

A menção ao irmão fez o rosto de Breno reaparecer de modo obscuro na memória de Thiago. O coração dele voltou a arder de ódio. Maria Eduarda indagou:

– Tu quase não falas de teu irmão... não vos dais bem?

A resposta foi enfática.

– Não gosto dele!

– Por quê? O que ele te fez?

"Ele nasceu!", pensou Thiago, mas evitou dar essa resposta. Preferiu apenas dizer:

– Ele é inconveniente...

– Irmãos são sempre irmãos, meu amor. Nada vale mais que uma união de sangue.

Thiago mordeu os lábios. Estava disposto a contar à jovem ao seu lado a verdade, mas conteve-se.

– Tu te sentirás melhor, bem melhor, meu querido, se passares a ter uma boa convivência com teu irmão... para isso precisas te permitir vê-lo com novos olhos. Acredita-me, tu te sentirás melhor. Quanto menos desavenças criamos e mantivermos na nossa vida, melhor nos sentimos.

A expressão de Thiago pesou ainda mais ao dizer:
– Não me peças o impossível.
– Nada é impossível!
– Como, não?
– Nada... simplesmente nada.
– Eu discordo, meu amor... inúmeras coisas na vida são impossíveis...
– Aparentemente, sim, no fundo não.

Judicioso, ele opinou:
– A morte, por exemplo, é impossível impedir que ela caia sobre nós...
– Eu concordo, mas ela é apenas uma passagem...
– Não há como impedir que ela nos separe de quem amamos.
– Ela impede apenas temporariamente, até que tu morras, e assim tu possas te unires novamente com quem amas. Na vida além túmulo, numa nova vida aqui...
– Acreditas mesmo nisso?
– Sim, piamente.
– Tu, às vezes, te mostras tão diferente de mim... tu és tão voltada a Deus... eu não.
– Um dia vais acabar descobrindo que não somos tão diferentes assim...

Uma brisa agradável passou por ambos, agitou as folhagens de pequenas plantas e as folhas das árvores. Maria Eduarda voltou-se, e encarou o rapaz com um ar apaixonado:
– Eu te amo!
– Eu também te amo! – disse ele, percebendo que toda vez que dizia aquelas três palavras sentia um alívio abater-se por todo o seu corpo.

Os dois trocaram um beijo suave.

Não muito longe dali, do outro lado da rua para ser exato, dois olhos negros observavam o casal a distância com profundo interesse. Maristela estava toda encolhida atrás de um tronco largo de árvores para não ser vista, remoendo pensamentos nada sutis e desejando o mal para o casal enamorado.

De repente, uma voz forte de homem ecoou atrás dela, fazendo-a levar a mão ao coração para conter o susto. Era João Silvério, dono da taberna.
– Ele nunca será teu! Nunca! – rosnou ele com descaso.

Ela empinou o rosto para a frente, fuzilando João Silvério com seus olhos desafiadores. Num tom prepotente, falou:

– E nem serei tua! – bradou a jovem esbelta, já no auge de sua impaciência.

Quando ia deixar o local, João segurou o braço dela fortemente, tal como uma águia agarra uma presa com as garras.

– Tu não me provoques, Maristela. Tu não me provoques!

Ela jogou a cabeça para trás com um ar triunfante, deu uma joelhada entre as pernas de João, que o fez soltá-la e contorcer-se de dor. Assim, ela partiu, saltitando como uma criança quando está feliz e realizada com algo.

Noites de luar espectral, estrelas cintilantes pairaram, com todo seu encantamento místico, sobre aquele canto do planeta nos dias que se seguiram. Numa dessas noites, Thiago se viu mais uma vez perturbado com as descobertas que fizera pelas cartas escritas pela mãe, só que dessa vez sua perturbação era descomunal. Uma perturbação insana que o fez seguir até a senzala enfurecido, quase fora de si, carregando numa das mãos uma tocha para iluminar o caminho.

Os escravos se assustaram quando a voz áspera e atroadora do mancebo retumbou por todo o recinto. Os negros que estavam em forma de roda a dançar e cantar em louvor aos seus orixás pararam imediatamente apreensivos. Podiam ver a chama da tocha refletida nas pupilas dilatadas pelo ódio que queimava Thiago por dentro. Um ódio mordaz e sagaz. Ele voltou a tocha na direção de uma das crianças e desafiou:

– Se não calardes a boca, beiçudos, eu volto aqui e queimo isso que chamam de filhos!

Os negros emudeceram-se e ficaram paralisados onde estavam.

– Ouvistes-me?! – berrou ele, tomado de cólera.

Nesse instante, a criança para quem Thiago apontava a tocha começou a chorar. A mãe correu em seu auxílio para ampará-la. Thiago por pouco não queimou as costas da escrava. Arremessou a tocha ao longe e saiu dali apressadamente a passos largos. Valêncio, que estava nas imediações, ouviu tudo e foi até ele.

– Meu sinhozinho *tá* certo – disse o capataz – o canto desses negros é tão nojento quanto eles... é coisa do demônio...

Thiago, entretanto, não lhe deu ouvidos e continuou andando, olhando firme para o Além. Assim que chegou diante da porta da casa-grande, as vozes de seu pai e de Breno chamaram-lhe a atenção, fazendo travar seus passos ali. No momento, era Breno quem falava:

– Penso em Lívia o dia todo, pai... toda vez que a vejo, meu coração bate diferente, minha respiração muda. Ela me acalma, pai.

– Tu estás amando, Breno, amando de verdade...

O pai sorriu para o filho e prosseguiu:

– Senti-me assim, exatamente assim, pouco depois de conhecer tua mãe. De todas as mulheres que conheci, ela era a mais bonita, a mais singela, a mais iluminada. Foi amor à primeira vista, um amor que foi crescendo, crescendo cada vez mais com o tempo... minha vida teve outro significado desde então. Tornou-se mais real.

Breno balançou a cabeça em aprovação.

Thiago contorcia os lábios, mordendo-os com os dentes. Estava indignado. As palavras que o pai dissera há pouco ecoaram na mente do jovem novamente, deixando-o mais enraivecido e perplexo. Como podia ele falar com o filho adotivo com tanta naturalidade? Falar sobre a mãe que, na verdade, não era a mãe dele? Era só sua. Sua mãe. Ah! Se ele soubesse... Se aquele desgraçado soubesse que tinha sido pego para criar. Ah, que vontade! A vontade chegou a latejar dentro dele vorazmente. Ele tomou ar e coragem, mas, ao pousar a mão na maçaneta, as palavras de Breno o detiveram novamente por instantes.

– Um dia esta casa estará repleta de crianças. Quero ter pelo menos uns quatro filhos. Creio que o Thiago também deva querer ter filhos tanto quanto eu... – confessou Breno.

Romeu, como sempre, emocionou-se com o modo com que Breno falou do irmão. Ele era sempre gentil, sempre amoroso. Sentiu certa pena do filho mais velho. Ah! Se ele soubesse o quanto Thiago o odiava, o quanto o queria mal, será que ainda conservaria esses bons sentimentos por ele? Conhecendo Breno muito bem, sabia qual era a resposta. Conservaria, sim. Seu bondoso coração jamais permitiria o nascimento de um desejo mal, um desejo perverso. Breno era um daqueles poucos seres humanos cuja índole se assemelha à de Deus.

Ao ouvir aquelas palavras, Thiago soltou a maçaneta e mudou de direção. Tomou o rumo do celeiro, onde pegou um cavalo, e partiu dali apressadamente. Queria ficar longe daquela fazenda o quanto antes, senão a fúria seria capaz de fazê-lo atentar contra a vida do próprio pai e do irmão de criação.

Luísa, que saíra um pouco para caminhar sob o luar, como gostava de fazer sempre que a noite era de lua cheia, ficou olhando o sobrinho montado no cavalo até ambos sumirem de sua vista. Ela elevou os pensamentos a Deus em oração. Depois se juntou ao cunhado e ao outro sobrinho na sala, onde os três ficaram conversando sobre amenidades por algum tempo até serem convidados pelo sono a se recolherem.

Thiago galopava desembestado noite adentro, queria muito conversar com Maria Eduarda, mas não era apropriado àquela hora da noite. Só lhe restava mesmo a bebida para afogar suas mágoas.

O jovem já havia tomado meia garrafa de cachaça quando avistou um negro bem-vestido dar uma rápida passada pela taberna. Sua estirpe chamou-lhe a atenção. Como podia ser permitido um negro se vestir tal como um branco? Aquilo era uma afronta na sua opinião.

– Quem são? – perguntou ele ao atendente.

– Vieram da Corte. Pelo que sei é escravo de uma senhora viúva, riquíssima. Estão hospedados na estalagem.

Mal o homem acabou de falar, uma senhora, de seus 39 anos, com cabelos louros, feições delicadas e tratos finos, bem-vestida, uma dama da Corte, com certeza, entrou acompanhada pelo mesmo negro que estivera ali há pouco. Havia muito pouca maquiagem em seu rosto. Um rosto bonito, mas melancólico. Parecia exausta e preocupada.

Aquilo redobrou a curiosidade de Thiago. Afinal, quem eram? Que eram da Corte não havia dúvidas. Mas o que faziam naquele fim de mundo? Discretamente, Thiago levantou-se e sentou-se a uma mesa rente à qual a dama estava sentada em companhia do negro, ficando de costas para os dois. Dali, pôde ouvir o que diziam.

– Amanhã, meu bom e fiel Dionísio, amanhã vou rever meu filho, temo não resistir a tanta emoção.

– Tudo acabará bem, minha senhora. Tudo acabará bem... Xangô há de ser justo. *Kaô kabiessi!*

A mulher balançou a cabeça positivamente.

– Temo que ele me odeie por tê-lo deixado com aquela mulher... mas não posso partir desta vida sem antes lhe dizer que o amo e contar-lhe o porquê de ter feito o que fiz... contar-lhe toda a minha história. Não posso.

A senhora umedeceu os lábios com água.

– Como se chama a fazenda, mesmo? – perguntou o negro.

– Novo Horizonte – respondeu a senhora com certa apreensão.

Thiago arregalou os olhos, estupefato. Parecia estar delirando, mas aquilo era real. A mulher rica, que estava sentada atrás dele, era a mãe verdadeira de Breno. De algum modo, ela se tornara uma mulher riquíssima. Pelo visto, bem mais que seu pai. A surpresa o deixou angustiado. Engoliu a bebida num gole só e deixou o bar cabisbaixo, com o cuidado de não se deixar ser visto pela senhora e pelo escravo.

Era sorte demais de Breno. Não podia ser verdade que aquele desgraçado acabasse tornando-se um homem rico e poderoso. Não! Aquilo só podia ser um sonho. Ou melhor, um pesadelo, uma tortura. Uma vingança do destino que ele tanto abominava. O destino... traiçoeiro, maldito. Por outro lado, havia algo de positivo naquilo tudo, Breno iria descobrir definitivamente que fora adotado, sofreria, como Thiago almejava que sofresse, pela descoberta e acabaria indo embora da fazenda, da vida dele e da do pai para sempre. Para todo o sempre.

Ainda assim, Thiago gostaria de contar a Breno a verdade. Jogar-lhe na face e humilhá-lo. Se ao menos o destino o tivesse ajudado... Mas, agora, era tarde, ele iria descobrir a verdade a seu respeito pela própria mãe.

Breno não acreditaria... mas ela deveria ter algo que provasse ser a mãe verdadeira dele... ainda havia seu pai, não podia se esquecer dele, se Romeu soubesse o que aquela mulher almejava, na certa, não permitiria que ela fizesse tal revelação. Não deixaria jamais... amava Breno, amava-o mais que a ele, seu filho de sangue, bem sabia.

Contorcendo-se de ódio e inveja, Thiago montou seu cavalo e partiu galopando apressado dentre a escuridão da noite. Era desconsolador saber que Breno iria se tornar um homem rico e viveria na Corte com regalias e honrarias, enquanto ele ficaria ali preso àquele fim de mundo...

Se fosse ao contrário, se fosse ele quem herdasse tudo aquilo e partisse para a Corte para viver do bom e do melhor como sempre sonhou... Aí, sim, o destino lhe teria sido justo. Voltaria, então, para pegar Maria Eduarda, ele se casaria com ela e a levaria consigo para usufruir uma vida e um amor perfeitos. Mas o abominável destino se engraçara por aquele desgraçado do Breno, embalsamara-o de sorte e aquilo lhe era repugnante, nojento.

A lua brilhante no céu prendeu sua atenção. Os mais diversos dos piores sentimentos entrelaçaram suas ideias até se embromarem.

Ao entrar na casa e passar em frente ao quarto de Breno, Thiago sentiu vontade de matá-lo, só para impedi-lo de viver tudo aquilo de bom que estava prestes a herdar. Deitou-se envolto de pensamentos conturbados, vozes falavam na sua cabeça, colaborando para agravar seu estado desesperador. Remexeu-se na cama de um lado para o outro durante as horas que passou buscando o sono, mas nada de encontrá-lo.

De repente, num estalo, sentou-se e sussurrou:

– A carta! A carta!

Precisamente às 0h38, ele atirou o lençol para o lado e pulou da cama com todo cuidado para não fazer barulho. Não queria nem mesmo acender uma das velas, pois a claridade poderia chamar a atenção do pai, de Breno, ou principalmente da tia, caso alguém, por algum motivo, levantasse em meio à madrugada.

Tirou o pijama e vestiu ali mesmo, em meio à escuridão, a roupa que deixara sobre a poltrona rente à mesa que tinha um jarro de barro com água. Ajeitou a gola e dirigiu-se para a porta da frente da casa, tateando pelos aposentos escuros. Abriu-a bem devagar e assombrou-se com a escuridão lá fora. Inspirou o ar e saltou os últimos degraus da escada, como faz um moleque travesso. Seu semblante era também de um moleque travesso.

Virou à direita no canto da casa e subiu com dificuldade pela grama escorregadia, devido à umidade causada pelo orvalho. Ao chegar ao seu destino, Thiago girou o trinco gelado de metal da porta do quarto do capataz e a abriu abruptamente, porém, em silêncio. Encontrou o capataz fazendo sexo com uma das escravas.

Ao ver Thiago, a negra soltou um grunhido e saiu de cima do homem que por pouco não perdeu a fala, ao ver o sinhozinho ali parado, olhando enfurecidamente para ele nu, completamente nu, ao lado de uma negra. O sangue sumiu da face de Valêncio.

– Sinhozinho, eu... – gaguejava o capataz.

– Cala a boca! – sussurrou Thiago, irritando-se.

Depois de percorrer com os olhos os contornos insinuantes da escrava nua encolhida na cama, Thiago rosnou:

– Fora daqui já!

– Ela me tentou, sinhozinho, o senhor sabe... essas *negra* são *terrível*... – resmungou Valêncio, em sua defesa.

A escrava, Ruth, saiu rapidamente do quarto, tomada de desespero, tão forte foi sua aflição, que saiu dali desnuda e um tanto perdida, sem saber que rumo tomar. Enojado, Thiago julgou o capataz:

– Tu és um hipócrita, um verme mentiroso. Onde foi parar o nojo que tanto dizes sentir dessa gente? Como é que costumavas dizer mesmo? *Esse canto desses negros é tão nojento quanto eles... é coisa do demônio...* Tu és parte do demônio também, miserável. Deitando-te com uma negra. Tomara que pegues uma doença desses negros imundos para servir-te de lição.

– Sinhozinho...

– Cala-te e ouve-me... presta bem atenção no que vou te dizer. Quero que faças tudo o que eu te pedir. Exatamente como eu te pedir, estás ouvindo-me?

– Lógico, sinhozinho, podes dizer...

– Se não fizeres o que te peço exatamente como quero, prendo-te junto com aquela negra nojenta, os dois nus, naquele tronco, e deixo tu e ela lá até morrerdes de fome, de vergonha e humilhação...

O capataz engoliu em seco e baixou os olhos, submisso.

– Antes, porém, cubra tuas vergonhas. Dá-me nojo olhar para um homem assim com elas à mostra e imundas, com esse bodum...

O homem embrulhou-se no pequeno lençol e ficou todo ouvidos para as ordens de seu jovem patrão.

Com a mão direita, Ruth cobria os seios, e com a mão esquerda as pernas. Ao virar o canto do casebre onde morava o capataz, Ruth colidiu com Tônico, um dos escravos da fazenda.

– *Vassuncê num* se dá respeito *memo*, hein, Ruth?

– *Arre* lá, o*cê larga* dos meus *passo,* Tônico. *Sô* escrava, mas *sô* dona do meu nariz...

– *Ocê* ainda há de *acabá* indo pro tronco por *sê* assim tão espevitada.

Ruth deu de ombros. Depois lançou um olhar provocador para cima do negro.

– *Vassuncê* me quer, *né*, Tônico? *Ocê* quer se deitar *com eu*. *Tá* que *tá* babando por me ver assim sem roupa...

Diante das palavras de Ruth, o negro pareceu perder a autoestima e a autoconfiança.

– *Ocê* não tem dó *d'eu*? – perguntou Tônico, acanhado.

Ruth mergulhou seus olhos nos do escravo, paralisando-o. Ficou passando a ponta da língua pelos seus lábios de modo provocador. Depois abriu aquele sorriso que tinha o poder de fazer o negro perder o chão. Então, disse:

– *Dá-me* cá tua mão, Tônico, *dá-me*...

O negro arregalou os olhos pretos e profundos como se entrasse em êxtase. Ela entrelaçou as mãos nas dele e as puxou até as encostar na região do umbigo dela.

– Passe... passe a mão *em eu*, Tônico. Mata a vontade, mata!

Ruth continuou cravando no negro um olhar cheio de maliciosa penetração, enquanto guiava a mão dele por todo seu corpo, prendendo e se perdendo em seus vãos e entranhas... Tônico inclinou-se para ela e deteve suas mãos fortes e firmes segurando o rosto viçoso dela. Depois, muito lentamente, ele a beijou. Neste carinhoso toque dos lábios estavam premidos a alegria e a vontade de viver com ela um amor profundo e duradouro.

O escravo avançou ainda mais sobre ela e ali mesmo começou a beijá-la acariciando todo seu corpo iluminado pela lua cheia. Ela foi despindo o negro vorazmente, tanto quanto ele queria possuí-la. Não levou tempo para ele entrar no corpo dela, envolvendo-a por inteira com seus braços e bolinando-a numa cadência rítmica. Após o ato consumado, os dois ainda nus ficaram ali ao ar livre à matroca.

– Logo, *vou me* embora daqui! – disse Ruth, de repente.

As palavras assustaram Tônico.

– Perdeu o juízo, *muié*?

– Eu vou mesmo, *cê* há de *vê*.

– Ruth, não *tá* pensando em *fugi*, *tá*? Se *fizé* isso, *morre* no tronco, *muié*!

– *Num vô pru* tronco jamais... eles, sim... eles, sim, um dia vão e nem *lundu* de escravo vai *salvá* essa gente!

– Eles *quem*, Ruth?

– Os branco... os *branco*...

...

Ao terminar tudo o que tinha para falar com o capataz, Thiago voltou para casa. Subiu às pressas os degraus que levavam até a varanda da casa-grande, seguindo pé ante pé em direção ao seu quarto para não fazer barulho. Deitou-se em sua cama, de roupa e tudo, ficando ali pensativo até perceber que o sol surgia por trás dos montes.

Levantou-se, então, com uma disposição surpreendente até para si mesmo. Apesar de ter passado a noite toda em claro, não sentia nem sono, nem cansaço. Tinha de barbear-se. Escanhoar bem a face. Tinha de remover aquela barba cerrada do rosto, e depois deitar-se sob o sol da manhã para que ele lhe bronzeasse as faces, apagando aquela insípida palidez. Logo, ouviu um *zum, zum* pela casa, aquilo era um bom sinal. Um sorriso iluminou sua face e uma euforia agitou seu coração. Assim ele escanhoou o rosto com uma navalha e depois sorriu para o seu reflexo no espelho.

O sol ainda estava a pino quando a carruagem trazendo Alzira de Azevedo Soares tomou a pequena estrada que levava à sede da fazenda Novo Horizonte. Alzira sentiu seu coração apertar ao ver que se aproximava da casa-grande. Mal se lembrava do local, ela o apagara de sua memória para parar de sofrer. Toda vez que se lembrava dali, seu coração era invadido de culpa, remorso e saudades do filho amado. E da lembrança da última vez que esteve ali para tentar ver o filho, e foi escorraçada, tal como um cão vira-latas.

Mas agora, tudo podia ser diferente, a mulher que ficara com seu filho, segundo soube, morrera e Alzira agora era uma mulher rica devido à herança deixada pelo barão com que se casara e vivera muito feliz até a morte dele.

A carruagem parou em frente à casa-grande, e Dionísio pediu a um dos escravos que cuidava do jardim para chamar o dono da casa. O escravo subiu apressado, desapareceu no interior da casa e voltou logo, convidando-os a entrar. A mulher entrou, sentindo-se um tanto insegura. Foi recebida por outra escrava que lhe ofereceu um assento.

Thiago veio atendê-los. Trocaram cumprimentos formais. O jovem e belo rapaz trazia consigo uma aparência serena e equilibrada. Se tremia por dentro de ansiedade, estava conseguindo controlar-se profundamente, pois nada ultrapassava seus poros, não se via sinal algum de tensão.

– A que devo a honra de recebê-la em minha casa, minha senhora? – disse ele, cordialmente.

A boca dele sorriu, os dentes pequenos apareceram, bem como os caninos compridos e pontiagudos. Alzira ficou olhando timidamente para o jovem de beleza rara, antes de falar ao que vinha.

– Vim tratar de um assunto delicado. Teu pai está?

A expressão cordial do anfitrião mudou gradativamente e tornou-se pesadamente entristecida, ao passo que seus olhos umedeciam. Ante ao olhar desolado do lindo rapaz, Alzira preocupou-se. Thiago, em tom baixo e pesaroso, disse:

– Infelizmente, papai teve de ir até a nossa outra fazenda dirimir alguns imprevistos. Posso ajudar-te?

Alzira disse timidamente.

– Procuro pelo filho mais velho do senhor seu pai...

Thiago fingiu certa surpresa.

– Por quê?

Alzira levou alguns segundos para responder.

– Preciso tratar um assunto particular com ele...

Thiago ficou em silêncio, encarando a mulher. Depois, baixou a cabeça e começou a chorar. Sua reação assustou a visitante.

– O que houve? Estás passando bem? – perguntou a mulher, atemorizada.

– Desculpa-me! – disse ele, voltando os olhos vermelhos para ela – desculpa-me. Estou passando um momento difícil na minha vida, muito difícil... estou perdido, sem saber o que fazer... Acho melhor partires.

– Diga-me, o que houve? Quem sabe, posso ajudá-lo...

A mulher parecia desnorteada de preocupação. Sentiu vontade de afagar os cabelos sedosos do belo rapaz, prostrado à sua frente.

– Descobri algo horrível... – respondeu Thiago, voltando a cair em lágrimas – algo que não há como remediar...

O estado do rapaz penalizou Alzira por completo. Thiago evitou os olhos dela, mas a expressão sombria permaneceu.

– Sei quem é a senhora... eu a vi ontem na taverna, jantando. A senhora não me notou, mas estava sentado às suas costas. Ouvi o que dizíeis... sei porque está aqui...

A mulher ficou branca. Soltou um suspiro nervoso.

– Sabes?

– Sim, sei. Eu não quis acreditar. Não dormi a noite toda por causa disso, jamais, jamais pensei presenciar em vida tal momento e, no entanto...

Thiago cortou o que dizia, enrubesceu, parecendo pouco à vontade. Quando voltou a falar, sua voz estava trôpega:

– Não quis acreditar, mas agora que estás aqui, sei que falavas sério. Cheguei a pensar que falavas de outra fazenda, com o mesmo nome que a nossa, mas agora sei que...

Thiago baixou o olhar, tirou de dentro de seu bolso uma carta e a estendeu à visita. Trêmula, ela a apanhou delicadamente da mão dele e se pôs a lê-la. Lágrimas começaram a cair dos olhos dela, a cada linha que lia. Um pranto insopitável. Sua adrenalina foi subindo. Alzira enxugou as lágrimas, respirou fundo, estufou o peito e, voltando o olhar para o belo rapaz à sua frente, disse num tom baixo e rouco:

– Eu... eu nem sei o que dizer...

– Então não digas nada... – murmurou Thiago, choroso.

– Mas, eu preciso...

Thiago levou a mão delicadamente à boca de Alzira e pousou ali a ponta de seus dedos, na intenção de impedi-la de falar. Foi ele quem disse, embargado de emoção:

– Então, a senhora... a senhora é a minha verdadeira mãe...

O tempo pareceu parar naquele instante.

Alzira sacudiu a cabeça, emocionada.

– Sim, meu filho... meu filho querido... sou eu... sua mãe...

Num gesto rápido, ele abraçou Alzira, chorando compulsivamente.

– Meu filho amado... esperei tanto tempo para te rever.

Os dois ficaram ali um nos braços do outro, envoltos de emoção, ao menos a mulher. A carta na qual Antônia Amorim revelava toda a verdade para Breno só foi entregue a Romeu quando Ida se viu no seu leito de morte. Ao entregá-la, a escrava mucama repetiu detalhadamente as palavras de Antônia para Romeu, bem como explicou o porquê de escondê-la durante todos aqueles anos.

Como a própria escrava previra, Romeu optou por guardar a carta e jamais entregá-la ao filho, queria poupá-lo da tristeza que porventura pudesse emergir após a leitura. A intenção de Romeu era queimar as duas cartas, algo de que se esqueceu de fazer com o tempo.

O que provavelmente tanto o pai como Ida não observaram, acreditava Thiago, era o fato de a mãe não chamar o filho por seu nome em nenhum trecho da carta que deveria ter sido entregue a Breno. Apenas tratava-o como filho querido. Se Thiago não tivesse lido a carta deixada para o pai, e só tivesse lido a carta de Breno que lhe seria entregue quando completasse dezoito anos, não saberia dizer a qual filho ela se referia: a ele ou ao irmão. Do modo que escreveu poderia ser tanto um quanto o outro. Thiago chegou à conclusão de que a mãe, sua verdadeira mãe, esquecera-se de endereçar a carta a Breno devido à fraqueza provocada pela doença e ao seu estado emocional frágil.

Alzira afastou seu rosto do de Thiago e, com ternura, afagou-lhe os cabelos e fitou os olhos do rapaz, avermelhados pelo choro emocionado. Os olhos de ambos ficaram por instantes paralisados um no outro, contemplando-se. Foi Thiago quem baixou o olhar primeiro, temeroso de que eles pudessem traí-lo.

– Sempre quis rever-te, meu amor. Sempre quis, mas as circunstâncias... – disse ela, emocionada.

– Não digas nada, mãe, eu te compreendo.

Soltando-se delicadamente dos braços da mulher, e mergulhando as mãos em seus cabelos, forçando a emoção na voz, ele acrescentou:

– Desde que soube que era adotado, eu quis te conhecer, afinal és minha mãe de verdade. Foi do teu ventre que nasci... não sabes o quanto me faz feliz hoje por ter vindo atrás de mim, mostrar que me amas, que me queres ao seu lado.

O comentário surpreendeu a mulher.

– Ao meu lado, seria capaz? – disse ela, quase balbuciando.

– É lógico que sim, minha mãe. Afinal, vivemos separados durante todos esses anos, não seria justo passarmos o resto de nossas vidas um longe do outro.

– Irias embora comigo para a Corte?

– Pela senhora, eu sou capaz de qualquer coisa... para ficar ao teu lado, sou capaz de tudo...

Um raio de luz passou pelo rosto do rapaz, enquanto novas lágrimas riscaram o rosto de Alzira de Azevedo Soares.

– Tu não sabes o quanto me comove e me alegra saber disso, meu filho...

Thiago corou diante do inesperado elogio.

– Não pude fazer-te feliz antes. Quero que sejas a partir de agora, então...

Os dois se abraçaram fortemente e outra vez choraram um no ombro do outro.

– Mas e teu pai, teu irmão, pensei que por viveres toda a vida ao lado deles, tu...

Thiago recuou dos braços de Alzira e baixou a cabeça com pesar. Fingindo-se desconsolado, com a garganta presa. Balançando a cabeça negativamente, desabafou:

– Não gosto de falar sobre isso, mas...

– Desabafa comigo, meu querido.

– Nunca fui bem tratado aqui. Sempre fui deixado de lado. Meu pai, após saber da verdade, afastou-se ainda mais de mim. No fundo, não aceitou o que minha mãe... ora... a mulher que me criou fez...

Os olhos inchados de chorar de Alzira tornaram-se sombrios diante das palavras daquele que agora ela acreditava ser seu filho, daquele que se esforçava para fazê-la crer que seu coração estava em pedaços. Sua voz profunda e rouca tremia de raiva ao voltar a falar:

– Antônia Amorim me expulsou daqui como se expulsa um cão da cozinha, meu filho, há quinze longos anos. Ameaçou-me de morte se eu tornasse a pôr os pés aqui outra vez. Não me permitiu sequer vê-lo. Foi horrível. Fui embora daqui desconsolada... petrificada, senti vontade até de dar fim à minha própria vida, mas o que me segurou, impediu-me de fazer uma loucura, foi a esperança de um dia poder estar frente a frente contigo e revelar-te meu segredo. E, graças ao bom Deus, esse dia chegou.

Alzira Soares pareceu acometida de certa zonzeira, ia desfalecer, mas Thiago foi rápido e a amparou nos braços.

– É muita emoção. Não sei se aguento... – disse ela, arquejando.

– Aguentará por mim, para que possamos usufruir a vida juntos... a senhora merece isso, eu mereço isso depois de tudo o que passamos – acrescentou ele, carregando as palavras de emoção.

– Não sabes o quanto me confortas saber que tu tens esse coração tão bondoso...

– Não sabes o quanto me conforta ser teu filho, minha mãe.

Novamente, Thiago teve o cuidado de mergulhar suas palavras num sentimentalismo exacerbado. Em seguida, beijou Alzira suavemente no rosto e, ajudando a senhora a se pôr de pé, pediu-lhe:

– Agora precisas ir.

– E tu, meu filho?

– Antes de partir com a senhora, minha mãe, minha querida e estimada mãe, preciso ter uma conversa a sós com meu pai. Ou melhor, com o homem que me criou. Não quero que ele saiba de tua existência, muito menos de teu endereço na Corte. Receio que se souber, não nos dará mais sossego. É capaz de nunca mais nos deixar em paz.

– Compreendo... e quanto ao teu irmão? Quero dizer, o filho legítimo do casal? Soube que Antônia deu à luz uma criança logo depois de te deixar aqui...

A pergunta pegou Thiago desprevenido, mas ele tratou imediatamente de manter seu rosto isento de qualquer sinal de perplexidade ou apreensão.

– Ele não sabe que fui pego para criar e prefiro deixá-lo sem saber. Além do mais, será um alívio para ele, pois sempre me odiou. Bem que eu sabia que não fazia sentido eu ter nascido com um coração tão bom, humilde, tão generoso para com as pessoas, e ele ser tão... desumano, sim, essa é a melhor palavra para descrevê-lo: desumano. Mas, vou embora daqui sem remorso. Meu irmão e meu pai ficarão finalmente juntos, como sempre gostaram de viver. Os dois se merecem – as últimas palavras traziam rancor e desdém, algo que, devido à emoção, Alzira de Azevedo Soares deixou passar despercebido.

A seguir, a senhora passou-lhe seu endereço na Corte e lhe deixou dinheiro mais que o suficiente para que ele pudesse chegar lá.

O desejo de Alzira rever o filho era tão imenso que, em nenhum momento, passou pela sua cabeça se certificar se Thiago era realmente o nome do primeiro filho do casal Amorim. A encenação de Thiago de filho amado foi tão exemplar que convenceria até mesmo aqueles que sabiam da verdade.

Thiago contou também com o fato de que os poucos moradores da Vila da Mata que conheciam a família, em especial ele e Breno, só sabiam que eram irmãos, mas não qual dos dois era o mais velho. Nem os escravos sabiam, a maioria dos que trabalhavam na fazenda chegaram quando os meninos já eram grandinhos. Mesmo se Alzira perguntasse, eles não saberiam responder.

Quando Alzira partiu na carruagem, guiada por Dionísio, seu escravo de confiança, Thiago acenou para a "mãe" até ela não poder mais vê-lo. A vontade de rir estava por um triz e acabou escapando pelo nariz, fazendo um barulho como se fosse um ronco. Ele então entrou na casa e foi direto servir-se de uma bebida forte. Queria brindar a tudo o que fizera, e à vida que estava prestes a viver. Levantou o cálice para o alto e, com uma confiança suprema e eloquência, brindou:

"Para ti, Thiago Lins Amorim... Thiago Azevedo Amorim... para ti... por tudo que tu sempre mereceste na vida!"

As últimas palavras ecoaram: "...por tudo que tu sempre mereceste na vida! Por tudo que tu sempre mereceste na vida!".

Em seguida, tomou o conteúdo do cálice num gole só. Depois, arremessou-o contra a parede e riu eufórico. Diante da poltrona que o pai gostava de se sentar, Thiago parou. Um ar desdenhoso de divertimento passou por sua face. Depois, num tom cortante e sisudo, acrescentou:

– Não gostaste sempre mais dele do que de mim, meu pai? Pois, então, fica com ele, aquele filho do demônio para o todo o sempre...

Thiago riu novamente, dessa vez, com desprezo. Em meio à sua radiante felicidade pela vitória que seus planos tiveram, surgiu a lembrança de Maria Eduarda. Aquilo acertou seu peito feito uma lança embebida em vinagre. A decisão que tomara implicava na separação dele e de seu grande amor. Mas seria temporária, até ele se ajeitar na Corte, então voltaria para buscá-la e se casariam por lá em meio ao glamour da cidade mais importante do país.

Restava ainda o pai. Thiago não lhe contaria nada a respeito do que fizera, tampouco sobre a visita de Alzira. E, caso um dia Romeu viesse a descobrir, nada revelaria, bem sabia Thiago, pois o jovem ameaçaria contar toda a verdade para Breno, o que o pai não permitiria. Além do mais, tolo e insípido como era o irmão, não acreditaria na verdade jamais.

Novamente voltou-lhe à mente a belíssima encenação teatral que fizera com Alzira e gargalhou. No fundo, ela estava lucrando com toda a sua farsa, acreditava Thiago, afinal teria um filho que se preze e não um borra-botas, insípido, sonso como Breno.

Finalmente, valera a pena ter aturado Breno durante todos aqueles anos, pensando bem, não fora tão mal, como sempre pensou, a vinda do irmão adotivo àquela casa, a entrada dele naquela família. Ainda assim, ele merecia receber tudo o que Thiago estava fazendo, por ter sido sempre a pedra no seu sapato, ofuscando toda a atenção dos pais para com ele.

Thiago pegou o chapéu, montou seu cavalo e partiu em direção à casa de Maria Eduarda para fazer-lhe o discurso que ensaiara durante boa parte daquela noite que passou em claro. Diante dela, contou-lhe a versão mentirosa que criara à noite, com sua imaginação fértil, para explicar o porquê teria de partir daquelas terras assim de uma hora para outra.

– Tu és a única pessoa que realmente me ama – disse ele, até sua voz se partir.

– Não diga tolices. Teu pai te adora.

– Não tanto quanto tu. Eu sinto. Tu és o que tenho de mais precioso na vida. Nunca te esqueças disso.

Os olhos penetrantes, acolhedores e cheios de compaixão de Maria Eduarda cintilaram ao dizer:

– Tu tens o mesmo valor para mim.

Thiago sorriu. Surpreso, como sempre, com o poder que ela tinha de acalmá-lo, purificá-lo com sua presença e amor.

– E, então, és capaz de esperar-me? – perguntou ele, um tanto apreensivo.

Para Thiago, pareceu haver um abismo entre a pergunta que fizera e a resposta de Maria Eduarda. No íntimo, temeu a resposta, assim puxou-a para os seus braços e a beijou carinhosamente.

Em algum lugar, um galho estalou com o vento e aquilo soou aos ouvidos dele como se seu próprio coração estivesse se partindo. Ele afagou os cabelos dela, e ela sentiu que a ternura do toque era tão natural quanto a respiração.

Polidamente, a moça amada abanou a cabeça em concordância:

– Sou. Aguardarei ansiosamente teu retorno.

Thiago sentiu uma pontada no peito e sabia que era de fundo emocional. A mão de Maria Eduarda imersa entre as suas mãos enormes e poderosas chamaram a atenção dele. Ele voltou os olhos para ela, visivelmente entristecidos, um tanto encabulado. Observando-o com sua usual expressão angelical, a moça de beleza rara fez um adendo:

– Mas tomes cuidado, meu querido, proteja-te do mal.

Algo no tom da voz de Maria Eduarda chamou a atenção de Thiago, fazendo-o sentar-se mais ereto, como que em estado de alerta.

– Mal?! – espantou-se.

– Sim, proteja-te do mal.

Vendo que suas palavras deixaram o jovem rapaz perturbado, ela explicou:

– O mal existe, assim como o bem, está por todo lugar... precisamos estar atentos a ele, para que não estrague a nossa vida.

Com entonação condescendente, ele respondeu:

– Tomarei – ainda assim o tom transpareceu uma incerteza que não lhe era comum.

O moço bonito novamente afagou os cabelos dela, com ternura e relutou em levantar-se e partir. Estava dominado por uma tristeza dolorosa. Um longo silêncio contagiou o ambiente antes de ele tomar caminho. Os dois ficaram ali abraçados, imersos na paz cristalina que nascia toda vez que ambos ficavam lado a lado.

Antes de partir, Thiago lançou um último olhar, pesado e angustiado, para a jovem amada, tentando aproveitar até o último momento para memorizar seu rosto.

Quando Maria Eduarda se viu só, novamente admirou a flor que Thiago havia colhido e levado para ela. Quando seca, a guardaria entre as páginas de um de seus livros de cabeceira para todo o sempre como recordação.

Nesse ínterim...

A alguns quilômetros da fazenda Nova Horizonte, Valêncio, o capataz da fazenda dos Amorim, voltou ao lugar onde deixara Breno o aguardando. Ele partira atrás do cavalo do sinhozinho, quando o animal repentinamente desembestou a correr. Como estavam muito longe da sede da fazenda, o capataz achou por bem ir atrás do animal para tentar capturá-lo. Mas, a busca foi difícil, tomou-lhe bem mais tempo do que previra Breno. Assim que montaram o cavalo, Breno comentou:

– Eu olhei, olhei mas não consegui encontrar os pés contaminados com a tal praga que tu me falaste.

– Não, sinhozinho? Que estranho. Tenho absoluta certeza de que esse era o local... – disse o capataz, fazendo papel de tolo, exatamente como Thiago o havia mandado encenar para seu irmão. Valêncio nem quis saber o propósito do pedido de Thiago. Por algumas moedas, o capataz fazia qualquer coisa sem perguntar.

Quando Thiago regressou à fazenda, encontrou a tia aguardando por ele na grande sala do casarão. Ela crispava as mãos de nervoso. O mal-estar dela também podia ser percebido pelo rosto em brasas. Assim que entrou pela porta, Luísa impôs uma pergunta rápida, num tom severo:

– Podes explicar-me por que me prenderam no curral?

Ele mirou na tia um daqueles seus olhares irônicos.

A tia notou de imediato que a feição do sobrinho estava diferente, transparecendo radiante felicidade. Thiago tirou a botina, serviu-se de bebida e esparramou-se na poltrona da sala.

Luísa arriscou novamente a perguntar, não obtendo resposta, disse:

– Tenho certeza de que isso é coisa tua. Coisa tua, Thiago!

O modo como ela lhe falava, enfureceu-o. Voltou-se para ela, com seus olhos vivos numa mirada rápida, mas precisa, e berrou:

– Cala tua boca. Cala tua boca, louca!

A reação do sobrinho surpreendeu Luísa. Ele saltou de onde estava sentado e foi em cima dela. Esfregando-lhe o dedo no nariz, disse num rosnado:

– Eu te juro, sua filha da mãe... eu te juro que não vou sossegar enquanto não te ver outra vez presa naquele manicômio. Eu te juro!

Boquiaberta, Luísa falou:

– Tu sabes...

Thiago jogou a cabeça para trás, como habitualmente fazia, e gargalhou alto, com prazer.

– Não desejes mal aos outros, meu sobrinho... – aconselhou.

Thiago mal conseguia conter a irritação. Seu azedume amargou-se:

– Não me chames de sobrinho, já te pedi. Enoja-me ser sobrinho de uma doida.

Luísa balançou a cabeça em sinal de discordância.

– Eu repito o que disse, Thiago, não desejes mal ao próximo que ele voltará para ti. Não procures o mal, que o mal se alastrará em ti. Não faças o mal que ele retornará...

Thiago riu alto e forte novamente.

– Não dou ouvidos a uma mulher que... *ha, ha, ha,* deixa-me rir... conversa com os mortos... Débil mental... teu lugar é ficar presa com camisa de força num hospício, sem comida, até apodrecer...

– Não zombes do meu dom...

– Teu dom é coisa do demônio!

– Tu és coisa do demônio!

A ironia desapareceu do rosto de Thiago naquele instante, o sangue subiu à cabeça dele, avançou sobre a tia e deu-lhe um tapa no rosto. Luísa não se mexeu. A marca da mão do sobrinho estava estampada em sua face, nítida e vermelha. Próximo ao canto dos olhos, um fio de sangue escorria, Breno, que acabava de entrar na casa, assistiu à cena.

– Perdeste o juízo, meu irmão? – falou ele, correndo em auxílio da tia.

Thiago soltou uma risada escancarada e debochada.

– Tu perdeste o juízo, Thiago? – tornou a repetir Breno, amargurado.

Thiago aproximou-se bem do irmão, ficando a um palmo de seu rosto, e com a voz acrimoniosa, envolta de ódio e desapreço, proferiu aquilo que há muito tempo queria dizer-lhe face a face e protelava, mas agora não havia mais nada a perder:

– Tu presta bem atenção ao que eu vou te dizer, presta bem atenção mesmo, para nunca esquecer: eu... eu, Thiago, odeio-te. Do fundo do meu coração, eu te odeio! Não sabes o quanto, por mais que eu te diga. E eu almejei durante todos esses anos a fio que tu tivesses morrido no lugar de minha mãe.

Breno permaneceu mudo. Tudo o que fez foi pôr a mão no ombro do irmão e dizer:

– Estás nervoso, meu irmão...

– Tira essa mão imunda de mim... tu és surdo, por acaso? Débil? Não ouviste o que eu te disse, não? Queres que eu repita? Eu repito. Eu te odeio. O-d-e-i-o! Ouviste agora, seu surdo, seu débil mental?

Os olhos de Breno se marearam.

Thiago deu-lhe as costas e saiu da sala, pisando duro.

A tia, agoniada, procurou imediatamente consolar o sobrinho.

– Acalma-te, meu querido.

– Ele deve ter bebido muito... fica assim quando bebe. Amanhã tudo voltará ao normal, a senhora há de ver... ele está delirando, dizendo coisas sem sentido. Onde já se viu um irmão odiar o outro? Nunca. Ninguém odeia alguém da sua família e do seu próprio sangue.

A tia respirou fundo, sangrando interiormente de dó, e guardou para si o que pensou: Thiago não estava delirando estava pondo para fora, desabafando o que sempre sentira pelo irmão, um ciúme doentio. Ela notara isso desde o primeiro momento que bateu os olhos nele, ainda quando criança. Mas era preferível deixar que Breno continuasse a acreditar no que pensava, seria menos dolorido para ele. Mesmo porque nunca acreditaria no que o irmão lhe dissera, não tinha malícia para aquilo. Emergindo de seus pensamentos, Luísa perguntou:

– Cadê teu pai? Não o vi o dia inteiro...

– Foi até a outra fazenda.

– Assim, de repente?

– Mandaram-no chamar às pressas... Ele partiu de manhãzinha... ao primeiro alvor da manhã...

– Ao alvorecer?... Quem mandou chamá-lo?

– Um mensageiro. Não sei bem ao certo.

– Por que não foste com ele?

– Ele não quis. Insisti, mas ele não aceitou. Quis que eu ficasse aqui cuidando de tudo... eu disse que o Thiago estaria aqui para fazer isso, mesmo assim ele não aceitou.

A tia levou a mão à testa e fechou os olhos. Parecia zonza. Sua expressão assustou Breno.

– O que foi, tia? Estás passando mal?

– Apenas uma zonzeira passageira...

Houve uma pausa. Luísa suspirou, tornou a tentar organizar seus pensamentos, mas em vão. Suas pálpebras tremeram ligeiramente. Soltando a voz presa, acrescentou:

– Estou preocupada...

Breno massageou carinhosamente o braço da tia, na intenção de acalmá-la.

– Estou preocupada com teu pai...

– Não há com o que te preocupares, tia, ele seguiu acompanhado de dois escravos de confiança e dos feitores, Alcides e Tenório, que são também da inteira confiança dele.

– Não sei... alguma coisa está acontecendo... algo sinistro...

Luísa dirigiu os olhos para um canto da sala. Havia um espírito ali presente. Ela logo reconheceu quem era. Tratava-se de sua irmã, cujo semblante não era dos melhores, estava contorcido de dor, chorando calada... Luísa sentiu pena de Antônia. A voz de Breno a fez desviar o olhar.

– Vou chamar a Januária para fazer-te um chá... vai ser bom tomar um...

– Não te preocupes, já estou melhor.

– Eu volto já.

Assim que o sobrinho querido deixou a sala, Luísa voltou o olhar na direção onde vira a irmã em espírito. Mas ela não mais se encontrava ali. Ficou apenas a sensação de que ela queria lhe dizer alguma coisa, ou melhor, apelar por algo. Mas os sentidos de Luísa não puderam captar o que era.

Luísa crispou as mãos de nervoso. Sentiu seu corpo estremecer de tensão. Fez o que era o mais sensato a ser feito naquele momento: elevou seus pensamentos a Deus e orou, orou, orou...

O capataz encontrava-se sentado de cócoras, mascando um galhinho de trigo quando foi surpreendido por Ruth. A escrava andava sempre de maneira imperceptível, tinha as orelhas aguçadas e seus olhos estavam sempre espreitando. Com isso, nada podia ser mantido em segredo dela por muito tempo. Nada.

– *Sai* daqui, *nega*! – admoestou Valêncio, taxativo.

– *Num saio*!

– Quer levar uma chibatada *nos lombo, é?*

– *Vassuncê num* teria *corage*...

O capataz deu uma risadinha sacana:

– *Vassuncê* é o demônio, *nega,* o demônio...

– Sinhozinho Thiago *tá* hoje com o demônio no corpo... sempre *tá*, mas hoje *tá pió*!

Ruth agachou-se ao lado do homem e ronronou maliciosamente:

– Sinhozinho *tá filiz*...

— *Filiz, tá* louca, *muié?* – espantou-se Valêncio.

— *Tá filiz*, cruzei com ele hoje e vi nos *óio* dele. São *óios* de *filicidade*!

— *Filicidade*? Com o quê?

— *Num* sei. Mas, sinhozinho tá *filiz*, muito *filiz* com *arguma* coisa...

O capataz voltou o olhar para a grande e suntuosa casa com uma interrogação na testa.

Romeu regressou da outra fazenda no dia seguinte. O sol já se despedia do dia quando o fazendeiro entrou pela porta da casa-grande. Pensou em falar com o capataz a respeito do recado que recebera e que descobrira tratar-se de um completo engano, ou uma brincadeira de mau gosto, mas preferiu deixar para outra hora.

O jantar acabava de ser servido quando os passos de Thiago soaram na sala de jantar. Ao ver o irmão, Breno levantou-se, oferecendo um sorriso e indicando a cadeira que ele habitualmente se sentava. Ao ver as malas presas às mãos de Thiago, Breno espantou-se.

— Não sabia que irias viajar... – exultou, arqueando as sobrancelhas.

Thiago manteve o olhar desafiador sobre o pai. Ao vê-lo, Romeu desprezou-o, desviando seu olhar novamente para a comida no prato.

— Estou indo embora daqui para nunca mais voltar...

As palavras do filho fizeram o pai voltar o olhar para ele, de pronto. Quando seus olhares se enfrentaram, Romeu ficou certo de que o filho dizia a verdade. Estava, de fato, partindo. Luísa manteve-se quieta, apenas observando o sobrinho sem julgamento.

— Ora, Thiago, tu só podes estar brincando... – afirmou Breno, cada vez mais admirado, em meio a um riso nervoso.

Um ar triunfante iluminou o rosto de Thiago que, sem mais dizer uma palavra sequer, deu as costas e saiu da sala.

— Pai! – preocupou-se Breno, pondo-se de pé.

— Acalma-te, filho.

— Pai, ele... ele... está realmente indo embora... não vais fazer nada? Não vais impedi-lo?

Pousando sua mão pesada sobre a mão direita do filho, Romeu procurou acalmá-lo:

— Deixa-o ir, Breno. Se ele quer ir, deixa-o ir.

– Mas, pai...

Romeu censurou o filho com o olhar e reforçou seu pedido num tom mais firme:

– Deixa-o ir Breno. Deixa-o ir. Quem sabe assim ele encontra o que procura... Quem sabe, vivendo longe daqui, longe de mim, longe de nós, ele encontre finalmente a paz... quem sabe assim ele deixe seu coração viver em paz...

– Não podes deixá-lo ir, pai... o senhor vai se arrepender depois...

– Eu, não. Ele... provavelmente...

Breno resfolegou e refestelou-se, aflito:

– Mamãe não o deixaria partir. Nunca! Tia, faz alguma coisa!

Luísa olhou para o sobrinho penalizada. Não sabia sinceramente o que dizer.

As escravas, ali ao redor da mesa, assistiam ao episódio perplexas. Ruth não só estava perplexa como excitada com aquilo tudo. Havia um ar de triunfo em seu semblante. Um prazer ilícito e mordaz.

– Pai! – exclamou Breno novamente, indignado.

– Controla-te, Breno!

Desconcertado, Breno insistiu:

– Pai, faz alguma coisa... é teu filho...

As palavras perfuraram a carcaça intransponível de Romeu.

Antes de subir na charrete, Thiago voltou o olhar para o grande casarão. Engoliu em seco, enquanto uma lágrima vazou de um de seus olhos. Mordeu os lábios durante alguns segundos, envolto de uma sombria ansiedade e expectativa. Viria ou não alguém impedi-lo de partir? Os segundos começaram a pesar e passar lentamente... Ninguém apareceu. Aquilo foi o suficiente para acabar de vez com sua insípida fraqueza. Subiu no veículo e fez sinal para o cocheiro seguir seu caminho.

Nem bem a charrete tomou a pequena estrada que levava à saída da fazenda, Breno rompeu a porta da casa, desceu aos saltos a escada em frente ao casarão e pôs-se a correr atrás do carro.

– Thiago! Thiago! – berrava ele, numa voz entrecortada, esbaforida.

Não foram só gotas de suor que rolaram ao vento, mas lágrimas sentidas.

– Thiago! Thiago! – insistia o irmão.

O ocupante da charrete fez sinal para que o cocheiro corresse o mais que pudesse e, assim, logo o veículo tomou longa distância de Breno. Ao ver que não conseguiria alcançá-lo, o jovem se pôs a chorar.

– Meu irmão... o que deu em ti? – perguntava Breno ao léu, mas tudo o que ouviu como resposta foi o trotar dos cavalos, puxando a charrete, desaparecendo ao longe.

Ao chegar na sede, Breno havia molhado toda a roupa de transpiração. Sua tia correu em seu auxílio, oferecendo afeto e palavras carinhosas para acalmá-lo.

– Alguém tem de fazer alguma coisa, tia... – dizia Breno aflito e, voltando o olhar na direção do pai, falou em tom de súplica – pai...

Romeu não se manifestou. Diante da reação do pai, anunciou:

– Eu vou atrás dele a cavalo...

Ao dar o primeiro passo rumo ao celeiro, a voz de Romeu o deteve:

– Breno!

A voz paterna soou como advertência, porém, vacilante. O rapaz voltou-se na direção de Romeu e abriu as mãos num gesto de louvor.

– Pai...

– Deixa-o ir...

– Por que, pai? Por quê?

– Para o próprio bem dele...

Breno voltou o olhar acinzentado na direção da estrada e já não podia mais avistar a charrete. O tempo pareceu morrer naquele momento. De seus olhos gris jorravam muitas lágrimas, lágrimas sentidas, de profunda dor e incompreensão... Um manancial de tristeza minava nitidamente dos olhos nublados daquele jovem cujo maior dom era a complacência.

Terceira parte

Duas almas, um só destino...

Corte – início de 1884

Quando a Corte se descortinou diante dos olhos de Thiago Amorim, ele sentiu seu corpo esquentar de emoção. Aquilo era sem dúvida um desafio à sua altura. Um novo mundo a desvendar, um novo mundo a conquistar. O lugar certo para expressar suas potencialidades e brilhar. A cada detalhe que apreciava, repreendia a si por ter passado tantos anos de sua vida longe daquela bela e refinada cidade.

Ao se aproximar da casa de Alzira de Azevedo Soares, Thiago lembrou-se de vestir seu papel de bom filho antes de revê-la. Tinha de manter-se convincente, se bem que a tonta, como ele a chamava internamente, seria incapaz de suspeitar de algo. Era domada pela emoção, era puro coração e num mundo cuja razão vale mais que a emoção, era fácil fazê-la de idiota.

Thiago subiu cada degrau do grande casarão como se preparasse para assumir um trono. Um escravo bem-vestido atendeu-lhe à porta e foi anunciar a sua chegada.

Nos minutos em que aguardou, Thiago tomou a oportunidade para admirar o belo casarão. Os quadros enormes pendurados nas paredes, o tapete florido, tudo enfim era de primeira estirpe. E aquilo tudo seria muito em breve seu, todo seu.

Ao ver Thiago, a senhora de cabelos louros e feições delicadas perdeu mais uma vez a melancolia que sempre tivera transparente no rosto e correu ao seu encontro, emocionada. Nos braços do filho, a mulher de 39 anos sentiu-se como uma adolescente.

– Meu filho querido...

– Minha mãe... quanta saudade!

Ele a agarrou nos braços, beijou-a no rosto e espremeu os olhos para deixar cair algumas lágrimas.

– Não chores mais, filho.

– Choro de alegria, e não de tristeza.

As palavras de Thiago emocionaram Alzira ainda mais, e ela beijou-lhe a face carinhosamente, mais uma vez.

– Vem, vou mostrar-te toda a casa. Tua casa. Quero ver se aprovas o quarto que escolhi para ti.

Alzira de Azevedo Soares puxou o belo rapaz pela mão e excursionou com ele por todos os cômodos. Thiago jamais vira uma casa decorada com tanto refinamento. As paredes da maioria dos aposentos eram forradas com papel de parede florido e sobre elas havia quadros pintados a óleo com finas molduras de madeira. As cortinas eram claras, com padrões modernos.

A sala de estar, no andar térreo, era composta de dois belos sofás revestidos de um tecido florido e entre eles, duas lindas poltronas em estilo moderno, em couro, e no outro canto uma conversadeira e um *récamier* de veludo.

Num canto havia uma cristaleira, e noutro uma cômoda e um console Luís XV, todos feitos de nogueira.

Na sala de jantar havia uma belíssima mesa de mogno com espaço para cerca de dezesseis pessoas. No fim do cômodo havia uma parede em arco que dava para uma porta envidraçada que levava a um jardim florido, enorme e primorosamente bem cuidado.

Os quartos ficavam no andar superior da casa e eram todos do mesmo tamanho. Porém, apenas dois deles tinham janelas avarandadas.

O quarto reservado por Alzira para o filho era a própria imagem do conforto e da eficiência. Não lembrava em nada o quarto onde ele vivera na fazenda. Era um quarto em que o bom gosto predominava.

O rapaz de beleza escultural entrou em seu quarto e farejou o ar, delicadamente, teve a sensação de que até o ar parecia-lhe diferente, mais apurado, mais privilegiado. Sua face escanhoada roseou diante daquilo tudo. A seguir, seus olhos fixaram-se num pequeno vaso em tonalidades cambiantes. Uma rosa vermelha resplandecente emergia dele. Fingindo-se interessar pela flor, levou o nariz até ela para sentir seu perfume. Depois, voltou o rosto, sorrindo para a mãe e disse:

– A senhora, minha mãe, foi precisa na escolha... escolheste o quarto ideal para mim – dessa vez Thiago não precisou forçar os olhos para lacrimejar, eles lacrimejavam espontaneamente tamanha emoção por estar vivendo tudo aquilo.

Ele caminhou até Alzira, pegando firme em seus braços e, olhando fundo nos seus olhos, declarou:

– Só podias ser realmente minha mãe para ter tanta sensibilidade assim para escolheres o quarto certo para mim. Adorei, do fundo do meu coração... muito obrigado.

Ele beijou a mulher na testa e, em seguida, Alzira enxugou os olhos dele carinhosamente. Num tom afável, acrescentou:

– Sejas bem-vindo ao lugar que sempre foi e será teu, meu filho, meu filho querido.

Thiago abraçou sua nova mãe com vontade. O abraço representou para ela mais que uma realização na vida, representava finalmente o encontro do elo perdido.

– Sejas bem-vindo, meu querido... Sejas bem-vindo a essa nova etapa de tua vida! – volveu Alzira com a emoção que lhe ia na alma.

Thiago presenteou sua nova mãe novamente com um sorriso de satisfação, e o que disse a seguir foi e, talvez pela primeira vez, com sinceridade:

– A senhora é a maior mãe do mundo!

Em seguida, Alzira apresentou a Thiago os escravos que trabalhavam na casa. Foram todos levados a grande sala para uma apresentação formal. Ele circunvagou um a um com superioridade, sua cabeça estava tão imponentemente erguida que seu pomo de Adão reluzia. Mas a maioria dos negros ali não percebeu seu ar presunçoso, tanto quanto maléfico, pois mal olhavam para ele direto nos olhos, por timidez. Acreditavam, porém, que fosse um espelho da "mãe", que era bondosa, generosa, humana.

Nem Alzira notou a arrogância do filho, estava tão realizada, feliz e apaixonada por ele, que se ele desse um tiro em alguém à queima roupa, bem na frente de seus olhos, não se daria conta. Dizem que o amor é cego, mas não tanto quanto o de uma mãe por um filho. Este pode ser comprovadamente um facínora que essa mãe ainda assim, não o verá como um. Ela continuará sempre o encarando com bons olhos e defendendo-o com afinco, porque é totalmente cega para suas imperfeições. Mesmo que as perceba, é capaz de negar num tribunal.

Dentre todos os escravos, dois em especial prenderam a atenção de Thiago. Um era um negro idoso, já deveria ter por volta dos cinquenta anos de idade, estava certo de que já o vira em algum lugar, mas não conseguia se lembrar de onde, por mais que puxasse pela memória. A outra era uma escrava, jovem, por volta dos dezesseis, dezessete anos de idade. Lembrava, e muito, a fisionomia de Rosília, uma das escravas que fora de propriedade de seu pai, uma escrava que, por um motivo inexplicável para ele próprio, adorava atazaná-la, quase torturá-la.

Ele tinha na época catorze anos de idade, e ela por volta dos dezesseis. Ele não a queria para fazer sexo, jamais se deitaria com uma mulher negra, sentia repugnância só de pensar, mas a queria para atormentá-la, lançando-lhe palavras ácidas, cortantes e afiadas como lima. Foi capaz de mandá-la para o tronco para feri-la, e, consequentemente, enfurecer, humilhar e ferir o pai dela.

Para poder fazer isso, como sempre, Thiago esperava o pai se ausentar da fazenda. Sempre procedia assim quando queria aprontar o que lhe desse vontade a seu bel prazer. Romeu, quando soube, deixou-o de castigo por quase um mês e vendeu a filha e o pai para poupá-los da ira de Thiago, que Romeu sabia que não tardaria a instigá-lo a uma vingança.

A escrava adolescente de Alzira chamava-se Tereza. Ela, dentre todos ali, foi a única a ousar olhar para o jovem mancebo. Os olhos de ambos se prenderam um ao outro por certos segundos. Thiago sentiu um certo calor emanar no seu corpo naquele instante. Um calor esquisito, uma mistura de prazer e desprazer ao mesmo tempo. A voz de Alzira despertou-lhe dos pensamentos e "mãe e filho" seguiram para a copa para almoçar.

Quando Thiago se viu pela primeira vez só dentro de seu quarto, foi tomado de uma súbita vontade de rir. Jogou-se na cama, esparramando-se por ela relaxadamente. Ao aquietar-se, focou os olhos no teto e atravessou-o com sua imaginação.

Ainda rindo, murmurou em silêncio: "Isso tudo sou eu, eu em essência e tudo isso foi feito para eu desfrutar e usufruir, e não para aquele espantalho caboclo, borra-botas, João Ninguém do Breno. Um ser sem água, sem açúcar, sem glória, que nasceu para ser pobre mesmo, e não para desfrutar de tudo aquilo".

Diante de tal fato, que para Thiago era a maior das verdades, ele regozijou-se de alegria e prazer, parabenizou-se por ter tomado o lugar do irmão e se permitir assim viver tudo aquilo que sempre almejara.

– Agi certo, certíssimo em me passar por aquele xucro.

Subitamente, o sorriso e a felicidade se esvaíram de seu interior assim que a lembrança de Maria Eduarda voltou-lhe à mente, com toda sua firmeza e graça quase celestial. Um encanto que permitiria a ela na velhice manter-se ainda bela, acreditava Thiago.

Ficar longe dela era ter de pagar um preço muito alto. Ele estava sofrendo, bem sabia, e chegaria a ser carcomido de saudade com a distância entre os dois, com o tempo avançando. Mas ele tinha de ser forte, ser um general, um Napoleão para continuar comandando seus homens na batalha. Sim, aquilo para ele era uma batalha. Não poderia desistir, só os fracos desistem. Ele iria até o fim, até herdar tudo aquilo.

Thiago fechou os olhos e selecionou algumas memórias dele com Maria Eduarda, deixando umas de lado e saboreando outras. A primeira vez que a beijou... o dia em que sentiu verdadeiramente o que era o amor, o que era a paz, o que era o divino em carne e osso.

Em breve, ele iria buscá-la, e ela então viveria para sempre ao seu lado, regozijando de toda aquela fortuna. Só eles, sem o pai, a idiota da tia e, principalmente, o odioso irmão. Ah! Como ele o odiava. Só de pensar em Breno sentia a boca ressequir. Apesar de saber que, de agora em diante, viveria longe do irmão ainda assim ele o incomodava. Continuava a lamentar profundamente sua presença na Terra. Só se veria livre de Breno realmente, sua intuição dizia, quando ele estivesse morto. Mas se morresse de velhice, levaria muitos anos... ele tinha de morrer logo e preferencialmente sem deixar nenhum herdeiro.

Thiago espantou o aborrecimento e resolveu sair para dar uma volta pela Corte. Foi nesse exato momento que os escravos da casa começaram a conhecê-lo melhor, conhecer quem era ele de fato, por trás daquela aparência majestosamente bonita que a natureza lhe concedera. Eternamente ditando a lei, intimidando os criados, achando falhas em tudo, conseguindo que coisas impossíveis fossem feitas, puramente pela força da vituperação e da personalidade. Logo, todos temiam sua língua e corriam para obedecer às suas ordens, submissos e receosos.

Quando a caleche levando o mancebo fidalgo chegou à rua Nova dos Arcos, o futuro *bon vivant* se deslumbrou ao ver o belo aqueduto. Admirou a construção com um interesse visceral, assim como tudo mais que se descortinava diante de seus olhos. O subir e descer dos bondes, a beleza majestosa dos casarões, mansões e igrejas, as livrarias e restaurantes... Tudo, enfim, era admirável, tal como a beleza esculpida pela natureza onde se localizava o Rio de Janeiro.

Ali, sim, era um lugar para se viver, onde ele haveria de participar das festas e saraus da Corte, muitos dos quais com a presença do imperador. Os transeuntes também chamavam a atenção de Thiago, mulheres e homens de fina estampa em suas roupas estilo europeu. O único detalhe, na sua opinião, que desnorteava toda aquela reluzente beleza da cidade mais interessante dos trópicos eram os negros escravos que ele tanto desprezava. Suarentos e fedidos, eles carregavam baús, caixas, cestas de vime, caixotes de madeira, lenha, terra, cana e seus senhores, sentados ou deitados em cadeirinhas, redes e liteiras. Se fossem varridos das ruas de paralelepípedos, aí, sim, a cidade seria completamente perfeita para Thiago.

Se ele os visse durante a madrugada, carregando os dejetos das residências, provavelmente vomitaria.

Os negros ali eram, de certo modo, bem-vestidos. Trajados daquela maneira pareciam até gente, observava Thiago. Ainda assim, para ele, só pareciam, não eram nem nunca seriam gente, apenas animais, sem alma, nada mais.

Àquela hora do dia, já podiam ser vistas raparigas trajando saias de cetim de colorido ousado. Com aquelas vestes, qualquer um saberia que se tratava de marafonas. Talvez elas a usassem propositadamente, para chamar a atenção para si e ofertarem seus préstimos.

Viam-se também vendedores ambulantes, apregoando desde vassouras a espanadores, empadas de camarão a pipocas, pães doces a sorvetes, bem como baianas, vendendo quitutes: cocadas, goiabadas, refrescos de maracujá, canjiquinhas, bananadas, iaiás, pamonhas, quindins etc.

Os olhos de Thiago se detiveram com admiração, ao avistar um pomposo chafariz com polidas bicas de bronze a fornecer água potável em abundância.

A vida noturna da Corte também eletrizou o jovem fidalgo, as bodegas, tabernas, cafés e botequins abarrotados pela malta fumando cachimbo, charuto de Havana ou cigarrilhas, enquanto se encharcavam de chope, cerveja e cachaça, era divertido de se ver. Mais ainda ao vê-los pagando suas despesas com seus trocados amealhados, parecia mais uma bandarra.

Apesar de Thiago desprezar aqueles bandarrilhos, gostava de transitar entre eles, dândi, para inchar seu ego e sentir-se ainda mais superior, percebendo ser admirado e invejado por aqueles que denominava gentalha. Dispensando a malta, os cafés, vinhos e licores servidos nestes locais pareciam ter um gosto diferente, mais apurado e especial, como o Rio de Janeiro.

Vilarejo da Mata – algumas semanas depois...

Maria Eduarda seguiu todo o percurso até a igreja, cabisbaixa. Foi até o altar e acendeu uma vela. Ajoelhou-se sobre o genuflexório e juntou as mãos, fitando a imagem do Cristo crucificado, enquanto começava a rezar. Mas as palavras habituais não aliviavam a dor que se espalhava por seu corpo.

A jovem delicada estava tão envolta com a oração, que demorou alguns minutos para notar que uma moça havia entrado, pouco depois dela, ajoelhando-se rente a ela. Havia uma certa quentura sendo emanada pela tal mulher. Uma quentura desagradável.

De repente, a voz da jovem atravessou os pensamentos de Maria Eduarda, assustando-a.

– Para onde ele foi? – perguntou ela, friamente.

Foi só nesse instante que Maria Eduarda voltou o olhar para a moça ajoelhada ao seu lado. Nunca conversara com ela anteriormente, mas sabia muito bem quem era. Todos na cidade sabiam, porém, ao contrário de muitos, principalmente da maioria das mulheres, Maria Eduarda não a queria mal. Não era uma mulher preconceituosa, tampouco achava-se dona da verdade ou superior ao próximo para julgar.

Tratava-se de Maristela, que voltou a perguntar, e dessa vez numa voz aguda:

– Para onde ele foi? Para onde foi ele?

– Ele quem?

– Não te faças de sonsa.

– Sinto muito, mas sinceramente não sei de quem estás falando.

De fato, Maria Eduarda estava sendo sincera, não sabia a quem ela se referia. Ao saber, espantou-se.

– Ele... Thiago. Para onde ele foi?

– Por que queres saber?

– Porque quero.

– Tu o conhecias?

Ela jogou a cabeça para trás, como lhe era peculiar, e gargalhou. O eco elevou a altura do som do riso sarcástico a ponto de atravessar as janelas. Ainda rindo, a rameira respondeu num tom de mera chocarrice:

– Se nos conhecíamos? Sim... muito, na cama.

– Não deverias falar sobre isso dentro de uma igreja... – repreendeu Maria Eduarda, sem perder a delicadeza.

– Ninguém manda em mim, falo o que quiser e onde quiser... agora chega de conversa e me diga para onde ele foi... – o tom de Maristela agora era ardiloso.

– Viajou... para onde, não sei ao certo. Ficou de me enviar notícias, mas, até o presente momento, não recebi uma carta sequer...

– Estás mentindo...

– Digo a verdade.

Thiago de fato não havia enviado carta alguma para a mulher amada como prometera, não que não as tivesse escrito, ele as escrevera mas teve medo de que ela, com sua inocência, acabasse contando seu paradeiro para o pai, ou o irmão ou a tia. Portanto, era melhor não enviá-las ao menos por ora.

Maria Eduarda fez o sinal da cruz e levantou-se do genuflexório. Antes de dar as costas para o altar, fez novamente o sinal da cruz e seguiu para a porta da frente da igreja. Maristela foi ao seu encalço.

– Diz-me... conta-me onde ele está morando.

– Já te disse o que sei, agora, por favor, deixa-me em paz.

Maristela soltou uma nova gargalhada sarcástica e, ainda rindo ardilosamente, acrescentou:

– Eu posso ficar sem ele. E tu também ficarás...

Assim que chegou em casa, Maria Eduarda caminhou até a janela que enquadrava montanhas ao fundo, e pousou os olhos num ponto qualquer. Ficou ali em silêncio somente ao som de sua respiração. Fechou os olhos, lembrando-se de tudo sobre ela e Thiago, os bons momentos que desfrutaram um ao lado do outro. Mas ondas de preocupação começaram a embaralhar seus pensamentos, contaminá-los de negativismo.

Teria ele se esquecido dela? Esquecido todo o amor que dizia sentir por ela? Não podia ter mentido, ela sabia que o que dizia era verdade, podia ler em seus olhos. Os olhos não mentem, ela bem sabia. Mas por que, por que não enviara sequer uma carta? Teria sofrido algum problema, uma doença ou até, quem sabe, morrido? Não, tinha de afastar essa hipótese do pensamento, era dolorosa demais! Culpou-se por levantá-la. Thiago não podia ter morrido, não, jamais. Caso fosse verdade, ela morreria de desgosto.

Ao abrir os olhos, Maria Eduarda notou que seu rosto estava molhado pelas muitas lágrimas que haviam escorrido dos seus olhos. Lágrimas de alegria, de tristeza e preocupação. Ela as enxugou rapidamente ao perceber que a tia vinha chegando, não queria que a visse assim. Mas, por mais que tentasse disfarçar, a senhora, conhecendo bem a sobrinha, que era praticamente uma filha, percebeu seu desespero.

– O que foi? Pareces entristecida, filha.

Maria Eduarda esforçou-se para esconder seus sentimentos e parecer o mais natural possível. Mas a tia a conhecia bem, por mais que a sobrinha interpretasse estar bem, a tia podia ver que aquilo não passava de mera encenação.

Duas semanas depois do encontro entre Maristela e Maria Eduarda, a paciência de João Silvério, o dono da taberna, chegou ao limite. Cansado de ser humilhado e ter seu amor desprezado pela cortesã, ele aguardou na surdina o momento ideal de se ver a sós com ela no quarto onde ela recebia os homens.

Ao vê-lo, Maristela soltou mais uma vez sua famosa gargalhada intumescida de desdém e sarcasmo. Aquilo para ele foi a gota d'água! Tomado de fúria e coragem jamais vistas por ele próprio, João tirou o cinto e foi em cima dela. Por mais que tentasse se defender das cintadas do taberneiro, a jovem não conseguiu. O ódio e a fúria retesados há tanto tempo deixaram o dono da taberna naquele momento vigoroso, audaz e sagaz. Enquanto ele não a deixou toda roxa, não sossegou. Enquanto batia, repetia numa voz insana:

– Tu vais ser minha... só minha, cadela!

Brasil, meados de 1884

Os abolicionistas e os escravocratas se agitaram na Corte, ao receberem a notícia de que o Estado do Ceará decretou o fim da escravidão em seu território.

Em meio à alegria de uns e à preocupação de outros, Thiago estava mais uma vez passeando pelo Rio de Janeiro. Àquela altura, já se tornara conhecido na cidade. Sendo filho da viúva de um dos homens mais respeitados e ricos da Corte na época, era impossível que o jovem passasse despercebido pelos outros.

Ela apresentou Thiago à sociedade como filho do seu primeiro casamento, o qual ficara viúva. E que ele vivera por uns tempos na Europa a estudos. Toda explicação foi sugerida e criada pelo próprio Thiago.

Alzira aceitou levar a mentira adiante por ser altamente conveniente para ela. Não queria, em hipótese alguma, que seu passado viesse à tona. Apesar de Thiago nunca ter posto os pés no continente europeu, ele lera muito a respeito da cultura de muitos dos países daquela região e sabia escapulir das perguntas que não tinha como responder de uma forma lépida e faceira.

A beleza homogênea de Thiago o fez destacar-se na Corte da noite para o dia, principalmente entre as mulheres. Onde quer que fosse tirava suspiros e olhares ousados até mesmo de mulheres casadas e de senhoras viúvas.

Ao tomar um tílburi naquela tarde, o cocheiro, um escravo recém-comprado num leilão especialmente para servi-lo, apresentou-se, mostrando-lhe um sorriso alegre e sincero:

– Muito *prazê,* sinhozinho. Meu nome é Bonito, *tô* à tua disposição...

Thiago soltou uma verdadeira gargalhada. O negro assustou-se a princípio, mas logo riu com ele. Ao vê-lo rindo, Thiago retesou o riso comprimindo os lábios. Seu cenho se fechou e, com descaso, disse entre dentes:

– Bonito? Onde já se viu uma pessoa... pessoa? Não! Um animal ter esse nome? Ainda mais feio como és... feio que nem o demônio! Feio como todos da tua raça...

O negro ficou visivelmente desconcertado, sem graça, sem rumo. O tom raivoso de Thiago despertou-o do transe:

– Vamos, negro... antes que eu te substitua por um dos cavalos que me parecem mais eficazes que tu...

O passeio vespertino de Thiago era mais para se exibir do que propriamente para apreciar os cantos e encantos da cidade. No começo, apreciou o belo e exótico Rio de Janeiro nos mínimos detalhes. Agora, concluiu que já apreciara o suficiente. Thiago achou por bem e mais do que justo que, a partir de então, em vez de apreciar a majestosa cidade, o Rio de Janeiro que o apreciasse pelos olhos de seus moradores.

De todos os lugares encantadores da Corte, nenhum o deslumbrou mais que o Jardim Botânico. Visitava o local de três a quatro vezes por semana. O lugar estava sempre cheio de visitantes, passantes dos mais simples dos plebeus aos representantes da alta sociedade.

Ali havia mucamas, empurrando os carrinhos dos bebês de seus senhorios, algo que desagradava Thiago profundamente. Era para ele ultrajante um branco permitir que um negro ficasse assim tão próximo de seu filho. Ele próprio jamais permitiria que um negro se aproximasse de um filho seu, tampouco que servisse de ama-de-leite.

Tão dantesco quanto as mucamas eram os negros abanando seus senhorios para refrescá-los.

Um negrinho arfante chegou até Thiago para lhe oferecer água-de-coco. Mas, passou batido pelos olhos de Thiago. O garoto, então, ousou tocar seu sobretudo para que ele o visse e ouvisse. Ao sentir o leve puxão, Thiago voltou o olhar enfurecido para o moleque, que, inocentemente, não se deu conta do nojo com que aquele sinhô-moço o olhava. Num gesto brusco, ele empurrou o garoto com o cotovelo. O menino, sem esperar aquela reação, desequilibrou-se e foi ao chão, batendo fortemente a cabeça contra uma pedra que beirava o caminho. Sua queda pareceu invisível aos olhos da maioria dos passantes, muito ocupados em se pavonear entre os demais.

Neste dia em questão, havia uma mulher de nariz acavalado, uma verdadeira matrona, que reclamava energicamente contra as proporções que os abolicionistas estavam alcançando, e criticava o espaço que estavam tendo na imprensa com um amigo. Qualquer um podia ouvi-la. Na verdade, falava alto e espalhafatosamente com o propósito de ser mesmo ouvida. Em vão, seu interlocutor desmanchava-se em explicações.

Ao notar a aproximação de Thiago, a mulher de súbito calou-se, e seus olhos ficaram presos no belo rapaz. Thiago percebeu o interesse com que ela o admirava, mas fingiu que não. A mulher percorria descaradamente e calmamente cada traço do seu físico com profundo interesse sexual, mas ela mesma não se dava conta disso. Chegou até mesmo a suspirar. Já vira homens bonitos, mas aquele bem ali próximo a ela, tinha uma beleza extraordinariamente rara. A natureza havia sido estupidamente generosa com ele. Novamente, ela suspirou, encantada, logo estava ruborizada.

Galantemente, Thiago parou diante dela, levou a mão direita até o chapéu e o tirou para cumprimentá-la. Ela sorriu, ele também, inflando seu ego. Depois seguiu caminho. A senhora de nariz acavalado o acompanhou com os olhos. Quase num murmúrio, perguntou ao conhecido sentado ao seu lado que, sem perceber o desligamento dela, continuava a defender o espaço com que os abolicionistas vinham tomando na imprensa:

– Quem é? Tu o conheces? Sabes quem é ele?

O homem espantou-se:

– Quem é quem? De quem falas?

– O belo mancebo... quem é ele?

O homem ajeitou melhor seu pincenê e, frisando os olhos, olhou na direção que Thiago havia tomado. Sem interesse, respondeu:

– Não sei... deve ser algum emergente. Um fidalgo *bon vivant*.

– Com aquela estirpe... deve ser filho de algum ricaço...

O homem novamente voltou a ajeitar os óculos sobre o nariz e a frisar os olhos na direção que Thiago tomava. Só então respondeu ao comentário:

– Pode ser um mero João Ninguém. Cuidado, Carlota, as aparências enganam.

Carlota fez uma mesura desdenhosa no ar como quem diz: "bobagem".

– Uma bela aparência física sabe esconder maravilhosamente bem um ser sem índole e sem caráter – reforçou o acompanhante.

– É o preço... o preço que se paga! – frisou Carlota firmemente, e continuou, como se diz, comendo Thiago com os olhos ao longe.

– Gosto daqueles cuja verdade salta aos olhos! – defendeu-se o homem.

Carlota umedeceu os lábios ressecados de volúpia com a língua. Ainda envolto de indignação, o colega a seu lado falou:

– Não te deixes levar por um rosto bonito, um corpo bem-vestido, pode ser bonito de se ver, mas a aparência não revela o que há no seu interior, que é o que conta.

A mulher de nariz acavalado resmungou algo inaudível. O homem voltou a falar, mas ela manteve-se concentrada, admirando Thiago à distância. O modo com que andava, parava e notava as pessoas à sua volta. Era igual ao de um *gentleman*.

Ela já ouvira falar o que Marcondes, o colega sentado a seu lado, havia dito sobre a beleza física, mas ela jamais se satisfizera com a aparência interior de uma pessoa, gostava mesmo é da aparência exterior delas, especialmente a dos homens. Deitar-se com um homem de beleza escultural a fazia, de certo modo, esquecer-se da beleza que a natureza não lhe dera. Era um modo de compensar sua falta de beleza, não que fosse feia, mas ela se achava feia. Nunca se gostou. Apesar de ter tido experiências desagradáveis e até perigosas por se interessar só pelas aparências dos homens, ainda assim continuava a procurá-los, e também a pagá-los para que lhe propiciassem prazer.

Uma brisa gostosa começava a soprar pelo Jardim, fazendo bem aos tradicionais coqueiros que adornavam a bela passarela em meio ao canteiro coberto de grama e de flores a desabrochar. Thiago vagueou pelos jardins, sentindo-se cada vez mais envaidecido por estar ali.

Por fim, sentou-se em um dos bancos de madeira e deixou-se admirar a si próprio e também por todas as mulheres, bem como pelos homens que por ali passeavam. Sentiu seu ego inchar e, consequentemente, o prazer sombrio que o ego provoca naqueles que se curvam a ele.

Naquela noite, Alzira Soares reservou uma surpresa para Thiago: uma ópera no teatro São Pedro de Alcântara. Ele não sabia se iria gostar, também não estava preocupado com isso. O importante era participar dos eventos da alta sociedade, pois ele agora fazia parte dela.

Mãe e filho seguiram num belo coche até o teatro localizado na praça da Constituição, no Rossio, onde ficava a maioria dos teatros do Rio de Janeiro, dentre eles o Teatro Santana. Assim que o carro parou diante do belíssimo teatro, Thiago tomou alguns segundos para admirar a beleza arquitetônica do lugar. Era lindo demais, lindo como o Rio de Janeiro.

Thiago voltou-se para Alzira com um sorriso majestoso nos lábios e, mais uma vez, sinceramente agradecido por ela poder lhe propiciar tudo aquilo. Os olhos da senhora se comoveram ao ver o rosto daquele que pensava ser seu filho maravilhado com tudo aquilo e verdadeiramente feliz por estar ali.

Àquela hora, o local já estava juncado de público. A maioria das pessoas era da nata da sociedade carioca. A malta também se fazia presente, sim, mas ofuscada pelo glamour da alta sociedade.

Os homens finos estavam vestidos elegantemente com sobretudos, ternos, coletes, camisas de colarinhos engomados e punhos rígidos e belas gravatas em laço, feitas com os mais finos tecidos europeus. Sobre o cabelo, devidamente repartido e bem penteado, uma cartola, e na mão direita, exceto os canhotos, a tradicional bengala. As mulheres usavam vestidos de seda ou veludo em tons pastel, com ornamentos nos cabelos no mesmo tom da roupa, para combinar, e vinham munidas com seus leques pintados delicadamente.

Ao descer do coche, Thiago teve a impressão de que as escadarias do teatro aguardavam por ele. Mais uma vez, o mancebo fidalgo se viu abraçado pelo prazer de estar ali, vivendo tudo aquilo, e deleitando-se por ter ocupado o lugar do irmão. Ele inspirou o ar tomado de todo aquele glamour prazeroso. Sentiu, sim, uma estranha sensação, quase um calafrio em meio à devassa sensação de prazer, mas ele a ignorou por completo.

Enquanto subiam as escadas e deslizavam pelo grande *hall* de entrada do teatro, Thiago deliciou-se com os olhares voltados para ele e para Alzira. A maioria, senão todos os presentes, observavam os dois, principalmente ele. E por que não? Ele agora era um nobre da Corte, um fidalgo, o excelentíssimo Thiago Azevedo Amorim, e não havia perfume cuja fragrância fosse tão atraente quanto a de alguém de sua estirpe.

Nem bem mãe e filho se ajeitaram no camarote, Thiago vislumbrou cada detalhe do interior da sala de espetáculos. Alzira manteve-se em silêncio, apenas observando o prazer com que o rapaz desfrutava todo aquele momento.

Mais uma vez, Thiago teve certeza de que aquilo tudo fora feito para ele, exatamente para ele usufruir e herdar, e não para o irmão caboclo, caipira, simplório e estúpido. Enfim, um *garnisé* que roubara dele a atenção do pai e da mãe ao longo da vida, que furtara dos Amorim o sobrenome e, que, mais tarde, teria direito a uma herança. Ele, Thiago, merecia desfrutar aquilo tudo que só o dinheiro e as grandes fortunas podem oferecer e comprar, para compensar todo o mal que Breno lhe causara na vida.

Os pensamentos de Thiago foram rompidos ao avistar princesa Isabel, filha de Dom Pedro II, ocupando o camarote imperial. A presença dela o encheu ainda mais de orgulho. Essas, sim, eram as pessoas com quem ele merecia conviver no seu dia-a-dia, trocar palavras, ideias, gracejos, galanteios...

Thiago ficou discretamente percorrendo os olhos nas pessoas sentadas nos outros camarotes, a fim de apreciar melhor os ricos e superiores. Por nenhum instante, ousou olhar para a plateia, à torrinha. A malta, ele dispensava. Foi enquanto percorria o olhar pelos camarotes, que seus olhos pousaram no rosto de uma moça que lhe prendeu a atenção. Tinha, provavelmente, a mesma idade que ele. Seus olhos eram negros como opalas, o nariz majestoso e os lábios finos que conferiam à sua expressão um toque de severidade. De imediato, Thiago percebeu que o que a tornava bela era mais o vestido que usava e os colares de pérolas que adornavam seu pescoço delicado do que sua própria aparência física. Sem esses adereços, ficava totalmente despida da beleza feminina que tanto encanta os homens.

Ao notar o interesse com que o filho olhava naquela direção, Alzira logo percebeu quem lhe prendera atenção.

– Ela não é bonita, mas algo a faz bela... – comentou a mãe.

– A senhora a conhece? – perguntou o filho, curioso.

– Sim, já fui apresentada à sua família. Seu nome é Melinda Florentes. Chegou com o pai da Europa há não mais que um mês e meio. É filha única. São riquíssimos, na verdade, milionários, comenta-se na Corte. A fineza dela revela seu berço. Ela é uma das moças mais cobiçadas da Corte, pelo que comentam. O pai é aquele senhor sentado ao lado dela, chama-se Cassiano Florentes, conhecido como Conde da Toscana.

De repente os olhares de ambos, Thiago e Melinda, cruzaram-se. Foi uma troca de olhares fugaz, mas o tempo foi suficiente para a jovem notar que estava sendo admirada pelo rapaz de rosto extremamente bonito. Thiago, com os olhos atentos sobre a moça, notou que ela comentou alguma coisa com o pai a respeito deles, pois o Conde logo voltou o olhar na direção do camarote onde Thiago se encontrava sentado com a mãe. Pai e filha trocaram mais algumas palavras até ela voltar os olhos na direção do palco.

Por mais que tentasse, Thiago não conseguia deixar de olhar para Melinda. Ela percebia e, em momentos propícios, olhava-o pelo canto dos olhos. Minutos depois, ela novamente voltou o rosto na direção do jovem admirador. Ao vê-la, Thiago deixou escapar um sorriso constrangido, mas logo se aquietou e um lampejo de seriedade tomou-lhe a face. Então foi ela quem deixou escapar um sorriso. Thiago disfarçou o embaraço, forçando um sorriso pretensioso. Ela então voltou a atenção para o palco e em poucos segundos a ópera teve início.

O espetáculo pouco conseguiu prender a atenção do jovem Amorim, volta e meia pegava-se olhando de viés para a moça rica, sentada no camarote oposto ao seu. Por mais que tentasse, não conseguia parar de olhá-la.

Alzira percebeu que o interesse de Thiago por Melinda crescia desenfreadamente, ela apenas desconhecia o real motivo.

Ao término da apresentação, assim que Alzira e Thiago chegaram ao *hall*, Cassiano Florentes, pai de Melinda, foi ao encontro dos dois. Era um homem forte e de tratos apurados, de estatura mediana, ligeiramente calvo e com vagos e doces olhos castanhos. Nada havia nele que lembrasse um Conde ou um milionário. No entanto, era de conhecimento geral na Corte que por baixo de toda aquela simplicidade escondia-se um nobre fidalgo ricaço.

– Dona Alzira, como vai a senhora? – saudou ele, com satisfação.

Inclinando-se cerimoniosamente, Cassiano tomou-lhe a mão direita e a beijou.

– Bem, obrigada. Este é meu filho, Thiago Lins Amorim.

Alzira manteve o sobrenome do filho como se ele tivesse herdado somente o sobrenome do pai. Thiago mostrou-se o mais cordial possível, não só por estar interessado em travar contato com o elegante milionário, mas por ser pai da moça que mais despertou sua atenção nos últimos tempos.

– É um belo rapaz – Florentes elogiou, imprimindo à voz um tom afetadamente simpático.

Os três trocam algumas palavras costumeiras. Quando Alzira se preparava para partir, Florentes disse rapidamente:

– Melinda ficará encantada em revê-la – voltando-se na direção onde se encontrava a filha, fez um discreto sinal para ela.

A moça emitiu um leve sorriso e caminhou na direção do pai.

– Melinda, querida, veja quem encontrei... Dona Alzira Soares...

– Como vai a senhora? – saudou Melinda através dos lábios finos e de seu olhar cor de opala. O dom de falar pelos olhos despertou ainda mais a curiosidade de Thiago sobre a moça.

– E esse é seu filho Thiago – acrescentou Florentes, com um tom de amabilidade um pouco mais forçada na voz.

Ela prontamente estendeu a mão direita ao belo rapaz, que a beijou respeitosamente. Neste instante, Melinda discretamente examinou melhor o moço de ombros largos, rosto queimado de sol e olhos castanho-escuros de alto a baixo. Admirou mais uma vez seu sorriso quase infantil e sua beleza extraordinária. O mesmo fez ele.

Ao despedirem-se, os olhares de ambos se detiveram por alguns segundos um no outro com interesse.

Ao chegar ao fim da escada, Thiago voltou o olhar para trás, na direção de Melinda, como quem não quer nada. A jovem ainda estava ao pé da escada, aguardando o pai que conversava com um senhor. Ao perceber o olhar dele, ela voltou-se na direção do jovem. Quando os olhares de ambos se cruzaram novamente, os dois sorriram mais uma vez discretamente.

Ninguém mais ali notou o flerte, exceto Eriberto Henrique, um rapaz de família nobre que cortejava Melinda já há alguns bons meses. De imediato, ele não gostou do que viu. Tanto foi seu ódio emanado ao ver a cena, que atraiu a atenção de Thiago.

Quando ambos se avistaram afrontaram-se pelo olhar.

Cinco dias depois deste episódio, Thiago estava seguindo por uma das ruas principais da Corte em seu coche. O ar cristalino chamou-lhe a atenção, aquilo era indício de chuva chegando. Nem bem pensou naquilo, uma chuva fina começou a cair, embora o céu ainda não estivesse totalmente encoberto pelas nuvens. A garoa logo começou a ser soprada por lufadas de vento, e seus pingos foram engrossando, sinal de que em breve choveria pesado.

Não muito longe dali, os olhos escuros de Thiago se prenderam numa bela silhueta de mulher. Ele logo reconheceu a dona, Melinda Florentes, formosa como sempre, envolta num casaco com gola e punhos de pele. Parecia estar aguardando um carro ou alguém. Ele ordenou a seu escravo que parasse em frente ao local onde ela se encontrava. O cocheiro puxou as rédeas e parou o carro junto a Melinda. A parada do veículo a sua frente fez a jovem ter um sobressalto.

Nesse instante, Thiago pôs sua cabeça para fora do coche, oferecendo um sorriso contemplativo. Melinda pareceu surpreender-se, ao vê-lo ali.

– A senhorita aceita uma carona? – ofereceu, galantemente.

Ela apenas sorriu como resposta. Thiago encabulou-se e, alguns segundos depois, voltou a perguntar:

– Posso ajudá-la? Não deves te deixar ser açoitada pelo vento e pela chuva.

Ela sorriu, corando ligeiramente, por fim disse:

– Se não for incômodo... creio que deve ter havido algum problema com o cocheiro que viria me apanhar aqui.

Ele desceu rapidamente, já com o seu sobretudo em punho, e segurou-o aberto sobre a cabeça da moça para protegê-la da chuva até que entrasse no coche.

– Agradeço-lhe muito, meu senhor – disse a jovem, um tanto embaraçada.

– Chama-me apenas de Thiago.

Ao se encontrar sentado ao lado de Melinda, dentro do coche, o rapaz teve a oportunidade de examinar a moça com mais calma. Na noite em que a conhecera no teatro, não pôde vê-la nitidamente por causa da luz de velas e do tumulto.

O rosto de fato não era bonito. Delicado, feminino, mas não bonito. Suas vestes, como já notara, é que ajudavam a minimizar sua frágil beleza.

A voz dela era baixa, mas tinha uma força incisiva. Parecia escolher as palavras que dizia, como se escolhesse flores num jardim, com cuidado, sem a menor pressa. Possuía, terminantemente, uma acurada educação. Seus modos faziam com que Thiago se sentisse à vontade.

Quando o destino de Melinda se aproximou, ela avisou Thiago, que por sua vez avisou o cocheiro. O carro parou. Thiago desceu da carruagem e, todo solícito, ajudou a dama a descer.

Em seguida, um rapaz extremamente bem-vestido correu até os dois, beijou a mão de Melinda e sorriu para ela. Ela então o apresentou. Tratava-se de Eriberto Henrique, o jovem que lhe fazia a corte.

Quando o olhar dos dois moços se encontrou, faíscas saíram deles. Ambos se lembraram, naquele exato momento, da noite em que se avistaram no Teatro São Pedro de Alcântara.

Eriberto notou de imediato que Thiago possuía uma sagacidade insuspeitada e que pretendia alguma coisa a mais, sendo tão generoso com Melinda. Não era preciso ser adivinho para descobrir suas intenções para com ela.

...

Quando o crepúsculo se tornou noite, Thiago se viu com a mente repleta de pensamentos ilícitos a respeito de Melinda Florentes.

"Rica... milionária...", disse ele cautelosamente para si mesmo.

Seu coração não batia nem mais rápido, nem mais lento, por tamanha excitação, mas sim soberbo, como deveria sempre ser, na opinião dele.

Dois dias depois, ele novamente caminhava por seu local favorito, o Jardim Botânico, capturando tudo que se passava ao seu redor com seus olhos atentos, enquanto exibia seu grande sorriso ensaiado. De repente, para sua surpresa, avistou Melinda caminhando em meio aos transeuntes. Lá estava ela novamente, usando um vestido rendado azul-claro. Ao redor do pescoço, um colar de pérolas e junto ao decote um broche em forma de borboleta também revestido com pérolas. O belo anel que adornava o terceiro dedo de sua mão direita também era de pérola. Na cabeça, um chapéu de feltro de duas cores: rosa e azul-claro, cuja aba estreita projetava uma sombra sobre o rosto.

Os dois jovens trocaram novamente um longo olhar. Foi ela, porém, a primeira a desviar os olhos. Em seguida, deu-lhe as costas e começou a caminhar através dos passantes, como aprendera há muito tempo: de cabeça erguida, sorriso Mona Lisa e nada de contato visual com ninguém. Thiago a seguiu, todo recacho, estugando os passos. Quando finalmente a alcançou, o jovem soltou um bem audível suspiro de alívio.

– Quero falar com senhorita. Aliás, querer não é bem o termo. *Preciso*.

Nem bem Thiago terminou de dizer ao que vinha, a voz de Eriberto Henrique soou atrás de suas têmporas. Thiago não conseguiu disfarçar o espanto, tampouco o descaso para com a aparição daquele que fazia a corte a Melinda. Franziu literalmente o cenho, afugentando de sua face boa parte de sua exuberante beleza.

Eriberto cumprimentou Thiago com a cabeça, calado, olhando-o com ar de dúvida, enquanto balançava sua bengala num gesto arrebicado:

– O que tu tens a dizer?

Thiago entrou em pânico sem saber o que falar. As palavras fugiram de seus lábios. Logo, percebeu que o melhor a se fazer era não dizer nada.

Não era preciso ser um adivinhão para perceber que Thiago estava interessado em Melinda, observou Eriberto. Em seguida, ele desenhou um círculo no ar com sua bengala antes de censurar o rapaz com um olhar, através do qual, Thiago soube o que significava: "afasta-te dela, seu estafermo. Ela é minha!".

Thiago desdenhou-o e, cheio de sarcasmo, disse, enquanto tirava o chapéu:
– Bem, vou-me indo. Boa tarde, senhorita. Lembranças a teu pai.

Thiago olhou novamente para Eriberto de cima a baixo com desdém e, com um gesto com a cabeça, despediu-se dele, batendo em retirada para um terreno mais seguro.

Melinda saboreou aquele momento como ninguém. Era admirável ver-se almejada por dois homens de tão fina estampa e beleza física.

Naquela tarde, Thiago chegou em casa bufando de raiva, um sentimento que crescia obstinadamente dentro dele. Só tinha um pensamento na cabeça: separar Eriberto de Melinda, antes que ele abocanhasse sua fortuna.

Alguns dias depois, Thiago e Melinda encontraram-se por coincidência novamente num recital. Eriberto avistou e reconheceu Thiago de imediato, ficando de olhos semicerrados e atentos o tempo todo para ver se ele dirigia o olhar para Melinda. Desde que a viu, Thiago ficou irrequieto, com uma ideia fixa: precisava chegar até ela, só assim selaria uma maior aproximação. Num estalo, teve uma ideia, pagou para que um dos funcionários do teatro fosse até o camarote do casal e informasse ao senhor sentado ali, Eriberto Henrique Cavalcanti, que havia um mensageiro do lado de fora do teatro, trazendo uma mensagem importante de seu pai.

Àquela altura, Thiago já sondara detalhadamente a vida de Eriberto e sua família e por isso sabia tanto o nome do pai do patife, como ele o chamava, quanto o nome da família e sua história.

Com a retirada de Eriberto, Thiago habilmente entrou no camarote, surpreendendo Melinda. Ao vê-lo, os olhos dela brilharam, não tanto pelo reencontro, mas por perceber o que ele havia feito para poder chegar até ela. Tinha um sexto sentido aguçado.

Ele segurou suas mãos e as beijou carinhosamente, mergulhando profundamente em seus olhos cor de opalas. O olhar do moço bonito a fez, literalmente, suspirar de emoção, e algo mais... Thiago só teve tempo para dizer:
– Precisava ver-te!

Num pulo, levantou-se e escondeu-se atrás da parte da cortina que ficava rente à parede, foi bem no momento que Eriberto retornou, trazendo consigo um olhar enfurecido. Thiago saiu discretamente do camarote, satisfeito consigo mesmo e grato à intuição que lhe fizera perceber que o rival estava prestes a retornar ali.

Melinda encontrava-se trancada em seu quarto, alisando os cabelos em frente ao espelho. Entretanto, não era seu reflexo que via refletido nele, e sim a imagem de Thiago, o rapaz cuja beleza encantadora a fascinara desde que o vira pela primeira vez. Lembrou-se então da conversa amistosa que tivera no dia em que ele lhe dera uma carona.

Thiago se comportara como um adolescente ansioso, havia talvez algo de patético na sua ansiedade. Melinda fora pouco amável, acreditava que uma mulher jamais deveria demonstrar todo o seu interesse por um homem, pois abertura demais poderia afugentá-lo. Ela já percebera que tanto homens quanto mulheres gostavam de pessoas que impunham certa dificuldade, certo desafio, para serem conquistadas, tanto fosse uma conquista material quanto afetiva.

Os dois haviam tido um pelo outro grande atração. Para Melinda, Thiago estava verdadeiramente apaixonando-se por ela e aquilo de certo modo agradava-a. Agradeceu aos céus por ter vindo para o Brasil e deixado a Europa para trás. Trechos de sua vida no continente europeu passaram em sua mente por instantes, até voltar-se à realidade do presente.

Em algum momento, talvez por meio de um espasmo de seu olhar, um gesto, um tom, ou intuição, ela percebera que o seu temperamento era parecido com o de Thiago. Eram parecidos demais. A observação a fez indagar: afinal, são os opostos ou os iguais que se atraem? Ambos tinham temperamentos muito definidos, e sua intuição feminina lhe dizia que eles, por mais que viessem a se amarem profundamente, jamais se manteriam submissos um ao outro.

Melinda ficou pensativa até se assustar com o reflexo no espelho, onde naquele momento, sem nenhuma razão, via um par de olhos escuros, perturbados, com certa pena dela. Estranho sentimento percorreu-a. Havia certamente algo de anormal em tudo aquilo. Naqueles encontros dos dois, precisamente. Sempre esbarrando-se pela Corte, como se o destino quisesse uni-los. Por qual razão? Só ele, o misterioso destino, sabia e não revelaria o motivo, senão quando bem lhe conviesse, quando se cansasse de brincar com eles feito marionetes a seu bel prazer.

Melinda olhou para o destino mais uma vez, como sempre fazia, com desprezo. Ela o odiava profundamente. Sempre afirmara a si mesma que gostava de comandar seus passos, seus caminhos, sua sorte e, no entanto, era sempre levada a perceber que ninguém tinha total poder sobre si e sobre sua vida, pois a maior parte desse poder residia nas mãos do destino. O misterioso senhor destino, lindo e, ao mesmo tempo, cruel.

Em 1826, o Império do Brasil e o governo britânico assinaram um documento, proibindo a chegada de navios negreiros vindos da África ao país. Com isso, o preço dos escravos no Brasil elevou-se drasticamente. Com os negros valendo ouro, muitos dos ex-comerciantes, bem como gente nova no negócio, arriscaram-se a traficar negros da África, mesmo com o risco da Marinha Britânica apreender, em águas internacionais, navios de bandeira brasileira utilizados no tráfico e mais tarde, após obterem a permissão, afundá-los como se fossem navios piratas.

Por ser a costa brasileira altamente extensa, tornava-se impossível para o império fiscalizá-la, assim se tornava fácil para esses traficantes aportarem no país. Com isso, o tráfico perdurou por mais uma década (1852-1862), e aqueles que o sustentaram, enriqueceram-se abruptamente durante esse período.

Eriberto Henrique tinha acabado de cear num pequeno restaurante na rua Uruguaiana, acompanhado de uma garrafa de vinho da Madeira. Agora cortava caminho, de volta a sua casa. Como era de hábito, preferiu seguir a pé, em vez de tomar o landau de propriedade de sua família. Acreditava ser bom para a digestão. Deixando a rua principal, o rapaz de sobrancelha cerrada entrou na relativa tranquilidade de uma ruazinha deserta àquela hora da noite. Sem vivalma.

Como que parecendo surgir do nada, um menino mendigo escanifrado, de cara suja e sorriso insinuante correu até ele.

– *Vosmecê* tem uma esmola?

Eriberto riu, com afeto, e tirou da algibeira de seu largo sobretudo sua carteira, de onde tirou um trocado para dar ao menino, que, assim que o recebeu de suas mãos, saiu saltitante e cantarolando pela rua.

Novamente o lugar se silenciou, mas por pouco tempo. Um ligeiro ruído de passos fez-se ouvir atrás dele. O moço bem-apessoado voltou-se num sobressalto para trás, e logo identificou os rostos dos homens que vinham em sua direção. Eram policiais.

O delegado estava acompanhado por um homem maduro, da mesma estatura que a dele, com uma larga testa e grandes bigodes à militar, que agora sorria consigo mesmo.

– Senhor Eriberto Henrique Cavalcanti, o senhor está preso.

– Deve haver algum engano. Por que haveria eu de ser preso? – espantou-se o rapaz.

– Recebemos uma denúncia... – explicou a autoridade incisivamente.

– Denúncia?

– Anônima... uma denúncia contra o senhor.

O suspeito parecia cada vez mais admirado.

– A respeito do quê?

– Tráfico de escravos. A acusação foi bem clara.

– Queira nos acompanhar até a delegacia – pediu o delegado, em tom profissional.

Eriberto hesitou por segundos, depois cedeu. Era o melhor a se fazer, ao menos no momento, acreditava ele.

– Eu não tenho nada a ver com isso. Isso só pode ser um mal-entendido... – o jovem tomou a respiração profundamente, ao proferir as últimas palavras.

Os dois policiais estreitaram a vista ao mesmo tempo. Um deles pediu permissão para vistoriar as algibeiras do sobretudo do rapaz acuado.

– Ficai à vontade. Não encontrareis nada! Nada tenho a esconder!

O homem tirou de dentro de uma das algibeiras um papel amassado e deu uma rápida olhadela por ele. O rosto do jovem empalideceu e seus lábios se ressecaram de tensão. O policial fez então uma careta e entregou o papel para o delegado, que soltou um assovio de espanto após lê-lo. Eriberto olhava para aquilo abobalhado.

– Que papel é esse? – perguntou Eriberto, vacilante.

– Tens certeza de que não sabes? – indagou a autoridade friamente.

– Absoluta. Nunca vi. Alguém deve tê-lo posto no bolso do meu sobretudo.

Eriberto Henrique franziu os olhos como se procurasse visualizar a cena. De repente, exclamou eufórico:

– O restaurante! Alguém deve ter posto este papel, enquanto meu casaco ficou pendurado no cabide. Podem voltar lá e perguntar...

Além de trêmulo, o suspeito já estava suando frio.

– Seu pai foi um mercador de escravos... – falou o delegado.

– Isso não é segredo para ninguém. Todos na Corte sabem. Sabem também que parou suas atividades quando foi proibido o tráfico de escravos da África.

– É o que o senhor nos diz... precisamos averiguar. Sabemos que muitos mercadores continuaram a transportar escravos mesmo com a proibição do comércio. É algo arriscado, mas altamente lucrativo, uma vez que, desde a proibição, o preço dos escravos elevou-se drasticamente.

Diante daquele comentário, Eriberto Henrique pensou no pai por instantes: teria ele transportado escravos clandestinamente e o escondera dele e de toda família?

A prisão de Eriberto Henrique Cavalcanti casou furor na Corte. Os periódicos escreveram enormes matérias a respeito. Os abolicionistas também.

Diante do episódio, Cassiano Florentes proibiu o namoro com a filha. Desolado, Eriberto perdeu toda sua fina estampa, bem como sua fina presunção e a ilusão de que o dinheiro, a estirpe e o berço fariam dele um ser onipotente. Seu pai foi também indiciado na época e as investigações se estenderam por longo tempo, esbarrando cada vez mais em indícios de que sua fortuna crescera por meio do tráfico ilegal de escravos durante as duas últimas décadas.

Thiago Amorim seguiu ao encontro de Melinda exatamente no dia em que sua intuição mandou. Quando o *concierge* avistou o ilustre fidalgo, transpondo a porta de entrada do hotel, no qual Melinda e seu pai estavam hospedados até que se estabelecessem definitivamente na Corte, tratou logo de recepcionar a ilustre visita. Sem delongas, Thiago disse ao que vinha.

Assim que Melinda pôs os pés no saguão do hotel, Thiago caminhou até ela com passos largos, concho e um sorriso alegre no rosto arrogante.

O jovem parecia mais belo e petulante do que nunca, observou a jovem. Havia nele uma vitalidade, um quê de vida e vigor triunfantes, além do normal. Alguma consciência íntima deveria lhe proporcionar todo aquele senso vital de bem-estar. Melinda fitou o belo e voluntarioso rapaz, admirada.

Ao se posicionarem frente a frente, os dois se detiveram por alguns instantes trocando um leve sorriso e um olhar sedutor. Melinda usava um xale vermelho sobre o vestido de cor escura e, naquele momento, pareceu a Thiago mais bela e imponente do que antes.

– Eu quero oferecer meus préstimos... minha mãe também... sei que deve ter sido um choque para ti e teu pai os últimos acontecimentos... por outro lado, foi bom, pior seria se tu descobrisses o que o senhor Cavalcanti ocultava após estares casada com ele – comentou o jovem sedutor, tendo o cuidado de não conferir à frase um tom de despeito.

Melinda confidenciou:

– Teu gesto é prestimoso, de fato tocante. Eu...

Thiago a interrompeu com gentileza:

– Minha mãe convida a ti e a teu pai para um jantar em nossa casa.

– Eu...

– Ela ficará muito entristecida se recusarem...

– Falarei com meu pai. Mandaremos um escravo amanhã te dar a resposta.

– Como queira...

Melinda notou uma ponta de impaciência na resposta e gostou do que observou. Aquilo lhe permitia conhecer um pouco mais do belíssimo e atraente nobre da Corte. A seguir ambos ficaram à matroca.

Quando uma confortável vitória de aluguel – carruagem de quatro rodas para dois passageiros com abertura dobrável e um assento alto na frente para o cocheiro – trazendo o Conde de Toscana e a filha parou em frente à suntuosa casa de Alzira de Azevedo Soares, o Conde observou a belíssima mansão por instantes antes de descer do carro. Mesmo através do vidro embaçado pelos pingos da chuva que caíam, ele pôde notar que se tratava de uma casa de requinte e bom gosto. Foi o escravo Dionísio quem recebeu os convidados à porta da casa. A hora era exata, a pontualidade britânica. O escravo ajudou o senhor a tirar seu sobretudo.

O homem forte, de estatura mediana, pareceu um tanto atrapalhado no momento. Talvez por estar nervoso com alguma coisa ou ansioso. No entanto, se estava sendo importunado pelos nervos e pela ansiedade, soube esconder seu estado, adquirindo uma postura calma logo em seguida.

Melinda entrou na mansão com seu habitual ar de autoconfiança e cumprimentou os donos da casa com a polidez de uma aristocrata inglesa, tal e qual o pai.

A anfitriã abriu o caminho até a sala de visitas, seguida por seus convidados. Thiago, entretanto, permaneceu ainda alguns instantes no *hall*, observando Melinda pelas costas.

"És um homem de sorte, Thiago, de muita sorte" – pensou consigo mesmo.

Pouco depois, ele se juntou aos demais. Melinda dirigiu-lhe um olhar atraente enquanto passeava os olhos pelo ambiente. Ele lhe sorriu amavelmente e foi até o bar.

– O Conde me acompanha num uísque? – indagou o jovem.

– Faço muito gosto! – a voz do Conde, como sempre, era entusiasmada.

– E a senhorita?

Ela sorriu encantadoramente e perguntou-lhe:

– O que sugeres?

Alzira adiantou-se:

– Bem, eu vou querer uma taça de vinho. Uma boa taça de vinho cairá muito bem para essa noite chuvosa. Mas se preferires um licor... há um saboroso licor de jenipapo.

Cassiano Florentes adiantou-se e disse cortesmente:

– Uma taça de vinho para Melinda será de bom grado, meu rapaz.

Thiago preparou as doses de uísque para o Conde e para ele, bem como encheu duas taças de vinho para as mulheres e serviu a todos com elegância. Enquanto degustavam a bebida, as mulheres falaram de amenidades e os homens de política.

Cassiano Florentes ficou um momento absorto, perguntando se deveria ou não perguntar a Thiago o que queria perguntar. Assim que o álcool começou a relaxá-lo, o homem se sentiu mais seguro para tocar em assuntos inseguros. Antes, porém, baixou o tom de voz:

– E tu, meu jovem, o que pensas sobre os abolicionistas?

Thiago fez uma careta desdenhosa.

– Se dependesse de mim, se eu fosse Dom Pedro II, assinaria uma Lei, proibindo qualquer manifestação abolicionista.

O Conde balançou a cabeça ligeiramente calva em concordância, e comentou com lástima:

– Ainda hoje li uma matéria no O Correio da Cidade, escrita por um abolicionista. Só queria ver qual seria a opinião dele quanto à abolição, se tivesse investido seu dinheiro na compra de escravos.

Thiago concordou gravemente.

Melinda ouvia Alzira e, ao mesmo tempo, o que o pai e o anfitrião diziam. Era uma mulher de 19 anos e não tinha o menor interesse em assistência aos menores, que era o tema da conversa de Alzira, tampouco em assuntos abolicionistas. De tempos em tempos, Melinda intercalava um "é revoltante", ou um "a senhora tem toda razão", mas era evidente que seus pensamentos estavam muito longe dali.

A jovem ergueu a vista ao notar a chegada de um escravo à porta. Alzira voltou-se para todos e disse:

– O jantar está servido.

O conde levantou-se lesto e risonho, com o copo na mão. Um brilho divertido iluminou os olhos de Alzira.

– Papai, isso não são modos... – repreendeu Melinda com delicadeza.

– Oh! Desculpe... – disse o homem, corando até a raiz do cabelo.

– O Conde deve estar com fome... Pobre coitado.

As sobrancelhas do homem levantaram-se de maneira inquiridora.

– Eu?!

– Admita!

– Talvez seja pela dieta. Estou procurando perder peso – explicou.

– Parece-me em forma – elogiou Alzira.

– Muito agradecido, minha senhora...

Todos dirigiram-se para a sala de jantar em pequena procissão.

– Por favor, sentai-vos – adiantou-se Thiago, enquanto fazia a moça ocupar uma das cadeiras, e indicando a outra para o Conde.

Melinda tirou seu xale e sentou-se.

O senhor Cassiano Florentes sorriu para seu anfitrião do outro lado da mesa e fez um brinde: *"Cheers!"*, como dizem os ingleses.

Os olhos de Thiago brilharam, concordando com a saudação. Nesse momento, os olhos de Melinda e Thiago cruzaram-se com um descomunal interesse.

Os vagos e doces olhos castanhos do Conde perceberam o olhar entre os dois jovens, e ele sorriu satisfeito.

Ao voltarem para a sala de visitas, o senhor Florentes cortou a ponta de charuto, acendeu-o com destreza e começou a fumá-lo. Voltou-se para Alzira a fim de um tête-à-tête, deixando cair as palavras com cuidadosa precisão. Mais tarde, ele lhe fez um elogio:

– És o que poderia se chamar de uma excelente ouvinte, sendo capaz de mostrares um encantador grau de interesse em assuntos que outras mulheres considerariam aborrecedores.

Nesse ínterim, Thiago dirigiu-se até a porta envidraçada em forma de arco que dava para o jardim, e espiou através do vidro o exterior.

– Pelo visto, a chuva deu uma trégua... – comentou.

– Já não era sem tempo – murmurou o Conde de longe.

Thiago abriu a porta e voltou-se para Melinda:

– Gostas de flores? Sim? Então, vem ver o jardim de minha mãe.

A moça levantou-se delicadamente e juntou-se a Thiago, que então sugeriu:

– Podemos dar uma volta pelo jardim.

Ela não disse nada, apenas sorriu. Os dois então atravessaram a porta em arco, e foram apreciar as flores encharcadas pela chuva que cessara há pouco.

– Qual é tua flor predileta? – indagou Thiago a certa altura.

A moça de olhos negros o encarou com expressão curiosa.

– Disse alguma besteira? Perguntei o que não devia?

– Não, em absoluto. É que... bem, talvez tu aches estranha a minha flor favorita, na verdade, nem sei se é considerada uma flor...

– Diga.

– É o cacto.

– Hum...

– Cacto... no Brasil alguns a chamam de mandacaru – explicou Melinda.

Notando de imediato que o belo rapaz desconhecia a planta e que isso o deixou sem graça, sentindo-se ignorante, o que lhe era inadmissível, ela, rapidamente, arranjou um modo estratégico de quebrar o constrangimento.

– E a tua qual é? – perguntou ela, voltando o olhar para o céu.

A pergunta remeteu Thiago a um trecho de seu passado em que caminhava ao lado de Maria Eduarda e ela disse: "Eu amo as flores".

Percebendo sua ausência, Melinda chamou-o:

– Thiago... Thiago...

Voltando a si, ele encontrou sua acompanhante, olhando curiosamente para ele, e apressou-se logo em desculpar-se:

– Desculpa-me. Do que falávamos mesmo?

– Sobre flores. As flores prediletas de cada um... pelo visto, exageraste na dose de uísque. Não devias ter acompanhado meu pai, ele exagera, sempre exagera na dose...

Para Thiago, seu cérebro parecia estar em desordem, e ele precisava reorganizá-lo.

Sem dar sequência ao que conversavam, Thiago pegou as duas mãos de Melinda e disse, entoando numa voz melosa:

– Estou muito feliz por estar aqui...

– Eu também. Tua casa é realmente bonita, primorosamente bem cuidada...

– Fico grato.

– Tua mãe é uma mulher e tanto. Um doce como se diz.

– Teu pai também é.

Os dois permaneceram ali, fitando um ao outro por instantes, calados e sorrindo em silêncio. Ambas as bocas pareciam querer se juntar para trocarem um beijo ardente. Mas Thiago, por algum motivo, quebrou o clima com uma pergunta, e o momento se desfez.

– E quanto à casa onde moram na Europa? – disse ele.

Melinda franziu a testa, espantada com a pergunta que lhe pareceu incabível para o momento. Só podia ter sido provocada pelas altas doses de álcool no sangue. Forçando um tom meigo e natural, respondeu com outra pergunta:

– O que tem?

– Como é?

– Ah! Belíssima... belíssima...

– Tua mãe não se sente solitária e amedrontada tendo de ficar morando sozinha na Europa numa mansão longe de vós dois?

– Não há perigo... em breve ela estará conosco... muito em breve...

– E ela, como é?

Dessa vez, a pergunta do belo rapaz pareceu entristecer a jovem de certo modo, entretanto Melinda procurou não deixar transparecer seu sentimento, e imediatamente se recompôs:

– Um doce de mulher, mas sou suspeita para falar.

Ambos sorriram. Ao retomar seu semblante pacato, Thiago repetiu o que dissera há pouco:

– Estou muito feliz por estar aqui...

Ela repetiu o mesmo, jovialmente:

– Eu também... eu também...

Nas semanas que se seguiram, Thiago intensificou seus encontros com Melinda Florentes, fazendo-lhe a corte como um exímio cavalheiro de berço. Ele e Alzira confortaram a moça quando chegou a triste notícia de que a mãe dela morrera ao longo da viagem marítima para o Brasil.

Com o intuito de alegrar Melinda, Thiago, certo dia, quando a manhã cedeu lugar à tarde, levou a jovem e seu pai para Petrópolis, a bordo do vagão da primeira classe da locomotiva que ligava o Rio de Janeiro a Petrópolis. Ambos ainda não haviam conhecido a cidade, tampouco andado de trem no Brasil. O passeio pareceu alegrar o coração da filha e do pai, alegrando também Thiago.

Ao tocar no assunto casamento, Thiago surpreendeu-se ao ouvir Melinda dizer-lhe que o luto não deveria tardar um casamento, pelo contrário, deveria apressá-lo, pois faria com que a saudade da mãe fosse afastada do coração dos entes queridos. Sem mais delongas, o casal marcou a data do casamento, uma data não tão longe daquela.

Arredores da fazenda Novo Horizonte

Breno e Lívia estavam sentados às margens do lago que atravessava as terras de propriedade de seus pais. Os raios do sol incidiam sobre o lago, tornando-o reluzente. Tão transparente era a superfície do lago, que podiam enxergar-se nitidamente os cardumes de peixinhos ziguezagueando na água entre as folhagens das plantas submersas.

Neste instante, a moça de olhos cor de mar admirava as flores e as moitas de capim que margeavam o riacho, enquanto Breno enriquecia seus olhos com o panorama dos campos verdes, ricos e viçosos a cercar o local. Ambos se deixavam invadir pela paz que o ambiente lhes ofertava.

– Estas terras são tão cheias de paz que não se pode imaginar nada de horrível acontecendo por aqui – comentou Lívia, inebriada.

– Nada... absolutamente nada – respondeu Breno, na sua calma de sempre.

Breno Amorim estava envolto de pensamentos a respeito da mulher amada sentada ao seu lado. O que mais o impressionava em Lívia Domingues, a moça que cortejava já fazia quase dois anos, eram seus olhos, claros, penetrantes, de um azul profundo, azul como o mar. Eram os olhos mais acolhedores e cheios de compaixão que ele já vira. Deveriam espelhar o espírito dela, acreditava ele. Tudo o que Lívia dizia soava fácil, natural e certo. Seu riso era tão alegre que dava vontade de rir também. A maneira como virava a cabeça por sobre aqueles suaves ombros, era lindo de se ver.

Seus lábios pareciam-lhe dizer constantemente: passeia tua boca em mim, meu amor. E ele não só passearia, como velejaria, faria ali a morada de seus sonhos para o resto da vida, até que Deus o chamasse para junto de si. Mesmo diante de Jesus, quando chegasse o dia de encontrá-lo após sua morte, Breno ousaria contar a Ele a respeito da mulher amada, do amor que sentira por ela, do que era a vida ao seu lado. Diria, mesmo que fosse pecado. Se fosse, seria o primeiro a cometê-la. Jesus saberia, sim, Ele saberia, Ele e Deus saberiam o amor que Breno sentia por Lívia e toda sua graça de ser.

Os pensamentos do jovem fizeram sua face corar e seus olhos faiscarem. Embaraçado, baixou os olhos para o chão. Lívia olhou-o com ternura e admiração. Os cabelos castanho-claros sobre aquele rosto másculo de traços rígidos suavizavam-no. O corpo de Breno, em todos seus detalhes, parecia ser uma extensão do dela, tanto espiritualmente quanto fisicamente. Juntos, pareciam se tornar um só para viverem os mais ternos momentos da vida.

Lívia dirigiu-se a ele num tom afável:

– O que foi? No que estás pensando?

Ele não respondeu, apenas abanou a cabeça polidamente.

– Diz-me...

Breno voltou sua face, com queixo e nariz proeminentes, e sussurrou no ouvido dela com candura:

— Pensando em ti... no quanto é bom estar na tua presença. No quanto a vida faz sentido quando estou ao teu lado.

Lívia sorriu e lhe beijou a face carinhosamente. Ele fitou novamente o rosto dela, analisando as lindas meias-luas formadas por seus cílios castanhos.

Tornando a inspirar o ar profundamente, tocou-lhe o rosto fazendo-lhe um pedido:

— Aceitas casar-te comigo?

Lívia surpreendeu-se diante daquelas palavras. Esperava por elas um dia, mas não tão cedo. O pedido foi mais emocionante do que pensou que seria. Ela queria rir de tanta alegria, extravasar a emoção, mas em vez disso, ela respondeu com uma lágrima a lhe riscar o rosto.

— Sim... aceito... aceito. Honra-me muito casar-me contigo.

Breno envolveu Lívia em seus braços, apertando-a fortemente contra seu peito. Aquele terno momento ficou para sempre registrado na memória, no coração e no espírito de ambos.

Corte

A visita acomodada na sala de estar da casa de Alzira de Azevedo Soares ouviu o rangido de uma porta sendo aberta e voltou-se naquela direção. Era Thiago quem entrava por ela e, ao avistar a visita, dirigiu-lhe um olhar interrogativo.

— Tua mãe não exagerou nem um pouco quanto à tua beleza. És realmente um moço bonito. O que eu realmente chamo de bonito.

— Fico muito grato. Desculpe-me, mas quem é a senhora?

— Constância, amiga de sua mãe...

Thiago cumprimentou a mulher, polido como sempre, enquanto confabulava consigo: "Ufa, essa mulher se banha em perfume".

Logo em seguida, Alzira retornou ao cômodo. Ao ver o filho, foi até ele e o beijou carinhosamente como habitual. Assim que saiu do toalete, Melinda juntou-se a eles na grande sala. As apresentações foram feitas, enquanto Thiago serviu a todos uma taça de Xerez – vinho generoso espanhol seco ou doce, fabricado em Andaluzia – e para si uma dose de conhaque francês. Antes de tomar de sua taça, Constância disse:

— Deixa-me cheirá-lo, antes de prová-lo, como faz um bom apreciador de vinhos.

Alzira acenou um sorriso complacente.

A seguir, Constância saboreou a bebida em pequenos goles. Logo suas bochechas se avermelharam.

– Delicioso. Simplesmente delicioso... – murmurou ela, num gesto arrebicado.

Thiago sorriu por trás de sua taça de conhaque.

Puxando assunto, Constância perguntou num tom casual:

– Melinda e tu formam um belo casal. Para quando é o casamento?

– Para breve, muito em breve! – adiantou-se Alzira, toda sorrisos.

– Faço gosto. Muito gosto.

Nesse momento, Dionísio, o escravo, entrou na sala e pediu licença para falar com Thiago, que pediu licença às mulheres e se retirou.

A caminho de volta para a sala, a voz de Constância chamou a atenção de Thiago. O que ela dizia o fez deter seus passos antes de atravessar a soleira da porta. Ficou ali, incógnito, ouvindo o que ela e Melinda conversavam, com curiosidade, e uma demonstração crescente de preocupação, que lhe era totalmente atípica. Alzira só ouvia.

– Eu não acredito porque quero, mas porque para mim faz sentido. Um tremendo sentido.

– Compreendo... – observou Melinda, seriamente – deixa-me ver se compreendi. Segundo esse professor... – acrescentou Melinda, pensativa.

– Allan Kardec. Mas, seu nome verdadeiro era Leon Hippolyte... alguma coisa. Deve ter adotado esse pseudônimo... bem, não sei por que... – ajudou Constância.

– Sim. Segundo ele, ao morrermos, vamos para um plano chamado...

– Plano espiritual, onde há colônias habitadas por espíritos desencarnados.

– Das pessoas que já morreram?

– Sim. Desencarnados, quer dizer sem a carne.

– Vivemos um tempo por lá até...

– Voltarmos a reencarnar aqui na Terra. Isto chama-se reencarnação.

– Quer dizer então que, segundo ele, ou melhor, segundo a doutrina espírita, cada um de nós vive várias reencarnações – continuou Melinda.

– Sim. Já vivemos outras vidas. Vivemos várias vidas para evoluirmos espiritualmente! – explicou Constância, eloquente.

Melinda balançou a cabeça pensativa. Nesse momento, Thiago entrou na sala a passos lentos, encarando a mulher de través.

– Desculpa-me, não pude deixar de ouvir – disse ele, brejeiro.

– Não é nenhum pecado o que falamos... – adiantou-se Constância, bem-humorada.

– Não é... – concordou Thiago com ar de troça.

A mulher tornou a explicar o que já havia dito para Melinda, a pedido do jovem rapaz. Thiago ouvia tudo, ora sorrindo, ora fazendo alguns comentários num tom irônico, o que Constância não deixou de perceber. Ainda que com o desdém, ela não se sentiu intimidada a parar de falar.

Nada, porém, do que Constância disse anteriormente surpreendeu Thiago quanto o que ela disse a seguir:

– Pois bem... muitos espíritos desencarnados ficam perambulando entre nós, espíritos encarnados, e podem ser ouvidos e até vistos por muitos de nós...

As pupilas de Thiago dilataram-se diante do comentário. Chegou até a sentir um arrepio esquisito, mas procurou manter a pose e seu habitual brilho travesso. Perguntou:

– Como é possível ver o espírito dos mortos, se, "segundo dizem", o que sobrevive à morte é o espírito isento de seu corpo físico? Vai se ver o quê? Uma fumaça?

– Podemos vê-los através do perispírito de cada um. É um corpo feito de... ecto... ecto alguma coisa... Ah! Ectoplasma! O perispírito é uma cópia fiel, digamos assim, da aparência física que o espírito tinha até o momento de seu desencarne na sua última encarnação. Ele mantém essa aparência física até que viva uma nova reencarnação...

Um brilho divertido passou pelos olhos de Thiago, porém imperceptível aos presentes. Ele novamente voltou a falar com certo despeito:

– Em resumo... deixe-me ver se compreendi... estás querendo dizer que qualquer um de nós pode ver os mortos? É isso?

Constância parecia um pouco atrapalhada e, ao responder, disse devagar:

– Sim, bem... não... não sei se todos podem. Aqueles que os veem são chamados de médiuns. Eu sinceramente não sei se todos somos médiuns, tampouco sei como se faz para tornar-se um. Só sei que esses médiuns podem escrever coisas, tal como uma carta, por meio do espírito...

Constância riu e logo corrigiu-se:

– Desculpa-me. O espírito desencarnado pode escrever uma carta por meio de um médium. Chamam isso de psico... psicografia. O médium psicografa as cartas...

Thiago não conseguiu se segurar, e soltou uma gargalhada sarcástica.

– Eu tenho um outro nome para pessoas que veem coisas e escrevem cartas assim... loucas! Alienadas!

A mulher tomou a atitude do rapaz como um despautério. Constância era uma mulher que, apesar de fazer parte da alta sociedade, também sabia ser muito mal-educada. Além de tudo, era extremamente perseverante, não deixava seus pontos de vista serem derrubados sem um argumento convincente.

Percebendo os olhos críticos e reprovadores da mulher, Thiago pediu-lhe desculpas, mas em meio a risos. Não conseguia parar de rir.

A mulher ergueu-se de onde estava sentada, caminhou em direção ao filho da amiga, focou seu olhar nos dele firmemente, e disse:

– Não deverias zombar dessas coisas, meu rapaz.

O gesto da mulher o assustou deverasmente. Ele manteve o olhar fixo nos dela, desafiando-a. De tão alerta, armado dos pés à cabeça para se proteger, Thiago demorou para ouvir o que ela dizia.

– Com licença! – Constância teve de repetir o pedido umas três vezes. Só na última, ele deu passagem para a mulher que seguiu até o banheiro.

Thiago cravou a mão direita no cabelo revolto umas três vezes. Percebeu-se tenso, caminhou novamente até a garrafa de conhaque e serviu-se de mais um cálice.

Ao fundo, Melinda conversava com Alzira. Mas Thiago não prestava atenção, em sua mente só ecoava o que a amiga da mãe lhe dissera há pouco sobre reencarnação, plano espiritual, perispírito, psicografia... mas algo ecoava mais forte que tudo mais, o que ela dissera a respeito daqueles que podem ver e falar com os mortos.

Thiago engoliu a bebida numa golada só. Frisou a testa, apreensivo. Aquilo tudo de certo modo o incomodava profundamente. Em meio aos seus pensamentos de soslaio, ecoou a voz do pai. Algo que Romeu lhe disse certa vez. Thiago mergulhou nas suas memórias, esforçando-se para trazer à tona um trecho do passado com detalhes:

"– Porque tua tia não é louca! – dizia o pai – ela tem um dom, apenas isso...Um dom para ver os mortos e se comunicar com eles...
Thiago não conseguiu conter-se e gargalhou. Com escárnio, falou:
– Um dom para a loucura, isso sim. Onde já se viu, meu pai? Onde? Alguém ver e falar com mortos? Só loucos, insanos! Não me decepciones! Abre os olhos para aquela doidivana".

Thiago emergiu das lembranças com a cabeça a mil. Se realmente alguns vivos pudessem se comunicar com os mortos, segundo Allan Kardec, a tia deixaria de ser diagnosticada como louca. Não só ela, como muitos dos homens e mulheres internados nos hospícios. Mas aquilo tudo, na sua concepção, nada mais era do que mais um delírio inconcebível de um desmiolado. Algo tinha de ser feito contra essa ideia absurda que começava a aflorar no país, antes que fosse tarde, antes que loucos fossem considerados normais. Thiago inquietou-se ao se ver inseguro por algum motivo.

Foram os passos da mulher voltando à sala que o despertaram de seus pensamentos, retomando sua mente envolta de vozes agressivas e odiosas.

Assim que Constância foi embora, Thiago desabafou:
– Quanta bobagem... Meu Deus, quanta bobagem...
– Talvez não seja bobagem... pode fazer sentido... consta que, a princípio, os egípcios mumificavam os corpos dos mortos por crerem que os espíritos considerados bons, não sei ao certo, poderiam voltar à Terra após a morte, e para isso necessitariam de seus corpos... mas, voltar à Terra dentro de um novo físico faz mais sentido para mim...
– Contos... histórias... tolices...
– As respostas de dona Constância foram prontas e convincentes.

Melinda estava observando a futura sogra e notou que o comentário do filho deixou-a um pouco embaraçada. O rapaz sacudiu os ombros. Mas não era apenas argúcia que se podia ver naquele olhar, o ceticismo também.
– Em minha opinião, essa mulher é uma doidivana presunçosa. Só uma doida defenderia seus pontos de vista tão puramente fora de propósito. Estaria até que por demais bem acolhida num manicômio, local ideal para ela doidejar. Do jeito que as coisas vão, com tanta gente ficando louca, logo terão de construir muitos outros hospícios mais... que o Imperador se prepare!

Não havia só ironia e desprezo na voz de Thiago, observou Melinda. Havia medo, mas do quê?, perguntou-se.

O casal ficou ali junto à Alzira, à matroca, contudo, Thiago dava respostas vagas, estava longe, concentrado em seus próprios pensamentos, que volta e meia eram interferidos pela imagem da tia, segundo ele, um acinte.

Ao se ver disfarçando um bocejo ou dois, o rapaz despertou de imediato e olhou aparatosamente para o relógio sobre a lareira. Era hora de levar Melinda de volta para o hotel.

Naquela noite, Thiago Amorim não foi bem recebido pelo mundo dos sonhos. Todos, apesar de envolverem situações singelas, assustaram-no profundamente. Um, em especial, chamou-lhe mais atenção e foi o que mais o deixou preocupado. Nele, Thiago caminhava por um deserto árido, com o sol a pino. De repente, viu-se diante de uma bifurcação, duas estradas a seguir: qual delas deveria seguir era a questão. Em uma, estava Melinda aguardando por ele, noutro Maria Eduarda, e no meio havia uma negra, bem moça, olhando para ele desafiadoramente. Por mais que tentasse, não conseguia reconhecê-la. De súbito, teve a impressão de ver um vulto passar por ele. Ao virar-se, deparou-se com Luísa querendo lhe dizer alguma coisa com o olhar. Thiago despertou do sono assustado.

Desde que Thiago passara a fazer a corte à Melinda Florentes, os dois desfilavam pela cidade pomposamente, como se fossem membros da família imperial. De tão entretidos com os preparativos do casamento, nem notaram o tempo passar. Quando deram por si, já estavam às vésperas do matrimônio.

A mãe do noivo e o pai da noiva eram só alegria. Apesar de Cassiano Florentes insistir em querer pagar pelas despesas da cerimônia, Alzira não aceitou sua ajuda. Ela fazia questão de pagar todas as despesas do casamento, pois era um modo de compensar o que não fizera pelo filho ao longo da vida.

Alzira comprou a casa que Thiago escolheu na Corte, uma bela mansão, próxima ao deslumbrante palácio erguido pelo Barão de Nova Friburgo (Palácio do Catete). Tratou de comprar-lhe tantos escravos quanto fossem necessários para atender às suas necessidades. Não queria, em hipótese alguma, que o rapaz necessitasse de algo. Sentia-se feliz por poder oferecer ao filho aquilo que sempre sonhara para ele: uma vida digna.

Às vésperas do casamento, Alzira encontrou Thiago largado numa das poltronas da sala com o olhar perdido.

– Com o que te preocupas, meu filho?

Ele esforçou-se para emitir um sorriso para a mulher para fingir que tudo estava bem.

– Nada, minha mãe.

Thiago mentia sem sentir culpa alguma, e ele estava consciente daquilo, tanto quanto das consequências que sofreria, ao escolher o caminho que estava tomando em sua vida. Entretanto, por mais que estivesse consciente, fazia-se de inconsciente.

– Está tudo bem entre Melinda e tu?

– Lógico que sim, minha mãe, por que não haveria de estar?

Ela esboçou um sorriso.

Thiago abafou o temor de estar seguindo o caminho errado, que crescia a cada dia, a cada hora, a cada minuto mais que se aproximava do casamento. Junto ao temor, juntava-se a dor quase insuportável, causada pela saudade de Maria Eduarda. Ele, então, volta e meia, lembrava-se de que era um homem e não um potrinho, e que tinha de reagir à altura daquilo tudo. E que no fim tudo daria certo entre ele e Maria Eduarda, como planejara.

O dia do casamento de Thiago e Melinda Florentes se deu sob um céu bonito e incandescente. Os presentes à cerimônia de casamento eram praticamente todos conhecidos de Alzira. A igreja de Santo Antônio estava decorada prestimosamente com bom gosto. Ramalhetes de margaridas enfeitavam todo o corredor da catedral em meio a fitas de cetim. Thiago interpretou o bom moço, o noivo realizado, do começo ao fim. Só tremeu na base quando o padre lhe perguntou: "Aceitas Melinda Florentes como tua legítima esposa, na saúde e na doença, na riqueza e na pobreza... amando-a, respeitando-a... até que a morte os separe?".

Naquele momento, por milésimos de segundos, ele quase se viu acatando o que uma força interior o instigava a fazer: desistir daquilo tudo. Essa força lhe dizia que tudo não passava de uma ideia absurda, uma loucura e que, por mais que ele se casasse com uma mulher abastada, nenhum cifrão valia mais que o amor que existia entre ele e Maria Eduarda. Mas não deu ouvidos a esse seu lado e, por fim, respondeu: "sim".

No dia seguinte, o casal partiu para a Europa de navio. Entre ida e vinda, eles ficariam praticamente de sete a oito meses longe do Brasil.

1885 – Lei dos Sexagenários

Os abolicionistas comemoraram mais uma conquista em prol dos escravos. Foi promulgada a Lei Saraiva-Cotegipe, conhecida como a Lei dos Sexagenários, que determina a libertação dos escravos com mais de 60 anos, mediante indenização aos seus proprietários.

Do exterior, sobretudo da Europa, chegavam apelos e manifestos favoráveis ao fim da escravidão. Ainda assim, sua extinção parecia distante...

Fazenda Santa Anastácia

Lívia Domingues despertou de uma bela noite de sono com a sinfonia dos pássaros que habitavam as árvores próximas às janelas da sede da fazenda. Vestiu suas roupas e deixou o quarto ansiosa para saudar a manhã agradável de ar perfumado.

Ao se ver seguindo o corredor que levava à sala de estar, percebeu que a casa estava silenciosa, parecia deserta e fúnebre. Seus pensamentos estancaram confusos. Encontrou Bá vindo da cozinha, cuja expressão assustou-a profundamente, parecia estar vendo um fantasma.

Fazenda Novo Horizonte

Breno Amorim terminou seu banho cheio de entusiasmo. Era precisamente três horas da tarde. Vestiu uma das roupas que guardava para ocasiões especiais, ajeitou o cabelo e a gola em frente ao espelho e sorriu para si. Qualquer um podia perceber que estava tomado de felicidade, da mais pura e irradiante felicidade. Antes de sair, porém, queria saborear uma deliciosa xícara de café, ou chá, ou leite com café, não importava o quê, contanto que fosse algo quente para assentar seu estômago.

Ele atravessou a sala envolta pela penumbra e o silêncio. Ao chegar à cozinha, o jovem Amorim encontrou as mucamas Januária e Ruth ali descascando batatas sobre a enorme mesa de madeira, cujo tampo dava sinais de ter sido muito bem esfregado com bucha. O cheiro gostoso de pães sendo assados no enorme fogão a lenha invadiu seu nariz. Ele farejou o ar e, estampando um sorriso bonito, disse:

– Hum... o cheiro está bom. Muito bom...

Januária levantou-se rapidamente da cadeira e, enquanto ajeitava as vestes, disse:

– Os *pão* já *tão* quase *prontinho,* sinhô-moço...

Ele novamente emitiu um sorriso bonito e disse:

– Vou aguardar para comer uma bela fatia com manteiga... hum...

A crioula exibiu seus belos dentes brancos e fortes. Ruth permaneceu quieta, com afeição endurecida, observando o rapaz de esguelha.

– Quero também um café... aquele cafezinho *bão* que só *vosmecê* sabe fazer, boa Januária.

– É *pra* já, sinhozinho... é *pra* já...

Enquanto a crioula pegava o pó de café moído há pouco, ela comentou:

– Sinhozinho parece *filiz*... tão *filiz*...

– E estou mesmo, Januária, muito *filiz*. Hoje é um dia muito especial em minha vida... muito especial...

A negra sorriu com ternura para ele.

– Estou indo pedir a mão de Lívia em casamento ao pai dela...

– Por isso sinhô-moço *tá* elegante?

As palavras da mulher fizeram Breno soltar um riso, quase uma gargalhada gostosa.

– Sim, sim.

Breno foi até a negra e a abraçou:

– *Vosmecê* é como uma mãe para mim... como uma mãe...

– Sinhozinho é como um *fio pra essa nega*... como um *fio*.

O café foi coado, adoçado e degustado com prazer pelo filho mais velho de Romeu. Breno puxou uma cadeira para junto dele e, voltando-se para Januária, enquanto batia com a palma da mão esquerda sobre o assento da cadeira, disse:

– Senta-te aqui ao meu lado. Acompanha-me no café...

– Vê lá, sinhô-moço...

Num tom autoritário, o jovem de 23 anos ordenou:

– Estou mandando, vem cá!

A negra, sem graça, pegou uma xícara, serviu-se de café e fez o que o moço, que ela considerava bonito por fora e por dentro, pediu. Ruth observava tudo calada. Voltando-se na direção de Ruth, Breno disse:

– Pega também uma xícara, Ruth, e junta-te a nós.

A escrava não alteou nenhum canto do rosto, apenas balançou a cabeça negativamente.

– Ô diacho, será que terei de ordenar para que tu faças isso... – rosnou Breno, fingindo autoridade.

A negra, ainda olhando seriamente para ele, levantou-se a contragosto, pegou uma xícara, encheu-a de café e sentou-se onde ele pediu.

– Não vais adoçar teu café? – perguntou Breno, gentilmente.

– *Num* gosto. Gosto dele amargo, sinhozinho... amargo, como minha vida.

As palavras de Ruth, cheias de rancor e certo ódio, fizeram Breno olhar para a negra com outros olhos. Januária lançou um olhar reprovador para a jovem escrava e, para quebrar o constrangimento, disse:

– Sinhô-moço merece ser *filiz*... muito *filiz*... *Oxum te* proteja*!*

Breno inclinou o pescoço para a frente e beijou a bochecha da velha Januária.

– Sinhozinho! – exclamou ela, repreendendo o gesto e corada de vergonha.

Ele fez uma careta e abocanhou a fatia de pão com prazer.

Antes de atravessar a porta da frente da casa, o rangido de um balanço na varanda, oscilando calmamente para a frente e para trás, para trás e para a frente, chegou até os ouvidos do rapaz. Ele desacelerou o passo e, diante da porta, pôs só a cabeça para fora, discretamente, para ver quem se balançava. Era realmente quem pensou ser, seu pai. Ali estava mais uma vez Romeu, naquela tarde que mais parecia uma tarde de verão, sentado sobre a cadeira de balanço, seu lugar predileto, admirando a morada de seus sonhos.

Breno caminhou a passos lentos e silenciosos pela grande varanda até ele. Ao vê-lo, Romeu exclamou alegremente:

– Breno?! Meu filho!

O rapaz foi até a cadeira de balanço e abaixou-se como um beija-flor para dar um beijo no rosto do pai, que o contemplou, sentindo um amor imenso apertar seu coração.

– É hoje? – perguntou o pai.

– Sim, pai, é hoje. É hoje o grande dia.

O pai pousou a mão direita sobre a mão do filho, que repousava no braço da cadeira, e disse, emocionado:

– Desejo-te tudo de bom, meu filho, tudo de bom...

Breno emitiu um novo sorriso, envolto de pura felicidade.

– Pai...

Romeu voltou o olhar para o rapaz.

– Pai...

Romeu irritou-se antes mesmo de ouvir o que ele tinha a dizer. Já conhecia o tom que o filho tomava para falar do irmão.

– Outra vez não, Breno, por favor...

– Mas, pai, não consigo acreditar que não sintas saudades dele...

– Por favor...

– Não é do teu feitio agires assim, tens um coração caloroso... humano...

– Ele quis assim, Breno, foi ele quem quis assim, não eu...

– Mas, eu vou atrás dele, pai, e dessa vez o senhor não vai me impedir como das outras. Receio que ele esteja precisando de ajuda.

– Se estivesse, ele nos procuraria.

– Thiago, o senhor bem sabe, é orgulhoso para isso.

Romeu ergueu as sobrancelhas como quem diz: "é verdade!".

– De qualquer modo, assim que puder, irei atrás dele – acrescentou Breno, decidido.

– Vais perder teu tempo, "pau que nasce torto, morre torto", entenda isso de uma vez por todas, filho.

– Não, pai... não aceito isso... um dia irei atrás dele.

Nisso, o rangido do assoalho de madeira despertou a atenção dos dois. Ambos voltaram o olhar naquela direção. Era Luísa. Ao avistá-la, Breno abriu-lhe um sorriso, levantou-se e foi até ela dar-lhe um beijo.

– Percebo que meu sobrinho está feliz. Muito feliz...

– Sim, tia...

Luísa apertou a bochecha do sobrinho, repetindo o gesto carinhoso que fazia com ele quando criança.

– Oh! Esqueci-me por completo. É hoje que vais...

– Sim...

Ela inclinou-se e afagou o cabelo dele:

– Fico feliz. Muito feliz por Lívia e ti. Formam um belo casal.

– Obrigado.

– Teu casamento... quem diria... até parece que foi ontem que cheguei aqui e tu eras um menino, apenas um menino...

Breno sorriu e despediu-se dos dois. Apertou o passo e, aos pulos, desceu os últimos degraus da escada de cantaria frente à casa, lépido como um adolescente. Antes de sumir da vista do pai e da tia, acenou para ambos com alegria.

Luísa voltou-se para o cunhado e disse:

– Ele está realizado, verdadeiramente realizado.

– Sim...

O tom com que o cunhado emitiu a resposta chamou a atenção dela, fazendo-a voltar-se na direção de Romeu e olhá-lo com curiosidade.

– O que foi? Meu cunhado parece entristecido com algo... o que te preocupa?

– É Breno...

– Mas não há com o que se preocupar, ele vai se casar com uma moça que o ama...

– Eu sei. Não é isso que me preocupa...

– O que... ah... já sei...

– Sim, ele voltou a falar do irmão. Não o esquece em hipótese alguma. Quer ir atrás dele, assim que tiver um tempo livre... preocupa-se com ele... – explicou Romeu de um só fôlego.

– Eu compreendo... – murmurou ela, condoída, notando que Romeu enrijecera como um poste.

A seguir, Luísa perguntou-lhe:

– E tu, meu cunhado, não sentes saudades dele, não te preocupas com ele?

Ela notou que a pergunta tocou o âmago de Romeu, mas ele procurou manter-se forte ao responder:

– Gostaria de sentir, Luísa, gostaria muito e, no entanto, por mais que Thiago seja meu filho, por mais que tenha meu sangue, ainda assim...

– Eu compreendo...

Luísa observou o manancial de tristeza que minava nitidamente dos olhos escuros do cunhado.

– Como isso pode acontecer com um pai? – indagou ele, com os olhos rasos d'água.

– Tua afinidade espiritual é mais com Breno... – disse ela.

– A vida é repleta de coisas estranhas... – disse ele simultaneamente, sem ouvi-la.

– Tais como?

– O coronel Ubirajara, por exemplo. Ele pegou uma menina para criar e comentava comigo a respeito da relação que tinha com a filha adotada e com os filhos legítimos. Ela lhe era mais dedicada, tinha por ele afetos verdadeiros, ao contrário dos filhos do próprio sangue... como explicar isso?

– Ora, meu cunhado, não é tão difícil assim... os filhos pegos para criar podem não ter o mesmo sangue, mas têm laços familiares espirituais.

Nesse ínterim, na cozinha, Januária voltou-se para Ruth e, seriamente, disse:

– *Ocê pudia* ser mais gentil com o sinhozinho... ele te *qué* muito bem, Ruth.

– Sinhozinho?

Ela riu.

– *Ocê é mar*, Ruth...

– Eles me fizeram má...

A crioula olhou-a assustada. Ruth seriamente acrescentou com um ar feroz e descabido:

– *Óia pra* essas *mão calejada,* Januária, *óia...*

A negra olhou amargurada para a moça, envolta de amargura e medo.

– *Óia pras mão* deles... *óia* como são *macia...*

Januária balançou a cabeça com tristeza.

A jovem negra mordeu os beiços de despeito, antes de acrescentar com todo atrevimento e desgarre que lhe eram próprios:

– Esse casamento *num* há de *acontecê!*

– O que *vassuncê tá* dizendo, sua maluca?

– Exatamente o que *ocê* ouviu...

– Esse casamento *num* há de *acontecê... vassuncê* vai *vê!*

– Como é que *vassuncê sabe*, Ruth?

– Xangô há de fazer justiça.

– Justiça contra um *home bão?*

– Ele não é *bão!* É um branco, como todos os *branco...*

– Espanta esse rancor do coração, Ruth!

– *Num* espanto, enquanto *num fô* feita justiça!

– Só Xangô faz justiça...

Ruth gargalhou. Januária fez um adendo:

– Nem sinhozinho Thiago... nem ele merece o *mar.*

Ruth voltou-se para ela.

– Sinhozinho Thiago?!
– Sim.
– Por onde *ocê* acha que ele anda?
– *Num* sei...
– Aquele é o demônio em pessoa... Xangô há de *cuidá* dele *tumbém, tumbém*...

Havia nos olhos da negra um olhar exultante e maquiavélico, e mais uma vez em sua boca apareceu aquele sorriso satisfeito e felino.

Januária ficou pensativa, em seguida chamou Filó, outra das escravas da casa, para ajudá-la em seus afazeres. Dispensou Ruth, pois a presença dela fazia Januária sentir-se mal.

Quando Breno entrou no estábulo, os cavalos relincharam e se agitaram nas cocheiras. Ele selou um deles e partiu. Tanta era sua euforia que ele acabou esquecendo-se de apanhar um chapéu para proteger a cabeça do sol da tarde. O rapaz tomou o caminho que levava à casa-grande da fazenda do coronel Domingues, tão imerso de felicidade e excitação, que nem mesmo se tocou de que havia um ar sombrio, pairando por lá.

Foi um dos escravos que veio atender-lhe à porta. Breno disse ao que vinha. O negro pediu para aguardar. Breno estava tão envolto de entusiasmo que os minutos passaram para ele como se fossem meros segundos. Sequer achou estranho o fato de ter ficado à espera do lado de fora da casa, algo totalmente fora do comum. Levou cerca de dez minutos até que o coronel aparecesse no peitoril da varanda frente à sua casa-grande.

– Bom dia, coronel Domingues, eu... – saudou Breno. Foi, somente nesse momento que ele observou melhor a expressão do coronel, a qual o amedrontou.

Atropelando um pouco as palavras, ele voltou a falar:

– A... a... aconteceu... alguma... coisa, coronel? Está... está tudo bem?

Breno se surpreendeu gaguejando. O coronel interpelou suas palavras:

– O que o traz aqui, senhor Amorim?

A pergunta direta do coronel também não era algo habitual. Ele jamais ia direto ao assunto.

– Bem... eu...

O coronel Domingues soltou um suspiro longo e profundo, parecia ser de tensão, mas poderia ser de raiva. Breno era a única pessoa próxima o suficiente para perceber o tremor de seus lábios.

– Eu vim até aqui pedir a mão de sua filha em casamento.

Nada no semblante do dono da fazenda mudou, a não ser, talvez, maior evidência de sua carranca. Ele demorou tanto para responder, que Breno pensou que o coronel desistira. Por fim, ele deu um longo suspiro, e falou:

– É muito cedo para minha filha se casar... cedo demais.

– Mas...

– Nem mais, nem menos, meu jovem.

– Eu... pensei...

O coronel estreitou a vista, franzindo toda a testa, adquirindo um aspecto ainda mais grotesco. Por um instante, Breno não conseguia respirar. Arquejando, falou:

– Eu amo sua filha, Coronel, o senhor bem sabe... sempre esteve a par...

O tom do coronel a seguir foi incisivo:

– Não quero mais que cortejes minha filha, ouviste bem?

– Por quê?

O Coronel Domingues o interpelou.

– Tu não és o marido ideal para ela...

Breno olhou para o fazendeiro desnorteado. Então, disse, de modo submisso:

– Mas, eu amo sua filha... meus sentimentos são sinceros por ela, o senhor bem sabe. Por que está fazendo isso comigo?

– Mudei de opinião e ponto final. Não te devo satisfações – respondeu, com um ar feroz.

Breno balançou a cabeça com tristeza. O coronel fez um gesto de impotência com as mãos como quem diz: "eu sinto muito", deu-lhe as costas e voltou para dentro de sua casa. O rapaz permaneceu ali, estático, sem saber o que fazer. As lágrimas pesadas caíam de seus olhos.

Um escravo aproximou-se dele e, num tom nada cortês, ordenou:

– É *mió vassuncê* ir embora...

Breno olhou para o negro, que o observava de modo exultante e maquiavélico, e cuja boca mostrou um sorriso satisfeito e felino. Parecia até estar deliciando-se com o sofrimento da jovem. Outro escravo aproximou-se e, num tom mais agressivo, repetiu o que o outro há pouco dissera. Breno montou em seu cavalo e partiu.

Durante o trajeto, voltou o olhar diversas vezes para a residência da família Domingues. Um olhar exasperado, perdido, machucado...

Minutos depois, ele se encontrava cabisbaixo, em pé ao lado do pai. Seus lábios tremiam e lágrimas desciam pelos contornos de sua boca.

– Eu não compreendo, meu pai, por que o coronel Domingues teve essa mudança repentina? – afirmava, acorçoado.

O pai aproximou-se do filho, passou o braço por suas costas e o puxou para si. O jovem encostou a cabeça no seu ombro e começou a chorar tal como uma criança.

– Nem sempre conseguimos tudo na vida... – disse Romeu e acrescentou – porém, devemos ser persistentes...

Durante as fases do dia e as fases da lua, Breno, volta e meia, pegava-se vendo a face de Lívia claramente em seus pensamentos. Os lábios dela convidando-o a passear por eles. O azul surpreendente dos olhos dela convidando-o a mergulhar neles. Os cabelos dela atraindo-o como um ímã a esconder seu rosto entre eles. Seu perfume natural vindo da sua pele imaculada. Agora, tudo o que restara entre ele e a mulher amada era a distância, a misteriosa separação imposta pelo pai.

Por quê? Isso era o que queria saber. O que fizera o pai de Lívia mudar de opinião a respeito da união dele com a filha? Justo o coronel que tanto parecia gostar dele como a um filho. Só restava pedir a Deus que intercedesse por ele e Lívia. Só isso. Assim, Breno fez, fechando os olhos, elevou seus pensamentos ao Criador, depois à mãe tão amada e a Ida, a escrava que cuidara dele tal como uma mãe. Unidas como eram, ambas só poderiam estar juntas no céu ao lado de Deus, acreditava o jovem.

Em alto-mar...

Thiago estava debruçado sobre a amurada do navio que o levava com a esposa para a Europa. Seus olhos estavam concentrados na superfície do oceano, que parecia um solo feito de água. Mas sua mente viajava por outro solo. O solo onde residia Maria Eduarda, de quem a saudade crescia cada dia mais dentro do seu coração, a ponto de fazê-lo sofrer do estômago e acordar no meio da noite tendo pesadelos com ela, suando frio, tenso e amargurado. Mas ele tinha de ser forte, o mais forte possível para seguir adiante com seu plano até o fim. Maria Eduarda o amava de verdade, e aguardaria o tempo que fosse necessário até que os dois pudessem finalmente ficar juntos, como fazem duas pessoas que se amam verdadeiramente. Além do mais, eram jovens, tinham ainda a vida toda para viverem para todo o sempre lado a lado.

Arredores de Vila da Mata

Os dias passavam lentos e calejantes para Breno Amorim. Somente a colheita de café, a qual estava sendo uma das melhores dos últimos tempos, tanto que não havia cestos suficientes para guardar os grãos, conseguia distrair um pouco sua mente e assim amenizar sua tristeza.

Todos ali na fazenda que o queriam bem e, nesse caso a maioria, percebiam o quanto ele se esforçava para superar os últimos acontecimentos de sua vida. Todos sofriam por ele e com ele. Exceto Ruth, que parecia saborear cada milésimo do sofrimento dele.

Breno acreditava piamente que seu pai estava certo ao dizer que o tempo é o melhor remédio. Quem sabe ele curaria e cicatrizaria o coração do coronel Domingues e o faria mudar de ideia? O rapaz, com o coração dilacerado pela saudade da mulher amada, aguentou o sofrimento por se distrair com o período da colheita.

Mas assim que ela terminou, Breno se viu novamente açoitado pela decisão do pai de Lívia. Acordava à noite com o sangue formigando de vontade de estar ao lado dela. Queria porque queria vê-la a qualquer custo. Não aguentava mais ficar longe dela por mais tempo, e para isso decidiu arriscar-se a entrar às escondidas na fazenda Santa Anastácia para vê-la.

Uma coisa era mais que certa para ele. O pai poderia ter mudado de opinião com relação a ele, mas não a filha, não; ela, Lívia ainda o amava. Afinal, os sentimentos verdadeiros por uma pessoa não mudam assim, de uma hora para outra.

Tomado de saudade e coragem, Breno conseguiu, certa noite, chegar às imediações da sede da fazenda sem ser notado. Amarrou o cavalo ali perto e seguiu a pé o resto do caminho. O silêncio reinava por ali. Nem o cricrilar dos grilos era ouvido. Os bichos pareciam entregues a um silencioso motim. Assim que se aproximou da casa-grande, avistou Lívia parada na varanda em frente à casa. Vê-la fez seu coração palpitar de alegria. Caminhou sorrateiramente até onde a moça estava.

Lívia estacou de súbito, ao vê-lo ali parado, olhando-a. Seu rosto de contornos suaves petrificou-se naquele instante, adquirindo uma máscara de terror.

Num salto, Breno chegou até ela e a tomou em seus braços. Sem pensar em nada, ele a abraçou, beijando-a com tanto ímpeto que, ao se separarem, ambos estavam vermelhos e ofegantes. Os lábios dela ainda mantinham o mesmo sabor, toda a doce cumplicidade e paixão. Ao beijá-la, ele sentiu-se completo. Afastou uma mecha de cabelos dourados do rosto da mulher amada e, olhando profundamente para seus olhos azuis, desabafou numa voz resfolegada:

– Lívia, meu amor... o que houve?

Breno pronunciou o nome dela com delicadeza e tocou-lhe o rosto com tanta ternura, que ela teve vontade de chorar. Porém, chorou calada. Os dois ficaram ali naquela imagem congelada, apertados um ao outro, amando-se em silêncio.

– Está tudo tão silencioso por aqui. O que há? Onde está teu pai? Teu irmão? – perguntou Breno, num sorriso triste que partiu o coração dela.

Sussurrando baixinho, com as pálpebras baixas, Lívia respondeu com uma voz partida e cansada:

– Meu irmão está com uma febre muito forte. Um estado miserável de febre e desalento.

Ao voltar o olhar para Breno, os olhos de Lívia lacrimejavam agonizados. Com a mão direita enfraquecida, ela tocou o rosto do homem amado, que se inclinou e a beijou no rosto, dizendo:

– Eu te amo. Não quero mais viver se não puder tê-la ao meu lado.

A jovem mordeu o lábio, teria sorrido se não estivesse sentindo-se tão mal. Em seguida, com um aperto no coração, Breno perguntou:

– Diz-me o porquê. Por que teu pai mudou de ideia?

Um enxame de pensamentos negativos apoderou-se da jovem naquele instante. Lívia ia dizer alguma coisa, mas seus lábios delicados travaram. Recuando dos braços dele e, tomando um aspecto mais firme, fingindo estar mais segura de si, disse:

– Vai, Breno. Vai... para o teu próprio bem.

As melhores intenções do rapaz foram por água abaixo.

– Não, enquanto não responderes à minha pergunta – insistiu ele, aflito.

– Meu pai pode chegar!

– Diz por que...

– Não posso... não piora as coisas...
– Eu vou falar com ele novamente.
– Por favor, vai!

De súbito, Lívia emitiu um grito entrecortado. Breno assustou e voltou-se para trás. Havia agora ali um dos escravos parado, encarando-os. A expressão dele amedrontou o jovem.

– O coronel não quer *vassuncê* nas *terra* dele! – ralhou o negro.
– Eu...

O escravo o cortou, dizendo:
– O sinhozinho *num* é bem-vindo aqui!
– Mas...

Lívia interpelou o diálogo, dizendo:
– Vai, Breno, pelo amor de Deus, vai!
– Mas...
– Eu ficarei bem.
– Teu pai não pode fazer isso, não pode!
– Vai!
– Isso não vai ficar assim, não vai!

O negro ralhou novamente com Breno:
– Se o sinhozinho *num parti* agora, *tomo* providência...
– Vou-me... mas voltarei... isso não há de ficar assim!
– É *mió* o sinhozinho *deixá* as *coisa* como *tá*...

Nisso, uma das escravas mais idosas chegou à varanda. Ao vê-los, seu rosto enrijeceu. Breno também assustou-se ao vê-la, principalmente seus olhos assustados. Não sabia precisar se seu rosto revelava medo ou ódio. Mais tarde, refletindo a respeito, chegou à conclusão de que ela queria lhe dizer alguma coisa. Breno deixou a fazenda mais uma vez, sentindo-se esmagado.

– A expressão da escrava me intrigou e me amedrontou ao mesmo tempo. Parecia querer dizer-me alguma coisa... mas o quê? – desabafava Breno com a tia, que se mantinha ao lado do sobrinho estimado, tentando confortá-lo com palavras.

– Dor! – exclamou Breno repentinamente.
– Dor? – espantou-se Luísa.
– Sim! Era isso! Seu rosto expressava dor – explicou Breno, aflito.

A tia olhou atônita para o sobrinho. Nada mais foi dito, senão:

– Alguma coisa está acontecendo por lá... alguma coisa que foge à nossa compreensão.

Desse dia em diante, as noites de sono de Breno Amorim, que já não eram as melhores desde a decisão do coronel, tornaram-se piores. Acordava diversas vezes no meio da madrugada suando frio, preocupado, chegando até a pensar em certos momentos que havia alguém dentro do seu quarto.

Luísa também estava preocupada e atônita. Não era mais a mesma. Algo havia mudado nela nas últimas semanas. Mas o quê? O que estaria acontecendo por lá?

Cerca de três semanas depois...

Valêncio, o capataz da fazenda dos Amorim, estava montado numa égua de cor castanho, inspecionando as plantações, quando algo ao longe despertou sua atenção. Coçou o queixo, intrigado. O que seria? Pensou em desistir de ir até lá, entretanto, acabou cedendo à curiosidade. O que viu embrulhou-lhe o estômago e, por pouco, não vomitou. Bateu com as esporas no animal e partiu dali, exigindo que o cavalo galopasse na maior velocidade que pudesse alcançar.

Ao chegar na sede da fazenda, o capataz trazia consigo uma aparência cansada e esquálida, mesmo assim ainda andava resolutamente, a passos rápidos, como se tivesse pressa de resolver algum negócio.

– Sinhozinho... sinhozinho... – disse ele, ao avistar Breno sentado numa das cadeiras da varanda.

O rapaz parecia estar ali só de corpo presente, sua mente vagava longe, num deserto solitário.

– Sinhozinho... sinhozinho... – insistiu o homem.

Parecendo ressurgir de um coma, Breno voltou-se para ele e perguntou numa voz sem entusiasmo:

– O que foi?

– Sinhozinho...

– Fala, homem.

Havia lágrimas prestes a transbordar dos olhos do empregado. Ao perceber seu estado grave, Breno levantou-se:

– O que foi?

O homem tentava falar, mas suas palavras saíam cortadas. A expressão de Valêncio amedrontou Breno fortemente. Pegando no ombro do empregado, pediu-lhe:

– Acalma-te... respira fundo...

– É melhor o sinhozinho me *acompanhá*...

– Acompanhar?

– Sim, quero que veja o que encontrei.

Breno montou um cavalo e seguiu atrás do capataz. Num ponto da propriedade, os dois tomaram uma brecha estreita entre as árvores, até se embrenharem por um caminho recém-descoberto pelo empregado. Um caminho enfesto e cheio de irregularidades do solo. A vegetação exuberante das árvores que ladeavam a estrada impedia que a claridade penetrasse, dificultando a visão.

Uma consulta rápida ao relógio de bolso surpreendeu Breno: já eram quase seis horas da tarde. Após esse trajeto, o jovem Amorim viu descortinar-se diante de seus olhos uma extensão de terra.

– É logo ali – anunciou o capataz, esbaforido.

Ao chegarem ao local, ambos desmontaram seus cavalos. O mau cheiro, que Breno já sentira ser trazido pelo vento, intensificou-se ali.

O capataz lançou um olhar furtivo para o sinhozinho.

– Ali, sinhozinho... ali... veja! – disse o empregado trêmulo.

Breno voltou o olhar para o local que o capataz apontava e frisou os olhos. Para ver melhor, foi aproximando-se. Diante dele, estava o corpo de um homem em decomposição. A cova feita para enterrá-lo era tão rasa, que a forte chuva que caíra no início da semana, acabara tirando boa parte da terra que haviam jogado sobre ela.

Breno sentiu seu corpo erodir diante de tal visão e, fazendo um gesto de impotência com as mãos, indagou:

– Quem será que enterrou este pobre coitado aqui, assim desse modo? Pobre homem, devia ser um andarilho. Deve ter morrido enquanto andava por essas redondezas, alguém o encontrou e tratou de dar-lhe uma cova...

O capataz interpelou o que o sinhozinho dizia:

– Sinhô, *óia mió pro* rosto do morto. *Vassuncê conhece ele.*

As palavras do empregado assustaram Breno que, curvando o corpo para a frente, quase agachando-se, olhou melhor para a face do homem morto. Já não havia claridade ali suficiente para permitir que ele enxergasse o cadáver com detalhes. O rosto de fato lhe era conhecido, mas não sabia precisar de quem.

– O sinhozinho reconheceu *ele?* – inquiriu Valêncio, aflito.

Breno balançou a cabeça negativamente.

– É o Sinézio, sinhozinho, o Sinézio, capataz da fazenda do coronel Domingues.

Os olhos de Breno arregalaram-se naquele instante. Ao virar-se para o seu capataz, perguntou, chocado:

– Tens certeza?

– Sim, sinhozinho. Eu conhecia *ele* bem... nós *se* encontrava nos *limite* das *fazenda*...

– O capataz do coronel Domingues morto? – murmurou Breno, ressabiado.

– É estranho, sinhozinho...

– Muito estranho, Valêncio... muito estranho...

Breno estava decidido a descobrir o que estava acontecendo na fazendo do coronel Domingues custasse o que custasse. Estava decidido também a não revelar ao pai o que pretendia fazer. Sabia que ele não aprovaria.

Para ajudá-lo na investigação, ele escolheu Valêncio. O capataz insistiu para que Breno levasse uma arma consigo, mas pacifista como era, recusou-se. Valêncio, entretanto, levou consigo uma arma carregada para proteger-se, caso fosse necessário. Ambos percorreram os caminhos em meio à escuridão sem fazer alarde.

Ao aproximarem-se da fazendo do coronel, amarraram os cavalos nas proximidades e seguiram a pé, emparelhados, até as margens da sede. Ao contrário do último dia que Breno visitara a fazenda, o lugar não estava silencioso. O canto alegre dos negros na senzala podia ser ouvido em alto e bom som. Após certificar-se de que não havia alguém por perto, Breno fez sinal para que Valêncio o acompanhasse. A casa-grande estava toda escura, parecia até inabitada. Os dois homens a contornaram, dando passos cuidadosos. Breno pensou em espiar por uma das janelas dos quartos, mas todas estavam fechadas.

De repente, um vulto fez Breno retesar seus passos. Era um dos escravos, atravessando o terreno que ficava nos fundos da casa. Trazia consigo um jarro de água, e uma outra escrava carregava um panela. Valêncio ia dizer alguma coisa, mas Breno o impediu, tapando-lhe a boca com a mão. Breno franziu a testa, assim que os dois escravos passaram. Vendo o caminho aberto e seguro para prosseguir, ele rumou ao celeiro, de onde, supostamente, o casal de negros havia vindo.

– Onde o sinhozinho vai? – indagou Valêncio, esbaforido.

O jovem Breno indicou o celeiro com a cabeça. O capataz pareceu não compreender, apenas seguiu seu senhor por hábito. Os dois se aproximaram do local com cuidado. Tudo por ali estava quieto. Breno deu a volta ao redor do celeiro silenciosamente até que um burburinho se alastrou pelo local.

O jovem então aproximou o ouvido direito das paredes de madeira para ouvir o que era falado. Imediatamente reconheceu a voz. Tratava-se de Lívia. Sem ter tempo de raciocinar, Breno foi até a porta do local e entrou de supetão. O que viu deixou-o horrorizado.

O coronel Domingues, sua esposa, Lívia e o irmão estavam ao chão presos a correntes. Quando os olhos da moça colidiram com os olhos do jovem amado, ela se segurou para não gritar. A expressão de Breno mudou. Ele atirou-se ao chão e agarrou o rosto da jovem amada, dizendo:

– Meu amor... meu amor...

O rapaz ficou ali, afagando a cabeça de Lívia com ternura. Pareceu esquecer-se onde estava e o que vira. Por fim, um minuto depois, como que voltando a si, Breno, enxugou os olhos e, ao abri-los, encontrou o olhar grave de Domingues em meio à sua face contorcida, o olhar transparecendo certo alívio de Cinira, esposa do coronel e o olhar assustado e inquiridor de Heitor, filho do casal, irmão de Lívia.

– O que estão fazendo aqui? O que aconteceu?!

Nenhum membro da família teve tempo de responder, pois o barulho seco da queda do corpo de Valêncio ao chão fez todos se voltarem à direção da porta. O capataz havia sido golpeado fortemente na nuca com um pedaço de pau por um dos escravos da fazenda. Havia nos olhos do agressor um olhar exultante e maquiavélico, e nos lábios grossos, um sorriso satisfeito.

Em seguida, outro escravo entrou, apontando uma arma para Breno.

– Avisei *vassuncê pra num vortá* aqui, *num* avisei?

Breno emudeceu, atarantado.

– Que *vamo fazê* com ele, Tião? – era o escravo chamado Malaquias quem perguntava.

– *Num* sei... depois eu penso... *vamo prendê* ele aqui *côs* outro... – respondeu Tião, secamente.

– É *mió*... – rosnou Malaquias, prepotente.

– Quando o *coroner* pai dele *vê* que ele *num vortô*, vai vir até aqui *procurá* o *fiu*... – murmurou Tião, preocupado.

– *Nóis* inventa uma mentira *quarqué*... – voltando-se para o coronel Domingues, Malaquias acrescentou com descaso – o *coroner* inventa, *né, coroner*?

A voz de Breno interpelou a do negro:
– Por quê? Por que estais fazendo tudo isso?

O escravo de feição mais sisuda gargalhou a princípio, depois seu rosto enrijeceu de ódio:

– Por que, sinhozinho? Por quê? Pra *vassuncê vê* como é *bão* a vida de *nóis*... negros... *escravo*... *trabaiando* todo dia *no sór pra enriquecê ocês*... *marditos*...

– Então... foste tu que mataste o Sinézio?!

Tião brandiu o punho, realçou os dentes brancos num sorriso imponente:
– Eu falei *pru* demônio *num* fugi... Fugiu?! Morreu!

– Vós não tendes coração! – desabafou Cinira, rompendo em prantos.

– E *ocês branco* têm consideração *pra nóis*?! Têm?! *Num* têm! Nunca teve! *Nóis* num passa de *animar*. Se *nóis negro fugi, somo morto! Pro quê cos branco* têm *di sê* diferente?

– Nós podemos mudar o que vos desagrada – sugeriu Breno na sua pureza e simplicidade costumeira.

Tião gargalhou novamente.

– *Mudá?!* E branco muda?! Nenhum branco muda nada!

– Onde vós esperais chegar com isso? Logo, alguém perceberá que algo por aqui está errado e virá aqui...

– *Num* vão... porque se o *coroner num fizê* o que eu *mandá*, ele sabe bem o que *acuntece côs fio* dele.

Nisso, o coronel Domingues perdeu a carranca e debulhou-se em lágrimas.
– Isso é um pesadelo. Um pesadelo.

Voltando o olhar para o negro, a raiva subiu-lhe à cabeça.

– Eu não vou fazer mais nada do que me pedes... ouviste?! Nada!

Tião agachou-se perto de Lívia e, passando a mão por sobre seus cabelos, disse desafiadoramente:

– Vai, sim... o *coroner* vai, sim, e o sinhozinho *tumbém*...

Breno olhou para a cena, horrorizado. Agora ficava claro para ele a situação delicada em que a família de Lívia se encontrava. Mais que isso, agora ele compreendia o porquê da estranha reação do coronel para com ele no dia em que foi até a fazenda pedir a mão de Lívia em casamento.

A voz de Malaquias dispersou seus pensamentos:

– E esse traste aqui, Tião, o que *vamo fazê cum* ele?

Tião pôs-se de pé num pulo e, voltando o olhar para Valêncio, que permanecia desacordado no chão, disse:

– Esse vai *pro* tronco! Como todos os *capataz* e *capitão-do-mato merece* ir um dia!

Em seguida, os dois negros se retiraram, puxando cada um uma das pernas de Valêncio, e assim arrastaram-no pelo chão até prenderem-no ao tronco que ficava atrás da senzala.

Pelo caminho, Tião disse:

– *Pede* aos *outro* que *procure* pelos *cavalo* dessas *peste*. Eles *há* de ter amarrado os *bicho* por essas *banda*...

A quieta inescrutabilidade do olhar pensativo de Breno desapareceu ao falar com o coronel Domingues:

– Então foi por isso, meu senhor, que me trataste daquele modo quando estive aqui. Mas por que não procurou revelar-me o que se passava?

– Se eu me rebelasse, eles fariam mal à minha filha e ao meu filho. Eles mantêm um deles aqui com uma arma de prontidão. Se esse escravo receber um sinal ou perceber que algo de errado ocorreu durante a visita de alguém, a ordem é matar todos que aqui estiverem presos, à queima-roupa. Quando vou até a vila para fazer compras, ou ao banco retirar dinheiro, vou sob a mesma ameaça. Mesmo que eu conseguisse dizer a alguém, ninguém conseguiria chegar a tempo de impedir uma chacina. Não daria tempo de impedir uma bala.

Breno pareceu desnorteado. O coronel acrescentou, deprimindo-se:

– Eu te disse, filho, estamos perdidos...

– Acalma-te, tudo vai acabar bem.

– Não adianta. Nós estamos perdidos, acabados...

Breno esticou-se até Lívia e a enlaçou com os seus braços como pôde, afundando seu rosto no meio do seu cabelo dourado. Ao sentir na pele o tremor dela e suas lágrimas quentes, o coração dele disparou. Tudo o que lhe ocorreu naquele instante era pedir ajuda a Deus e foi o que ele fez.

Um silêncio dramático imperou no ar por alguns instantes. O coronel Domingues voltou, então, a desabafar:

– Os culpados disso tudo são aqueles malditos abolicionistas!

– Trata-se de uma revolta organizada – ajuntou Lívia, com ponderação.

– E eu que pensei que a fuga fosse a única forma de os negros resistirem perante a escravidão – acrescentou Breno – segundo sei, os negros fogem para viverem nos quilombos, jamais soube de escravos que transformaram uma fazenda em um quilombo!

– A imprensa não deveria publicar matérias sobre esses negros fujões, tal como daquele maldito negro Zumbi que, no século XVII, formou o Quilombo dos Palmares, em Alagoas. Há muitos escravos alfabetizados que ao lerem essas reportagens sentem-se estimulados a fazer o mesmo, rebelando-se contra seus senhorios assim como se deu aqui. Se rebeliões como estas continuarem a acontecer país afora, essa terra de tupiniquim vai virar uma baderna – desabafou Domingues, inconformado.

– Dizem que esses quilombos são como cidades compostas de escravos fugidos... lá vivem em liberdade, resgatando a cultura e a forma de viver que deixaram na África, eles obtêm sua subsistência a partir da coleta de frutos, caças, criação de animais e agricultura – acrescentou Lívia, sem se exaltar.

– Esses negros são espertos, perversos... instalam-se em locais de difícil acesso para que não sejam apanhados – ajuntou Domingues, indignado.

Antes que prosseguisse na fala, Lívia o interrompeu:

– Isso mostra, meu pai, que os negros dispõem da mesma inteligência dos brancos, o que prova que somos todos iguais, apenas diferentes na cor da pele.

O olhar contrafeito de Domingues acentuou-se. Era evidente que não lhe agradava ter de concordar com aquela opinião.

– Ah! Se eu fugir daqui, sou capaz...

– Tira o ódio do coração, meu coronel... – aconselhou a esposa.

O coronel suspirou injuriado, ignorando o conselho da esposa:

– E esses abolicionistas ainda são contra os castigos infligidos a esses negros rebeldes. Só queria saber se pensariam o mesmo se estivessem no meu lugar.

– Fala baixo, meu marido. Se eles te ouvem... – era Cinira novamente.

Mais uma vez, o marido ignorou seu conselho:

– Tenho vontade de matar um por um... mandar queimá-los vivos!

– Por favor, contenha-se, meu senhor, pense nos nossos filhos... – suplicou a esposa, apavorada.

Valêncio voltou a si, ao receber um jarro de água fria. Despertou assustado. Apavorou-se ao se ver estirado ao chão, com a face na terra. Quando ia se levantar, algo pesou sobre suas costas. Uma risada estridente ecoou ao redor. O pé de Malaquias sobre a lombar do capataz o segurava contra o chão. Dois pares de pés negros aproximaram-se do rosto de Valêncio, fazendo-o assustar-se ainda mais. Foi nesse momento que ele recuperou a memória, lembrou-se dos últimos acontecimentos.

Tião agachou-se rente ao seu ouvido e disse:

– Agora, branco imundo, *ocê* há de *senti* no lombo como é *bão* ir *pru* tronco.

Nem bem terminou de falar, deu um chute no rosto do feitor, acertando-lhe bem a boca e o nariz. Valêncio gemeu de dor, contorcendo-se todo, mas não por muito tempo. Tião e Malaquias o ergueram do chão abruptamente e o prenderam ao tronco.

– Logo, logo, *ocê* vai *tê* o que merece! – rosnou Tião, arreganhando os dentes. Em seguida, cuspiu no feitor.

Horas depois...

A mente de Valêncio vagava no nada, isento de qualquer emoção. Seu estômago roncava de fome, e sua boca ressequida clamava por água, nem que fosse apenas um gole d'água. Diante de tudo aquilo, só lhe restava uma saída: implorar àquele a quem nunca dera trela por ajuda: Deus. O capataz, pela primeira vez, após muito tempo estava pensando Nele novamente. Suplicando, rogando, orando por Sua ajuda.

De repente, o capataz emergiu de suas súplicas, ao notar a aproximação de alguém. O medo novamente tomou-lhe de assalto. Era mais que medo, era pavor. A pessoa circulou o tronco até ficar diante dos seus olhos. Foram os pés descalços da pessoa que Valêncio viu primeiramente, reconheceu de imediato tratar-se de uma mulher negra. Voltou os olhos então calmamente para ver o rosto e assim que viu, mal pôde acreditar. Seus olhos arregalaram-se surpresos, ao bater com os olhos de Ruth.

– Ruth... Ruth... – arquejou o homem.

Para ele, aquilo nada mais era do que uma visão. Devia estar delirando por causa da fome e da fraqueza. Ruth não podia estar ali, saracoteando efusivamente na frente dele. Mas a voz dela o fez perceber que sua presença ali não era um delírio:

– Valêncio...

O capataz inspirou profundamente e fitou a pequena escrava de curvas acentuadas e rosto bonito.

– Ruth... *ajuda eu...* – suplicou ele.

O pobre homem disse aquilo num sussurro quase imperceptível. A jovem negra aproximou-se dele, trazendo um olhar pesaroso.

– Ruth... *ajuda eu* – repetiu ele, enrolando a língua, como se pronunciasse palavras numa língua que não conhecia.

Num repente, ela começou a rir, chacoalhando-se inteira. Seu riso apavorou Valêncio. Um pavor que duplicou-se ao ver Tião aproximar-se dela e puxá-la para os seus braços, enlaçando-a com força. Depois, afundou o rosto entre os seios fartos da escrava, fazendo um rosnado.

Valêncio desviou os olhos e balbuciou:

– Ruth... Ruth...

A decepção de Valêncio era visível. Ele sentia na pele o tremor e a quentura de suas próprias lágrimas, ardendo de pavor.

Ruth desvencilhou-se dos braços do escravo e, voltando-se na direção do homem branco, soltou a voz entoada de escárnio:

– *Ocê* quer ajuda *d'eu*, Valêncio? Ajuda *d'eu*?

Ela gargalhou novamente, e prosseguiu:

– Esse *homê* é ruim...

– A fama dele corre por todos *canto*! – pronunciou Tião, enraivecido.

– Zomba das *nossa* reza... dos *nosso* deus... o demônio mora nele... – acrescentou Ruth.

– Ruth... – implorou Valêncio.

– Cala a boca! Branco safado... cala a boca! – esbravejou a crioula.

Tião tirou o chicote preso na cintura e chicoteou o chão de terra.

– Agora *ocê* vai *vê* o quanto é *bão senti* o chicote no lombo!

Ruth riu novamente.

– Pelo amor de Deus, piedade... – implorou Valêncio, aterrorizado.

– Pelo amor de Deus? Piedade?! – ironizou Ruth - piedade *d'ocê*, pra quê, *sô*? Pra *continuá* maltratando *nóis*?! Todo *feitô divia morrê* no tronco... *sê* castrado que nem muitos *castrô* nossa gente, *amputô* os *seio* de *muita negra* escrava – ela soltou um suspiro enojada – e *vassuncê qué* piedade?! Cê divia tê os *dente quebrado* com martelo que nem *muito branco manda* os *feitô quebrá* os *dente* da nossa gente, *divia tê* os *óio cegado* ou *sê* queimado com lacre ardente...

Subitamente, a revolta explodiu dentro de Valêncio, a ponto de ousar fazer ameaças:

– Eu *vô saí* daqui, sua *nega* ruim, e *ocê* há de *pagá* pelo que *tá* fazendo comigo!

Ruth novamente gargalhou e, rindo, praguejou:

– *Ocê num* há de *sobrevivê*, seu branco imundo... *num* há...

Sem mais delongas, Tião soltou um assovio, era um chamado para os demais escravos. Todos rodearam o local, exatamente como os coronéis da época exigiam que fizessem, quando um escravo ia para o tronco. Queriam que assistissem à punição para que ficassem bem cientes do que lhes aconteceria se desobedecessem às suas ordens, bem como se fugissem.

Antes de lascar a primeira chicoteada no capataz, Tião esclareceu:

– Isso aqui é *pra vassuncê aprendê* a *num tratá* os *preto* como bicho, seu *animar*...

Ao sentir o primeiro açoite do chicote nas costas, Valêncio contraiu todo o corpo de dor. Sem piedade, o escravo continuou chicoteando-o ininterruptamente com toda a força que tinha nos braços. Não demorou muito para que as costas do capataz ficassem todas riscadas, em carne viva.

Bá, a escrava que era tida por Lívia como uma mãe, olhava a cena com repugnância. Pediu clemência a Omulu e, discretamente, afastou-se do local repetindo fervorosamente com fé: "Atotô! Atotô!".

Bá tomou o caminho do celeiro e, quando lá chegou, ajoelhou-se aos pés do coronel.

– Perdoa essa *veia nega*...

Domingues olhou para a mulher com amargura.

– Perdoa, meu *coroné*...

– Levanta-te, Bá, alguém pode chegar e se vê-la nessas condições, há de punir-te – alertou Lívia, docemente.

– *Ocês* sempre foram *bão* com essa *nega*. *Ocês* n*um merece* isso... *num* tem raiva *d'eu*...

– Não temos, Bá... – era Lívia novamente quem falava.

– Eu *tô* pedindo a Xangô para que ajude a *nóis!* Xangô não há de *faiá* com *nóis!*

– Saia, Bá, alguém vem vindo! – alertou Heitor, irmão de Lívia.

A negra idosa olhou aflita para a porta e partiu calada, enxugando apressadamente as lágrimas.

– Pobre Valêncio – murmurou Breno, entristecido – ele não vai resistir...

– Tampouco vamos nós, Breno – desabafou Domingues, amargurado.

– Não percamos a fé! – suplicou Cinira.

A família e Breno ficaram ali orando. Foram orações profundas em meio a lágrimas sofridas. Ao longe, os sons secos e abrasivos do que se passava ao redor do tronco ecoavam até os ouvidos da família, dispersando muitas vezes a concentração na oração. Tudo era como um pesadelo terrível que se tem às vezes e do qual não se pode acordar.

Valêncio só se mantinha em pé, após as incessantes chicotadas, porque seus punhos estavam presos à parte superior do tronco, caso contrário, já teria caído ao chão. Ele não conseguia emitir um único som. Seus olhos sem expressão, intumescidos de dor, estavam fixos no chão de terra. As pálpebras inchadas e enegrecidas, ardendo como brasas, pesavam sobre seus olhos como chumbo, por fim, fecharam-se de vez e o homem perdeu os sentidos totalmente.

...

– *Ocê* num *divia tê preso* o sinhozinho, Malaquia! – resmungou Tião a certa altura.

– *Num* tinha outro jeito, ele viu o *coroner* e a *sinhazinha* no estábulo...

– O sumiço do sinhozinho vai *chamá* atenção dos demais... logo virão *pra* essas *banda procurá* sinhozinho... *temo* de *tê* cuidado!

– Ele *num* pode *sê* solto... se *fô,* vai *contá pros outro*!

– Só há um jeito de *pô* sinhozinho em silêncio...

Malaquias estampou um sorriso esganiçado.

– *Vamô tê* de *matá! Matá* sinhozinho de modo que pareça um acidente...

– *Vassuncê* tem razão, Tião... assim ninguém vai *suspeitá* de *nóis*!

Numa das salas da casa-grande dos Domingues, agora ocupada pelos escravos, uma das escravas, ao saber da prisão de sinhozinho Breno, disse:

– Esse sinhô-moço é o demônio em pessoa...

Uma outra escrava ralhou:

– Esse sinhozinho é de *bão* coração... o outro, o irmão desse sinhozinho, que é ruim...

– É tudo branco... tudo *num* presta...

Bá, que chegara ali bem no momento da conversa entre as duas, repreendeu a negra:

– *Ocê* tem raiva de tudo, *muié*. Tem ódio *nu* coração...

– *Ocê* cala a boca, sua *veia*... *ocê divia morrê*... já passou da hora... – revidou a negra, enfurecida.

Bá preferiu não responder à altura. Calada, saiu do recinto cabisbaixa.

Na fazenda Nova Horizonte, Romeu andava desesperado pela casa de um lado para o outro. Luísa estava ali orando fervorosamente para que as luzes da esperança penetrassem a escuridão que cobria o cunhado, para lembrá-lo de que ele não estava sozinho. Àquela altura, ele próprio já havia ido até o vilarejo em busca do paradeiro do filho, mas nada encontrou. A preocupação de Romeu aumentou ao descobrir que Valêncio também desaparecera da fazenda. Decidiu então fazer uma busca na região.

Logo pela manhã, o fazendeiro partiu, acompanhado de feitores e escravos, em busca do paradeiro do filho e de seu capataz. Vistoriaram toda a região, mas nada encontraram. Romeu decidiu então ir de fazenda em fazenda na região perguntar se alguém tinha visto o filho ou o capataz e também pedir ajuda na busca dos dois.

Teria o filho saído em companhia do empregado? Só podia ser. "Mas aonde haviam ido?", perguntou-se, até uma luz se acender em seu cérebro: fazenda do coronel Domingues. Sim, só podia. Ainda assim, se haviam ido lá, por que não haviam regressado?

Diante do casarão do coronel Domingues, Romeu, em companhia de seus escravos e feitores, aguardou um escravo da fazenda chamar o coronel.

Ao ver Romeu, Domingues não emitiu sorriso algum, apenas disse secamente:

– O que te traz aqui, Romeu?

Romeu explicou. Domingues foi enfático ao dizer:

– Teu filho não esteve aqui. Eu sinto muito.

– Será que a moça Lívia, sua filha, não o viu?

As sobrancelhas do coronel se contraíram furiosamente:

– Não! Tenho absoluta certeza de que não, pois ela não saiu da minha vista por nenhum minuto.

O olhar da mãe de Lívia, Cinira, chamou a atenção de Romeu, parecia de vidro. Olhava na direção dele, mas no fundo não o via. Crispava as mãos de modo esquisito. Quanto ao coronel Domingues, havia em seus olhos um olhar desconcertante. Com medo de que a esposa pusesse tudo a perder, Domingues soltou uma tosse seca, foi o suficiente para que a esposa baixasse a cabeça e desaparecesse no interior da casa.

Os olhos de Romeu pousaram numa das escravas ao longe que olhava na sua direção com curiosidade. Tratava-se de Bá. Ao perceber os olhos dele sobre si, ela fez um gesto de impotência com as mãos. Mesmo distante, Romeu pôde perceber que seus lábios tremiam.

Vendo que sua presença ali não era bem-vinda, Romeu Amorim puxou as rédeas do cavalo para que ele tomasse o rumo da saída da fazenda. Nem bem o cavalo tornou a cabeça naquela direção, ele o segurou com as rédeas, voltando o animal na posição anterior. Voltou os olhos para o coronel, que permanecia parado na varanda, como se fosse uma estátua, e perguntou:

– E Heitor, como está de saúde? Soube que anda doente. Melhorou?

A pergunta pareceu tirar o coronel daquela rigidez.

– Sim... sim... está melhor... bem melhor...

O fazendeiro respondera de prontidão, porém dessa vez com outro tom. Havia doçura em sua voz. Sem mais nada a dizer, Romeu tomou o rumo da estrada. Os olhos pretos e vivos de Bá o acompanharam até sumir de vista. Havia pesar nos olhos dela, um profundo pesar. Naquele momento, Bá elevou seus pensamentos a Xangô.

Romeu voltou para sua fazenda tomado de desespero. Luísa tentou apaziguar o cunhado que parecia estar com a vida por um fio, tamanho o desespero, mas foi em vão, logo se viu também contaminada pelo martírio de Romeu. Só lhe restava rezar e rezar com fervor...

Diante do desespero, os escravos reuniram-se para orar por Breno ao redor da fogueira. Todos ali o queriam bem, tanto quanto seu pai. Sempre foram-lhes benevolentes.

Ao saber do propósito da oração, Ruth deu um muxoxo, e fez um momo desdenhoso.

– Sinhozinho sempre foi *bão pra nóis*... – defendeu Januária.

– Sinhozinho aqui *num* põe mais os *pé*... – ralhou Ruth, mostrando os dentes num sorriso felino.

– Como pode *sabê*? – assustou-se a negra.

– Eu sei... eu sei... – ronronou Ruth com prazer.

Dias já haviam se passado desde que Breno havia desaparecido. Nos dias decorrentes, Romeu foi envelhecendo brutalmente, tornando-se incapaz de dar ordens e tomar decisões. Até sua forma física parecia enfraquecida. Passava horas com o olhar parado, os olhos embaraçados e abstratos. Às vezes, parecia não entender o que lhe diziam. Era um homem desconstituído de saúde e fé, desde que o mal o havia afetado tanto.

Percebendo seu abalo, Luísa chegou até ele e disse:

– Nas horas mais sombrias de nossa vida, devemos orar ainda mais para Deus, reforçar nossa fé com a oração... contar ainda mais com Ele.

– É tão difícil manter a fé... – comentou o cunhado num sussurro quase imperceptível.

– Ainda assim é tudo o que nos resta. Somente o que podemos contar – salientou Luísa, com firmeza.

Romeu confirmou com a cabeça, inspirou profundamente e fitou o crucifixo que ficava sobre uma pequena mesa num dos cantos da sala, resgatando um pouco a esperança perdida.

O coronel Domingues permanecia sentado, enrodilhado sobre si mesmo desde que despertara do sono naquela manhã. Um sono do qual não queria despertar jamais. Parecia um velho alquebrado. Cinira tentou insistentemente persuadir o marido a comer, mas ele não demonstrou nenhum entusiasmo. Além da tristeza que tirava sua fome, a comida que lhe serviam era extremamente condimentada. Para ele, era quase uma lavagem para porcos.

O fedor das fezes e do mijo dos cavalos, ali amarrados junto a eles no celeiro, misturava-se ao aroma da comida insossa, embrulhando o estômago. Se não fosse a fome apertar dentro de cada um dos confinados, nenhum deles comeria nada. Heitor por diversas vezes vomitou a comida logo após ingeri-la, principalmente quando o cavalo obrava bem ali, a menos de dois metros de onde se encontrava preso.

Quando Domingues voltou o olhar para a entrada do celeiro, encontrou Tião parado ali, observando-os com sua usual expressão irônica. De tão entretidos com o almoço, nem notaram sua chegada. Ao ver que o fazendeiro não provara da comida, o escravo balançou a cabeça e, esfregando as mãos, aproximou-se de Domingues. O rosto do coronel endureceu. O escravo gargalhou, exibindo seus dentes fortes, brancos e viçosos.

– *Ué*, sinhozinho *num gostô* da comida? Uai... diacho, por que, sinhozinho, por quê?

Cinira tentou defender o marido, mas o escravo revoltado interrompeu a voz lamuriosa:

– *Num* vejo porque *num gosta* da comida... é o que sempre serviu pra *nóis*... é o que todo escravo come por esse país...

Domingues então, com uma súbita e malevolente aspereza, falou:

– Para mim é repugnante.

O escravo sobressaltou-se. Suspirou e começou a esfregar as mãos, retomando o riso sarcástico. Coçando a nuca, disse, enojado:

– Agora *sômo nóis,* os *negro*, que vão *comê* o que *vassuncês* comiam. E *vassuncês* vão *comê* o que *nóis comia pra vê* se é *bão*... sinhozinho...

Enquanto Tião despejava todo seu ódio para fora, passava a todo instante os dedos pelos contornos das suas cicatrizes espalhadas na sua testa e no seu corpo, registros dos maus-tratos ganhados no passado. Breno estudava atentamente e com pena seus gestos sombrios, revoltados e, em vez de criticá-lo, compreendia-o sem julgá-lo.

O negro chegou até um dos cavalos ali presos e, passando a mão pela crina do animal, falou:

– Viu como é *sê* tratado feito *animar?* Logo todos os *negro escravo* das *fazenda* da região hão de *dominá* seus *dono,* e *fazê eles prová* o que fizeram pra *nóis!* Agora *sômo nóis* que *dorme* na cama *d'ocês,* naqueles *colchão,* naqueles *lençol macio... se prefuma... tem* mesa *pra apoiá* o prato na hora de *comê!*

Tião pegou um ferro de marcar animais que estava ali encostado rente àquela parede do celeiro. Ergueu o objeto e observou-o por instantes, ainda com os olhos semicerrados, fixos no ferro, caminhou até onde o coronel estava sentado e empunhou o ferro contra seu peito.

– Dê *graça* a Xangô, *coroner* Domingues, que esse ferro *num tá* em brasa... *vassuncê divia sê* marcado no rosto com esse ferro em brasa, como os da tua raça *marcá* um escravo fujão!

Todos ali, até mesmo o jovem Heitor, sabiam que era permitido por Lei punir um escravo, marcando-lhe o rosto, ou o ombro, com um ferro em brasa na forma da letra F. Sabiam também que muitos escravagistas haviam criado outros métodos para punir os negros que ousassem fugir novamente. As punições iam desde ter uma das orelhas cortadas a ser lançado vivo numa caldeira, ou passado numa moenda, ou ser condenado a receber tantas chibatadas quanto fossem precisas até seu corpo sucumbir.

Todas as punições eram mais para servir de exemplos para os outros escravos, que eram obrigados a assistir a tudo aquilo, do que propriamente dar um corretivo ao escravo fujão e rebelde. Mesmo porque, muitos morriam durante a tortura.

Breno lembrou-se naquele instante da punição que Thiago deu a Adamastor, levando-o à morte. Não era à toa que a sanha dos negros contra os brancos havia chegado àquele ponto.

Aluado, num súbito acesso de raiva, Tião ergueu o ferro como que fosse bater sobre o homem aprisionado e indefeso. Mas Tião, ou alguém sobrenatural, deteve sua mão pouco antes de atingir a fronte do coronel. Em seguida, jogou a cabeça para trás e gargalhou.

– Ainda é cedo, sinhô, *pra* isso... cedo... se eu acabo com *vassuncê*, os *homê bate* aqui e *descobre* tudo... por isso fica vivo... vivinho... mas se um *d'ocês escapá* e *contá* prá alguém, *ocê* é o primeiro que morre.

Breno, que até então se mantivera calado, ousou arriscar a dizer algumas palavras para o negro revoltado:

– Eu sinto muito, creio que todos aqui, no fundo, sentem muito pela escravidão... mas não fomos nós quem a criamos... Nós, no fundo, não temos culpa... E eu sempre, Tião... eu sempre fiz o que pude para defender os escravos...

O negro arquejou as sobrancelhas e aprofundou o olhar de descaso sobre o rapaz.

– Sinhozinho diz isso agora que *tá* preso.

– Não, Tião, podes perguntar a qualquer um...

– *Ocês, branco, dissiminaro* o *mar* e hão de pagar com o mesmo *mar*... – e com um rápido movimento de cabeça, acrescentou – *ocês, branco,* têm família... *nóis num temo* ninguém... cada um foi *prum* canto...

– Um dia, Tião, isso terminará! Os abolicionistas conseguirão a abolição da escravatura...

– Quando, sinhozinho? Quando? Daqui cem, *duzento ano?* Não... eu quero ser livre já! Mas isso só *num* basta *pra'eu*... quero vingança... *devorvê pros branco endemoniado* tudo o que *feiz pra* nossa gente!

– O coronel, meu pai, e muitos outros fazendeiros da região, pelo que sei, são pacifistas... nem troncos existem em suas terras e se existem é só para constar...

O negro riu com desprezo. De repente, o rosto dele se contraiu e a mão se fechou convulsivamente, os olhos se semicerraram e, após arremessar um cuspi enojado, o negro deixou o lugar acompanhado de, pelo que parecia ser, um véu cinzento a tremeluzir na pouca claridade.

– Alguém tem de tomar as rédeas da situação – disse Cinira, desconsolada.

Lívia recostou-se ao feno e fechou os olhos. Breno teve pena da mulher amada e ficou ali calado, acariciando suas mãos.

Naquela noite os escravos da fazenda Santa Anastácia estavam em festa e dançavam no grande terreiro, cercados de tochas de fogo para iluminá-los. Tanto as negras quanto os negros exibiam majestosamente sua jinga no corpo ao som dos batuques e do canto ritmado de vozes. Ruth estava entre eles, sentada em companhia de Tião, apreciando a festa.

Depois de um tempo, ele arrastou a negra para a casa-grande, jogou-a na cama do coronel e de Cinira, cama que, desde a tomada do poder, passara a ser sua, e fez sexo com ela ali.

Era Ruth quem lhe passava todas as informações a respeito de Romeu. Ao saber que o fazendeiro estava contratando homens brancos para fazer uma busca mais esmiuçada na região em busca do filho e do feitor, Tião preocupou-se.

Calada da noite seguinte...

Pouco antes das nove horas da noite, Malaquias, acompanhado de um outro escravo, entrou no celeiro para a surpresa de todos. O coronel levantou os olhos pregados ao chão e encaminhou até os dois homens. A expressão no rosto dos negros o assustou. Breno olhou de relance para Malaquias e em seguida para Tião, que os olhava com seu ar prepotente de sempre.

Ambos escravos foram até Breno. Lívia agarrou a manga da camisa do namorado, na tentativa se segurá-lo ali. Malaquias puxou o tecido das mãos dela sem dó. Em seguida, ergueram Breno abruptamente e empurraram-no com força para fora do local.

– Para onde o estão levando? – berrou Lívia, perdendo o controle.

Ao ver os olhos febris de ódio e de revolta de Tião se arderem ainda mais, Lívia entrou em pânico. Os dois homens deixaram o local levando Breno com eles sem responder à pergunta da jovem.

A pobre moça ficou repetindo "não!" até sua garganta secar e não haver mais súplicas a repetir. Jogou-se então de volta ao canto do celeiro, baixou a cabeça e pôs-se a derramar lágrimas enlutadas.

Assim que os três homens deixaram o local, Bá foi até lá. Ao vê-la, a sinhá-moça pediu-lhe clemência e que ela implorasse a Tião para não fazer nada contra Breno. A mulher ajoelhou-se ao seu lado e, em meio a prantos, consolou a moça por quem sentia grande afeição.

– O que essa *nega veia* pode *fazê,* sinhazinha. O quê?

...

Às margens do lago que passava entre as duas fazendas, Tião freou o cavalo. Malaquias, que vinha logo atrás montado noutro animal, puxava por uma corda o cavalo onde Breno encontrava-se amarrado e amordaçado, também parou ali. Ambos apearam dos bichos e derrubaram o prisioneiro com um empurrão. Depois puseram-no de pé. Breno não demonstrava pavor algum, na verdade, podia-se ver em seus olhos uma certa calma.

Tião rosnou entre dentes:

– Chegou a hora *d'ocê,* sinhozinho... a hora *d'ocê*...

– *Cê divia,* Tião, *besuntá* o sinhozinho de mel e *jogá* o danado no formigueiro, como *fizemo* com o demônio do feitor – sugeriu Malaquias, sem dó.

Tião não lhe deu ouvidos. Breno esforçou-se ao máximo para não entrar em pânico. Sem delongas, Tião começou a esmurrar o rapaz que, por estar com os punhos amarrados atrás das costas, não podia defender-se, tampouco pedir por socorro, já que estava amordaçado. Após ter o rosto e o estômago esborcinados fortemente e repetidamente, Breno foi ao chão todo ensanguentado.

– Pronto, branco desgraçado. Agora *vassuncê tá* fraco do jeitinho que quero.

A boca do jovem se contraiu, os olhos ficaram semicerrados. Ao sinal de Tião, Malaquias ergueu Breno pelo peito e arremessou-o para dentro do lago.

– Agora, *deixa eu, Malaquia*... deixa com esse *nego*.

Tião esticou a mão até agarrar os cabelos ensanguentados de Breno e quando viu-se em posição estratégica, empurrou a cabeça do moço para dentro da água e a segurou com toda força. Era somente pelo tempo suficiente para ele se afogar.

O rosto do escravo não só expressava a força que estava impondo nos braços para segurar a cabeça de Breno dentro da água, mas também um sorriso vitorioso, inundado por um prazer mórbido.

De repente, Tonico, escravo da fazenda Novo Horizonte, saiu do mato e caminhou sorrateiramente até Malaquias, que não notou a aproximação por estar atento ao que Tião fazia. Tônico deu uma rasteira de capoeira, levando Malaquias ao chão. Com um pontapé certeiro, Tônico conseguiu tirar das mãos do escravo rebelde a arma, arremessando-a para longe e fazendo-a perder-se em meio ao capinzal que beirava o lago.

O estardalhaço da queda fez Tião olhar para trás, impondo menos força ao braço que mantinha Breno submerso. Largando o rapaz dentro do lago, Tião correu ao auxílio de Malaquias que se via perdido diante da jinga de corpo rápido de Tonico.

Ao se ver diante de Tião, Tonico berrou, inchando as veias do pescoço:

– *Tô* falando, Tião, *pra matá* sinhozinho, vai *tê* de me *matá* primeiro!

– Sai da frente, preto imundo!

– *Num saio*!

– Então, *ocê* vai *morrê tumbém!*

– *Mata... mata,* e *ocê* vai ser *pió* do que um *feitô*, um capitão-do-mato...

Tonico viu o rosto de Tião perder a autossuficiência e dissolver-se em fúria assassina.

– *Ocê* acha que isso vai *resolvê* a vida *d'ocê*, Tião? Se eles *te pega, cê* morre! Para enquanto há tempo! – alertou Tonico.

– *Vô matá ocê,* negro demoniado! *Vô matá ocê,* Tonico!

Tião empinou o rosto para a frente, olhando desafiadoramente para seu rival. Num gesto desesperador, Tião foi em cima dele para esmurrá-lo. Tônico foi rápido, trançou-lhe as pernas e os dois caíram ao chão.

– Demônio! – berrava Tião, babando de cólera.

Os dois homens ficaram ali se atracando de todas as formas. Nisso, ouviu-se um tiro, Malaquias havia atirado com a espingarda que Tião deixara presa à sela do cavalo que montara. Logo, o atirador se viu aterrorizado ao perceber que seu tiro acertara a pessoa errada. Acertara Tião em vez de Tonico.

Abestalhado, Malaquias montou em seu cavalo e fugiu desesperado em meio à escuridão exasperada.

Tonico ajoelhou-se ao lado do corpo desfalecido de Tião. Os olhos sem expressão do homem fixaram-se nos olhos do negro e, com os últimos resquícios de força que tinha, murmurou:

– *Esparrei... esparrei...*

Era a saudação para Iansã, também conhecida como Oiá, orixá do relâmpago, dona dos espíritos mortos. Tião, em seguida, perdeu os sentidos e morreu.

– Xangô te proteja! Kaô kabiessi!

O escravo aproximou-se de Breno, que àquela altura conseguira esgueirar-se para fora do rio, e encontrava-se estirado à sua margem. Tonico examinou-o para ver se tinha algum osso quebrado. Levantou um braço com cuidado e depois o outro, tirou o cabelo ensanguentado e incrustado de lama de cima de seus olhos e testa, onde havia um talho profundo.

– *Carma,* sinhozinho... tudo *terminô...*

– Não! Ajuda-me... – sussurrou Breno com os lábios rachados.

– *Carma,* sinhozinho... *carma...*

– Nós precisamos ir à fazenda... o outro... o outro escravo tem ordens para matar a família caso algo acontecesse a Tião... vamos, ajuda-me a montar o cavalo...

O negro ajudou Breno a se pôr de pé. Antes, porém, que ele se levantasse, Tonico preveniu:

– Sinhozinho *tá* muito ferido, *tá* sangrando... eu vou atrás do escravo fujão...

– Não! Ajuda-me... eu preciso ir...

Ouviu-se naquele instante o relinchar de um cavalo. Ao voltarem-se na direção de onde procedera o relincho do animal, avistaram um cavalo vindo em disparada na direção deles, montado pelo que parecia ser um homem. Tonico não conseguia ver o rosto dele, mas podia distinguir a silhueta negra contra a claridade. Tratava-se do feitor que Romeu havia contratado para substituir Valêncio.

Malaquias correu o quanto pôde com o cavalo. Só precisava apanhar o dinheiro e fugir, dizia para si. Mas não antes de cumprir o que prometera a Tião. Lembrou-se de que só restavam três balas no rifle e não seriam suficientes para matar todos os que mantinham em cativeiro. Um teria de ser morto de outro modo.

Caminhou a passos largos até o celeiro, esfalfando-se. Ao chegar lá, entrou no local já com a arma em riste. Foi Lívia quem o viu primeiro e gritou apavorada. Bá, que estava ali dando-lhes de comer, largou a tigela devido ao susto, e voltou-se na direção do negro.

– Tião morreu, Bá... Morreu! Agora é a *veiz d'ocês!*

Malaquias puxou o gatilho e atirou sem piedade. Bá atirou-se na frente de Heitor no exato momento em que foi feito o disparo. A negra caiu ao chão. Aterrorizado com a situação, Malaquias saiu do celeiro e correu até a casa para apanhar o dinheiro. Nisso, uma das escravas correu até lá e, ao ver a cena, deixou seu corpo cair rente à negra ferida. O choro foi inevitável.

– Rápido, Santinha, pede ajuda urgente... ela está morrendo... – suplicou Lívia, angustiada.

...

Malaquias saiu da casa com o dinheiro e as joias dentro de uma trouxa de pano. Quando ia descer o primeiro degrau da escada rente à varanda que cercava o casarão, ouviu cavalos galopando. Logo, avistou três homens a cavalo aproximando-se. Reconheceu dois deles de imediato. Voltou para dentro da casa aflito, atravessou-a correndo, até sair pelos fundos.

– Malditos! Malditos! – rosnava Malaquias, suando em profusão. Sua mente atenta farejava como um rato à procura de um meio de escapar.

– Eles vão me *pegá!* Eles vão *pegá Malaquia!*

Um terror cego dominou-o ao pensar nisso. Sua visão embaçou, fazendo-o perder a direção e desmaiar...

Portugal

Enquanto isso, num dos majestosos salões de Portugal, Thiago dançava uma valsa com Melinda. Ambos pareciam mais desfrutar o prazer de serem admirados do que a própria dança. Não era à toa que o casal fosse alvo dos olhares dos presentes. Eram ricos e atraentes.

Diante dos olhares persuasivos e insinuantes da maioria das mulheres da Corte Portuguesa, solteiras e casadas, bem como viúvas, Thiago se perguntou se não havia se precipitado ao se casar com Melinda. Talvez houvesse dentre as mulheres da sociedade portuguesa uma mais rica que ela.

Ainda que tivesse, a ricaça de Portugal teria de ser filha única, para que a herança não tivesse de ser dividida, e viesse parar toda nas mãos dela. Divisões diminuíam e muito o potencial de uma herança. O pai poderia ser rico, mas ao dividir a fortuna com os filhos, eles jamais se igualariam ao pai na riqueza. Por sorte, Melinda era filha única, herdaria a invejável e tentadora fortuna do pai integralmente, deixando-a inteiramente para Thiago. Com a fortuna da mãe e da esposa, ele seria um milionário.

– No que estás pensando? – perguntou a esposa, ao notar sua ausência.

A pergunta pegou Thiago desprevenido. Sem encontrar de imediato uma desculpa, apenas sorriu. Ela também sorriu e indagou:

– E, então, pensaste a respeito do que disse?

A pergunta novamente pegou Thiago aéreo.

– A respeito?

– De termos um filho...

Thiago arquejou uma das sobrancelhas:

– Ah!

Melinda continuou observando sua feição, enquanto era guiada pelo marido em meio ao salão.

– Ainda é cedo para termos um filho...

Thiago tentou dar um tom normal ao emitir a resposta, mas mesmo assim se podia notar que soara áspero.

– Às vezes penso que tu não queres ter filhos... – observou ela.

A fim de chamar ainda mais a atenção das mulheres paradas rente à pista de dança, que olhavam para ele deslumbradas, Thiago jogou a cabeça para trás, gargalhando atraentemente. Sua sardônica e estrepitosa gargalhada retumbou pelo salão. Sabia o poder de sedução que tinha ao sorrir. Ainda em meio a um sorriso, respondeu entre dentes:

– É lógico que quero ter filhos... só penso que ainda não é o momento ideal para tê-los.

Melinda perdeu-se em pensamentos. Por mais que o marido lhe afirmasse aquilo, ainda assim se sentia inquieta diante da resposta dele. Era como se ele escondesse algo, falasse aquilo apenas para tranquilizá-la, no íntimo não queria ter filhos com ela. Jamais também em toda a sua vida pensou que um homem teria tanto cuidado em evitar engravidar uma mulher, como ele tinha, tendo o cuidado de não ejacular dentro dela ao fazerem amor. Ela se sentiu desconcertada e confusa com aquele homem que ao mesmo tempo era seu marido e um completo estranho.

Brasil, arredores da fazenda Novo Horizonte,
uma semana depois dos últimos acontecimentos...

Ruth estava sentada diante do lago com os olhos fixos em sua superfície, que repousava tranquila e parecia um espelho refletindo o sol com nitidez. Seus pensamentos estavam atribulados. Há dias que sonhava com Tião, depois com Malaquias e noutras vezes com Valêncio. Parecia até que os três homens andavam a assombrá-la. Dormia pensando neles, tinha pesadelo com eles e acordava com eles no pensamento. Aquilo incomodava-a tão profundamente, a ponto de causar-lhe uma profunda dor de cabeça latejante. Mergulhando as mãos em forma de concha na água doce do riacho, a negra de corpo bem-feito, benzeu-se e ciciou:

– Salubá! Nanã... salubá!

De olhos fechados, ela orou:

– Obá...obá xi!

Seu semblante suavizou-se a seguir:

– Oxum... ora yeyê ô!

Um sorriso bonito e felino arreganhou seus lábios grossos a seguir. De súbito, vinda de algum lugar do passado, uma fugidia lembrança clareou-lhe as ideias. A memória espantou-lhe a angústia e fez a escrava voltar para a senzala, saltitando como uma gata matreira.

Casa-grande dos Amorim

– Todos nós somos culpados, todos nós... a escravidão é algo desumano... por mais que eu tenha sofrido nas mãos daqueles escravos, eu não os recrimino... a vida dos negros é horrenda, realmente horrenda... – dizia Breno para Romeu.

– Eu sinto muita pena deles também... Foram tirados das terras onde nasceram, eram donos, tinham liberdade, contra a sua vontade, pela imposição de armas de fogo. Isso não está certo. Foi um erro! – opinou Lívia, com pesar.

– Temos de remediar esse erro já, o quanto antes – acrescentou Breno.

– Mas como? Que poder temos nós de mudar a situação dos negros neste país? – indagou Romeu, pensativo.

– Tens razão, meu pai... não temos grande poder com relação à escravidão do Brasil num todo, mas temos com relação aos escravos de nossa propriedade.

– Eu compreendo, meu filho. Eu te compreendo, mas de que adiantará dar-lhes a alforria? Pobres coitados, partirão rumo ao quê? Ao nada? Ninguém emprega negros neste país, continuarão na miséria... – observou o fazendeiro, seriamente.

– Devemos explicar aos nossos escravos o que acontecerá a eles, se forem alforriados, e que, por ora, é melhor permanecer como estão – ajuntou Lívia, pensativa.

Assim que Lívia se foi, e Romeu se viu a sós com o filho, perguntou-lhe:

– E quanto ao coronel Domingues, o que pensa ele a esse respeito? – indagou Romeu, curioso.

– Lívia e eu tentamos lhe falar a respeito, mas no coração dele só há rancor e mágoa. Ainda mantém todos os seus escravos presos na senzala, a pão e água, para puni-los pelo que fizeram à sua família. Lívia os defende, tenta intervir, mas é em vão. Tenho pena dele... pois ele está sofrendo mais com o ódio, o rancor, o desejo de vingança do que quando esteve nas mãos dos escravos... é um sofrimento bestial, não vai levar a nada, senão a mais dor, ressentimento e estrago pessoal.

– Tu tens razão, Breno, toda razão...

Após Lívia muito insistir com o pai, o coronel Domingues acabou por fim tirando seus escravos da senzala.

– Não percebes, meu pai, que foi isso que fez com que eles se rebelassem contra o senhor? – inquiriu a filha com diplomacia.

Domingues preferiu não emitir resposta. Só tomara aquela atitude, a de libertar os negros, para silenciar a moça. No íntimo, fizera contra sua vontade, pois o ódio contra os escravos ainda vibrava em seu coração. O que ele não percebia é que quanto mais nutria esse ódio, mais e mais atraía espíritos desencarnados que, mesmo em outro plano, ainda guardavam em seus corações o mesmo tipo de ódio, rancor e ressentimento que só lhes fazia mal.

Certa noite, não muito distante dessa, o coronel acabara de se sentar para jantar, quando uma das escravas, Santa, rompeu porta adentro esbaforida. De súbito, Domingues bateu com a mão na mesa e ralhou:

– Sua desaforada, isso são modos de entrar?

O rosto da negra estava contorcido de pavor. Sem pedir licença, Lívia levantou-se e correu até ela:

– O que foi, Santa? O que foi?

A escrava tentava falar, mas nem uma sílaba conseguia atravessar seus lábios. Cinira levou a mão à boca, apavorada. A negra agarrou numa das mãos da sinhá-moça e a puxou consigo na direção da senzala.

Domingues apanhou sua arma e saiu atrás das duas. Antes, porém, deu uma arma ao filho e ordenou que protegesse a mãe.

O coronel avistou os feitores ao longe e lhes fez um sinal para vir até ele. Ao chegarem à senzala, Lívia engoliu em seco e afagou Santa que chorava e gemia amedrontada. Caídos ao chão, estavam praticamente todos os escravos homens de propriedade da fazenda mortos. Em meio a eles, a maioria das escravas mulheres também, mortas. Um envenenamento em massa.

Ao chegar à senzala, Domingues deixou sua mão com a arma perder a força. Levou a mão à cabeça aterrorizado, e tudo que conseguiu dizer foi:

– Que desgraça...

Santa ainda gemia abraçada a Lívia que também começou a chorar diante da triste cena à sua frente. Dos inúmeros escravos de propriedade do coronel só restaram cinco, os quais não haviam ainda provado a comida que foi preparada para eles, ou haviam comido um tanto que não lhes foi letal. Domingues se viu perdido naquele momento, totalmente sem rumo, tomado de desespero.

Foi a filha que tentou insistentemente confortar o pai, reerguer seu ânimo nos dias decorrentes. Mas Domingues se via ilhado num mar imenso de problemas sem solução. O café estava pronto para ser colhido e sem seus escravos não poderia colhê-lo. Perderia todos os grãos nos pés. Sendo ele um fazendeiro emergente, não dispunha de reserva de dinheiro para um imprevisto como aquele.

Tonico e os demais escravos de propriedade de Romeu se prontificaram a ajudar o coronel na colheita, se seu proprietário consentisse. Romeu aceitou a proposta de Tonico de prontidão, e partiu atrás de seus colegas fazendeiros da região em busca de mais ajuda.

Todos, incluindo as mulheres, até mesmo Domingues e Romeu, trabalharam juntos arduamente, da aurora do dia ao lusco-fusco, para fazer a colheita em tempo certo. Ao final do trabalho, foi organizada uma grande celebração na fazenda Santa Anastácia em comemoração aos esforços de todos.

A manhã do dia seguinte saudou todos os moradores daquele canto do Brasil com um clima arejado. Após o café da manhã, Breno saiu em companhia do pai para dar uma volta pela redondeza. Ao ver Tonico, o sinhozinho percebeu de imediato que havia algo de diferente nele. Seu "Bom dia, sinhozinho, bom dia, sinhô!", soou jocoso. Breno tratou imediatamente de descobrir a razão:

– Tonico, estás que é só sorrisos...

O negro arregalou os lábios, estampando um riso ainda maior que os que dera até então.

– Qual será a razão de tamanha felicidade? – sondou Breno.

O negro alargou ainda mais a boca.

– Pelo visto, pai, não sou só eu quem está apaixonado... – acrescentou Breno.

Romeu balançou a cabeça, alegremente.

– Quem é a mulher de sorte, Tonico?

Tonico queria falar, mas não conseguia de tão pândego.

– Vamos, homem, fala...

– Esse *nego* aqui só tinha *óios* pra Ruth, sinhozinho, sempre gostei daquela *nega*, mas ela sempre *judiô d'eu*...

– Mulheres... – murmurou Romeu, galhofando.

– Continua, homem, continua... – incentivou Breno com empolgação.

– Aí, eu conheci a Santa, escrava do coronel Domingues, e *nóis* dois *se* gostamos...

– Amor à primeira vista! – exclamou Breno, radioso.

Um sorriso largo estampou o rosto do negro novamente.

– *Vamô nos casá*...

– Parabéns, homem... parabéns! – saudou Breno, enchendo-se de júbilo.

Romeu ajuntou:

– Assim tão rápido?

– Ora, pai, quando se ama, há um desejo urgente de se casar...

Romeu sorriu pensativo. Sua mente voltou no tempo naquele instante, indo parar na época em que se sentiu apaixonado pela primeira vez na vida. Era por Antônia. Consultando seu coração da época, pôde comprovar que aquilo que o filho dissera era verdade. De fato, ele traduzira muito bem os sentimentos e desejos de quem se descobre apaixonado. Há um desejo urgente de se casar.

Diante daquilo, Romeu espantou-se mais uma vez com Breno, por serem tão parecidos, incrivelmente parecidos. Tanto que se alguém tivesse de conviver com eles para descobrir qual dentre os filhos, Breno ou Thiago, era o filho adotivo, não teria dúvidas em apontar que era Thiago, jamais Breno. Jamais...

Os pensamentos de Romeu foram interrompidos quando Breno soltou um urra. Voltou o rosto imediatamente na direção do filho com espanto:

– Já sei! Casaremos no mesmo dia! – disse Breno, ouriçado.

Tônico adquiriu uma expressão séria. Ao vê-lo, Breno falou:

– Sim, casaremos no mesmo dia. Uma só festa. Uma só celebração!

– *Qué* isso, sinhozinho?

– O que acha, pai?

Romeu arquejou as sobrancelhas espantado mais uma vez com o coração humano e benevolente do filho.

– Por mim, tudo bem...

– Ótimo!

– *Num* vai *ficá* bem...
– Vai ser formidável! Lívia vai amar!
A voz do pai interpelou a euforia do filho:
– Porém...
Breno olhou curioso para Romeu.
– E quanto ao coronel? – perguntou o pai.
– Coronel? – indagou Breno sem compreender.
– Coronel Domingues? Será que ele vai gostar da ideia?
– Ah! Falarei com ele... não há porque não gostar... afinal, trata-se do casamento do homem que salvou a minha vida e, consequentemente, a dele!

– Um casamento ao lado de dois negros, escravos? Perdeste o juízo? – ralhou o coronel Domingues ao ouvir a ideia.
– Mas... – murmurou Lívia.
– Não tem mais nem menos. Minha filha jamais vai se casar nessas condições. Jamais!
– Desculpa-me, coronel. Mas trata-se do homem que salvou a minha vida e a sua, se observares bem... – ajuntou Breno, seriamente.
– Trata-se de um negro... escravo! – esbravejou Domingues, ultrajado com a observação.
– Um ser humano como nós! – defendeu Lívia.
O homem arqueou as sobrancelhas em sinal de dúvida.
– Será mesmo?!
– O que achas que são? Animais? – inquiriu a filha, abobada com a reação do pai.
O coronel ergueu uma das sobrancelhas como quem diz: "e não são?".
– Reflite a respeito, meu senhor... – insistiu Breno, pacientemente.
O coronel soltou um risinho curto e seco:
– Já dei minha opinião. É, não! Minha filha não se casará ao lado de um casal de escravos. Não é justo, não é certo.
Os olhos de Domingues mudaram o foco do rosto de Breno para o de Lívia, que o observava seriamente. Ao vê-la, mordeu os lábios, e um silêncio dramático se interpôs entre os presentes ali.

Domingues balançou a cabeça pesarosamente.

– Por causa desses negros, eu passei o período mais difícil de toda a minha vida. Fui humilhado, machucado e ferido!

O casal manteve-se calado, apenas olhando para o homem e ouvindo seu desabafo. Cinira ouvia tudo com certa apreensão. Domingues acrescentou:

– Estes negros quase nos tiraram a vida...

– São só os negros que tiram a vida dos brancos? Que os ameaçam? Que lhe fazem mal? – indagou, Cinira.

O comentário surpreendeu vivamente o coronel.

– Hein, meu marido? Responda-me. Não, não é mesmo? Pois bem, a maldade não escolhe a cor. A bondade tanto quanto!

No dia do casamento, o casarão da fazenda Novo Horizonte estava todo arrumado e florido. Mesas de madeira haviam sido postas no gramado rente à casa e sobre elas, toalhas xadrez. Logo pela manhã, uma enorme quantidade de pães começou a ser assada. As muitas garrafas de vinhos e cerveja que haviam sido compradas foram distribuídas sobre as mesas. Os escravos estavam bem-vestidos, com roupas doadas por Breno, e as escravas com roupas cedidas por Lívia, Luísa e Cinira. Os coronéis começaram a chegar com suas famílias, bem como outros convidados, amigos dos vilarejos da região, exatamente na hora marcada para a celebração. Romeu era só sorrisos. Breno, pura alegria, estava nas nuvens. Foi Romeu quem recebeu o padre.

Luísa acabava de ornar seu cabelo preso com três fivelas de borboletas peroladas, quando um sentimento diferente emergiu de seu interior. O mesmo que sentia toda vez que via o espírito da irmã. Antônia só podia estar presente, não perderia aquele grande momento na vida do filho. Novamente, ela teve a mesma sensação, mas havia algo de ruim nela.

Luísa arrepiou-se toda e abraçou-se para espantar a friagem que a envolveu naquele instante. Foi nesse momento que ela percebeu que não se tratava do espírito da irmã, e sim do espírito de outra pessoa com intenções maléficas a rondar o local. A mulher de 36 anos de idade viu o medo turvar-se sobre ela e novamente arrepiou-se.

Ao inspirar o ar profundamente, sentiu um cheiro conhecido, o cheiro de morte. O odor rondava a sede da fazenda. Tomada de pavor, Luísa rumou na direção de seu quarto, onde trancou-se por instantes para rezar.

Ao ver a porta do quarto fechado, Breno foi até ali para ter com ela.

– Tia?

Ela não o ouviu. Estava altamente concentrada na oração. Ele a chamou novamente, dessa vez batendo à porta.

– Tia?

Luísa enxugou rapidamente seus olhos rasos d'água de preocupação e atendeu o sobrinho.

– Tia? Como estou?

Luísa forçou seu habitual sorriso.

– Lindo, meu querido, lindo...

Percebendo seu olhar furtivo, Breno perguntou ressabiado:

– Está tudo bem?

Novamente, ela forçou um sorriso. Não deveria dizer nada, inundá-lo de preocupação, estragaria sua festa. Breno não merecia, não Breno, que era puro coração.

– Sim, só estou um pouco emocionada! Só isso...

O rapaz balançou a cabeça, intumescido de felicidade. Quando ia pôr-se a andar, voltou-se para a tia e, com profunda sinceridade, disse:

– Tia, não sei se algum dia já tive a oportunidade de lhe falar, mas... bem... eu amo a senhora, amo mesmo! Deus levou minha mãe, mas deixou a senhora no lugar para nos fazer companhia e nos proteger...

Luísa não conseguiu conter as lágrimas, tampouco a vontade de abraçar aquele rapaz que tinha como a um filho. Ambos se abraçaram apertada e carinhosamente.

– Obrigado, tia, obrigado por tudo que fizeste por mim, por meu pai e...

Recuando a cabeça até olhar nos olhos dela, o noivo acrescentou numa voz lamuriosa:

– Queria que ele estivesse aqui, eu juro! Papai não permitiu que eu partisse à procura dele... é meu irmão, queria muito que estivesse aqui no dia do meu casamento...

– Nem sempre conseguimos realizar tudo na vida, Breno. Mas não te entristeças com isso, aproveita esse dia especial. É um dia único, cuja beleza ficará para sempre guardada em tua memória e em teu coração.

Breno engoliu em seco e novamente beijou a tia na testa.

– Obrigado, tia. Muito obrigado...

Luísa permaneceu ali, encostada à esquadria da porta, olhando atentamente para o sobrinho que seguia pelo corredor. Depois, caiu novamente em si, diante do que pressentia. Fechou-se ali mais uma vez e voltou a orar com fervor.

"Deus, proteja-nos! Proteja-nos!"

Quando a carruagem trazendo Lívia e Santa tomou a direção da casa-grande da fazenda Novo Horizonte, as duas noivas sentiram seus corações baterem diferente naquele instante. Era como se ouvissem uma melodia, uma canção de amor. As duas aguardaram no carro até que a cerimônia tivesse início, o que não demorou. Ao verem a jovem, cujas maçãs do rosto tinham contornos suaves, descer da carruagem acompanhada de uma negra, trajando também um belo vestido branco, muitos dos presentes se chocaram e um *zum, zum, zum* desagradável começou a ecoar por ali.

Com seus olhos surpreendentemente azuis, Lívia percorria os olhos de cada um dos presentes. Uns olhavam para ela com ternura, outros disfarçavam a apreensão, outros com espanto, outros indignados. Ao perceber que o outro casal que iria se casar junto com Breno e Lívia era formado por dois negros escravos, o padre ficou ligeiramente aturdido. Procurou desesperadamente apoio nos olhos de Romeu e Domingues. Romeu o apoiou, Domingues baixou o olhar, envergonhado. Ao perceber, sua esposa o cutucou, forçando-o a erguer a cabeça e encarar a situação, mesmo que constrangido.

Luísa não conseguia amenizar sua apreensão nem se concentrar na cerimônia. Aflita, percorria os olhos pelos presentes, na tentativa de descobrir através de quem o mal seria manifestado. Diante do desespero, a mulher lembrou-se de algo que aprendera com seu mentor e que, volta e meia, esquecia-se. O fato de que quando nos vemos diante de um problema iminente, sem condições de detê-lo, devemos entregar tudo nas mãos de Deus e contar com Sua força. E foi o que ela fez naquele instante: entregou nas mãos de Deus e dos espíritos de luz o problema que fugia ao seu controle.

Até mesmo na Fazenda Santa Anastácia, de propriedade dos Domingues, podia se ouvir o estrondo das bombas e dos busca-pés estourando na festa de Lívia e Breno e de Santa e Tonico. Viam-se também os clarões dos foguetes, iluminando o céu e quebrando a rotina diária.

Quando o padre voltou-se para Santa e Tonico, que humildemente se mantinham ao lado de Breno e Lívia, o *zum, zum, zum* desagradável de indignação elevou-se.

Incomodado com o burburinho, o padre interrompeu o que dizia e chamou a atenção dos presentes. Todos se calaram prontamente, exceto o coronel Tavares, que não era de calar-se diante de ninguém, nem mesmo do imperador Dom Pedro II. Com sua voz autoritária, que era sua característica mais marcante, o homenzarrão protestou:

– Onde já se viu um casamento de negros escravos, junto de brancos?!

– Diante de Deus, meu filho, somos todos iguais. Somos todos filhos de Deus – explicou o padre, prontamente.

– Já haviam me dito que o senhor tem ideias estranhas, ousadas... ideias do demônio e que é um abolicionista... – ralhou o homem, enfurecido.

Voltando-se para Romeu, o coronel Tavares rosnou:

– Perdeste o juízo, Romeu? Onde já se viu permitir uma coisa dessas?

Romeu manteve a calma e, num tom sereno, deu a resposta ao colega:

– Faço das palavras do padre Onofre as minhas...

– Perdeste a compostura... eu vou me embora daqui agora mesmo... – ralhou o homem quase num berro e, em seguida, fez um sinal para os membros da família se retirarem, e eles o acompanharam.

Antes de dar continuidade à cerimônia, padre Onofre perguntou, seriamente:

– Se mais alguém dos presentes aqui se opõe a esse casamento, retire-se agora! Não quero mais que a cerimônia desses belos casais seja interrompida novamente.

Fez-se um breve e tenso silêncio. Nesse ínterim, dois outros coronéis retiraram-se do local com a família.

– Alguém mais? – inquiriu o padre, seriamente.

Diante do silêncio como resposta, ele deu sequência à cerimônia:

– Breno, aceita Lívia como tua legítima esposa?

– Sim.

– E tu, Lívia Domingues, aceitas Breno Lins Amorim como teu legítimo marido?
– Sim.
– E tu, Tonico, aceitas Santa como tua legítima esposa?
– Sim.
– E tu, Santa...?
– Sim.
– Os casais podem se beijar.
Após o beijo, Breno sussurrou no ouvido de Lívia:
– Eu te amo...
– Eu também.

Ao saírem do corredor improvisado, os negros e alguns convidados saudaram os casais, jogando arroz sobre eles. Em seguida, deram uma salva de palmas e começaram a cumprimentar os noivos. Fogos de artifício romperam o céu, em homenagem à consumação das uniões. Todos ali vibravam de pura alegria.
– Minha *nega tá filiz*?
A pergunta de Tonico fez Santa cobrir-lhe com um sorriso majestoso. Nem era preciso responder, o sorriso largo no rosto da moça lhe dizia tudo. O marido a envolveu nos braços carinhosamente e a beijou.
Santa fechou os olhos, emocionada. Ao abri-los, tomou um minuto para admirar e deleitar-se com a festa de seu casamento. Uma festa esplendorosa. Nisso, o estouro de um rojão a despertou de seu deslumbre, assustando-a.
Tonico soltou uma gargalhada gostosa ao ver que a mulher amada se assustara, e tratou logo de afagar-lhe o cabelo, como quem consola um bebê assustado. Passou o braço em torno dela e a puxou para si. A jovem recém-casada aconchegou-se novamente em seu abraço, suspirando de felicidade. Seus olhos voltaram-se outra vez para a festa, percorrendo cada detalhe, cada pessoa presente. Um, em especial, prendeu seu olhar. Santa frisou os olhos para enxergar melhor a dona daqueles olhos negros com maior nitidez. Ao confirmar ser quem pensara ser, seu corpo estremeceu de tal modo que assustou Tonico, fazendo-o afastar-se de seu peito e lançar-lhe um olhar preocupado:
– *O* que deu em *vassuncê*? *Tá* branca!
Quando Santa ia falar... a voz de Breno a deteve.
– Tonico, meu grande Tonico!

– Sinhozinho...

– Vinde dançar conosco!

Nem houve tempo para uma resposta. Breno, embriagado de felicidade, simplesmente puxou o casal pelos braços até a pista de dança improvisada e contagiou-o com sua alegria esfuziante. Toda aquela vibração de alegria fez Tonico se esquecer da reação estranha que sua esposa tivera há pouco. Santa, ao contrário, seguiu todo o caminho com os olhos voltados na direção da mulher cujo olhar ficou cravado na memória desde a primeira vez que o vira, não por reluzir beleza, mas perversidade.

Os dois casais entraram na dança e deixaram-se envolver-se com a música. A alegria se emanava pelos quatro cantos da fazenda naquela tarde tão festiva. Em meio aos rodopios, Santa avistou a mulher, temida em seu coração. Ninguém diria que, por trás daquele rosto meigo e gentil que Santa encarava, o demônio se escondia.

Poucas pessoas lembravam-se de observar uma pessoa por trás de sua bela aparência, sempre se deixavam levar pelo seu exterior, crendo ser ele um reflexo do seu interior. Com isso, muitos homens e mulheres considerados fisicamente belos conseguiam disseminar o mal que se abatia sobre seu coração.

Os olhos de Santa ainda avistavam os olhos negros, perversos. A dona deles continuava observando os casais com sua usual expressão irônica. Santa pressentiu que ela tencionava fazer algo de ruim. Começou a ver-se aflita por não saber o que fazer. Voltou novamente a olhá-la e, quando os olhos de Santa bateram nos dela, o rosto de Ruth endureceu ao perceber que estava sendo observada. Tentou manter-se natural, ofertando um sorriso amigável, não só para Santa, como para os que ali passavam.

Breno e Lívia rodopiavam felizes pela pista de dança de chão batido.

De repente, Santa bateu os olhos em Luísa, parada ao fundo, balançando a cabeça e crispando as mãos nervosamente. Santa compreendeu a razão: Luísa estava pressentindo o mesmo que ela, o mal... Santa foi tirada de seus pensamentos por Tonico.

– Santinha!

Sem pensar em mais nada, a recém-casada puxou o marido para fora do local onde dançavam e arrastou-o para um canto.

Ela parecia prestes a esboroar-se por inteira.

– O que deu *n'ocê*? – perguntou Tonico, atônito.

A esposa abraçou o marido com voracidade. Naquele momento, ela se deu conta, mais uma vez, do quanto precisava dele na sua vida.

Nesse mesmo momento, Ruth aproximou-se de Breno e Lívia, que acabavam de dar uma pausa na dança. Trazia consigo uma jarra de vinho.

– Sinhozinho me permite? – perguntou ela, acanhada.

– Lógico, Ruth...

A moça baixou a cabeça, submissa. Com uma voz para dentro, acrescentou:

– Sinhozinho Breno e sinhazinha Lívia, eu *tô* muito *filiz* pelo casamento *d'ocês*.

– Obrigado.

– Quero muito *agradecê vassuncês* por tudo de *bão* que têm feito *pro* meu povo.

– Somos todos filhos de Deus, Ruth – declarou Lívia.

– O coração *d'ocês* é só bondade.

Breno pegou firme no ombro da escrava e, com ternura, acrescentou:

– O teu também, Ruth. Tenho absoluta certeza de que tanto tu como todos os de tua raça guardais muita bondade no coração.

A escrava voltou a olhar para os dois e, com uma voz dengosa, ofereceu-lhes uma taça de vinho.

– *Tome,* sinhozinho e sinhazinha *devi* de *tá* com a garganta seca de sede.

– É verdade! – exclamou Breno, exibindo um sorriso sincero e, com a mesma sinceridade, acrescentou: – bebe *vosmecê* também.

A negra avermelhou-se. Dessa vez, ela não tinha nenhuma resposta pronta; só conseguia sacudir a cabeça, em silêncio. Pela primeira vez, seus lábios não sorriram.

– Vamos, mulher, brinde conosco! – insistiu Breno.

– Eu? *Num carece,* sinhô-moço...

E com um rápido movimento de cabeça, acrescentou:

– Por favor, bebe como um brinde, um brinde a todos nós! – ordenou Breno, inebriado de pura felicidade.

Um sorriso magnânimo despontou no rosto da negra, e seus olhos naquele instante brilharam de emoção.

Santa sobressaltou-se. Suspirou e começou a esfregar as mãos ao dizer:
– Ela...
O sorriso de Tonico se apagou. Uma expressão evidente de ansiedade se estampou em sua face, encovando-a.
– Ela quem? – alarmou-se Tônico.
A esposa apontou com a cabeça discretamente na direção de Ruth.
– Aquela escrava...
– Qual?
– A que está servindo a bebida ao sinhozinho e à sinhazinha!
– O que tem ela?
– Ela ia lá...
– Lá?
– Na fazenda do coronel...
A expressão de Tonico agravou-se:
– Iá?
– Iá... *durmia* com Tião... era amante dele... era ela que lhe punha ideia na cabeça e no coração... ideias do *mar*.
Tonico franziu ainda mais a testa e seus olhos dilataram-se diante da revelação da esposa.
– Ela *tava* lá no dia do veneno...
O adendo de Santa deixou Tonico assombrosamente alarmado.
– As *vóiz*... as *vóiz* na minha cabeça... *tão* dizendo que ela...
– *Vóiz*? Que *vóiz*? – atalhou o marido, tomado de medo.
Santa aterrorizou-se diante da pergunta: "Como transformar em palavras as coisas que ela própria mal compreendia?". Sem ater-se a explicações, ela acrescentou:
– As *vóiz*... as *vóiz tão* dizendo que ela vai fazer *mar* aos outro de novo!
– *Mar*?
Luísa, que estava prestes a cumprimentar Santa e Tônico pelo casamento, deteve-se ao ver o desespero com que Santa falava com o marido. Luísa voltou, então, o olhar na direção que Santa mirava e, ao avistar Ruth, sentiu uma fisgada no

peito, um mal-estar fulminante. Por pouco não foi ao chão. Não era preciso mais nada para compreender. Era através de Ruth que os espíritos perturbados e vingativos iriam agir e proliferar o mal. Agora ela sabia quem era o alvo: o sobrinho e a esposa.

Mas era tarde demais, ambos haviam feito o brinde e estavam com a boca do cálice rente aos lábios. O tempo parou naquele instante e prosseguiu em câmera lenta.

Foi um espasmo no olhar, talvez a trepidação de uma pálpebra que chamou a atenção de Lívia para Ruth. Como um raio que se dá no céu iluminando tudo, num repente, ela viu que a escrava usava uma máscara, aquele não era seu rosto verdadeiro.

O sorriso de Lívia desbotou. Num gesto rápido, ela segurou com a mão esquerda a taça com a bebida que Breno estava prestes a sorver. Breno riu diante do gesto da esposa.

– O que foi? – perguntou, ainda rindo.

O olhar cheio de pavor e repugnância de Lívia sobre a negra fez Breno voltar-se na direção da escrava. Ruth olhava para a mesa, atônita, parecia tomada de pavor. Pousou seu cálice sobre o móvel num gesto rápido, era como se procurasse por algo. Algo que era para estar ali e não estava mais. Lívia deixou os dois cálices caírem ao chão e segurou os braços da escrava com força. Perdendo a calma, perguntou, embriagada de ódio e pavor:

– O que foi? O que foi?

Breno, que não estava entendendo nada, segurou a esposa com receio de que ela agredisse a escrava, pois era exatamente o que parecia que Lívia iria fazer, pois se encontrava totalmente fora de si. Ruth, de repente, rompeu seu silêncio com uma gargalhada. Uma gargalhada tomada de escárnio e morbidez.

– A bebida, Breno... a bebida... a garrafa... alguém pegou a garrafa na qual ela depositou o veneno... alguém...

Breno arregalou os olhos, atônito. Mal podia acreditar no que ouvia. Lançou um olhar agoniado à escrava, que acolheu seus olhos com uma risada maldosa. Lívia soltou os braços da negra e voltou o olhar ao redor, exalando profundo desespero. Ruth emanou mais uma vez seu sorriso sarcástico e ferino. Depois, gargalhou com prazer e escárnio novamente.

Breno e Lívia saíram apressados em busca da jarra contendo vinho que, ao que parecia, havia sido levada dali por alguém, por engano.

...

Tonico chegou até Ruth, espumando de ódio.

– Ruth... Ruth... *ocê participô* das *mardade* que Tião fez com a *famía* da sinhazinha Lívia? *Ocê é mar*, Ruth... *é mar*... Que Oxum tenha piedade *d'ocê*.

Ruth permaneceu olhando para o negro à sua frente com seus dois olhos negros, cercados de cílios espessos e profundos, queimando de ódio, ardendo de raiva.

– Que *mardade* mais *ocê* planeja *fazê*?

Mil pensamentos confusos, instigados pelas vozes dos espíritos desnorteados que a cercavam, passaram pela mente de Ruth naquele momento. Ela desviou seus olhos do escravo e, tomando um tom benevolente, disse quase que ao léu:

– Isso *num* é vida... *num* é vida...

Suas palavras mexeram com Tonico, invadindo-o de compaixão pela mulher que um dia amou profundamente. Tomando outro tom, mais ponderado, ele disse:

– *Num* precisa ser assim, Ruth, pode ser diferente...

Ruth baixou a cabeça e, num tom desconsolado, respondeu:

– Não! *Num* tem outro jeito... *num* tem salvação!

Um pesar tomou conta de Tonico. Ambos se olharam por um longo e desesperado minuto. Ao ver as lágrimas começarem a cair dos olhos da negra, Tonico sentiu seu coração ser tocado por um resquício da paixão que sentiu por aquela mulher de rosto belo e angelical, postada ali à sua frente.

– *Ocê* me *amô*... foi o único que me *amô di* verdade, Tonico...

– Eu te amei mesmo, Ruth, muito e *vassuncê desprezô* o meu amor...

– Agora é tarde...

– *Vassuncê* ainda pode *sê filiz*... ainda pode...

Tonico se ouviu falando e, mesmo a seus próprios ouvidos, as palavras soavam fracas e incertas. Com pena da moça, o homem levou a mão direita dele até a altura da face dela e acariciou-a. Repetiu, então, com carinho:

– Tudo pode *sê* diferente, Ruth... tudo...

A escrava inspirou a ar, agravando ainda mais o seu pesar que se expressava no rosto.

Em meio aos convidados, Breno e Lívia procuravam por uma garrafa semelhante a que Ruth lhes servira a bebida. O coração de ambos parecia esterroar, esbarrondar-se a cada passo.

Luísa e Santa juntaram-se a Tonico, que se mantinha em companhia de Ruth. Ambas mulheres olharam desconfiadas para a moça. Tonico disse numa voz resoluta:
– Todo mundo comete erro... todo mundo merece uma nova chance, é isso que aprendi com o sinhozinho Breno.
Luísa franziu os lábios em desaprovação. Ruth manteve-se ali, parecendo inerte às palavras do negro.
Tonico lançou um sorriso carinhoso, voltou-se para a mesa, pegou dois copos, encheu-os de bebida e, pegando no braço de Ruth, colocou um deles em sua mão direita. Então disse:
– Ergue seu copo, Ruth *vamo brindá...* à vida... a Oxum!
Um sorriso resplandeceu no rosto da negra que, obedientemente atendeu ao pedido de Tônico. Embora ele tivesse percebido algo mais no sorriso dela, pareceu não dar importância a isso. Ambos levaram a taça à boca e começaram a sorver a bebida pausadamente, com os olhos fixos um no outro, até que num repente Ruth bebeu todo o conteúdo do cálice em uma golada só.
A seguir, a escrava sorriu e logo o sorriso virou uma gargalhada aguda. Depois, gradativamente, sua expressão começou a mudar, tornou-se pesadamente malévola, ao passo que seus olhos faiscavam. Ante a fúria, o ódio e a maldade em seu olhar, Tonico, que estava acabando de tomar a última gota da bebida que restava em seu copo, não sorriu. Ficou apenas encarando fixamente a escrava que o olhava desafiadoramente.
De repente, o semblante de Ruth começou a enrijecer, a cor de seus lábios a desaparecer e os olhos esbugalharam-se. A jovem arquejou, examinando os olhos do negro à sua frente com mais profundidade. Eles lhe diziam algo profundo, era um aviso, um alerta, agora ela compreendia, mas já era tarde demais para compreender o que eles alertavam...
Luísa e Santa olhavam pasmas para a escrava que parecia agonizar de dor. Ruth foi encurvando o corpo até tocar os joelhos no chão, ainda assim mantinha o

olhar fixo nos olhos de Tonico. Foi nesse momento que o negro cuspiu a bebida que fingira tomar e guardara com cuidado entre os dentes.

Ruth avermelhou-se toda e foi ao chão de vez. Sentiu uma contração, apoderando-se de todo o seu corpo até o cérebro, paralisando sua vontade e descarregando as batidas de seu coração. Ainda teve tempo de dizer para si mesma: "Isso é a morte, *me* arremetendo na escuridão". Antes, porém, de ser completamente tragada pela morte, ela se viu cercada de formas escuras. Com o resto de força que lhe restava, a escrava envenenada vociferou:

– Eu *hei* de *vortá... ocês há* de *vê...* eu *vorto* da morte *pra* me *vingá d'ocês,* de todos *ocês...*

As palavras saíram cheias de farpa que faziam sangrar. Ruth arreganhou a boca e seus dentes brilharam, brancos e fortes, poucos antes de dar seu último suspiro. Quem a visse ali pensaria tratar-se de uma mulher que morreu sorrindo. Tonico ajoelhou-se ao lado dela, com o coração revolvendo-se de dor e amor.

"O mal que cada um guarda no coração nem sempre se reflete na face do ser humano. Nem por meio dos olhos e do suspirar pode-se notar. Certos olhos nada nos dizem, nada nos revelam, transparecem apenas a emoção exterior", murmurou Luísa, condoída.

Já era tarde da noite quando Breno e Lívia se recolheram para o quarto do casal, ali mesmo na casa-grande do pai do jovem, onde Breno escolheu para morar, com a aprovação de Lívia. Ela sabia que ele se sentiria melhor morando com o pai, fazendo-lhe companhia. Seria-lhe tortuoso deixá-lo morando só. Era ali mesmo que ambos passariam sua noite de núpcias.

Quando a sós no quarto, envoltos da mais pura paixão, Breno largou a mão da esposa apenas o tempo suficiente para apagar as velas, deixando apenas uma para iluminar o quarto com delicadeza e para acentuar o romantismo. Segurou então as mãos da esposa novamente, as duas dessa vez, e com o rosto rente ao dela, com os lábios quase colados aos seus, ele declarou:

– Eu te amo...

Não houve tempo para ela proclamar uma resposta, pois as duas bocas se uniram cheias de desejo, de amor e de vida. As línguas se entrelaçaram e bailaram de forma esquisita, ao som da respiração dos dois que, naquele instante, parecia soar como uma valsa... Os dois ficaram ali entregues às alegrias do coração. Lívia não se lembrava de ter experimentado um sentimento como aquele antes, uma mistura infindável de alegria e prazer, o sentimento de ser amada intensamente.

Em alto-mar...

Após um belo passeio pela Europa, Thiago e Melinda estavam regressando para o Brasil. Certo dia, a certa hora, Thiago deixou sua cabine em busca da esposa. Ela havia lhe pedido licença para dar uma volta pelo convés do navio e após quase uma hora ainda não havia retornado. Não demorou muito para encontrá-la. Estava, ao que parecia, entretida numa conversa com um negro extremamente bem-vestido. Thiago teve a impressão de que o negro era quase humano, na sua concepção.

– Tua história é admirável, David – dizia ela com sinceridade para o moço.

Mais uma vez, o rapaz exibiu seus dentes brancos, bonitos e bem distribuídos em sua arcada dentária. David fora tirado da África por um traficante de escravos há alguns anos, quando o comércio de escravos já estava proibido, e a Inglaterra há decidido afundar os navios negreiros ilegais que encontrava em alto-mar.

O navio que transportava David foi interceptado por outro da guarda inglesa e atacado, como mandava a Lei daquele país. David sobreviveu ao naufrágio, ficando quase que por um dia inteiro boiando em alto-mar sobre um pedaço de madeira que escapou do navio ao se afundar. Acabou salvo por um dos navios ingleses e levado para a Inglaterra.

Ajudado por um inglês, conseguiu sobreviver até arranjar um bom emprego. Foi lá que ganhou o nome de David. Até então chamava-se Kunatan. O homem para quem o negro trabalhou tomou-o como um filho, deixando-o muito bem financeiramente.

David quis aprender português, pois já tencionava um dia visitar e, quem sabe, até mudar-se para o Brasil. Ele estava em busca dos membros de sua família que haviam sido capturados e enviados para lá. Ainda assim, o sotaque do negro era carregado e misturava algumas palavras inglesas.

A voz de Thiago soou de repente atrás do casal. Melinda tratou logo de fazer as devidas apresentações, mas Thiago recusou-se a ouvir qualquer comentário que fosse. Simplesmente puxou a esposa pelo braço e arrastou-a dali. O gesto surpreendeu Melinda, jamais vira o marido naquele estado, tampouco percebera que sentisse ciúmes dela. Ou seria apenas racismo?

Fazenda Novo Horizonte – meses depois...

Após o jantar, Breno acomodou-se no sofá da sala. Lívia, que também se encontrava no aposento, sentada numa espécie de divã, fazendo bordado, a certa altura voltou seus olhos de mar para o marido e observou-o com atenção. Breno não parecia estar bem. Ele, por sua vez, deu uma rápida mirada na esposa amada e forçou um sorriso. Preocupada, Lívia perguntou:

– Com o que te preocupas, meu marido?

Ele balançou a cabeça como quem diz: "Nada, não te preocupes". Mas, seu gesto não convenceu a esposa, e ele notou de imediato. Por fim, desabafou:

– Estava pensando em Thiago... faz tanto tempo que partiu... – uma expressão evidente de ansiedade se estampou no rosto de Breno – preciso saber dele... se está bem...

– Como vais localizá-lo?

– Na Corte. Tenho certeza de que ele deve estar por lá. Sempre dizia, nos seus momentos de nervosismo, que sumiria desse lugar... que se mudaria para lá, pois ali, sim, era um lugar para se viver, e não esse fim de mundo!

Breno terminou sua frase, rindo.

– Thiago me divertia com seus rompantes... – adquirindo novamente uma expressão preocupada, ele acrescentou – tenho receio de que esteja precisando de alguma coisa, que esteja passando por maus bocados, que precise de dinheiro... se estiver, é muito orgulhoso para voltar para cá e admitir tal coisa, por isso, preciso ir até ele...

– Uma vez o vi na Corte – disse Luísa, entrando na sala.

Breno voltou-se para ela, surpreso. A veia da garganta dele pulsava visivelmente:

– E por que não me disseste?

Os olhos da tia se afastaram do rosto do sobrinho, ela desejou que suas palavras ditas há pouco voltassem para sua garganta e se apagassem de sua mente. O que disse saiu quase contra a sua vontade:

– Breno, meu querido, esquece teu irmão, pois ele, tenho certeza, esqueceu-se de ti. Na verdade, tanto eu, quanto tu e quanto teu pai morremos para ele no dia em que ele partiu daqui. Ele não nos quer...

– Não pode ser, tia, não pode... E se ele estiver...
– Ele está bem financeiramente, ao menos pude perceber isso... deve ter se ajeitado com alguma mulher ricaça da Corte.
– Ainda assim, quero... preciso vê-lo!
– Breno, meu querido...
– Eu partirei ainda nesta semana para a Corte em sua busca.

Ao deixar a sala, Luísa chegou mais perto da esposa do sobrinho e lhe fez um pedido sério:
– Impede-o! Tira isso da cabeça dele, pelo próprio bem de seu marido.
Linhas de preocupação se formaram na testa de Lívia.

Quando Luísa se retirou para fazer suas orações diárias, ela novamente avistou o espírito da irmã e não gostou da expressão que Antônia mantinha no rosto. Era pura tristeza, era pura dor. Mas por que, por que ela não conseguia encontrar a paz? Luísa reforçou sua oração e seus pedidos de ajuda aos mentores e espíritos de luz.

Foi no dia em que Breno partiu para a Corte que Luísa finalmente compreendeu qual era a dor profunda que impedia a irmã de se tranquilizar, ela se arrependia de algo, algo que fizera no passado, mas o que seria?

Corte, início do outono de 1886

Ao chegar à porta envidraçada que dava para o jardim em frente à sua casa, Thiago parou, tomou fôlego, abriu-a e saiu para a varanda. Antes, porém, deu uma olhada para trás para certificar-se de que não havia alguém ali e finalmente dirigiu-se ao visitante.
– Thiago... meu irmão... – exclamou, alegremente Breno, que conseguira localizar o irmão por um dos jornais da cidade.

Num gesto impaciente, Thiago examinou o irmão, com a perplexidade a crescer em seu olhar.
– Meu irmão... quanto tempo... – dizia Breno, esbanjando sorrisos.
Thiago continuava a estudá-lo em profundo silêncio.
– Tu te casaste também? Eu também me casei!
Thiago cortou-lhe as palavras, friamente:
– Por que vieste até aqui?
– Ora, Thiago, queria saber se não estás precisando de alguma coisa...

Thiago girou os olhos ao redor e, pedantemente, falou:

– Tu achas que estou precisando de alguma coisa num lugar como este?

Breno concordou, e tratou logo de se corrigir:

– Vim, na verdade, porque estava com saudades de ti, meu irmão... saudades...

Thiago prosseguiu com sua voz precisa.

– Engole-a com uma boa dose de cachaça!

Breno lançou um olhar agoniado ao irmão, que respondeu com uma risada, retomando sua carranca pesada. Logo a seguir, disposto a quebrar o gelo, Breno acrescentou:

– Deve ser difícil para ti, meu irmão, estares aqui sozinho, sem amigos, rodeado apenas de pessoas estranhas.

Thiago limitou-se a receber a observação com um silêncio bastante significativo. Ao ver que não adiantava mesmo tentar uma aproximação, Breno se despediu do irmão. Quando ia retirando-se, Thiago o deteve:

– Ouve-me. Preste bem atenção no que vou te dizer: nunca mais, mas nunca mais mesmo, sob hipótese alguma, voltes a procurar-me. Nem que seja para dizer-me que aquele velho morreu. Não me interessa. Esta é a minha vida agora. Não quero manter nenhum elo com o passado. Nenhum... compreendeste?

Breno respondeu que sim, com a cabeça, emitiu mais uma vez um sorriso sem graça, antes de dar-lhe as costas. Mas antes de atravessar o portão, Breno voltou mais uma vez o olhar para o irmão, que continuava na mesma posição, mantendo o mesmo rosto de desagrado com sua presença, com sua visita. Engoliu em seco e partiu.

Uma onda de piedade invadiu Thiago naquele instante e por pouco não a deixou transparecer no olhar. Voltou novamente a olhar de maneira temerosa para a casa, de modo a ter certeza de que ninguém os tinha visto ali e tampouco ouvido o que disseram os dois.

Ao entrar, Thiago encontrou a esposa rente à porta, observando o jardim. Ao ouvir os passos dele perto de si, disse no seu tom casual de sempre:

– Nunca me disseste que tinhas um irmão... na verdade, sempre pensei que fosses filho único.

Thiago não lhe deu ouvidos, parecia surdo e cego diante de sua presença. Jogou-se na cadeira e baixou a cabeça. Era visível que estava transtornado com algo, supostamente a visita do irmão. Do irmão que misteriosamente surgira do nada, concluiu Melinda com seus botões.

Novamente o rosto de Breno voltou à sua mente acompanhada da mesma sensação esquisita que sentiu ao vê-lo, como se o conhecesse, não fisicamente, mas espiritualmente. Mas de onde? Quando?

Naquela noite, Melinda sonhou que estava numa época antiga, num lugar desconhecido e, ao mesmo tempo, conhecido. Ao seu lado, estavam Breno e Thiago. Ecos de uma outra vida...

Thiago estava seguindo pelo Jardim Botânico, pavoneando-se, como de praxe, quando avistou um menino engraxate e lhe fez sinal. Após lustrar seus sapatos, ralhou com o garoto por considerar seu serviço malfeito, arremessou-lhe algumas moedas ao chão e partiu.

Disposto a se exibir mais que o habitual naquele dia, o jovem fidalgo escolheu um dos restaurantes mais suntuosos da Corte. Enquanto aguardava por uma mesa, Thiago pegou um jornal, dentre os vários que estavam sobre uma pequena mesa de canto, disponibilizados para os fregueses se distraírem.

Antes de iniciar a leitura, uma senhora sentada no banco em frente, na certa, também no aguardo de uma mesa, chamou a atenção da jovem. Era totalmente *disforme*. Uma face travessa, olhos vivos e ar de quem se achava enormemente importante. Comentava com sua acompanhante algo a respeito de alguém que acabara de encontrar ali, que já deixara o local, na certa, pouco antes de ele chegar.

Thiago voltou o olhar para o jornal, mas, em pouco tempo, viu-se novamente a olhar para a mulher *disforme* que se empertigava toda, assumindo um ar de inteligência quase sobrenatural quando se punha a falar:

– Ele era um viciado em jogo... perdeu toda a fortuna jogando... Como dizia minha mãe, o mal se abate sobre quem no fundo faz mal a alguém ou a si próprio!

A senhora *disforme* tinha um sotaque carregado, observou ele. Ela empertigou-se de novo. Estava visivelmente excitada, mas assumiu uma expressão de rígida formalidade antes de prosseguir na sua fala:

– Parece-me que ele só teve uma filha... sim, sim, é isso mesmo. Uma filha só. Ela era do tipo leviano, de viver metida em festas, nas altas rodas, sempre em busca de um bom partido. Muito parecida com o pai. Quantas mulheres não são assim... mas, pelo visto, ela teve sorte. Muita sorte... agarrou um ricaço por aqui.

Esperta, muito inteligente. Com certeza, está sendo a salvação do pai, que deve ser sustentado por ela. Mas, orgulhoso e prepotente como é, deve manter ainda a imagem de homem milionário. A distância imposta pelo oceano guarda muitos segredos. Coitado, não tem sequer um tijolo mais na Europa para cobrir-lhe a cabeça...

A senhora continuou a falar alto com sua voz aguda e irritante, ignorando qualquer um sentado ali à sua volta. Falava alto para ser ouvida mesmo, para chamar a atenção dos presentes, não para o que contava, mas para ela. Ver-se olhada lhe era reconfortante, uma injeção de ego. Um prazer do qual não podia viver sem.

Agora, era Thiago que estava severamente empertigado. Afinal, de quem ela estava falando?

A mulher *disforme* olhou pensativamente para o belo rapaz sentado à sua frente. Notou que ele estava curioso quanto ao que ela falava. Certo suspense e certa comoção eram tal e qual a pitada ideal de sal no seu prato predileto, acreditava ela. Sorriu consigo mesma e por um instante seu olhar se cruzou novamente com os de Thiago. Lançando-lhe uma careta amistosa, ele dirigiu-se a ela:

– Queres ler o jornal?

Antes de ela responder, ele pousou o jornal em suas mãos e, sorrindo amigavelmente, perguntou:

– Desculpe-me a indiscrição, ouvi o que a senhora dizia sem querer...

– Não te acanhes, meu belo rapaz...

Thiago sorriu, ressabiado:

– A respeito de quem a senhora estava falando?

A mulher arregalou os olhos surpresa e, adensando seu tom de mexerico, respondeu:

– Sobre o senhor Cassiano Florentes. Por quê? Tu o conheces?

De súbito, o sorriso de Thiago foi derretendo. Seus lábios branquearam, seus olhos se contraíram. Sem dizer uma palavra sequer, ele partiu agitado do local. A mulher acompanhou com o olhar, através da janela, todo o trajeto do belo cavalheiro até subir em uma vitória estacionada do outro lado da rua, olhando-o com grande atenção. Assim que a senhora perdeu a carruagem de vista, voltou-se para a amiga parada a seu lado e, lentamente, inclinaram suas cabeças em sinal de concordância.

Quarta Parte

Iguais que se atraem

Thiago Lins Amorim abriu a porta da carruagem, pela primeira vez em toda sua vida, sem esperar que seu condutor a abrisse, e desceu depressa do carro. Parecia até que estava atrasado para algum encontro. Assim que entrou na sala de visitas de sua suntuosa casa, avistou Melinda em frente à lareira, procurando aquecer os pés próximos à chama da noite gélida. Os olhos negros dela brilharam, como os de um gato, ao ver o marido, e um leve sorriso iluminou sua face. O marido não perdeu tempo com cerimônias, foi diretamente ao assunto.

– Tu e teu pai? Tu e teu pai...

Por mais que tentasse, Thiago não conseguia completar a frase, de tão nervoso que estava. Melinda percebeu de imediato que a rispidez da voz dele vinha de um ponto obscuro de seu ser. Os olhos dele mostravam seu esforço de concentração. Por fim, o marido conseguiu fazer com que as palavras atravessassem seus lábios.

– Teu pai perdeu toda a fortuna no jogo? É um falido... sem um vintém?!

Thiago erguia suas mãos bem manipuladas num tique nervoso, enquanto pronunciava cada palavra. Melinda parecia ouvir o que o marido dizia com uma ansiedade encoberta.

– Eu... eu não acredito que vós tivestes a pachorra de mentir descabidamente para toda a Corte? – acrescentou ele, incrédulo.

Ela ergueu uma de suas negras sobrancelhas. Depois, delicadamente interrompeu o marido vivamente.

– Então foi por isso que o senhor, meu marido, chegou fungando? Pensei que tivesse apanhado um resfriado – disse ela, com ligeiro sarcasmo.

Depois, com um tom mais sério, acrescentou:

– Meu pai está falido sim, pobre coitado. Não pode voltar para o exterior, não tem como pagar suas dívidas...

Sem nenhum tato, Thiago adentrou o que ela dizia:

– Então... Se a filha dele tivesse um casamento próspero no Brasil, seria-lhe a salvação, tiraria, como se diz, a corda do pescoço!

Thiago interrompeu o discurso inflamado para estender a casa o olhar carregado de fúria. Melinda o olhou de alto a baixo. Thiago acrescentou, aturdido:

– Deve ter sido ideia daquele pulha do seu pai! Só pode!

A sombra de um sorriso passou pelo rosto da esposa, ao notar os alarmantes sinais de apoplexia no rosto do marido, que a fulminava com os olhos completamente tomados pela vil decepção. Ela lhe dirigiu um olhar penetrante e irônico antes de voltar a falar:

– Quando me vi face a face com a nossa realidade, achei-a tão cruel e desalentadora que, desde aquele momento, fiz o que pude, sem vergonha alguma para fugir dela...

Melinda terminou a frase em meio a um leve sorriso. Thiago fitava-a, exasperado. Ao mesmo tempo em que parecia enfurecido, prestes a pular sobre ela e matá-la, parecia perdido, frágil como um cristal.

– Por outro lado, foi bom, foi bom que tenhas sabido... – acrescentou ela – assim, tira-me um peso, um fardo, que venho carregando há meses. Mentir cansa!

Thiago engoliu em seco, mordia os lábios ressequidos. Estava à beira de um total descontrole emocional.

– Tu és... tu és uma sem-vergonha, uma vagabunda! – bramiu ele, vindo a seguir a proliferar uma torrente de palavras desconexas ao léu, enquanto sacudia a cabeça com impaciência.

Ela continuava a olhá-lo fixamente. Ele fez uma mesura. A sala ficou em silêncio por um minuto, um silêncio desconcertante. Foi Melinda quem o rompeu:

– Nunca se sabe quem são as pessoas... elas usam máscaras e são como um *iceberg*. Só mostram o que lhes convém mostrar, ou o que desejam que venha à tona. Se durante toda a tua vida, tu chegares a conhecer de verdade meia dúzia de pessoas, senhor meu marido, considera-te um ser abençoado.

Os olhos de Thiago tornaram-se ainda mais duros e frios. Melinda passou a mão trêmula sobre o rosto, num movimento lento e involuntário. Por fim, sentindo-se mais revitalizada, olhou para o marido com curiosidade.

– Por que tanta revolta? Parece até que te casaste comigo... – a esposa interrompeu o que dizia, e uma expressão curiosa alterou seu cenho.

Thiago tossiu para desatar o nó na garganta.

– Tu não te casaste comigo... – murmurou ela com gravidade.

– Cala a boca! – ordenou ele, num berro enfurecido.

Ela o encarou com seus lindos olhos negros, que estavam confusos e amedrontados.

– Oh! Então é isso... – completou a seguir – casaste comigo por causa do dinheiro que tínhamos, não por amor... – o desapontamento era evidente no rosto da moça. Friamente, ela acrescentou – agora é tarde, estamos casados.

Dizendo isto, os olhos de Melinda brilharam estranhamente. Caminhou até o local onde eram guardadas as bebidas alcoólicas e serviu-se de uma dose de aguardente. Sorveu a bebida numa golada só, num gesto nada feminino. Encheu o cálice novamente, sentou-se no braço da poltrona e ficou ali, bebericando a cachaça, olhando pensativamente para as chamas da lareira. Depois, seus olhos percorreram a sala de visitas por alguns minutos calmamente. Em seguida, ela passou novamente a olhar para o marido que se mantinha ali, trêmulo, em choque.

Thiago a observava. Havia agora uma aura diferente circulando todo o corpo de Melinda. Algo nela havia mudado ou aflorado. Provavelmente, ela estava sendo quem sempre fora, mostrando seu verdadeiro eu, concluiu ele, estupefato.

A esposa limpou a garganta com um rosnado antes de voltar a falar:

– Sabe... para dizer a verdade, não éramos, nunca fomos milionários... sabes como é... Tu podes fingir que és um, principalmente, se interpretares bem o papel de um milionário e se morares do outro lado do oceano, longe o bastante para que alguém possa verificar se o que afirmas é verdade...

Melinda espichou seus olhos sobre Thiago o quanto pôde, só para observar melhor o efeito de suas palavras sobre ele, e deliciar-se com seu choque. O resultado a deixou satisfeita.

– Eu te odeio! *Te* odeio, tua janota... teu pai é um falastrão... nada mais, nada menos que um vendilhão que escolheu a Corte para apregoar sua única mercadoria, a própria filha! Com aqueles textos hipócritas e demagogos, ele não passa de um pobretão truculento!

– Insultos não mudarão as coisas, Thiago! Estamos casados!

Thiago estremeceu, seu rosto avermelhou-se. Ele bateu com força no encosto da poltrona.

– Isso é um desplante! Um... – voltando-se para Melinda, ele ordenou quase num berro:

– Fora! Fora daqui dessa sala! Já! Agora! Fora!

Melinda aquiesceu de prontidão e saiu do local, fingindo-se segura. Mantendo a cabeça ligeiramente imponente, subiu as escadas.

Thiago sentou-se vagarosamente em uma das poltronas em frente à lareira e permaneceu ali por alguns instantes, mergulhado em seus pensamentos confusos. Ao voltar a si, ergueu a cabeça num gesto brusco.

– Isso não vai ficar assim, não pode ficar assim! Eu vou me vingar dessa meretriz – bufou – preciso beber algo – acrescentou e, em segundos, colocou uma bebida em suas mãos.

Não importava o que havia no copo, desde que fosse bem forte. Ele tragou o líquido em um só gole e deslizou pela sala. Diante da janela, estancou. Por alguma razão, o que havia por trás dela o assustou, era o mundo, o mundo lá fora, que, após o baque que tivera há pouco, tornara-se apavorante. Sentiu um calafrio percorrer-lhe todo o corpo. Sentiu como se aquela casa tivesse se tornado uma prisão. E ele não estava disposto a viver encarcerado pelo resto de sua vida.

Num repente, ele se pegou ouvindo a voz da esposa ecoar em sua mente: "Quando me vi face a face com a nossa realidade, achei-a tão cruel e desalentadora que, desde aquele momento, fiz o que pude, sem vergonha, para fugir dela!".

Melinda parou junto à porta fechada de seu quarto, esperando que seus batimentos cardíacos se abrandassem. Logo percebeu que seu coração continuaria aos pulos. Deixou, então, seu corpo sentar-se na beirada da cama do casal, rendendo-se de vez à preocupação.

Ela tinha agora o cenho fechado, perdera toda a postura inabalável desde que se trancara dentro daquele aposento. Percebeu-se trêmula, sim, suas mãos estavam ligeiramente trêmulas. Não só elas, mas o corpo todo. O interior também. Parecia que estava prestes a explodir em pedaços, literalmente.

– O que ele pode fazer contra mim? – perguntava-se ela às paredes – nada! Absolutamente nada! – respondia um lado seu, seriamente.

...

    O que se passou entre o casal há pouco dentro daquelas quatro paredes da sala do andar debaixo não foi somente entre o marido e a mulher. Alguém mais presenciou a discussão, alguém que soube permanecer em total sigilo e silêncio próximo à soleira da porta, num local próprio para se tornar incógnito.

    Esse alguém era Isolda, uma das escravas da casa. A mais jovem dentre todas, tinha apenas 20 anos. Seus olhos estavam faiscando de hesitação e surpresa, e sua massa cinzenta estava acelerada. Sorria, calada como uma raposa matreira. Temerosa de que o dono da casa notasse sua presença ali escondida feito um rato à espreita, tratou logo de desaparecer numa agilidade insana.

    Thiago podia sentir o sangue arder nas faces e correr quente pelos braços, como se algum calor estranho estivesse dominando todo o seu corpo, e em breve derreteria a couraça que usava para encobrir seus sentimentos verdadeiros. Se isso ocorresse, seria obrigado a ter de encará-los, e foi o que aconteceu. O que viu, fez seu sangue arder ainda mais e engrossar de pavor por todo o seu corpo.

    Serviu-se de mais uma dose. A bebida forte exalou seu forte aroma, que envolveu a cabeça de Thiago e atingiu a base do seu nariz como um golpe. A sala pareceu inclinar-se para um lado, depois para o outro, como se estivesse a bordo de um barco. Seu estômago começou a embrulhar, uma náusea misturada à tontura passou a torturá-lo naquele instante e, num repente ele vomitou.

    Sentia uma loquacidade aflorando, e isso o assustava. Teve a impressão de que murmurara algumas palavras ao acaso, mas as palavras o espantaram, não porque não fizessem sentido, mas porque a voz que soou não se parecia em nada com a sua. Ele se ouviu novamente, e mais uma vez constatou que a voz era diferente. Sentiu seu corpo estremecer nos minutos seguintes. Ou estava delirando, ou só havia uma razão plausível para que a voz que soara no recinto não fosse semelhante à sua, simplesmente porque não era a dele, e sim de outra pessoa.

    Mas aquilo não podia ser real. Não havia mais ninguém ali, além dele. Novamente, teve a impressão de ouvir uma voz, a mesma que ouvira há pouco, e outra vez ele considerou aquilo um delírio causado pela bebida. Ele havia bebido demais. Dirigiu-se quase se arrastando até a porta da sala, pegou seu casaco, seu chapéu e saiu da casa, trôpego e cambaleante.

Sentou-se num banco de um jardim nas proximidades, e ficou ali, todo encolhido, tentando recuperar seu equilíbrio. Estava inconformado que seus sonhos, seus planos grandiosos pareciam estar sendo secados, sem piedade, ao sol quente do Rio de Janeiro. Ao voltar para a casa, dormiu no quarto para visitas.

O dia amanheceu com o outono trazendo ao chão mais algumas folhas das árvores, já quase nuas.

Thiago partiu da casa logo pela manhã. Precisava fazer alguma coisa, qualquer coisa que fosse, para fugir da residência. Se antes da descoberta aquele lugar já o deprimia, agora então, seria capaz de esmagá-lo por completo de depressão. Precisava ocupar sua mente, fazer algum exercício físico e cerebral, cansar-se, senão enlouqueceria. Ficar na casa sentado, pensando sobre tudo o que descobrira a respeito de Melinda, seria torturante demais.

Assim, ele se ocupou o dia todo até se ver diante do inevitável: a hora de regressar ao lar, já que não havia outro jeito. Ao retornar, o relógio já marcava oito horas da noite. Assim que entrou, encontrou a esposa na sala de estar, ocupando o mesmo local do dia anterior.

– Boa noite, meu marido – cumprimentou Melinda, em tom formal, assim que ele pousou o sobretudo no cabideiro, e o chapéu e a bengala no porta-chapéus.

Thiago permaneceu em silêncio, como se não tivesse escutado uma só palavra. Parecia deslocado em suas vestes bem talhadas e em seus sapatos reluzentes.

– E então? Como foi teu dia? – arriscou ela novamente, tentando disfarçar sua ansiedade.

Thiago permaneceu olhando-a com os olhos semicerrados. Ela ignorou seu ar presunçoso e deu-lhe as costas, abaixando-se para acender a lareira. O ar na sala pesou. O silêncio tornou-se desagradável e cortante, até que o jovem dono da casa proferisse algumas palavras, e quando o fez, foi num tom agressivo:

– A partir de hoje, não dormirás mais no meu quarto!

Ela ruborizou e assentiu com a cabeça.

– Onde dormirei então, meu marido?

A resposta foi dada com prazer:

– Aguarda!

A decisão do marido a chocou, sem sombra de dúvidas, porém ela disfarçou o assombro e assentiu novamente com a cabeça, submissa.

Um sorriso de escárnio resplandeceu no rosto do belo moço ali parado, que olhava presunçosamente para a jovem mulher. Ele foi até a poltrona e sentou-se. Com um assovio e apenas uma olhadela maliciosa, Melinda compreendeu de imediato o que ele desejava que ela fizesse, que tirasse os sapatos dele.

– Sei que não devo, mas insisto em perguntar: onde foi parar todo aquele amor que dizias sentir por mim? – ousou ela quebrar o silêncio constrangedor. Sua voz vinha carregada de intensidade.

A esposa limitou-se a esperar pela resposta que não lhe foi dada por palavras, mas pelo olhar enojado. Ela olhou-o com ar de dignidade ultrajada. Agora sabia com certeza que Thiago se casara com ela pela mesma razão: por simples interesse financeiro. A voz dele soou novamente na sala, despertando-a de suas reflexões.

– Quanto ao dinheiro que davas, ou melhor, doavas para seu prestimoso e amado pai, aquele pachola, um dinheiro sem a minha autorização, digamos de passagem, acabou. A-c-a-b-o-u! Ouviste? Ouviste, sim... claro que me ouviste. Tu não és surda!

– Ele precisa do pouco que lhe dou! – amargurou-se Melinda, verdadeiramente.

Thiago lhe dirigiu um olhar penetrante e irônico, antes de perguntar:

– E o que eu tenho a ver com isso? Com esse mentiroso, falido, infeliz?

E olhando-a de alto a baixo, acrescentou:

– Enxerga-te, minha esposa. Enxerga-te!

Num pulo, Thiago se pôs de pé, caminhou até ela e pegou delicadamente o seu queixo, depois segurou-o com força e voltou a cabeça dela para o espelho envolto numa bela moldura que adornava a sala. Com a voz afiada, repetiu:

– Enxerga-te, minha esposa. Enxerga-te!

Thiago pôde ver no espelho não só o reflexo da esposa, mas as lágrimas que cortavam o rosto dela e o medo que atravessava seus poros. Sim, ela estava perdidamente amedrontada. Era visível, por mais que tentasse segurar-se para não deixar aquele temor transparecer. Ele a soltou num gesto brusco. Melinda levou as mãos ao rosto e as imergiu em suas lágrimas lúgubres. Novamente, ela se percebeu trêmula, por dentro e por fora, pelo corpo todo.

*A noite caiu como uma cegueira repentina,
apagando os últimos raios purpúreos do crepúsculo*

Melinda aguardou pacientemente na sala de estar pelas instruções de seu marido. Foi com um assovio, acompanhado de um aceno de mão, que Thiago ordenou que ela o acompanhasse. Melinda seguiu seus passos, tentando não se deixar abater pelo que estava prestes a acontecer.

Não precisava ser adivinho para descobrir qual seria seu novo aposento, àquela altura já era mais do que óbvio. Só podia tratar-se de um dos quartos reservados para os escravos. Só não esperava que ele lhe reservasse o pior deles. Era o que se podia terminantemente chamar de muquifo.

Com um sorriso jocoso, Thiago declarou:

– Olha que bonito! Achei que seria o quarto ideal para ti, senhora minha esposa! Além de tudo é mais arejado.

Nos olhos da esposa passou um lampejo de rebeldia; mas logo suas pálpebras se abaixaram submissas. Inspirando o ar, o marido acrescentou num tom baixo para não ser ouvido:

– Inspira o ar e sente... Hummm... sente o bodum dos negros.

Thiago jogou sua cabeça para trás, exibindo o pomo de Adão proeminente, rompendo numa súbita gargalhada. Riu a ponto de lacrimejar. Ainda rindo, pomposamente exclamou, ao mesmo tempo em que forjava uma reverência à esposa:

– Bem-vinda! Bem-vinda ao teu novo aposento... espero que gostes também da esteira para repousar seu corpinho durante a noite.

O asco de Thiago foi transformado em cuspe e arremessado longe. Melinda mantinha-se quieta tal como uma mera plebeia, assistindo a tudo na mais respeitosa submissão. Thiago deu um tapinha carinhoso no ombro da esposa e anunciou:

– Ah! E antes que me esqueça, estás proibida de comprar os alimentos que tu tanto gostas. Refiro-me àqueles alimentos importados, caros. A partir de agora, vais comer de acordo com tuas posses. Ouviste? De acordo com tuas posses!

A esposa fez que sim com a cabeça, sem demonstrar sinal algum de decepção ou abatimento. Ele poderia até dizer que ela mal o estava ouvindo. Thiago esperava que a esposa se rojasse a seus pés e suplicasse por sua compaixão e piedade, mas ela permaneceu fleumática.

A expressão de Melinda intrigou e amedrontou Thiago; ela não demonstrava raiva, em vez disso, havia em seus olhos um olhar exultante e maquiavélico. Mais uma vez, na boca de Thiago apareceu aquele sorriso satisfeito e felino. Desta vez, porém, forçado. Emergindo de suas observações, ele acrescentou impetuosamente:

– Ah! E comerás junto com os escravos. Não quero mais tu sentada à mesa a meu lado, ainda mais convivendo agora ao lado desses pretos imundos, podes transmitir-me uma doença... Ah! E nem é preciso dizer qual banheiro da casa deves usar a partir de hoje, ou preciso?!

Thiago percebeu que Melinda mordeu nervosamente o lábio inferior, e aquilo alegrou-o profundamente.

– Qual o problema, senhora minha esposa?

Ela esquivou-se do seu olhar. Mas foi momentaneamente, logo voltou a encará-lo, peitando-o. Ele estava esperando por lágrimas, gritos, algo mais dramático e traumático, mas não, ela não lhe daria aquele *gostinho*. Não satisfaria seu ego faraônico. Levou um minuto para que ela respondesse:

– É só, meu marido? – sua voz soou frágil, como um miado.

Mal ela proferiu estas palavras, Thiago retirou-se, seguido por sua sombra. Estava certo, convicto de que não tardaria para a esposa morrer de desgosto, nojo e indignação. Ah! Ela tinha de morrer o quanto antes!

Quando só, dentro daquele aposento nauseabundo, Melinda teve a impressão de que sua vida acabaria ali dentro em breve. A sensação causou-lhe mal-estar e certa zonzeira. Por mais que tivesse ouvido tudo o que o marido lhe dissera, e visto com os próprios olhos as atitudes que ele tomara, ainda assim não conseguia acreditar em nada. Era chocante demais! Incabível. Como poderia ele ter se transformado naquele homem frio, sem coração e maldoso? Como?!

Seus olhos pretos brilharam naquele instante de medo e indignação. Restava-lhe ainda uma saída, acreditava, ela poderia contar tudo para a sogra e pedir seu auxílio. Mas, como Alzira poderia intervir? Se bem que se o filho tivesse puxado à mãe, Alzira poderia se decepcionar com Melinda e com seu pai, tanto quanto Thiago se decepcionara, e concordar com a atitude que o filho tomara para com ela desde a descoberta.

Melinda ainda pensou que poderia contar para o pai, mas ele também não poderia fazer nada por ela. Se fizesse, Thiago contaria para toda a Corte seu passado e sua real situação econômica. Poderia fazê-lo morrer de vez de desgosto. Não, aquilo não poderia acontecer ao amado pai. Jamais!

Não lhe restavam mais dúvidas, não havia como escapar daquilo. Estava literalmente encurralada, presa às garras daquele homem perverso, se quisesse continuar mantendo sua aparência e a do pai tão amado. Melinda deixou seu corpo sentar-se sobre a esteira de palha e encolheu-se toda, como se sentisse muito frio. Sua mente vagou então pelo nada ao som apenas das batidas tensas e aceleradas de seu coração.

Ao ver o filho chegando só para o recital, Alzira olhou-o, espantada:

– Aconteceu alguma coisa com Melinda?

– Pobrezinha... pede inúmeras desculpas, minha mãe, mas se sente indisposta esta noite! – explicou ele, fingindo pesar.

– Coitadinha... – murmurou a senhora, abatida.

– Pobrezinha... – falou o falso filho, cinicamente.

– Não achas que deverias chamar um médico?

– E pagar uma consulta médica só para diagnosticar uma indisposição? Não é necessário, minha mãe, ela se cura por si só, nada como um bom chá de boldo para resolver o problema!

– Deverias ter ficado com ela, filho.

– Eu quis, mãe, mas, a senhora sabe como é Melinda, tão bondosa, tão preocupada em evitar causar-me aborrecimento que insistiu para que eu viesse. Disse-me que se sentiria mal, pior do que está, se eu perdesse o recital por causa de sua indisposição. Não há de fato com o que se preocupar, os escravos estão por lá, qualquer coisa eles hão de tomar providências. Eles não têm inteligência para isso, a senhora bem sabe, mas Melinda tem e vai instruí-los!

Alzira ficou um tanto ressabiada. O filho nunca falara naquele tom, parecia estar sendo sarcástico. Duvidosa, perguntou:

– Está tudo bem?

Thiago espantou-se.

– Como assim?

– Quero dizer... está tudo bem entre vós?

– É lógico que sim, senhora minha mãe, nunca estivemos melhor. Nunca!

Ele sorriu, meio vexado, enquanto folgava um pouco o colarinho e a gravata que belamente contrastava com sua camisa branca, por baixo de um impecável colete e terno azul-marinho.

Fazenda Novo Horizonte

Breno voltou-se para Lívia num tom animado:

– Ainda não são quatro horas. Dá para cavalgarmos um bocado antes de escurecer.

– Boa ideia, meu querido.

O casal saiu a cavalo, a princípio galopando suavemente, depois um pouco mais veloz. Chegaram às margens do lago por volta das quatro e meia. Breno deteve-se um instante ali para admirar a paisagem. As árvores já haviam adquirido folhagem nova.

– Uma beleza de vista, não? Os pinheiros, o lago, tudo, enfim...

Lívia inspirou o ar e sentiu-se invadida de novas energias.

– Obrigado – disse-lhe o marido, com ternura. – Obrigado por me fazeres tão feliz...

As palavras do marido a emocionaram mais uma vez. Com sinceridade, ela declarou:

– Eu te amo, Breno...

– Eu também te amo! Contigo diante de toda essa natureza linda, a minha vida é completa... nada me falta!

Lívia deu-lhe uma olhadela rápida.

– Absolutamente nada!

Os dois sorriram um para o outro. Lívia então disse:

– Foi aqui, não foi, que tu foste salvo da morte?

Breno a interrompeu delicadamente:

– Meu amor, tia Luísa me disse certa vez algo, que para mim fez e faz total sentido. Disse-me que não devemos nos prender a acontecimentos tristes do passado. Ela até citou uma frase de Shakespeare: "Não sobrecarreguemos nossas lembranças com um peso que já se foi". Sabe, ela está certa... eu, para ser bem sincero, independente de ela ter me dito isso ou não, literalmente não me lembro do que aconteceu aqui, é como se aquilo tivesse sido apagado de minha memória.

Creio mesmo que é impossível lembrarmos de coisas tristes, vivendo e contemplando essa natureza tão linda. Ela encobre qualquer tragédia e só realça o bem... Quando nos permitimos olhar e nos deixar tocar pelas mãos da natureza, cicatrizamos nossas feridas. E a natureza é Deus também.

– Gosto de tua tia, Breno. Ela me parece tão culta. Por quanto tempo exatamente ela morou na Europa? Outro dia quando lhe perguntei, tive a impressão de que ela desconversou.

– É o que eu disse. Ela não deve gostar de falar do passado, por talvez ter sido desagradável...

– Ela tem razão. Como disse Shakespeare: "Não sobrecarreguemos nossas lembranças com um peso que já se foi".

No dia seguinte, Breno e Lívia seguiram de carroça para visitar o pai, a mãe e o irmão de Lívia na fazenda Santa Anastácia.

Corte

Melinda estava toda encolhida sobre a esteira de palha seca. Sentia frio, não provocado pelo clima, mas pela tensão. As horas se escoavam lentas e a noite descia ingrata. Seu rosto estava todo vermelho e empolado, como se ela estivesse chorando. Mas não era seu físico quem derramava lágrimas, e sim, seu espírito.

Os negros no quarto vizinho conversavam baixo. Já haviam orado, a vozes baixas, como de costume para não atiçar a ira de Thiago, e agora trocavam ideias. A escuridão daquele quarto frio começou a incomodá-la, ela sentou-se e procurou pela vela que havia apagado fazia pouco e deixado seu cheiro desagradável pelo quarto. Acendeu-a e pôs-se de pé. Saiu do quarto a passos lentos e leves como os de uma gazela. Ali, entre o pequeno quarto que ocupava e o quarto maior dos escravos, ela parou. De repente, envolveu-se em seus braços ao sentir uma leve rajada de vento.

Ao aquedar seu corpo, viu-se pensativa.

Nunca se sentira tão vazia na vida. Tão absolutamente sem objetivo. E aquilo era-lhe preocupante, pois já ouvira dizer que quem se sente assim, morre. A vontade de viver é tudo. Quando ela some, o corpo acompanha. Melinda apertou-se com os braços cruzados sobre si mesma, como que para amparar-se.

A voz de uma das escravas, a mais idosa, adentrou os pensamentos de Melinda, e o que ela contava aos demais no quarto ao lado prendeu sua atenção:

— Eu era menina quando os *branco pegô nóis* nas *nossa terra. Trouxe nóis pru* Brasil *preso* no porão de navio. *Uns porão* imundo que só vendo. *Mar* tinha espaço *pra respirá. Nóis vinha amontoado,* um por cima dos outro. *Os branco chama esses navio* de navio negreiro. *Muitos parente nosso morreu* antes de *chegá nessas terra e os branco jogô os corpo deles* no mar. Minha mãe foi uma delas.

A negra parou uns segundos para enxugar as lágrimas e limpar a coriza do nariz, provocadas pela forte emoção. Melinda continuava a assuntar.

— O *pió ainda tava* por vir. *Num sabiamu que nóis ia se separá dos parente* quando *pusesse os pé* aqui. Nunca mais vi meu pai, irmão, tio, outros se perderam de seus *fio, muié,* marido... uma judiação! Ia cada um *pra* um lado, conforme os *branco comprava nóis.*

"Muitos de nós morreram de banzo, saudade da terra-mãe.

Os *escravo* mais *véio* que *conheci diz* que hoje *nóis* até que *é mais bem tratado.* No passado, *os escravos* era *tratado* ainda *pió.* Trabaiavam de sol a sol e se vestiam com trapos. Diz que comiam *quarqué coisa.* Tem *uns lugar* que ainda *trata os escravo* assim. *Nóis* aqui até *que vive mió.* Ainda mais aqui na Corte. *Mió que morá* nas senzalas *escura, úmida, suja* e *acorrentado pra num fugi e* sendo *castigado* com os *açoite!* Ainda bem que tem uns *branco bão pros escravo* e *deixa nóis realizar* nossas *festa* e rituais, outros *num permiti!*"

A crioula tomou ar antes de acrescentar:

— Conheci um escravo que dizia que as *verdade* o tempo *num apaga,* e sabe *d'uma coisa, num apaga mesmo.* A verdade é que todos *nóis têm* o direito de *sê* como *sômo* e *sê* livre como todo branco. Um dia *nóis há* de *sê livre. Vô tá* viva *pra vê* isso *acontecê!*

As palavras da negra deixaram Melinda ligeiramente baqueada. Pela primeira vez, ela se pôs a pensar sobre a vida dos escravos e sua triste história. Chocou-se ao perceber que jamais parara para pensar neles, vê-los com os olhos, senti-los com sua alma. Sempre tivera-os como meros utensílios domésticos, meros produtos, animais servis, não se permitindo sentir, quais eram seu temores, suas alegrias, suas tristezas, o que era ser negro no mundo, naquele país. O que significava terem sido arrancados à força de suas terras, o que foi ter de separar-se de seus entes queridos, vê-los morrer de tristeza e inanição.

Naquele instante, a moça destituída de poder percebeu que seu coração estava modificando-se. Descobria também que, se nunca tivesse sido posta ali naquelas condições deploráveis, não teria se atido a observar aquela gente humilde, tampouco conhecer sua dor. Melinda ficou certa de que só quando se sente na própria pele o que se faz ao próximo, é que muitos se dão conta do que estão fazendo de fato a alguém. Tudo volta para si mesmo, o bem ou o mal. É o modo que a vida encontrou para ensinar o ser humano a ser mais digno para com seu próximo e até consigo mesmo. E talvez fosse por essa razão que ela estava ali, bem ali naquelas condições. Ela estava, na verdade, colhendo o que sempre plantou. E só deixaria de colher aquilo se plantasse o bem.

Apesar de toda humilhação e maus-tratos, Melinda se viu, no decorrer dos dias, aquedando o seu coração e recuperando sua vitalidade, que sabia que era imensa e que não esmoreceria tão facilmente por pior que fosse a enrascada em que se encontrava. Ela podia estar sendo vítima das piores sevícias aplicadas pelo marido, ainda assim, aquelas crueldades eram nada quando comparadas àquelas impostas pela vida. Render-se à desventura, não era de seu feitio. Por trás de sua expressão soturna, ela logo descobriu que sua mente estava trabalhando febrilmente em busca de uma saída para tudo aquilo.

Arredores da Fazenda Novo Horizonte

Breno e Lívia estavam deitados sobre uma manta junto ao tranquilo remanso de águas verdes do lago que passava pela fazenda, quando ela se virou para ele e, com lágrimas nos olhos, contou que estava grávida.

Ambos não conseguiram segurar a emoção e romperam-se em lágrimas. Naquela mesma noite foi feito um jantar em celebração, o que era na opinião de Breno sempre bom, pois podia unir as famílias, e nada era melhor do que compartilhar da graça familiar.

– Qual nome dareis ao bebê? Já pensastes? – perguntou Luísa.

Breno voltou-se para a esposa, esboçando um belo sorriso e um olhar de quem diz: "Decida tu!"

Assim que a família de Lívia partiu e o casal se recolheu, Luísa foi até cozinha preparar-lhe um chá. Poderia ter pedido a um dos escravos que o fizesse, mas procurava poupá-los de qualquer pedido. Era da opinião de que se eles lhe fizessem tudo, acabaria uma moloide, o que seria prejudicial para sua saúde e autoestima, afinal, todos gostam de se sentirem úteis por mais que não admitam.

Ao passar pela sala, avistou a porta da frente da casa entreaberta, logo imaginou que alguém se esquecera de fechá-la. Antes de trancá-la, porém, Luísa resolveu dar uma espiada para se certificar de que não havia alguém ali nas imediações da varanda. Havia, Romeu.

– Meu cunhado, por pouco não te fecho aí fora, pensei que alguém tivesse se esquecido de fechar a porta ou a encostado apenas, e ela se abrira com o vento.

Romeu sorriu, era visível que estava de bom humor, realizado com a encomenda de um neto.

– Estás contente, deveras contente, percebo – comentou Luísa, sorrindo feliz.

– Muito, minha cunhada, muito... sempre quis ter um neto... pensei por instantes que esse dia nunca chegaria e, no entanto, graças a Deus...

– Fico muito feliz por ti, por Breno, Lívia, por todos...

Romeu balançou a cabeça, envaidecido, por alguns segundos. Mas, subitamente, o sorriso desapareceu de seu rosto, e então certa tristeza ocupou o lugar que há pouco fora da felicidade. Com pesar, ele dividiu com a cunhada seu desalento:

– Ela também sonhava com isso... sonhava em conhecer o neto.

Romeu deixou a cabeça pender, entristecido. Era da esposa que ele falava, compreendeu Luísa de imediato.

– Na vida nunca é tudo, Romeu. Por isso Deus criou as reencarnações! – explicou a cunhada, gentilmente.

Romeu voltou o olhar assustado para ela, que, sorrindo, disse:

– Por favor, não me tomes por louca novamente! Tudo que sei é de forma empírica. É que...

– Continua... – pediu o cunhado, num tom encorajador.

– Bem, segundo os espíritos que vêm até mim, eles informam que a nossa vida não acaba no céu ao lado de Deus e de Jesus, passamos apenas um tempo em certas colônias. Segundo eles, há muitas por lá. Quando um espírito desencarnado cumpre o tempo que lhe cabe permanecer no plano espiritual, ele regressa à Terra, ou segue para outra dimensão para viver uma nova reencarnação, na qual poderá viver aquilo que não pôde na última.

– Quer dizer que muitos de nós já vivemos aqui?

– Sim.

– Quer dizer que meu neto que está para nascer já viveu antes na Terra?

– Provavelmente. E ele vem para essa família por questão de afinidade, saudade, evolução espiritual...

– Parece tudo tão...

– Louco?

Romeu riu-se. Luísa, então, continuou:

– Segundo meus amigos espirituais, haverá um homem no século próximo que, com sua mediunidade, ajudará as pessoas a compreenderem melhor todo esse processo de reencarnações, esse processo chamado vida!

Fez-se um breve silêncio entre os dois, quebrado apenas pelo som dos grilos, resguardados entre as plantas do jardim, até que Romeu voltasse a falar:

– Sempre quis te perguntar isso e nunca houve oportunidade. Mas... tu já a viste? Digo... Antônia... já a viste?

Em dúvida se respondia ou não, Luísa desviou seu olhar, pois ele poderia traí-la. Mas, honesta e sempre disposta a dizer a verdade, nada mais que a verdade, Luísa confessou:

– Sim, eu já a vi.

Romeu avaliou a cunhada. Depois, soltou um suspiro tenso.

– E como ela está?

– Ela me parece preocupada... preocupada com algo... parece atormentada com algo que fez no passado, não sei. Ao menos, é isso que consigo ler em seus olhos. Ela nunca abriu a boca para dizer uma sílaba sequer... Mas o que haveria de atormentá-la?

Dessa vez foi Romeu quem desviou o olhar. Sendo ele um homem transparente e também sempre disposto a dizer a verdade, falou:

– Eu sei o que a atormenta...

– Tem a ver com a partida de Thiago?

O homem contraiu o rosto apreensivo e balançou a cabeça negativamente, ao falar:

– Tem a ver com algo mais profundo...

– Não precisas me dizer nada... guarda para ti, será melhor, Romeu. A morte pode nos libertar de um físico doente ou envelhecido, mas não da nossa moral. Por esse motivo que Antônia, mesmo estando do outro lado da vida, vive a se martirizar... para ela encontrar a paz, ela precisa se redimir do que fez...

Ela deu uma ligeira pausa antes de prosseguir:

– Aquilo que fazemos, bem ou mal, sempre volta para nós. Não é fácil, Romeu... não é fácil... não basta tu quereres te arrepender de algo que fizeste sabendo ser errado, sabendo ser o mal que, simplesmente, te libertas das consequências negativas. Elas virão e tu terás de encará-las e superá-las. Por essa razão, precisamos refletir bem antes de fazermos algo... principalmente quando sabemos no íntimo que esse algo é errado e prejudicará terceiros...

– Eu começo a compreender... ainda assim não temos o direito de errar?

– Temos, mas esse direito não nos tira a responsabilidade por nossos atos... Teremos de responder por eles, cedo ou tarde, mesmo assim... podemos pedir ajuda aos nossos amigos espirituais, ao nosso mentor quando a vida nos puser face a face com as consequências de nossos atos negativos... Mas eles, tanto quanto a fé, não removem as montanhas pelas quais temos de passar, eles e a fé nos dão mais forças para seguirmos nossa jornada de redenção.

A vida pode parecer drástica, mas é só sentindo na própria pele que observamos se aquilo que fazemos ao próximo e a nós próprios é saudável... Só quando pomos a mão no fogo e ele queima nossa pele é que descobrimos que não devemos mexer com fogo, se quisermos preservar nosso corpo físico. No mais, a vida é generosa... Há um tempo para tudo, para cicatrização, para a cura, para dirimir as consequências negativas de nossos atos impensados ou insanos, bem como usufruir do bem quando o plantamos...

– Eu creio que no fundo, sou culpado por tudo o que Antônia fez, pois ela quis me agradar...

– Temos sempre de jogar com a verdade, custe o que custar, pois elas, as verdades, o tempo não apaga...

Romeu anuiu com a cabeça.

– As falas de Jesus atravessam séculos, porque são verdades, e as verdades o tempo não apaga, não encobre... as mentiras vêm à tona, tu podes perceber, cedo ou tarde, elas vêm à tona... inclusive as mentiras que dizemos para nós mesmos a fim de nos enganarmos...

Fez-se uma breve pausa antes que Luísa voltasse a falar:

— O teu amor e de Antônia, minha irmã, não se apagou e nem se apagará porque é verdadeiro... o amor, Romeu, o verdadeiro amor, puro e sincero, o tempo também não apaga...

Romeu enxugou uma lágrima e, a fim de dissipar a tristeza, Luísa disse:

— Tu ainda és jovem, poderias casar-te com outra mulher...

— Não, Luísa, jamais irei casar-me novamente. Para mim, só existiu uma mulher e essa mulher foi sua irmã.

Luísa olhou emocionada para o cunhado. Após certa pausa, ele lhe perguntou:

— E tu, Luísa? Nunca amaste ninguém?

Ela sorriu:

— Amei... mas o nosso amor não é para ser vivido nessa vida atual, numa próxima provavelmente... como te disse, a verdade e o amor verdadeiro o tempo não apaga, e o tempo é eterno, infinito, como a vida dentro desse universo de Deus. Portanto, aqueles que se amam se unem novamente quando a vida eterna lhes oferecer uma melhor oportunidade.

Romeu lançou um olhar de admiração para a cunhada ao dizer:

— Acho bonito teu gesto. Ir sempre à Corte visitar os colegas que deixaste internados no manicômio. Poucos fariam isso.

— Eu sei. Inclusive muitos do que estão lá foram esquecidos por seus familiares, até mesmo por seus filhos. Creio ser eu uma das únicas pessoas a visitar o local. Preciso ir. Muitos dos pacientes ali são como eu, e foram tidos como loucos pelas mesmas razões que fizeram minha irmã me internar lá. Eles precisam de ajuda... apoio, esclarecimento.

— Compreendo.

Ao falar da Corte, Luísa lembrou-se do dia em que avistou o sobrinho caçula, andando pela cidade. Sua lembrança despertou-lhe a vontade de perguntar ao cunhado a respeito do filho rebelde.

— E Thiago? Nunca falas dele, não sentes saudades?

Romeu imprecou com amargura diante da pergunta:

— Sinto-me deprimido toda vez que me deparo com a porta do quarto dele fechada. Entristece-me profundamente. Amo meu filho, sempre o amei... Não entendo, foge à minha compreensão por que ele crê que eu preteri Breno a ele. Agi sempre do mesmo modo para com os dois, sempre...

– Isso vem de outra vida... Se bem que algumas desavenças entre pessoas podem surgir nesta encarnação atual. Essas rusgas podem ser superadas ao longo desta estada atual na Terra, quando não, noutra encarnação, porque a vida sempre nos pede uma solução para toda sandice.

Romeu sorriu vagamente, e perguntou:

– Que provas tens para falares com tanta certeza sobre isso?

Dessa vez foi Luísa quem sorriu vagamente.

– Prova nenhuma, senão a minha experiência própria.

– Sem provas, ninguém vai acreditar em ti!

– Não é preciso, Romeu. Não estou nesta vida para provar nada disso a ninguém, essa não é minha missão...

Romeu balançou a cabeça, pensativo, e perguntou:

– Quantos mais, minha cunhada, quantos mais podem ver os mortos?

– Muitos, mas guardam para si o que veem. Outros não compreendem o que veem. O médium que meus amigos espirituais dizem que viverá aqui no Brasil no século XX, ajudará milhares de pessoas como eu a compreender por que elas podem ver e se comunicar com os espíritos desencarnados, bem como o real propósito disso em suas vidas. Ele as ajudará a direcionar seus dons para o bem e de modo sábio.

Ao estalar de mais uma noite na Corte...

Já era tarde da noite quando Thiago voltou de mais uma de suas noitadas num dos mais finos salões de prostituição do segundo reinado no Rio de Janeiro, local que escolhera passar a maioria das noites das últimas semanas, desde que descobrira tudo a respeito de Melinda. Queria encontrar uma solução para o problema que vinha enfrentando, mas quanto mais se atinha à sua busca, menos saídas encontrava e mais se sentia preso a um labirinto dantesco. Embrutecendo de martírio, delirando de raiva... Refestelar-se com prostitutas toda noite era um modo de fazê-lo esquecer seu sofrimento.

Assim que entrou pela porta de sua casa, ordenou ao escravo-mordomo que chamasse por uma das escravas. Isolda chegou trôpega de sono. Ao vê-la, Thiago dirigiu-lhe um olhar reprovador.

– Que demora foi essa? – pronunciou ele, com aspereza.

– *Desculpa*, sinhozinho...

– É isso que dá não ter tronco por perto... Na fazenda é só mandar escravo sonso e bestial como tu para o tronco que ele logo toma jeito! Tira minhas botas! – ordenou com severidade.

A moça suava frio, não só de tensão, mas pelo esforço que fazia para tirar a bota. Impaciente e irritado, Thiago deu-lhe um safanão com o pé, a moça desequilibrou-se e caiu sentada. Ele levantou-se, deu-lhe um tapa no rosto e em seguida caminhou até a escada. Isolda segurou-se para não chorar, mas em vão.

Ao pisar o primeiro degrau, Thiago parou e voltou-se na direção da escrava que se punha de pé e chorava calada.

– Chama minha mulher! – rosnou.

A moça olhou atônita para ele.

– Mandei chamá-la! – berrou Thiago novamente. Perdendo o controle, foi em cima da escrava pronto para esmurrá-la.

A moça ergueu o braço para se proteger e, num tom exasperado, disse:

– Sinhá... Sinhá...

Thiago deteve-se.

– Acorda aquela vagabunda! – berrou ele, cuspindo sobre a jovem.

A escrava engoliu em seco e voltou o olhar na direção da escada. O olhar assustou Thiago, fazendo-o voltar-se para lá também. Vendo o estado da jovem, ele compreendeu o que ela queria dizer. Num rápido movimento, ele correu naquela direção subindo os degraus de dois em dois.

Quando alcançou o andar de cima, o jovem fidalgo carregava consigo um rosto vermelho, em brasa, devido ao esforço físico e à raiva que explodia em seu interior. Rompeu porta adentro de seu quarto encolerizado, suarento e sem fôlego. Seu ódio era tanto que suas mãos crispavam e sua boca puxava para um lado. Para seu espanto, encontrou Melinda sentada numa das poltronas do quarto como se ocupasse um trono. Thiago examinou a esposa rapidamente, lançando-lhe um olhar frio e cortante.

Ao vê-lo, um sorriso delicado iluminou o rosto de Melinda. Aquilo fez os olhos de Thiago faiscarem. Controlou-se para não pular em cima dela e esbofeteá-la com toda sua força. Sua fúria ansiava por tirar sangue daquela a quem passara a chamar de cadela e ordinária.

– Quem te deu o direito de voltar a ocupar este quarto? – urrou ele, suando em profusão.

– Qual é o problema? – indagou Melinda, num tom irônico.

Thiago soltou um riso nervoso:

– Tu vais sair daqui, cadela, nem que para isso eu tenha que manchar o chão e o tapete com teu sangue...

Melinda ergueu as sobrancelhas. Um ar maroto transparecia em seus olhos agora. Havia um quê de zombaria vociferante em torno dela.

– Acalma-te, meu querido marido, acalma-te... – pediu ela, em tom grave.

Melinda levantou-se de onde encontrava-se sentada, foi até a escrivaninha, abriu uma gaveta e de lá tirou um pequeno objeto e estendeu-o calmamente na direção do marido.

Com a mão trêmula, Thiago apanhou a pequena caixa de madeira de suas mãos e, antes, porém, de abri-la, voltou o olhar novamente para a esposa que mantinha seus olhos grandes e pretos como opalas sobre ele, como se fosse um urubu, sobrevoando a presa.

Melinda estava certa de que só precisava de um olhar, um simples olhar afobado para confirmar qual de suas hipóteses era a certa. Aprendera cedo que os olhos são as janelas da alma do ser humano, e por mais que alguém se esforce para negar, omitir algo, eles o delatam. Basta apenas olhar para eles com profundidade e atenção.

Por fim, Thiago abriu a tal caixa, uma caixa de sua propriedade. Notou de imediato que todo o seu conteúdo ainda estava ali, nada faltava. Voltou, então, o olhar agora revoltado para a jovem mulher, e disse-lhe asperamente:

– Sai deste quarto agora e volta a dormir com aquela *negraiada*, sua imunda!

Melinda esfregou as mãos e sorriu alegremente. Parecia estar divertindo-se imensamente com tudo aquilo. Após um breve silêncio, voltou a falar colocando ênfase em suas palavras:

– Havia duas perguntas dentro de mim que não queriam calar em hipótese alguma. A primeira era: onde foi parar todo o amor que tu dizias sentir por mim após descobrires a verdade sobre meu pai. Obtive a resposta facilmente... Era mais do que óbvia! A segunda pergunta era...

Melinda encarou bem o marido nos olhos antes de prosseguir. Era um olhar determinado e desafiador. Num tom suave, ela prosseguiu:

– Sempre me perguntei... por que odeias tanto teu irmão?

A pergunta dela teve efeito imediato sobre o marido. O efeito que ela esperava de antemão causar nele. Ela podia ver a insegurança, aflorando em câmera lenta nos olhos dele. E ela, por sua vez, sentia um prazer esmagador com aquilo. Thiago Lins Amorim deixou-se cair numa das poltronas ali rente a ela, com o olhar assustado, vagando de um lado para o outro. O nobre virtuoso transformara-se num covarde em poucos segundos e o espetáculo não era bonito de ser visto. Melinda prosseguiu em tom suave:

– Levantei várias teorias na minha cabeça, mas creio que todas estavam bem longe do verdadeiro motivo.

Com uma voz sumindo, o até então vociferante Thiago perguntou:

– Onde estás querendo chegar?

– Eu li a carta, meu marido, eu li a carta que tua mãe deixou e que está aí guardada embaixo desses outros documentos aí bem dentro dessa caixinha... tu esqueceste dela?

Melinda notou que suas palavras conseguiram novamente mexer drasticamente com o marido. Ele continuava a tentar manter-se firme, a desempenhar o papel do homem imperturbável, mas suas mãos tremiam. Logo estava tremendo por inteiro. Melinda prosseguiu:

– Então, o meu querido marido foi deixado numa fazenda, e se tua mãe não tivesse se casado com um barão abastado, meu amado esposo não seria nada, absolutamente "nada", um reles mortal. A Corte gostaria muito de saber de sua triste e humilde história. Muitos ainda assim, não conseguiriam compreender: como pôde um homem cujo pai abandonou a mãe; que não tinha dinheiro nem para alimentar a si própria e por isso teve de dar o filho para uma outra cuidar; andar pela Corte como se tivesse sangue azul nas veias, como se fosse um nobre? Muitos se perguntariam com certeza.

Thiago defendeu-se de imediato:

– Eu não me importo que os outros saibam isso de mim, de minha mãe... somos ricos e o dinheiro fala mais alto em qualquer lugar do mundo!

Após tomar ar, ele acrescentou com a voz prepotente de sempre:

– Tu, minha esposa, já me cansaste com toda essa história. Quero agora que voltes para o lugar que mereces morar e nunca mais ponhas os pés aqui, estás ouvindo? Nunca mais!

Thiago bufou, balançando a cabeça pesarosamente, ao acrescentar:

– Tenho pena, pena de ti... Mas *c'est la vie*...

Ele foi até ela e agarrou seu braço, puxando-a drasticamente. Os olhos pretos profundos de Melinda tornaram-se vermelhos naquele instante, vermelhos de puro ódio. Um ódio letal.

– Larga-me! Solta-me! – bramiu ela, tentando esgueirar-se das garras do marido.

Ele resolveu aceitar seu apelo e a soltou, empurrando-a rumo ao chão, para onde o rosto de Melinda foi de encontro, cortando-lhe o queixo. Quando ela se recompôs, muitas lágrimas já haviam escorrido pelo seu rosto. Encolerizado, Thiago desabafou:

– Quero que morras! De inanição, de solidão, de pena!

Melinda ajeitou o vestido sujo e amassado. Depois de arrumar o cabelo, enxugou o sangue que se esvaía do corte de seu queixo com um lenço. Só, então, ela voltou-se para Thiago e disse:

– Eu não terminei ainda de falar tudo o que tenho para falar contigo!

Thiago contraiu ligeiramente as pálpebras. Certa tensão começou a emergir de algum canto do seu interior. Uma sensação preocupante, de um perigo iminente.

– Conversei com tua mãe a respeito de toda essa história...

– Tu enlouqueceste? – perguntou o jovem, amofinado.

– Contei-lhe que soube de tudo sem querer... – ela parou para rir divertidamente antes de prosseguir – que havia lido a tal carta por engano e bem... – Melinda interrompeu-se de novo com um riso. Um riso esganiçado, realizado e cruel.

Mal conseguia retomar sua fala por causa do riso maroto. Por fim, controlou-se e prosseguiu:

– Tua mãe contou-me toda tua história detalhadamente, pois eu quis saber um pouco mais da família em que o filho dela cresceu. Foi enquanto ela relatava os fatos que algo me ocorreu. Como ela poderia ter certeza de que tu, Thiago, eras o filho deixado lá, se na carta não consta teu nome? Então eu me pus a pensar... e se tu, excelentíssimo senhor meu marido, não fosses quem dizes ser... fosses na verdade, o filho de sangue do casal, donos daquela fazenda e que, ao saberes que a mãe de teu irmão, pego para criar, tornara-se uma mulher riquíssima, tomaste o lugar dele?

Melinda se deliciou ao ver o olhar exasperado do jovem marido se intensificar naquele instante, de um desespero ainda maior. Podia vê-lo tremer ligeiramente por baixo das vestes. Ela podia sentir nitidamente o pavor total apossando-se de cada dobra, cada reentrância do marido. Até os lábios dele estavam tremendo de preocupação e ódio infindáveis. Melinda sentiu um prazer quase ilícito ao vê-lo naquele estado, era como se ele estivesse prestes a derreter ou apodrecer.

Thiago leu os pensamentos e sensações da esposa e aquilo o deixou ainda mais desconcertado. Sentiu como se fosse um planeta começando a se romper em pedaços.

Ela não podia saber. Não, em hipótese alguma. Aquilo só podia ser um blefe. Sim, só podia. Ela estava blefando, majestosamente blefando. Encenando uma certeza que não tinha, jogando verde para colher maduro, só para pegá-lo. Fazê-lo trair-se. Ele tinha de se manter sério, seguro. Não dar um passo em falso!

Emergindo de suas reflexões, Thiago foi direto ao ataque com todas as forças que tinha e que ainda lhe restavam. Começou a gargalhar e a bater palmas.

– Bravo! Bravo! – dizia ele, por trás de um olhar matreiro, e aproximou-se da esposa ainda rindo.

Ela permaneceu calada, observando-o com curiosidade. Ele prosseguiu:

– Bravo! Bravo! Quanta imaginação! Devo admitir que jamais pensei que essa cabecinha miúda e falida dispusesse de um cérebro tão imaginativo. Jamais! Meus parabéns! Meus sinceros parabéns!

Thiago novamente jogou a cabeça para trás, exibindo seu pomo de adão proeminente, numa gargalhada forçada. Mas a voz, ferina e afiada como uma lâmina, da esposa atravessou sua risada como uma lança atravessa o peito de um ser humano:

– Por acaso, senhor meu marido, pensas que sou tola?

– Não disse isso em nenhum momento... – a resposta cínica foi emitida rapidamente.

Melinda se fechou por segundos em pensamentos. Por mais que ela tivesse levantado tal hipótese, no fundo, recusou-a por crer ser incabível. Por mais que tentasse, não conseguia ver Thiago chegando àquele ponto, mas agora, diante de toda a sua exagerada encenação e estado emocional desequilibrado, não havia dúvidas: Thiago Lins Amorim era mais perverso do que pensou. Um ser demoníaco, capaz de fazer tudo por dinheiro. Nem ela seria capaz de tanto, nem ela...

Suas reflexões fizeram-na soltar um riso, mas um riso espontâneo e não forçado como o marido soltara há pouco. Balançando a cabeça, ainda rindo, voltou a falar:

– Gostei, gostei de tua artimanha. És... além de mau-caráter, um grande ator. Grandioso ator. Mas...

Ela deteve-se, arquejou as sobrancelhas, trazia agora um ar de pouco caso no rosto e provocação.

– De qualquer modo, vou sugerir à tua mãe que vá até a fazenda onde reside teu irmão e conheça-o pessoalmente, veja-o com seus próprios olhos. Analise com os olhos do coração e sinta. Quero também que ela fale com teu pai a respeito. Diga a ele quem ela é. Ele, pelo que soube, é um homem de brio, de caráter e, com certeza, lhe dirá a verdade... Se tudo isso for delírio meu, então...

Por um momento vertiginoso, Thiago não conseguiu respirar. Começava a ser corroído sem piedade pelo desespero novamente. Tentou aparentar normalidade, mas logo se cansou e a máscara começou a se desfazer. Ele estremeceu. Aquela expressão instantânea, todo aquele seu abatimento desesperador eram para Melinda provas definitivas de que tudo aquilo era verdade, a mais pura verdade. Aquilo, de certo modo, enojou-a.

– Eu não te dei esse direito de falar com minha mãe! Não permitirei que enchas a cabeça dela de patranhas. Ela não merece passar por isso.

Ponderando a voz, ele acrescentou, forçando um tom despretensioso:

– Além do mais, não percas teu tempo, ela não te dará confiança!

– Não fiques tão certo, meu marido. Vou deixá-la tão curiosa a respeito que não sossegará enquanto não tirar a cisma.

Thiago perdeu a compostura naquele instante e foi em cima da mulher, sem lhe dar tempo para defender-se, agarrou-lhe o pescoço com as duas mãos e começou a apertá-lo.

– Tu não me provoques, Melinda, não me provoques! – praguejava ele entre dentes.

Em meio a uma voz sufocada, ela falou:

– Mesmo que me mates, já pus uma pessoa de minha inteira confiança a par de toda essa história, e se algo me acontecer, ou se eu for impedida de sair desta casa, essa pessoa põe a boca no mundo. Faz exatamente tudo isso que eu acabei de te dizer, com tua mãe...

Thiago foi apertando mais e mais o pescoço da esposa até ela começar a avermelhar-se. Estava decidido a matá-la, tomado de forças malignas que o cegavam por inteiro. A última centelha de lucidez o fez soltar a esposa, antes que ela se sufocasse de vez.

Melinda tossiu, uma tosse asmática e ficou a arquejar violentamente. O marido caiu de joelhos no chão e escondeu seu rosto em meio às suas mãos grandes. O desespero o havia dominado por inteiro. Ele se entregara ao pavor. Ela agora o tinha não mãos com tudo: vara, anzol e linha.

– Eu juro que revelo toda a verdade à tua mãe, à Corte e ao teu irmão, até te levar ao estágio mais avançado da humilhação, senhor meu marido. Eu juro! – sentenciou ela num tom grave.

Ao terminar a frase estava cheia de descaso e ódio. Fez-se então um breve silêncio até que ela voltasse a falar:

– Ao contrário do que me desejaste, eu não quero que tu morras. Não quero, não! A morte para ti seria uma bênção, uma libertação. Quero-te vivo, senhor meu marido, bem vivo, ao meu lado, bem ao meu lado para tu aprenderes a ser gente... tu que és ordinário!

Olhando para ela de través, o jovem de olhos grandes e escuros praguejou:
– Eu te mato antes disso, cadela!

Ela gargalhou. Uma risada sarcástica, irônica e triunfante.

– Matas nada! Tens sangue de rato. De ratazana! Se tu me matares será um escândalo. Vais preso. Perdes tudo o que conquistaste... com tua mente brilhante. Não matas, não! Terás que me aturar. Terás que me engolir até o fim da tua vida!

A expressão que se estampou no rosto do marido deixou Melinda satisfeita, morbidamente satisfeita. Já ouvira dizer que o prazer da vingança era doce. Mas quem disse se enganara, o prazer era dulcíssimo! – confidenciou consigo mesma.

Empurrando a esposa para o lado, Thiago saiu bruscamente do quarto. Deixou a casa, perdido em pensamentos, em busca de um botequim. Precisava beber algo urgentemente e assim o fez.

Quando retornou para o casarão horas depois, recusou-se a subir até seu quarto, preferia dormir ali, sentado numa das poltronas, todo desajeitado, a ter de encarar Melinda novamente. E foi exatamente assim que dormiu, durante as três únicas horas que conseguiu pegar no sono.

Seus sonhos também eram atribulados, sonhou quase o tempo todo que estava caindo em câmera lenta no que parecia ser um poço sem fim.

Ao acordar no dia seguinte, sentia seu corpo moído, como se uma carroça cheia de grãos de café tivesse passado por cima dele. Tinha olheiras profundas e até ele podia perceber que seu brilho interior havia se apagado. Só então ousou dirigir-se até seu quarto, subiu cada degrau da escada como se caminhasse pelo corredor da morte. Para sua surpresa, Melinda havia dormido no quarto ao lado e não no que eles ocupavam. Aquilo lhe deu certo alívio. Ele, então, trancafiou-se no aposento, jogou-se na cama e ficou estirado em estado de choque por toda a manhã.

Era por volta das catorze horas quando as portas do quarto foram abertas com ímpeto por um dos escravos, e Melinda entrou triunfante. A entrada repentina assustou Thiago violentamente, a ponto de sentir uma pontada no coração. Ela estava bem-vestida, maquiada e perfumada, como antes de ele tê-la aprisionado em casa.

– Senhor meu marido, só podes estar doente. Nunca te vi trancafiado dentro de casa... – disse ela, num tom angelical suspeito, lançando-lhe um olhar de coitadinho.

Ele manteve-se calado por alguns segundos, ela idem. Um silêncio mordaz dominou o quarto naquele instante, até ser quebrado por um suspiro longo e trêmulo da esposa.

– Vem, vamos dar uma volta pela cidade... – disse ela.

Aquilo não era uma sugestão, tampouco um convite, era uma ordem.

– Volta? Pela cidade? – inquiriu ele, irônico.

– Passear um pouco. Ver as ruas, as belezas da Corte. Meu marido, por acaso não te esqueceste de que estou há meses trancada nessa casa? Ou tu te esqueceste? Por isso preciso sair, divertir-me, aproveitar tudo o que a Corte pode me oferecer de bom.

– Eu não vou a lugar algum na tua presença! – esbravejou Thiago, impaciente e enfurecido.

– Vai!

Ele riu com escárnio:

– Está ainda para nascer quem me force a fazer o que não quero!

– Ah! Não queres vir, é? Estás cansadinho? Meu marido está cansadinho de não fazer nada? – brincou ela, como que falando com um bebezinho.

Mas a brincadeira durou pouco. Esticando o rosto para a frente, ela acrescentou, só que dessa vez num tom ríspido:

– Eu não estou te perguntando se queres ou não. Eu estou ordenando. Quero que saias comigo agora! E que esbanjes sorrisos por onde passarmos com a carruagem aberta, como se fôssemos o casal mais feliz e perfeito da Corte!

O marido fitou-a, incrédulo. Em seguida disse, elevando a voz:

– Eu não vou e ponto final. Tu, nem ninguém me obrigará.

Melinda balançou a cabeça, fingindo submissão:

– Já que tu não vais comigo, creio então que vou dar uma passadinha na casa de tua mãe...

Thiago sentou-se na beirada da cama, atônito, sem esconder sua revolta.

– Tu és ordinária! – rugiu ele, entre dentes. A esposa sorriu magnânima e malignamente.

Por exigência de Melinda, os dois saíram numa carruagem com a capota aberta. Ela sabia que só expondo o marido à vista das pessoas é que ele manteria sua postura de nobre. Ele não se deixaria ser visto, sentindo-se por baixo. Jamais!

Não deu outra. Thiago manteve-se impecável no papel que sempre soubera interpretar muito bem, agia como se nenhum problema se passava entre ele e a esposa.

Melinda esbanjava sorrisos, vestida com um dos vestidos mais caros e bonitos que tinha, o que mais chamava atenção de homens e mulheres. Até sua sombrinha era fascinante. Revestida refinadamente com seda e renda italianas, o objeto dava a Melinda um toque a mais.

Após um bom tempo passeando pelas mais populares ruas do Rio de Janeiro, Melinda ordenou ao escravo-cocheiro que seguisse até as margens de um dos morros ao redor da cidade.

– Parece que vai *chuvê*, sinhá – avisou o negro.

– Não tem problema. Vai assim mesmo. Temos como nos proteger da chuva com a capota. Não muito, mas temos.

Assim que a carruagem tomou uma das estradas que levava para fora da cidade, Thiago retomou a carranca que vestira desde que o duelo entre ele e esposa começara. O carro já estava a vinte e poucos quilômetros de distância do subúrbio da Corte, quando Melinda ordenou:

– Jonas, para!

O escravo-cocheiro obedeceu prontamente. Assim que o veículo parou, ela voltou-se para o marido e disse:

– Desça!

– Para quê? – replicou Thiago, seriamente.

– Porque estou mandando! Desça!

Ele soltou um riso sarcástico e manteve-se onde estava, encarando-a desafiadoramente.

– Se não desceres por bem, descerás por mal – acrescentou ela, dirigindo um olhar matreiro para o escravo que se encontrava sentado ao lado do cocheiro, e a quem ela pedira para acompanhá-los no passeio. Era um negro, como se diz, três por quatro, dava dois de Thiago. O marido percebeu aonde ela queria chegar, e duvidou que ela fosse capaz.

– Tu não serias... – desdenhou ele.

– Desça agora! – bramiu Melinda, irritando-se.

Diante do olhar da mulher e do negro, Thiago achou por bem ouvir seu bom senso e acatar o que ela dizia. Assim, desceu. Logicamente, ele o fez com toda a raiva que explodia por dentro e que já transparecia em seu semblante avermelhado e suarento.

Seu estado se agravou ao ouvir a esposa ordenar:

– Cata uma flor para mim.

Ele não conseguiu conter o riso.

– Não sejas ridícula!

– Quero receber uma flor do senhor meu marido. Todas as mulheres gostam de receber flores, não sabias? Gostam de homem romântico. Eu não sou exceção. Quero ser tratada com romantismo!

Os ouvidos de Thiago mal podiam acreditar no que ela estava falando. Seus olhos mal podiam acreditar no que estavam vendo acontecer com sua vida. Por ora, seu bom senso dizia para acatar o que ela mandava. Era o mais sensato a ser feito. Ele soltou um suspiro enojado, passou a língua pelos lábios ressequidos, e, balançando a cabeça positivamente, foi até a margem da estrada, colheu uma flor. Voltou e entregou-lhe.

Melinda balançou a cabeça negativamente. O cenho do marido fechou-se, agravando seu ódio e fazendo seu sangue borbulhar por dentro de sua pele bronzeada.

– O que foi? – inquiriu ele, irritado.

Ela franziu o nariz, a testa, o rosto todo, ao dizer:

– Não gostei dessa... quero outra!

– Ora, vamos!

Ela deu de ombros, e tornou a falar:

– É feinha! Quero uma flor mais formosa, mimosa...

"Ela quer brincar, é isso, ela quer brincar comigo. Vou entrar na brincadeira dela até minha sorte mudar", disse Thiago para si. E assim, ele colheu outra flor.

Melinda repetiu o mesmo que dissera com relação à primeira flor colhida, durante um bom tempo, por cerca de uns quinze ou vinte minutos. Thiago estava quase a ponto de devorá-la de ódio. Tanto era o ódio que sua vista queimava, parecendo ter areia dentro dos olhos, e sua cabeça latejava profundamente, como se fosse explodir a qualquer momento. Melinda só foi gostar da vigésima flor que ele colheu e ofereceu a ela.

– Essa é bonita. Esta está à minha altura! Mas não deve vir só... todo homem apaixonado entrega uma flor para a mulher amada, e em seguida dá-lhe um beijo...

O marido travou os dentes para conter a fúria.

– O beijo... falta o beijo! – repetia ela, solenemente.

Thiago apoiou-se no degrau da carruagem, esticou o rosto até o dela e beijou-a no rosto.

– Ah... ã, ã! Nos lábios! – corrigiu Melinda.

Como um escravo obediente, Thiago atendeu a seu pedido.

– Agora está melhor! Está perfeito! – agradeceu a esposa, forjadamente envaidecida.

Quando Thiago ia se ajeitar na carruagem, ela o deteve com a mão direita.

– Espera! Desça outra vez!

Ele novamente a fuzilou com o olhar, mas obedeceu submisso. Fez-se um breve silêncio. Enquanto isso, Melinda ficou cheirando a flor e deliciando-se com seu perfume.

– Vamos, Melinda... a chuva não tarda a desabar... – ralhou ele.

Ela voltou seus belos e grandes olhos escuros para o jovem, cuja natureza havia embalsamado de beleza física, e, em meio a um sorriso e uma voz singela, acrescentou:

– Tu tens andado desleixado, meu amor... andas muito desleixado contigo mesmo, engordaste razoavelmente... não quero que te tornes um barrigudo... Não, não, não! Ainda é muito cedo para isso. Quero que recuperes a boa forma, e para recuperá-la não há nada melhor que andar, andar faz muito bem para a saúde...

Sem mais, Melinda fez sinal para que o cocheiro seguisse caminho.

– Perdeste o juízo?! Tu não vais me deixar neste fim de mundo! Enlouqueceste?! – berrou Thiago, aflito, enquanto começava a correr atrás da landau.

– Se quiseres vir correndo atrás do carro, vem, meu anjo, faz tão bem quanto andar... além do que mantém a mente ocupada. Tu sabes, não sabes? Mente vazia, oficina do diabo!

– Espera-me! – gritou ele, impondo a mesma força na voz que impunha nas pernas.

Em meio a uma gargalhada ardida, Melinda acrescentou:

– Será hilário vê-lo correndo atrás da landau pelas ruas da Corte. Digno de palmas ou apupos.

A gargalhada da esposa logo se dissipou em sua garganta e um semblante ferino tomou-lhe o rosto.

As palavras de Melinda começaram a paralisar as pernas de Thiago, e logo o veículo foi ganhando distância até se perder de sua vista. Então, ele se viu resfolegando, suando em profusão, petrificado de tensão. Era mais pavor que tensão.

Voltou o olhar para o local onde estava. A paisagem dura e pouco hospitaleira, com seu ajuntamento de árvores pontiagudas e vegetação cerrada que era tão bonita de se ver ao sol, à noite dava-lhe medo. Lembrou-se de que sempre tivera medo de ficar só em meio às plantações no período noturno. Só lhe restava caminhar a pé a distância que se estendia até a cidade, um entrelaçado interminável de escuridão.

Aquele era um local perigoso para um visitante desprevenido. Havia boatos de que os negros fugitivos se resguardavam naquelas regiões. Podiam fazer mal a um homem branco, ainda mais se estivesse só num lugar daqueles e àquela hora da noite. Thiago sentiu um calafrio percorrer-lhe a espinha e uma trepidação por baixo de sua pele.

Não havia outro jeito senão pôr-se a caminhar de volta para a casa. A casa, a maldita casa. O último lugar que ele gostaria de voltar na vida, mas tinha de voltar. Se fosse para a casa da mãe, ela iria querer saber o porquê daquilo, e a razão tinha de ser escondida dela, principalmente dela, a todo custo. Por causa de Alzira, ele agora estava nas mãos de Melinda.

"Ordinária", xingou a esposa acompanhado de outras palavras nada sutis. Ele tinha de encontrar um jeito de escapar das garras dela. Um modo de sair por cima. Mas, como? Como?

Thiago foi desperto de seus pensamentos por um barulho que ecoou nas proximidades. Logo se viu aflito. Quem seria? Um negro fugitivo? Um bandido assassino? Ele correu até uma cadeia de árvores e se escondeu atrás do tronco de uma delas.

Ficou ali apreensivo, aguardando ver quem vinha por aquele caminho. A tensão diminuiu quando avistou um senhor negro dirigindo uma carroça. Thiago foi em sua direção. Ao vê-lo, o senhor permaneceu impassível, apenas seus olhos negros se arregalaram. Surpreso com a presença do mancebo deslocado, ali naquela paisagem desértica, o senhor abriu um sorriso bonito e fez o cavalo parar.

– Aonde estás indo, escravo? – perguntou Thiago, impondo seu costumeiro tom superior.

– Procuro um bezerro extraviado, sinhô.

O rosto do homem, já de idade bem avançada, lembrava as pedras do deserto, observou Thiago.

– Sinhozinho precisa de *arguma* coisa?

O jovem fidalgo não estava em condição de recusar um favor. Na opinião dele, quadro rodas eram melhores que quatro patas, que eram melhor que suas duas pernas para percorrer aquela distância.

– Leva-me para a Corte – ordenou Thiago, enxugando o suor da testa.

O negro concordou solenemente. Thiago ajeitou-se na carroça, e ela seguiu pelo caminho esburacado que levava à cidade.

– Amanhã vai *sê* outro dia quente e chuvoso... – comentou o homem, cortês.

Ao notar que Thiago não queria conversa, o negro se pôs a assoviar descontraidamente. Mas Thiago logo o mandou calar-se, e manteve-se fechado em sua carranca durante todo o trajeto. Seu coração martelava a mil por hora. Nunca se sentira tão envergonhado e tão impotente em toda a sua vida. Para onde quer que olhasse, Thiago via a imagem da esposa vibrando de prazer por tê-lo aprisionado na palma da mão.

No local onde achou conveniente descer, Thiago ordenou ao homem que parasse o veículo. Tudo o que disse ao descer foi: "Para, é aqui que eu desço!". Deu-lhe as costas e seguiu caminho a pé. O senhor negro seguiu o dele, dessa vez assoviando alegremente.

Quando Thiago chegou nas imediações de onde morava, uma violenta tempestade se abateu sobre a cidade, amenizando o calor que havia feito durante o dia. Os raios e o som ameaçador dos trovões pontuavam-lhe os pensamentos. Ele já estava todo encharcado quando ficou frente a frente com a porta de sua casa.

Ao pôr as mãos no bolso, descobriu que se esquecera de levar suas chaves e, então, se pôs a bater à porta. Insistiu, insistiu, mas ninguém veio atender-lhe. Pensou em chamar pela esposa até onde sua voz pudesse alcançar, mas deteve-se ao perceber que poderia ser ouvido pelos vizinhos.

Sem ver outra escolha, caminhou até uma das árvores da rua e ficou ali embaixo dela para proteger-se da chuva. Quando deu por si, estava sentado ao pé do tronco todo encolhido, com sono e faminto. Assim, Thiago sucumbiu à pura exaustão e enfrentou aquela noite, uma das piores de sua vida. Pela janela do quarto que ficava de frente para a rua, Melinda observava o marido com seus olhos felinos e um prazer que até seu paladar definia como saboroso.

No dia seguintes, quando Thiago se viu diante esposa, Melinda não conseguiu conter a risada. Gargalhou descaradamente com prazer, enquanto ele a fuzilava com o olhar.

– Espero sinceramente que tu tenhas te abrigado na noite da chuva... senão podes ter pegado uma pneumonia.

Ela novamente riu cheia de escárnio. Mas sua gargalhada dissipou-se na garganta, ao vê-lo pular sobre ela com os braços estendidos e as mãos feito garras. Novamente a cena entre os dois se repetia, Thiago estava ali tentando estrangular a mulher com quem escolhera, por vontade própria, casar-se.

– Mata-me, vai, quero ver se tu és homem o suficiente para isso! – provocava ela, arquejando.

Ele a soltou, trincando os dentes para segurar a fúria. Em meio a um riso cheio de escárnio, ela acrescentou:

– Agora consigo vê-lo de verdade. Tua alma para mim é transparente. É a alma de um rato. Não passas de um rato, nojento e nauseabundo!

Em seguida, pegou o punho de Thiago e levou até o pescoço dela novamente. Olhos nos olhos, ela o incitou:

– Mata-me, vai, mata-me! Morrerei feliz ao ver que tu te humilhas diante da sociedade e do *status* que tanto preza. Seu perro!

– Tu és vil!

– Vil, eu? Não me faças rir! Dizem, não sei se tu sabes, que no íntimo atraímos aqueles que no fundo são iguais a nós, que pensam como nós e que possuem o mesmo caráter... Tu és apenas um espelho de mim, ambos somos podres... Mas eu tive mais sorte que ti, porque te tenho em minhas mãos...

Thiago limitou-se a fitá-la fixamente. Os olhos da esposa estavam frios como vidro. Por fim, o marido deu meia volta e dirigiu-se ao andar superior. Tudo o que queria naquele instante era um lugar em que pudesse esconder sua angústia por algum tempo. Fechou-se então na escuridão de seu quarto pelo resto do dia.

Na manhã seguinte, quando Thiago e a esposa novamente se encontraram, Melinda saudou o marido com simpatia:

– Bom dia!

Thiago manteve-se calado.

– Eu te disse bom dia!

Relutando contra si mesmo, ele achou por bom senso responder. A contragosto, disse:

– Bom dia!

A esposa ergueu as sobrancelhas.

– Pelo visto, acordaste de mau humor... entediado...

Ele permaneceu olhando seriamente para ela.

– Estava esperando-te para tomarmos o café da manhã.

Ao entrar na copa, os bonitos olhos castanho-escuros de Thiago se arregalaram ao ver seis negros, os quais jamais havia visto ali na sua casa, trabalhando.

– Que escravos são estes? Não me lembro deles! – perguntou emburrado.

Melinda pareceu não ouvi-lo. Fervilhando o sangue, ele se pôs na frente dela, e repetiu a pergunta:

– Que escravos são estes, Melinda?

A esposa o fitou com franca surpresa. Por fim, sorriu:

– Ah! Os escravos! Depois falamos a respeito!

Thiago cravou as mãos feito duas garras nos braços da esposa, e disse:

– Não me provoques, Melinda!

Ela permaneceu fitando-o.

– Não te faças de sonsa! – bradou ele, avidamente.

Por fim, ela respondeu, debilmente:

– Eu os comprei!

Thiago soltou uma exclamação furiosa.

– Comprou!?

– Sim, meu marido. Eu os arrematei ontem no leilão de escravos.

Melinda relanceou os olhos para ele. Parecia divertir-se e acrescentou com veemência:

– Não é pelo dinheiro gasto na compra de uns escravos a mais que vais falir, oh! senhor, meu senhor!

– Tu dizes isso porque o dinheiro não é teu! Sabes muito bem que, com a proibição dos navios negreiros, os escravos estão custando uma verdadeira fortuna!

– É um bom investimento!

– Um bom investimento, se esses malditos abolicionistas não conseguirem um dia exterminar a escravidão. Porque se esse dia chegar, sabes o que acontecerá? Perderemos todo o dinheiro investido nesses negros ordinários...

– Isso nunca vai acontecer, não precisas preocupar-te... É só?

Ele olhou-a de cima a baixo. Cabreiro, acrescentou:

– Decerto, tenho mais para dizer.

Melinda abriu um sorriso entusiasmado ao falar:

– Sou toda ouvidos!

– Não quero que tu compres mais nada com o meu dinheiro! – ordenou ele, irado.

– Mas isso não é justo, meu amor! Tu tens tanto... ou melhor, teu irmão tem tanto... Afinal, o dinheiro, toda essa fortuna pertence a ele e não a ti, usurpador. Tenho pena dele, coitado, mas enfim, quem mandou ser um ingênuo nas tuas mãos?

Picado pelas palavras da esposa, arrependido por ter falado com a esposa sem muito rebuço, Thiago baixou o tom e pediu a ela, quase implorando:

– Cala-te! Não fales sobre isso na frente dos escravos.

Ela sorriu, arreganhando os dentes.

– Por falares em dinheiro, decidi ajudar meu pai com uma quantia mais generosa mensalmente...

Ele ia envenená-la com palavras, mas ela o deteve, antes que ele começasse, dizendo:

– Já te disse, senhor meu marido, não precisas preocupar-te, tens muito dinheiro.

E esticando o pescoço até chegar perto do ouvido esquerdo de Thiago, ela sussurrou:

– Um dinheiro que não é teu! Que não te pertence!

Uma das escravas colocou a bebida encorpada, aromática e fumegante em uma xícara de porcelana, e em seguida entregou ao patrão. Ele deu uma olhadela no líquido, farejou o aroma e perguntou, cismado:

– Do que é esse chá?

A escrava mordeu os lábios, sem saber o que responder. Melinda adiantou-se:

– Pode dizer-lhe, Isolda.

– É de camomila, sinhozinho.

– Um bom tônico para os nervos e para o apetite – frisou Melinda.

Thiago empurrou a xícara para longe de si, ao dizer:

– Eu não gosto de chá de camomila!

– Mas é ótimo para os nervos e para o apetite... – reforçou a esposa.

Ele manteve-se calado com o olhar voltado para a janela.

– Toma o chá, meu senhor... – pediu Melinda, com jeito.

Ele voltou o olhar para a esposa, um olhar de repulsa e nojo, e ficou ali a encará-la. Ambos afrontaram-se com o olhar por alguns segundos, até ela repetir seu pedido:

– Prova o chá!

Ele soltou um riso zombeteiro. Ela frisou os olhos, e seu rosto tomou um aspecto sério.

– É melhor tomares o chá! – preveniu ela.

Thiago manteve-se olhando para a esposa, calado e desafiador.

Melinda fez um sinal para a negra, que prontamente atendeu ao seu pedido. Chamou por um dos escravos, o mais forte entre todos. Ao vê-lo, Melinda apenas disse:

– José.

O negro foi direto em cima de Thiago, agarrou seu braço e fê-lo levantar da cadeira com força.

– Solta-me, negro imundo, antes que eu te mande para o tronco para receberes uma boa lição! – ralhou ele.

O escravo puxou Thiago até o fundo da casa e fez o que sua dona havia lhe ordenado. Deu-lhe uma surra até ele vomitar sangue. A respiração do rapaz saía em gemidos esganiçados. Thiago tentou se esquivar dos punhos terríveis ou pelo menos tornar os golpes menos eficazes. Mas, foi em vão, um golpe certeiro levou-o ao chão. Contorcendo-se de dor, logo perdeu os sentidos.

Quando Melinda foi até o quartinho dos fundos da casa, onde residira por um longo tempo, encontrou o marido estatelado no chão. O sangue escorria pelos cabelos emaranhados e pela face. Mesmo naquele estado deplorável, Melinda viu que a face de Thiago ainda se mantinha bela e, assim, teve mais uma vez certeza de que aquele era o rosto de homem mais bonito que já vira e veria em toda a sua vida.

Ela ajoelhou-se ao seu lado e ficou ali, olhando-o friamente por alguns instantes. Sentiu uma pontada de dor fisgar seu coração. Era de arrependimento e de receio que tivesse exagerado.

Nisso, a escrava de nome Isolda juntou-se a ela.

– Deixa aqui – pediu Melinda, com doçura.

A jovem negra agachou-se e pôs ao lado da sinhá uma bacia de barro com água e um trapo. Sua dona a dispensou com a cabeça. Melinda então molhou o trapo na água quente, e começou a limpar as crostas de sangue a escorrer dos talhos na pele do marido. Espremia o lenço, derramando água sobre os cabelos emaranhados do marido.

Thiago, nesse instante, recuperou os sentidos, e foi lentamente reconstituindo os últimos acontecimentos até pôr tudo em ordem. A cada lampejo de memória que recuperava, mais grave e infindável tornava-se seu ódio por aquela mulher debruçada sobre ele, com um pano úmido na mão a limpá-lo. A dor latejava conforme a água se espalhava por seu rosto. Uma dor física, uma dor espiritual, da alma.

– Está doendo? Pobrezinho... uma face tão linda ferida assim... espero que não fiquem cicatrizes... seria horrível para ti, eu sei, ainda és tão jovem para teres um rosto marcado – murmurou Melinda, num tom angelical suspeito.

Ela calou-se por instantes até acrescentar, num tom indecifrável:

– Não te esqueças, senhor meu marido, a camomila é um bom tônico para os nervos e para o apetite.

Melinda Florentes Amorim permaneceu ali, calada, aguardando o propósito final de sua visita, que teve desfecho ao ver Thiago erguer os olhos até bater com os dela, e notar o que se passava dentro deles: um ódio mortal!

Fazenda Nova Horizonte...

Segurando o filho recém-nascido, Lívia teve a sensação de que ele ainda era parte de seu corpo, sua própria carne viva. Os dentes dela brilharam, brancos e fortes, ao emitir um sorriso de encantamento. Quanta ilusão... pensar que o filho ainda era parte dela. Ele fora, a partir do momento que o cordão umbilical foi cortado, deixou de ser. Agora, era um indivíduo.

Novamente, um sorriso tomou-lhe o rosto. Não havia por que repreender-se quanto à ilusão, pois algo lhe dizia que, no íntimo, toda mãe não queria jamais que o cordão umbilical fosse cortado, para que assim pudesse ficar ligada aos filhos por toda a vida.

Lívia levantou os olhos, e, vendo Luísa, sorriu. Era um sorriso amigável que demonstrava confiança e prazer.

– É um menino e tanto... – comentou a tia. Voltando-se para o pai coruja, que estava ao lado, acrescentou:

– Teu filho crescerá e seguirá teus passos, Breno. Passos sempre em companhia do bem.

Mansão de Thiago Lins Amorim

Mesmo sendo corroído por uma dor insuportável, Thiago se arrastou até seu quarto. Deitou-se com cuidado na cama para não ferir ainda mais as escoriações do corpo, e puxou o lençol até o queixo, como se fosse um escudo contra as cruéis atitudes de sua esposa. Ali, estirado à cama, ele permaneceu pelo resto do dia.

O coração do jovem oprimido disparou ao ouvir a porta se abrir, seguido pelo ruído abafado dos passos de alguém, entrando no aposento. Ele permaneceu na mesma posição com os olhos fechados. Não precisava abri-los para confirmar o que sabia. Era ela, Melinda, quem estava ali, Thiago podia vê-la, detalhar cada expressão da face dela, mesmo que ficasse cego para o resto de sua vida. Ela não disse nada, entrou e saiu muda. Sua respiração, porém, falou por ela, um misto de candura e prazer, um prazer corrupto.

Thiago deixou seu quarto somente no dia seguinte por volta da hora do almoço. Ao vê-lo, Melinda ficou satisfeita. Um clarão de prazer iluminou suas pupilas. Contemplou por instantes o rosto todo machucado e intumescido do marido, e novamente deixou-se invadir por um prazer vil. Aproveitou a seguir para provocá-lo ainda mais, perturbar o equilíbrio dele, arremessando-lhe palavras cruéis.

– Quem te viu... quem te vê! O grandioso e majestoso fidalgo, Thiago Lins Amorim, é uma farsa, um plebeu vaidoso... Um menino de ares mimados... ai que prazer eu teria em revelar à Corte quem tu és... Um prazer indescritível, imensurável! Mas, patético, aniquilaria com o prazer maior que é o de saborear até o fim de minha vida esse segredo.

O sangue subiu à face de Thiago:

– Deverias tomar cuidado com o que dizes, Melinda!

O azedume de seu tom não causou na esposa a menor comoção. Ela permaneceu impassível, com o espírito altivo e uma alegria escandalosa, e acrescentou:

– Ah! Não sei se te disse, meu marido, mas vamos ao teatro nesta noite. Mandei reservar os camarotes. Sarah Bernhardt, a famosa atriz francesa, está se apresentando na Corte. Não a perderei por nada. Sua vinda é um marco para o teatro brasileiro, o Imperador chegou até a mandar reformar o teatro só para recebê-la.

– Teatro?! Não posso ir assim com o rosto todo...

Melinda ergueu as sobrancelhas como quem diz: "O problema não é meu, é teu!". Thiago mordeu os lábios com força. Seus olhos novamente arderam de fúria.

– O que foi? – perguntou ela, cinicamente. – Qual a razão dessa expressão no rosto?

Ele ergueu a mão em direção a ela, mas deteve-se no último instante. Por nenhum milésimo de segundo, ela recuou o rosto. Manteve-se ereta e sem piscar.

Algo próximo a um sorriso passou por seus lábios e desapareceu. Seus olhos brilharam vitoriosos como os de um gato.

Thiago sentiu um calafrio percorrer-lhe a espinha, suas mãos suavam e, ao mesmo tempo, tremiam. Deixou o recinto prosternado, exatamente como ela almejava. Ela queria vê-lo aviltado, curvado de humilhação, engatinhando para seus braços e encarando-a com olhos tristes e famintos por piedade.

Vestir-se estava sendo um sacrifício vertiginoso para Thiago, pois a cada movimento que fazia, seu corpo alquebrado doía profundamente. Poderia ter sido mais fácil, se ele tivesse tido a ajuda de um dos escravos, mas Melinda não permitiu. Após grande sacrifício, ele conseguiu vestir-se por inteiro. Quando se juntou à mulher, Melinda olhou-o com desagrado.

– Esse terno não fica bem em ti!

– Mas é com esse que eu vou!

– Não vai, não! Vou escolher outro. Vem...

A esposa tomou o caminho do quarto, e ao ver que não era seguida pelo esposo, repetiu a ordem sem voltar a cabeça para trás:

– Vem!

Thiago acatou submisso.

Após uma olhada rápida no guarda-roupa do marido, Melinda encontrou o que procurava.

– Tu ficarás lindo vestindo este terno! Tem um belo corte, muito mais belo que esse outro! – disse ela.

– Tu bem sabes que eu não gosto deste terno! – rosnou ele.

– Viste-o para alegrar-me! Vais agradar-me muito se for com este! – insistiu ela.

– Não o vestirei! – exclamou Thiago, já um tanto agastado.

– Não te arrufes assim, meu sinhô-moço, tu vais vestido com este terno e ponto final!

A expressão piedosa no rosto de Thiago, lentamente, converteu-se numa máscara de ódio:

– Veremos!

Sem deixar-se intimidar pelas palavras do marido, Melinda se retirou do quarto, dizendo:

– Troca-te rápido, não quero chegar atrasada.

Thiago percebeu que tinha de se manter tal como um rochedo, firme e impenetrável, para continuar ouvindo a esposa enchendo-lhe os ouvidos de exprobrações e cachações insolentes. Tinha de ser assim até encontrar um meio de fugir das garras dela.

Enquanto Melinda e Thiago atravessavam o *hall* de entrada do Teatro São Pedro de Alcântara, um burburinho grassou pela multidão. Melinda sussurrou, discretamente, para o marido:

– Sorri... sorri... ou eu começo a gritar aqui num repente e dou um escândalo!

Thiago engoliu em seco e achou por bem acatar o pedido da esposa, serviria também para fugir do embaraço da situação. Assim, ele lançou para os presentes um sorriso falso. Ao se deparar com o sorriso do marido, Melinda ralhou:

– Esse sorriso está falso! Quero um verdadeiro! Vamos, mostra teus dentes bonitos, como faz um cavalo ao relinchar!

Ele olhou-a com aflição e, sem jeito, gaguejou:

– Não posso abrir muito a boca, está dolorida.

Ela deu de ombros e, entre dentes, ordenou:

– O problema é teu. Quero que tu sorrias agora!

Ao chegarem ao camarote, Thiago perdeu a cor ao ver sua mãe, sentada ao lado do sogro, acompanhados de seus melhores amigos.

– Ah! Esqueci-me de te dizer, convidei todos para virem. Desculpa-me, na verdade, foste tu que me pediste para convidá-los! – anunciou Melinda, num tom mais cínico que o habitual.

Assim que a mãe viu os hematomas e cortes semiabertos no rosto do filho, levantou-se atônita.

– Meu filho, o que houve?

Thiago teve a elegância de parecer embaraçado. Melinda lançou um olhar maroto para o marido. E a expressão nos olhos dele satisfizeram-na profundamente, deliciando-a com a situação constrangedora. Entre dentes, ela falou numa altura suficiente para apenas o marido ouvi-la:

– Já que és tão criativo, sabes mentir tão bem e enganas as pessoas como ninguém, será fácil para ti arranjares uma boa desculpa.

Ela acertara em cheio mais uma vez. Thiago deu a todos uma desculpa mais que convincente, e escondeu primorosamente toda a perturbação que lhe ia na alma.

Em meio à peça teatral, a dor que latejava por todo seu corpo atingiu seu coração ao perceber que uma das moças da plateia lembrava Maria Eduarda. A semelhança o levou para um passado recente ao lado da mulher amada. Quando deu por si, inúmeras lágrimas já haviam caído de seus belos olhos castanho-escuros. Ao ver seu estado pelo rabo dos olhos, Melinda regozijou-se mais uma vez de prazer por vê-lo enlameado e sendo sufocado pelo mal.

Dias depois, o casal Amorim encontrava-se novamente sentado à mesa para fazer mais uma refeição. Ao ser servido com um prato de sopa, Thiago falou sem rodeios.

– Tu bens sabes que não gosto de sopas, ainda mais de ervilha.

Melinda, que naquele instante levava a colher de sopa à boca, parou para olhar para o marido.

– Não comerei isso! – repetiu ele, elevando o tom de voz.

– Prova. Pelo menos, prova. Não podes dizer que não gostas sem ter ao menos provado uma vez.

Irradiando mais um de seus sorrisos travessos, ela acrescentou:

– Abra tua boca, nenê, e papa tudinho!

Mantendo seu olhar, um olhar de soslaio, sobre a esposa, Thiago levou a colher cheia de sopa até a boca. Então, uma escura carranca alterou-lhe a expressão do rosto, e a sopa começou a cair de seus lábios.

Melinda riu escarnecedoramente. Empurrando o prato para o lado, o marido voltou o olhar bruscamente para ela. Um olhar severo, desafiador. Em meio a uma careta matreira, Melinda tagarelou.

– Tu tens certeza de que não vais comer? Passarás fome. Hoje só tem sopa para ti! Há outros pratos, com certeza, mas, como disseste que não é para gastar teu dinheiro, mandei só prepará-los numa quantidade suficiente para mim... economia, o senhor bem sabe. Se quiseres provar depois dos restos... uma *lavagem* para quem está faminto pode tornar-se saborosa, saborosíssima!

Perdendo o controle sobre si, Thiago começou a chorar compulsivamente. Parecia uma criança diante de um pai autoritário. Sem deixar comover-se com o estado do marido, Melinda tornou a falar num tom afiado:

– Nunca ouviste dizer que as mulheres aprendem, se é que não nascem sabendo, a jogar com as fraquezas dos homens? Pois deverias ter te aprofundado mais no universo feminino antes de casares com uma mulher.

Após soltar um risinho zombeteiro, ela ordenou à escrava cozinheira:

– A partir de hoje quero que faças todos os dias sopa de ervilha – e, voltando-se para o marido, acrescentou, num tom ferino – não dizem que a vida é uma escola? Pois bem essa será uma de tuas lições: aprender a comer de tudo.

À noite, o carrilhão soou nove badaladas. Thiago encontrava-se trancafiado em seu quarto desde o jantar. A porta estava fechada, mas sem o trinco, como Melinda ordenara. Se ela a encontrasse trancada, faria com que seu escravo, o mais forte, forçasse Thiago a engolir a chave pela boca ou qualquer outro orifício. Ela usara exatamente essa expressão.

Ele gostaria de ter ido a um restaurante para se alimentar direito, mas sentia-se mentalmente deprimido. Receava cair em choro ao ver-se diante de alguém, fosse quem fosse, até mesmo um simples cão vira-lata.

Além do mais, teria de usar um carro de aluguel para levá-lo, uma vez que Melinda o proibira o uso das carruagens, e ser visto num não cairia bem. Ouviram-se uns toques na porta, mas ele não deu trela, após mais alguns, a pessoa acabou entrando, mesmo sem a manifestação de seu ocupante. Era Isolda, a escrava.

– O que queres, negra?

Sem perder o olhar submisso, a jovem respondeu:

– Vim *sabê* como sinhozinho *tá* passando. Se precisa de alguma coisa.

– Não preciso de nada, ainda mais de uma negra escrava imunda como tu!

Thiago voltou-se para o lado, deixando sua cabeça afundar novamente num coxim, apertando-a entre as mãos. Voltou seus pensamentos novamente para as lembranças dele com Maria Eduarda, e logo estava sendo açoitado mais uma vez pela saudade, pelo arrependimento, pela culpa do que fez com ela, com ele, com a vida que ambos sonharam ter, e chorou copiosamente.

Aquela noite terminou mais uma vez triste e melancólica, o jovem fidalgo sentindo-se preso na sua própria casa, tal como um animal confinado a uma jaula. Somente os sonhos lhe foram gentis, notou ele, a princípio, pois lhe trouxeram Maria Eduarda, que ele acabava de descobrir ser a única razão atual de sua vida.

Pela manhã, ao despertar, percebeu que nem os sonhos lhe eram mais gentis, pois o levavam a um tempo que não existia mais, fazendo-o acordar envolto de na saudade do futuro que sonhara para si e que agora lhe parecia morto e enterrado para sempre.

Fazenda Novo Horizonte

Lívia sentou-se numa das cadeiras da varanda da casa-grande dos Amorim para dar de mamar ao bebê, batizado com o nome de Camilo. Enquanto o menino chupava o bico do seu seio e saboreava o leite com vontade, os olhos dela percorreram a natureza ao redor. O bonito contraste do verde dos pés de café com o céu ao fundo era tal e qual um chá calmante, assim como as flores que guarneciam os canteiros ali perto e perfumavam o ar. Até o garboso celeiro e o estábulo enchiam a vista de beleza, idem a longa cerca de madeira com flores de São João entrelaçadas por elas. Enfim, nada escapou de sua aguçada observação.

Um dia ela pensara que, por viver na propriedade do pai, um homem rico e poderoso, cercada de empregados e escravos, rodeada pelo murmúrio familiar dos sons da casa, o balbuciar das vozes dos familiares, o canto glamoroso dos negros, o mugido distante das vacas, o som dos porcos, das cabras e o relinchar dos cavalos, nada haveria a temer, a vida em si era segura. Estava bem protegida, possuía tudo que um ser humano precisa para sobreviver.

Mas, ela bem sabia que isso não era verdade. Após tudo o que acontecera a sua família, tudo o que ela e os demais passaram nas mãos dos escravos revoltados, sabia que nada lhe dava total segurança, a não ser estar com Deus, cercada por sua bênção. Só nas mãos Dele, é que podia ter segurança e amparo. A vida era cheia de reviravoltas, só Deus era seguro.

Lívia voltou os olhos para o menino Camilo, que mamava com voracidade, e emocionou-se. Jamais pensou que amamentar um filho amado fosse provocar-lhe tanto bem, apupos de alegria em seu interior, uma sensação inexplicável. Só uma mãe a compreenderia.

Novamente, ela exibiu um sorriso bonito e amoroso para o filho, mas ele a ignorou, pois estava concentrado demais, matando a fome, para notá-la.

De volta à Corte...

Thiago acabava de descer as escadas, e agora girava a maçaneta, quando a voz de Melinda soou atrás dele. Estava ali no aposento, fazendo um escalda-pés.

– Aonde vais com tanta pressa, senhor meu marido?

Ele voltou a cabeça para trás e, embriagado de ira, respondeu:

– Não é da tua conta!

Ao abrir a porta, Thiago se viu diante de mais dois dos escravos que a esposa havia comprado sem a autorização dele. Eram enormes e fortes. Ao tentar passar por eles, os dois negros permaneceram parados, feito uma parede humana. A voz de Melinda então ecoou até seus ouvidos.

– Estava esperando-te para almoçar comigo – avisou ela, sem disfarçar a malícia na voz.

– Agradeço muito o convite! – respondeu o marido, num tom cínico e de descaso.

– Mas, senhor meu marido, insisto em ter tua companhia.

O corpo de Thiago travou num todo, o olhar sobre a esposa também. Por medo ou talvez pelo bom senso, soube como ninguém abrandar mais uma vez a vontade louca de esganar aquela mulher sem piedade.

Sentados à mesa, Melinda foi garbosa ao dizer:

– Fico lisonjeada por teres aceitado meu convite!

Diante dos pratos preparados para o almoço, Thiago disse no tom queixoso que adquirira nas últimas semanas.

– Tu sabes que eu não gosto de nenhum destes pratos.

Os olhos de Melinda brilharam diante do comentário do marido. Ela fez um sinal para a escrava, e pediu-lhe amavelmente:

– Maria, por gentileza, poderias trazer outro prato para o sinhozinho. Um prato de outro jogo de louça.

Nem bem Melinda terminou de falar, os punhos fechados de Thiago bateram na mesa violentamente:

– Não sejas patética! Sabes muito bem do que estou falando!

– Mas são pratos deliciosos, senhor meu marido, não consigo compreender por que não gostas deles! São mais sofisticados, eu concordo, só que o trivial, arroz, feijão, bife acebolado e ovo cozido cansam... por isso, resolvi mandar preparar estes outros!

Ela inclinou o pescoço para a frente, e inspirou o ar:

– Tem um cheiro delicioso. Sente o aroma.

Thiago virou o rosto noutra direção, ignorando-a. Adquirindo uma expressão séria, Melinda fez um adendo:

– O aroma da comida pode ser bom, a aparência da comida também pode ser boa, bela de se ver, mas são tais como alguns seres humanos, bonitos, atraentes e perfumados por fora e por dentro, escondem um coração podre, uma alma torpe.

Em meio a um sorriso sardônico, ela insistiu:

– Prova! Prova desses pratos.

Melinda balançou a cabeça judiciosa antes de prosseguir:

– Não vais dizer-me, senhor meu marido, que não queres prová-los por que estás receoso de que tenham sido envenenados?

Thiago empalideceu ainda mais naquele instante, destituindo-se de todo o espírito e resolução. Baixando a altura da voz, a esposa acrescentou quase num sussurro:

– Perder um marido por envenenamento seria uma ótima opção para eu me ver livre de ti, meu bem. Meu bem? Opa! Meu mal, não é, senhor meu marido?

Ela riu malignamente com vontade antes de acrescentar:

– Se tu morreres envenenado, o culpado será um dos escravos que te envenenou por vingança, por ter ódio de branco! Eles fariam, pode ter certeza, não têm nada a perder. Os jornais não param de escrever matérias a respeito dos muitos escravos que se rebelaram contra seus donos e os assassinaram, e depois fugiram para os famosos quilombos!

Fez-se um breve silêncio, um silêncio mortal. Thiago não pôde ocultar o pavor que lhe ia na alma. Ela prosseguiu:

– Mas não te preocupes... como eu já te disse antes, meu marido, quero-te bem vivo, aqui comigo. A morte seria uma bênção para ti!

Melinda esticou a mão até alcançar a concha, e mexeu o ensopado. Novamente, inspirou o ar, e disse:

– O cheiro está delicioso.

Thiago empurrou a cadeira para trás com os pés, de forma tão bruta que o movimento do móvel riscou o chão de madeira. Os escravos ali presentes se assustaram com o barulho. Sem voltar o olhar para a esposa, ele deixou o recinto a passos largos e pesados.

Melinda permaneceu sentada, saboreando mais uma vez o prazer de ver aquele homem sendo torturado e de modo tão simples. Inspirou o ar e fez um sinal para os escravos, que não compreenderam. Com um gesto carinhoso, ela indicou-lhes as cadeiras:

– Sentai-vos e servi-vos. Há muita comida, deve dar para todos comerem. Chamai os demais escravos.

– Mas, sinhazinha, não fica bem... – protestou Isolda.

– Eu estou dando uma ordem, Isolda, quero que façais a refeição aqui comigo.

Os demais escravos da casa foram chamados e se juntaram aos outros à mesa, provando de pratos que jamais haviam comido em toda a vida, enfadando seus paladares alegremente.

Thiago entrou em seu quarto atônito, literalmente apavorado com a hipótese de haver veneno na comida. Não, ela não chegaria a esse ponto. Se bem que ela não tinha nada a perder. Por outro lado, seria-lhe muito arriscado. Meu Deus! Ela não seria capaz. Não, jamais! Discutia ele consigo mesmo.

Estava suando frio de tensão e de fraqueza. Estava faminto. Precisava urgentemente sair para comer alguma coisa. O ideal seria, a partir daquele momento, fazer as refeições somente fora de casa, para sua segurança.

Quarenta minutos depois, ele tomou coragem para deixar o quarto e sair em busca de um botequim que servisse uma boa refeição.

Na sala, Melinda estava muito entretida na leitura quando ouviu os passos do marido descendo as escadas.

– Senhor meu marido?

Ele parou de costas para ela.

– Volta cedo, tenho planos para ti esta noite.

Percebendo que estava livre para partir, Thiago saiu apressado.

A noite já ia alta e havia uma grande calmaria no ar quando Thiago voltou para a casa. Fez tudo o que pôde para retardar sua volta, procurando ocupar-se com entretenimento dos mais diversos tipos. Mas, como já percebera anteriormente, o tempo gasto com entretenimentos passa voando, enquanto ocupado com obrigações e chateações parece perdurar mais.

Ao entrar no seu quarto, encontrou Melinda aguardando por ele. Notou de imediato um olhar matreiro, só então lembrou-se do que ela dissera pouco antes de ele sair: "Volta cedo, tenho planos para ti esta noite".

Os cabelos negros e ondulados da moça estavam cuidadosamente penteados. A maquiagem acentuava o contorno dos olhos, além de transformar seus lábios num objeto de fantasias masculinas.

Thiago sentiu uma fisgada no fígado e uma pontada no coração ao indagar ao léu: "Que planos seriam aqueles?!". O sangue então afluiu ao seu rosto. Seus olhos tornaram-se frios, enquanto os da esposa sobre ele estavam quentes, em brasa.

Astuto, preferiu ignorar a presença da esposa ali sentada na poltrona, como se fosse uma rainha. Tirou a roupa e vestiu o pijama. Sua tranquilidade era só aparente, seus pensamentos vibravam confusos.

O belo jovem teve a sensação de que seu peito e seu estômago estavam sendo esmagados. Uma vermelhidão brilhou intensamente em sua cabeça e em seus olhos castanho-escuros. Havia medo genuíno e ódio, e a mistura desses dois sentimentos acarretava crueldade.

Melinda sorveu sua bebida, examinando o marido por sobre o copo. Ainda enquanto a bebida queimava sua goela, ela o alertou:

– Cuidado, meu marido, posso ler teus pensamentos...

O esposo ia responder, mas parou. Recusou-se a permitir que aquele tom provocador aborrecesse-o ainda mais. Ele apenas deu de ombros, zombando dela com o olhar. As palavras de Melinda a seguir, espantaram-no profundamente:

– Vou te propiciar a melhor noite que já viveste com uma mulher em toda a tua vida, e para todo o sempre.

Após soltar um riso curto, ela acrescentou:

– Sabes, não foste tu que me desvirginaste. Eu forjei o sangue para que pensaste que foste o meu primeiro homem.

Ela interrompeu-se novamente para rir efusivamente. Depois, ergueu ligeiramente o tom, e prosseguiu no monólogo:

– Foi um alemão que me tirou a... que me quis de qualquer jeito, e eu também o queria, não pelo dinheiro, não... apesar de duvidar que sem ele, o ricaço mantivesse todo aquele encanto, mas, é melhor nem pensar... Enfim, eu tinha apenas quinze anos. Foi o dia mais encantador de minha vida. O dele, já não sei. Creio que foi também, mas ele só me quis para se aproveitar de mim, cortejou-me até conseguir seu objetivo: tirar minha virgindade e depois... bem, depois deve ter seguido atrás de outra virgem inexperiente e tola para...

Melinda engoliu o que ia dizer ao fazer um gesto de enfado. À medida que ela desabafava, Thiago não podia esconder a revolta e a dolorosa surpresa. Ela prosseguiu:

– Após o pulha sumir, desaparecer, deixar-me quase definhando de ódio, continuei a investir em outros homens, mas não conseguia conter minha vontade de ir para cama com eles... meu fogo denunciava quem eu era e logo eles me dispensavam. Logo ganhei má fama na sociedade... Mas, sinceramente, nada me atraía mais do que me entregar aos homens, ser imoral... cheguei à conclusão de que só me restava trabalhar num bordel, ser literalmente uma prostituta da noite, estava totalmente decidida a isso, mas foi por meu pai que eu mudei de ideia... seria desgosto demais para ele. Já vinha sendo carcomido pelo desgosto da falência... Vi, então, que o melhor a se fazer era sumir daquelas terras e aqui estou eu. Melinda Florentes... Amorim.

Nem bem terminou a frase, Melinda rompeu numa gargalhada maligna.

– Aqui estou eu, pronta para fazer o papel de esposa, como poucas são capazes de fazer. Impregnar-te do mais soberbo e sublime amor. Só que desta vez... desta vez, meu marido, quero que ejacules dentro de mim... como deve ser.

Thiago teve de conter com grande esforço, mais uma vez, o impulso de querer arrebentar com seus punhos aquela mulher sentada à sua frente, que naquele momento começava a fazer gestos obscenos com a mão e a ponta dos dedos pelo corpo. Melinda, a bela e angelical moça de berço e de modos finos, parecia agora uma rameira profissional.

– Vem cá, vem... Possui-me!

Parado diante dela, Thiago amarrou ainda mais a face, embebido em seus próprios pensamentos. A jovem esposa tomou a cachaça que restava em seu copo, com trejeitos masculinos, e, ao sentir o líquido descendo, queimando sua garganta e incendiando-lhe o estômago, enlevou-se. Ainda sob deleite, tornou a repetir num tom provocante, sensual e enlevado:

– Vem cá, senhor meu marido. Vem cá...

Thiago pensou em deixar o quarto naquele instante. Ao perceber a intenção dele, ela o alertou:

– Aquele escravo está aí fora, ordenei que ele guardasse a porta assim que te visse entrares no quarto. Por essa razão, nem penses em atravessar a porta, se quiseres manter teu rostinho lindo intacto e... – ela passou a língua pelos lábios, antes de acrescentar num tom provocador – e teu corpinho invicto!

Novamente, Thiago sentiu a aproximação do acesso insano de raiva punitiva começar a apoderar-se dele, e rapidamente tentou conter-se, respirando fundo. Melinda observou com satisfação os nervos do marido começando a se desintegrar, suas mãos trêmulas a se contraírem cada vez mais, e a expressão desvairada nos olhos esbugalhados.

– Despe-te! – ordenou ela, concupiscente.

Ele bufou e murmurou entre dentes:

– Tu não passas de uma cortesã de luxo desprezível!

Imperturbável, Melinda afastou uma madeixa teimosa que insistia em cair sobre seus olhos, ao dizer:

– Sou tão desprezível quanto tu, somos o espelho um do outro. Eu já te disse isso. Agora te despe! Não gosto de esperar...

Uma campainha de advertência soou no cérebro de Thiago, alto o suficiente para fazê-lo obedecer e atender o desejo da mulher. Assim, despiu-se como ordenara a esposa. Levou-se atordoado até a cama e deitou-se, transformando-se numa massa inerte e trêmula. Ela foi até ele, caminhando como se flutuasse, com seus longos cabelos negros balançando levemente.

– Estás tenso, pobrezinho... Precisas relaxar. Vira-te de bruços.

O belo rapaz virou-se prontamente para seu próprio espanto, o que fez a esposa crer que ele já não dominava mais suas faculdades mentais. Ficando com o rosto virado para baixo, a testa se comprimiu contra o lençol e ele mal respirava.

– Acalma-te, senhor meu marido. Vou fazer com que relaxes!

As mãos de Thiago se fecharam convulsivamente e seu rosto se contraiu ao dar seu parecer:

– Tu és podre! – rosnou com escárnio – como não percebi isso antes? Como pude ser tão cego?

– O mesmo digo eu... o mesmo digo eu, grandioso Thiago Lins Amorim. Um homem por mais que se considere esperto, e o seja de fato, jamais o é diante dos meandros de uma mulher. Agora te aquieta e relaxa.

A esposa cravou as mãos delicadas no trapézio do rapaz e começou a acariciar os músculos extenuados. Naquele instante, o jovem de beleza exuberante só teve uma vontade: diluir-se por inteiro para escapar das mãos que lhe eram repugnantes. Em vez de relaxá-lo, os carinhos o deixaram mais tenso, atônito e suando em profusão.

Ele sentia-se mal, pessimamente mal com aquela mulher ordinária sobre ele, tocando-o com suas mãos por toda as suas costas nuas. Era vergonhoso, humilhante. Os dedos dela pareciam-lhe garras a rasgar-lhe o corpo e até mesmo sua alma.

Melinda parecia assistir a tudo aquilo com um prazer infindável, surreal. Ela massageou todo o corpo do marido por inteiro, sem poupar qualquer região. Então, pediu a Thiago para virar-se para a frente. Submisso, ele obedeceu e sentiu um arrepio pavoroso atingir-lhe dos pés à cabeça ao deparar com os olhos da esposa, que mantinha um olhar provocante e sensual sobre ele, quase um olhar hipnótico.

Ela umedeceu os lábios com a ponta da língua, levou a boca até a dele e o beijou. A boca dele tinha um gosto salgado, era de raiva, ela notou. Ainda assim, forçou o beijo até juntar totalmente seu corpo nu ao dele e começar a boliná-lo. Por mais que Thiago travasse a boca e se proibisse se excitar com aquela mulher, logo notou que sua carne era fraca. Quando o assunto era sexo, ele não sabia se conter, nem mesmo diante daquela que considerava o demônio em pele e osso. Ao menos, ele acreditou ser essa a real razão para o seu excitamento.

Thiago entregou-se ao sexo de forma abrupta, como se seu corpo fosse um açoite a punir a odiosa mulher. Em êxtase, ela aproveitou para beijar-lhe a boca rubra, repetidas vezes. Naquele estado atordoado, as defesas de Thiago evaporaram-se, e ele rendeu-se às carícias.

As bochechas de Melinda estavam coradas e radiantes, os olhos brilhavam, a boca se contraía num pequeno sorriso infantil, enquanto ele fazia amor com ela.

Ao terminarem o ato sexual, ele saiu de cima dela, como se estivesse arrastando-se todo enlameado para fora de um esgoto. A expressão em seu rosto não era bonita de se ver. Procurou por um lençol para se cobrir, mas Melinda logo puxou o pano de cima dele, astutamente. Thiago sentiu-se como se estivesse sendo exposto nu num leilão de escravos. Acabrunhado, encolheu-se na posição fetal. Melinda, por sua vez, sentia ainda o êxtase ecoar dentro de si, tão forte era a sensação que transparecia em seu rosto.

Ela frisou os olhos sobre ele, sem desviar, e quando se viu no momento julgado oportuno, perguntou ao marido, numa voz firme, o que havia tempos queria perguntar:

– Quem é ela, Thiago?

O marido se agitou por baixo de sua pele macia, como acontece com o cavalo quando atingido levemente pelo chicote. Seus olhos, bem como sua face, tornaram-se estranhamente roxos. A reação dele a agradou, e novamente ela o instigou:

– Quem é a mulher que te faz perder a cabeça? A ponto de tu evitares, cuidadosamente, desde que te casaste comigo que eu engravide de ti? Diz-me, quem é ela? Prometo que guardo segredo. Levo-o comigo para o túmulo!

Naquele instante, pareceu que a pele do rosto de Thiago fosse cair e diluir-se em pó. Era como se tivesse sido atingido à queima-roupa. O olhar não pôde esconder o brilho traidor e revelador. Rouco, protestou:

– Não me irrites, Melinda!

A seguir, virou o rosto para o lado, com os olhos semicerrados, apreensivo. Seus olhos agora estavam frios e sem direção determinada. Sua reação estimulou ainda mais a esposa a cutucá-lo, que insistiu, taxativa:

– Quem é a mulher por quem sofres calado?

Os olhos de Thiago se arregalaram, até o branco aparecer totalmente em torno da íris, a respiração por pouco não cessou e o corpo ficou fatigado. As faces se avermelharam por prender a respiração. Melinda ficou ali, ansiosa pela resposta, crente de que ele a daria. Sim, ele tinha de dar-lhe.

Seus lábios mexeram-se como se fosse dizer alguma coisa, mas logo se travaram. Seu rosto, então, tornou-se novamente inexpressivo e apático. Tudo o que fazia era apertar a beirada do lençol com os dedos.

Melinda passou a exibir um pequeno sorriso, ou melhor, uma insinuação de sorriso. Tocar naquele assunto com o marido a aborrecia profundamente, a ponto de fazê-la transpirar de ódio.

Em diversos momentos, a esposa teve a sensação de que podia sentir a presença da mulher por quem Thiago jurara amor eterno, ali no quarto, interpondo-se entre eles. A chama impetuosa que se acendera nela apagara-se, e seu rosto, antes empinado, vergou-se na depressão.

Numa voz rouca, ela falou:

– O amor para algumas pessoas é uma emoção que mutila, sabias? M-u-t-i-l-a!

Thiago ainda mantinha-se consciente naquele momento delicado. Fingindo-se de forte, mesmo que por dentro já houvesse se desfeito em meros cacos.

Melinda acrescentou com aspereza:

– Tu és um homem mutilado. Será que não vês?

Os corações de ambos se contraíram, parecendo subir-lhes até a garganta.

– Tenho pena de ti, muita pena... Não deverias nunca ter abandonado a mulher que tanto amas. A mulher de tua vida, nunca...

Ele baixou as pálpebras, atarantado. Não conseguiu conter as lágrimas em erupção.

– Eu jamais... jamais abandonaria o homem que amo... Jamais! – Melinda cortou prontamente o restante da frase, por sentir que devia parar de falar, baixou os olhos para o nada, mas tornou a erguê-los momentos depois, e acrescentou: – A vida é como uma aquarela e nós somos um pincel, sabemos quais são as cores que ela nos oferece e podemos misturá-las para gerar assim novos tons para pintar a grande e vasta tela de nossa vida. Cabe a nós escolher com quais cores queremos pintar a tela de nossa vida, ela tornar-se-á bonita ou feia conforme nossas escolhas. Uns escolhem as cores quentes e pintam uma vida alegre e mais feliz. Outros se veem atraídos pelas cores frias, não conseguem libertar-se delas por mais que queiram mudar, e pintam a tela de sua vida do começo ao fim no estilo natureza morta... escura, acinzentada, melancólica e fúnebre.

Ela continuou a falar até que o ronco de Thiago chamou-lhe a atenção, fazendo-a perceber que ele havia adormecido. Ela, então, levantou-se e foi até ele contemplar seu rosto adormecido. Mesmo adormecido, ele era bonito, lindo de morrer, lindo de viver. Despertava nela uma vontade louca de se infiltrar no corpo dele, fazer parte dele e como um poeta diria: mergulhar no seu corpo até afogar-se nele e ser salva por ele.

Era melhor apagar dentro de si o mais rápido possível a chama da suspeita, ordenou a si mesma rapidamente. A suspeita de que amava aquele homem crápula, perdidamente. A frieza desapareceu de seus olhos, substituída pela tristeza. Ela queria perfurar o coração inviolável de Thiago para descobrir o nome da mulher que o amarrara a um amor tão forte, capaz de sobreviver além da morte.

Melinda queria mais que o nome, ela queria entrar no coração de Thiago para apagar aquela lembrança dali para a eternidade. Sua boca espumou estranhamente, e ela a limpou em seu antebraço.

Voltou novamente o olhar para o marido estirado na cama, adormecido, respirando pesadamente. A nudez dele a atraía, como um ímã atrai o metal. Ela levou seu corpo nu até a cama e, satisfeita, ajeitou-se lá, como uma gata se ajeita no seu canto favorito. Mais uma vez, sentiu-se atraída a admirar a nudez de Thiago, e, quando o fez, sentiu um arrepio, não de prazer, mas de premonição, como se aquele corpo fosse ainda, cedo ou tarde, providenciar-lhe um passaporte para o inferno. Melinda puxou o lençol sobre seu corpo e tentou adormecer.

Thiago acordou, esfregou os olhos, sonolentos e espreguiçou-se. Sentia-se mais disposto e menos tenso. De repente, um suspiro repentino se deu no quarto. Ele olhou para o outro lado da cama, perplexo. Melinda estava ali deitada ao seu lado, como uma princesa. O peito dela subia e descia sem parar. O rosto da moça se iluminou de prazer ao ver os olhos do marido sobre ela. Quando os olhos dos dois se encontraram, ela fez um gesto de risonha acolhida.

Logo, o marido transformou-se em uma nuvem negra e carregada. Em voz baixa, ele resmungou alguma coisa que a esposa não compreendeu, enquanto empurrava o lençol para levantar-se. Dirigiu-se nu para os fundos do quarto e pôs-se a vestir-se.

Melinda permaneceu ali deitada, sorrindo consigo mesma, enquanto admirava o físico bem delineado do esposo. Então, cantarolou uma quadrinha que inventara na hora, tal como uma repentista:

"Ele a odeia, mas excita-se com ela!
Ele quer vê-la morta!
Mas só sabe matá-la de amor!"

A respiração presa irrompeu roucamente na garganta de Thiago. Virando-se subitamente, saiu do aposento, parecendo um zumbi. A porta do quarto bateu com estrondo. Mesmo do *hall,* ele ainda pôde escutar a gargalhada zombeteira, pedante e triunfal da esposa.

Ela adorava o modo como ele simplesmente aceitava ser-lhe submisso. Era incrível a que ponto alguém chegava para manter as aparências e conseguir herdar uma bela fortuna. Melinda riu de suas próprias conclusões. Levantou-se e, por instantes, bailou pelo quarto nua, sentindo-se uma nova mulher.

No dia seguinte, Thiago acordou mais tarde que o habitual. Ao consultar seu relógio de bolso, espantou-se, ao ver que já era quase hora do almoço. Vestiu-se com esmero e gostou do que viu no espelho: seu rosto já estava novamente normal. Os hematomas da surra, que levara, haviam desaparecido por completo.

Ao chegar ao andar de baixo, encontrou Vicente, um dos escravos, parado ali em frente à porta que dava acesso para a rua. Ao tentar atravessá-la, o escravo se interpôs em seu caminho.

– Eu sinto muito, sinhozinho, mas tenho ordens para não *deixá vosmecê sai.*

– Tu sabes com quem está falando? – berrou Thiago, enfurecido – sai da frente agora, estou mandando! Sai!

Dirigiu-se então, para a copa da casa descontrolado, quase fora de si.

Assim que entrou no local, impressionou-se com o que se desenrolava no recinto. Sua surpresa foi indescritível. Ele bateu com os punhos fechados sobre um dos móveis, tomado de cólera.

– O que está acontecendo aqui? O que essa *negraiada* suarenta e fedida está fazendo sentada a essa mesa? Minha mesa!

Os olhos de Melinda brilharam estranhamente. Ela disse:

– Não levantes a voz para mim, compreendeste? Muito bem... quanto ao que essa gente faz sentada à mesa... ora, senhor meu marido, eles vão almoçar conosco. Sabes... sempre achei essa mesa muito vazia... agora, não mais! Senta-te. Estávamos aguardando-te para que te juntasses a nós... senta-te! – caçoou Melinda.

Deliciando-se com a face chocada do esposo, Melinda acrescentou, impondo uma ternura exagerada na voz:

– A comida está uma delícia... mandei até fazer aquele prato de que tanto gostas, só para ti, vem, prova-o.

Incrédulo, Thiago protestou:

– Isso não há de ficar assim, Melinda. Não há, estás me ouvindo?

– Está bem, está bem, senhor meu marido, mas agora senta, estamos todos famintos.

Quando Thiago ia se servir, a voz de Melinda soou ardida e aguda:

– Hã, hã... seu prato não é nenhum destes!

As pupilas dele dilataram-se de pavor diante das palavras da esposa que o desarmaram de vez. Tudo o que conseguiu dizer, e num tom opaco, foi:

– Como podes ser tão desprezível?

Melinda deu de ombros e revidou:

– Assim como tu és uma criança mimada. Já te disse isso, não?

Uma expressão evidente de ansiedade estampou-se no rosto do esposo, mas foi ligeira, depois sua face tornou-se enrugada, os olhos esbugalharam-se, brilhando freneticamente, míopes, desesperados e febris. A mão direita, ossuda e forte, contraía-se sobre a mesa. Engoliu em seco várias vezes, antes de dirigir palavras à esposa, e quando o fez, foi numa voz rouca, áspera, como se a garganta estivesse contraída:

– Tu me enojas!

Melinda olhou com desdém:

– Vais gastar todo o teu repertório de palavras para tentar descrever-me... espero de coração, querido, que teu vocabulário seja vasto para poupar meus ouvidos de repetições... não gosto de ouvir os mesmos adjetivos todos os dias. É entediante...

Isolda trouxe o prato preparado especialmente para Thiago, e pôs na frente dele. Ele engoliu seco.

– Deste prato só tu provarás! Sirva-te à vontade! – disse Melinda.

O marido ficou parado, olhando fixamente para o prato, e logo se viu transpirando friamente de pavor. E se a comida estivesse envenenada, não teria como salvar-se, não conseguiria deixar aquela casa para pedir socorro. O jeito era não comer.

Adquirindo um tom carinhoso, Melinda o encorajou:

– Vê como está suculento e saboroso. Agora vamos, abra a boca, só uma garfada é o suficiente. Só um bocadinho que tu comas vai me satisfazer.

Thiago mantinha-se parado com o olhar preso ao prato. Tomado de pavor, avermelhando-se cada vez mais. Melinda, por sua vez, sorria febrilmente.

– Podes comer sem preocupação, mesmo que esteja envenenado. O que é o veneno para uma pessoa que sempre esteve disposta a "vender a alma para o diabo" em troca de dinheiro e poder? Se estiver envenenado, tu sobreviverás, pois é difícil envenenar um demônio, já que eles são envenenados por si mesmos. Agora, prova!

– Manda um escravo provar! – explodiu ele, avermelhando-se como um pimentão.

– Não quero perder meus escravos tão belos e fiéis. Já levam uma vida de cão, não quero que morram como um – respondeu Melinda prontamente, imprimindo o máximo de ternura e complacência na voz.

O rosto de Thiago pareceu começar a derreter, como se derretem os rostos de cera diante de uma fornalha.

– Agora, prova! – bramiu Melinda, jogando fora a postura angelical. Sua voz agora se tornara cortante como uma lâmina afiada na pedra.

Thiago transpirava forte como se estivesse acometido por uma forte febre. Levou a colher diversas vezes à boca, mas não conseguia fazê-la atravessar seus lábios. Por fim, debicou um pouco do suflê com a sensação de que comia cru um órgão de um ser humano.

– Delicioso, não é? – murmurou Melinda para provocá-lo, realizando como sempre seu maior prazer, incitá-lo ao ódio.

– Tu gostaste, não gostaste? Todos podem ver! – acrescentou ela, sarcástica.

Thiago engoliu mais um tiquinho do suflê, enojado. Sentiu ânsia, por pouco, não vomitou.

– Prova mais! – insistiu Melinda, garbosa.

Os olhos do marido arregalaram-se, e lágrimas começaram a escorrer por seu rosto, tanto quanto o suor. Sentia seu coração bater célere e as têmporas latejarem penosamente.

– Prova mais! – insistiu ela, enchendo o prato do marido de generosas porções.

O rosto de Thiago começou a tomar um aspecto esverdeado. De repente, ele levou a mão à boca para segurar o vômito, que pressentiu estar prestes a atravessar sua boca. Saiu da sala em desespero.

Melinda desatou a rir, chacoalhando-se toda. Então, recompondo-se, pôs-se a comer seu prato favorito, saboreando com delicadeza tanto a comida como o aroma.

Durante os dias que se seguiram, Thiago se viu diariamente diante do mesmo drama. Mal conseguiu engolir o pouco de comida que punha no prato, sempre prestes a vomitar. Diante daquela tortura diária, Melinda, certo dia, comentou:

– Deves ter mesmo cuidado com o que comes, afinal, não podemos confiar em ninguém. Em ninguém... – salientou ela.

Voltando-se para ele, forjando-se meiga, acrescentou num tom cuidadoso:

– Decerto que confio no senhor meu marido. É a pessoa mais transparente que conheci em toda a minha vida... É lógico que só vim a perceber isso de uns tempos para cá. No início, por mais que tentasse enxergar sua alma, a sua beleza física me ofuscava a visão.

Ela suspirou:

– A beleza... a beleza física ofusca a visão de todos... confunde nossa percepção, embaralha nossos sentidos, impede-nos de ver a índole e o caráter de uma pessoa...

Ela novamente fez uma breve pausa antes de prosseguir:

– Às vezes pergunto-me: "Por que Deus deu tanta beleza a pessoas que não valem dez *mil réis*? Por quê?". A aparência física deveria ser uma extensão da beleza interior de uma pessoa. Se o caráter e a índole do indivíduo fossem verdadeiramente dignos, ela seria fisicamente bela. Quando não, feia, horrenda, pegajosa e disforme.

Outra pausa se deu até que ela voltasse a falar:

– Talvez... talvez Deus tenha agido certo... deu a beleza a essas pessoas de esterco por um bom motivo... para lembrá-las, ao verem-se diante do espelho, que elas devem igualar o seu interior àquela beleza física.

A jovem mulher, cuja voz vibrava em entonações suaves, silenciou-se por instantes. Ficou a olhar para o nada, embebida de seus próprios pensamentos e reflexões.

De repente, num estalo, ela pareceu retomar sua vitalidade habitual, e perguntou:

– Como ficas de barba?

A pergunta adensou o estado deplorável de Thiago. Embora seu rosto não tivesse se alterado, seu olhar delatava seu desespero agravante.

– Eu te fiz uma pergunta...

Com descaso, ele mentiu:

– Nunca usei barba!

– Bigode?

Ele travou o maxilar, balançando a cabeça negativamente.

– Cavanhaque?

Ele soltou um suspiro longo e irritado.

– Quero ver...

Ele franziu a testa.

– Quero ver como tu ficas de cavanhaque... – prosseguiu ela, saboreando as palavras.

Num ímpeto, a raiva contida de Thiago explodiu.

– Nunca! Nunca!

A voz do marido elevou-se num agudo protesto, tornando-se cada vez mais e mais histérica. As palavras de protesto tornaram-se incoerentes. Melinda permaneceu numa quieta inescrutabilidade, pensativa.

De repente, ele calou-se e sua expressão mudou. A avidez e a revolta se foram. Ele novamente se viu amedrontado, como sempre, diante da esposa, e seu corpo baqueou. Enxugou os olhos e aquietou-se de vez.

A voz de Melinda, então, soou no recinto:

– Eu gosto! Excita-me ver-te perder o controle!

Ele manteve os olhos fixos no prato.

– Se já é excitante vê-lo assim neste estado, deve ser altamente excitante vê-lo perder totalmente o controle...

Virando-se, instantaneamente, após ela terminar a frase e, com uma voz impregnada de ódio, Thiago a desafiou:

– Não me tentes, Melinda... não me tentes! Se eu perder todo o meu controle, eu te mato. Eu te mato com prazer!

Ela sorriu felinamente e voltou a comer.

Neste dia, quando o marido ia levantando-se da mesa, a voz de Melinda o deteve:

– Aguarda-me na sala, por favor.

Quando ela se juntou ao esposo, trazia consigo alguns papéis e um sorriso gracioso. Aquilo nas mãos da esposa chamou a atenção de Thiago, que logo descobriu o que era:

– Perdeste o juízo de vez? Enlouqueceste? – ralhou ele, abobado.

– Não, senhor meu marido. É que de repente senti-me condoída, com uma vontade de fazer o bem ao próximo, e, bem... resolvi, ou melhor resolvemos, tu e eu, alforriar alguns escravos.

Baixando a voz, ela acrescentou solene:

– Quero me livrar de alguns deles também porque enjoei dos seus rostos.

– Não assino nada, nem que seja por cima do meu cadáver! – rosnou Thiago, crispando as mãos nervosamente, e negando com a cabeça, como se tivesse um tique nervoso.

– Por favor, não me tentes! Não há motivos para te arrufares assim... – sussurrou Melinda, morbidamente – vamos, uma assinaturazinha só e verás um sorriso lindo resplandecer no rosto dessa gente miserável...

– Nunca!

– Põe-te no lugar deles, ao menos por um minuto, e vê o quanto aclamarias pela alforria. Na verdade, implorarias!

– Jamais vais fazer-me...

– Ô... ô... ô... não me obrigues a fazer o que pode te prejudicar. Além do mais, comprei mais escravos para nos atender. Gente nova, mais viçosa!

Thiago engoliu em seco, sem saber o que fazer. Melinda puxou a cadeira da mesa para ele se sentar. Subjugado pelo olhar imperioso da mulher e pela força das circunstâncias que contra ele conspiravam, não pôde mais escusar-se e, fez, então, o que ela mandava, sobrepujando todo o ódio.

A esposa pôs uma pena na mão do marido e o tinteiro ao seu lado, e então começou a dar-lhe as cartas de alforria para assinar. Foi com a respiração suspensa e febricitante, e com a cabeça tomada de um turbilhão de desejos de vingança, que ele atendeu àquela ordem. Depois, ela chamou cada um dos escravos na sala e lhes revelou o que fez. Apupos de alegria cortaram o ar. Todos estavam pasmos. Antes, porém, de deixarem o aposento, Melinda fez um lembrete a eles:

– Não agradecereis sinhozinho Thiago? Ele ficaria encantado em receber um abraço de cada um dos homens e um beijo no rosto de cada uma das mulheres.

Thiago levantou-se abruptamente e passou por todos, pisando duro e de maneira fugaz. Melinda rompeu numa gargalhada histérica e maligna e, ao voltar-se para aquela gente ali com um sorriso que lhes ia até a alma, falou alto e em bom tom:

– Vamos celebrar!

Naquela tarde, Melinda seguiu mais uma vez somente na companhia do cocheiro para a rua do Valongo, onde era feito o leilão de escravos. A jovem ficou chocada ao ver que não era a única mulher da sociedade a comprar escravos; havia muitas outras ali, vestidas tal como se fossem para um sarau ou um recital na Corte ou no palácio real. Mais chocante que a humilhação daqueles escravos ali à venda, estando muitos deles seminus, era o modo como essas mulheres os compravam, com a mesma indiferença que se comprava um animal.

Num fim de noite, semanas depois...

Thiago estava de testa franzida enquanto andava de um lado para o outro pelo quarto, pensativo, com o coração opresso, consternado com sua situação. Sentia-se novamente derrotado pelo destino, o odioso destino, mas ele não se renderia com facilidade.

– Tenho de encontrar uma saída... – murmurava, enquanto suas mãos espargiam.

Diante da janela, ele parou. Seus olhos se dirigiram até as estrelas e ali repousaram por instantes. A visão trouxe a mãe à sua memória. A mãe que tanto amara e que partira tão cedo de sua vida. Se ela ao menos ainda estivesse viva, poderia ajudá-lo. Com quem mais ele contaria senão com ela, não tinha mais ninguém sobre a Terra em quem confiar, ao menos alguém que considerasse realmente confiável.

Um burburinho de vozes despertou Thiago de seus pensamentos. Eram os negros fazendo suas orações em seus aposentos. Ele saiu discretamente e em profundo silêncio de seu quarto, e caminhou até a cozinha. Abriu a porta com o mesmo cuidado para não despertar a atenção de ninguém, e caminhou até as imediações do grande quarto que abrigava os escravos. Antes, porém, observou a noite, que estava altamente escura. Uma estrela brilhava tão intensamente que parecia arder. O ar estava pesado, calorento, parecendo ser uma extensão do seu interior.

Ao chegar perto do quarto dos escravos, Thiago ficou ali, incógnito, ouvindo o que eles diziam. Era surpreendente, espantoso para ele encontrar pessoas tão miseráveis quanto aquelas, mantendo a fé.

Deus? Thiago não podia nem ouvir falar nessa palavra. Sentia profundo ódio das pessoas que acreditavam Nele. Considerava-as cegas e débeis. Onde já se viu acreditar em um Deus que nunca se viu? Para ele, aquilo era inadmissível.

Havia um fato irrefutável naquilo tudo, ele, Thiago, tornara-se tal como um escravo preso nas mãos de Melinda. Só que no caso dele, a situação era ainda pior, pois sua alforria só seria obtida com a morte da esposa. Seus planos haviam se transformado num hediondo espantalho.

A oração dos negros entrou em seus pensamentos, dissipando suas reflexões, e fazendo-o perder a noção do que pensava, de onde estava, e o que desejava por alguns bons minutos.

Sentiu em seguida um agradável calor invadir seu corpo rijo e dilacerado. As energias, pesadas com as quais voluntariamente envolvera-se, foram afastadas mesmo que temporariamente pelas evoluções daquela gente humilde.

As orações e o canto dos negros foram como um lenitivo para sua angústia. Ao voltar para o seu quarto, Thiago descobriu-se mais sereno e mais calmo. Encostou novamente seu rosto no travesseiro macio, sentindo-se mais leve.

Notou que a lua atravessava a janela e banhava parte do seu corpo coberto pelo lençol. Aquilo apaziguou ainda mais seus pensamentos confusos e atribulados, permitindo-lhe ingressar no mundo dos sonhos de forma mais serena.

Novamente, o sono saudou Thiago com sonhos com Maria Eduarda. Sonhos de puro prazer, dos quais não queria nunca mais acordar.

Ele despertou pela manhã pensando nela. Passou, na verdade, mais um dia todo com ela em seus pensamentos. Podia até em certos momentos sentir seu perfume, o cheiro inconfundível de sua pele, seu olhar cristalino e reconfortante a olhá-lo.

Assim que teve a oportunidade de esgueirar-se das garras de Melinda, Thiago foi visitar a "mãe". As lembranças que tivera da mãe verdadeira na noite anterior lhe fizeram sentir saudades da mãe que adotou pela mentira. Queria ouvir sua voz, receber seu carinho, o que Alzira sabia dar, tal e qual sua mãe de sangue, ou talvez até mais que ela. Ele não podia determinar, uma vez que as lembranças e sensações que teve ao lado da mãe verdadeira perderam-se de sua memória ao longo do tempo.

Alzira percebeu de imediato que o filho estava carente e queria colo. Ela encostou a cabeça dele em seus ombros e fez-lhe um cafuné.

– Está tudo bem entre Melinda e ti? – perguntou Alzira, um tempo depois.

Thiago sentiu duas mãos apertarem seu pescoço, forçando-o a dizer a verdade, toda a verdade, mas, num supremo esforço, conteve-se. Não podia fraquejar, não depois de tudo o que passara para preservar suas mentiras. A mãe se preocupou, conservou-se quieta por instantes, e depois insistiu mais uma vez na pergunta:

– Tens certeza de que está tudo bem entre Melinda e ti?

– Sim, mãe, está tudo bem entre nós. Por que não haveria de estar? – respondeu, procurando dar um tom despreocupado à voz.

– Talvez precisas fortificar teu lado espiritual, meu filho.

Só Deus nos ilumina. Só Deus nos mostra o caminho. Não só podemos, mas devemos contar com Ele.

Thiago deixou a casa da mãe e foi direto para o seu lugar favorito em todo o Rio de Janeiro, o Jardim Botânico. Enquanto caminhava por ali, um casal de namorados felizes prendeu sua atenção. Novamente, Maria Eduarda ressurgiu em seus pensamentos. Era assim que era para ser sua vida, exatamente como a daquele casal, nos mínimos detalhes. No entanto, ele agora parecia ter um oceano imenso, distanciando-o daquela vida apaixonante com a mulher de sua vida.

De repente, uma dúvida cruel estremeceu seu coração: estaria Maria Eduarda ainda esperando por ele? Ou teria ela se casado com outra pessoa? Só de pensar naquilo, seu estado emocional debilitou-se ainda mais.

Quando voltava para casa, a carruagem de aluguel passou em frente à Santa Casa de Misericórdia do Rio de Janeiro, colada ao Hospício Pedro II. Ao avistar o lugar, Thiago lembrou-se da tia. Era ali, até onde sabia, que ela havia sido internada. A tia, a tia por quem, desde quando bateu os olhos, não teve simpatia. Não gostou de seu olhar, profundo, penetrante, como se olhasse além dos olhos, enxergasse seus pensamentos, seus segredos e suas fraquezas.

De repente, um fio do passado ecoou em sua mente, a conversa que ouvira e tivera naquela tarde na casa da mãe a respeito daqueles que podem conversar com os espíritos dos mortos. Ele começou a repassar toda a conversa em sua mente durante o trajeto até sua casa. Aquilo era, sem sombra de dúvida, um total absurdo. Mortos que conversam com os vivos, vivos que podem falar com os mortos. Não, aquilo era fruto da mente imaginativa de uma pessoa, uma pessoa desmiolada. Só podia. Ninguém sobrevivia à morte, e aquilo era um fato para ele incontestável.

Thiago mal sabia que toda a paz que o Jardim Botânico lhe transmitira naquele final de tarde esvair-se-ia logo mais àquela noite. Melinda novamente lhe reservara mais uma surpresa. Ela o aguardava em seu quarto, disposta mais uma vez a fazer sexo com ele. Apesar de odiá-la profundamente por tudo o que lhe fizera e continuava a fazer, desmedidamente, não era sacrifício algum se deitar com ela para tal propósito. O corpo dela o atraía profundamente, tal como o ímã atrai o metal. Quando os corpos se encaixavam, suas partes côncavas e convexas se uniam, a sensação que ele tinha era a de que ambos faziam parte de um mesmo todo. Para Melinda a sensação não era menos diferente.

Como Melinda já havia observado, os iguais se atraem, mas só não sabia que atraem também espíritos desencarnados obsedados, que compartilham dos mesmos interesses e procedem com o próximo com as mesmas baixezas.

Naquela noite, após atingirem o clímax, ambos esqueceram o ódio que sentiam um pelo outro e como procediam um com o outro após o sexo. Adormeceram dividindo a cama como um casal de verdade.

Uma semana depois...

Thiago esperava encontrar qualquer pessoa na casa da mãe, exceto a esposa. Não conseguiu esconder o susto que levou ao vê-la ali sentada junto a Alzira, na sala de estar. O cenho do jovem imediatamente se fechou, mas logo seu bom senso lembrou-lhe de que deveria reagir sem alterações de comportamento, caso contrário a mãe poderia suspeitar de algo. Assim, ambos interpretaram o papel de casal perfeito, harmonioso e realizado, com maravilhosa supremacia.

Durante o almoço, a mãe perguntou:
– E para quando são os filhos?
Ouviu-se o barulho de uma colher tilintar no chão, que Thiago deixou cair.
Alzira lançou um rápido olhar para o filho. Rubro, Thiago desculpou-se:
– Desculpa-me.

A mãe sorriu e tornou a repetir a pergunta:

– E os filhos, vêm ou não vêm? Quero ter netos!

Thiago espantou-se com a dor aguda e repentina que aquela simples pergunta lhe causou. Melinda esticou sua mão direita até alcançar a esquerda do marido, que estava sentado à cabeceira da mesa. Ao tocá-la, ele estremeceu, enrubescendo novamente.

Sorrindo, Melinda ironizou:

– Teus netos chegarão muito em breve, dona Alzira. Muito em breve, esta casa estará lotada deles... não sei se Thiago lhe confidenciou seu maior desejo..

– Qual? – empertigou-se a senhora.

– Ele quer ter pelo menos cinco filhos...

– Cinco? É mesmo, meu filho? Nunca me disseste isso.

– Thiago é muito reservado, a senhora bem sabe. Leva tempo para se abrir com as pessoas, contar o que realmente passa no seu interior, falar de seus desejos e dividir seus segredos.

Ela pronunciou mais pausadamente a última palavra. Nesse momento, o jovem cínico e mentiroso ergueu seus olhos até a esposa. Melinda divertiu-se interiormente ao ver o que eles expressavam: ódio e fúria controlados.

– Que nomes dareis aos filhos? Já pensastes?

Ainda exibindo seu grande sorriso ensaiado, Melinda foi rápida em dar uma resposta:

– Se for um menino, eu gostaria de chamá-lo de... Breno...

– Breno? É um nome bonito.

O mesmo sorriso que Melinda ofertou à sogra, ofertou ao marido:

– Agora, estou lembrando-me. Breno... Não é o nome de teu irmão de criação, senhor meu marido?

Os olhos de Thiago não expressavam mais ódio agora, mas sim pavor, e aquilo divertiu Melinda ainda mais profundamente. Ela podia se deliciar com seu prato favorito, uma cachaça forte e encorpada e até mesmo com seus orgasmos, mas nada era tão prazeroso, divinamente prazeroso, arriscaria ela definir, do que provocar o rapaz de estonteante beleza, seu marido.

Após o jantar, Alzira entregou um embrulho à nora.

– Aqui está querida o que me pediste.

Thiago contraiu o rosto, apopléctico.

– Muito obrigada, dona Alzira. Nem sei como lhe agradecer. A senhora é como uma mãe para mim...

Aflito, Thiago não se conteve mais, e perguntou:

– O que é isso?

Alzira pareceu sem graça, em dúvida se deveria dizer ou não.

– Tua mãe... meu marido, gentil como sempre, ofereceu-se para me emprestar uma quantia em dinheiro...

– Dinheiro?!

Alzira encolheu-se, obviamente surpreendida com o tom de voz do filho. Ele sabia que deveria ter suavizado a voz, mas não conseguiu.

– Ora, senhor meu marido... de tão atarefado, deves ter te esquecido o que lhe disse a respeito do que aconteceu com meu pai.

Thiago franziu o nariz, balançando a cabeça em dúvida.

– Refiro-me ao assalto... roubaram todo o dinheiro que foi remetido ao meu pai pelos bancos europeus. Até que ele receba uma nova remessa de lá, tua mãe prontificou-se a emprestar-lhe uma quantia...

Voltando-se para Alzira, Melinda acrescentou:

– A senhora é formidável. Deus lhe pague.

– Não há de quê.

– Dizem que filho de peixe peixinho é, e é verdade. O senhor meu marido puxou em tudo a senhora... é puro coração, pura bondade, honestidade, caráter, índole, humanitarismo...

– É uma honra ser tua mãe – murmurou Alzira, emocionada, voltando-se na direção do filho.

Melinda acompanhou seu gesto:

– E uma honra ser tua esposa!

Thiago permaneceu quieto, mas seu coração por pouco não parou.

Ao chegarem em casa, Melinda murmurou:

– Estou insone.

– E eu com isso?

– Não é assim que um marido devotado à esposa deve responder.

– Exato. Acontece que eu não sou um marido devotado!

– Aprende a ser.

– Não me faças rir...

– Tu não me faças rir! Agora, pega aquele livro que está logo ali em cima, e lê para mim. Em voz alta e com boa dicção.

Thiago bufou, caturrista. Pegou o livro, ajeitou-se na cadeira e começou a lê-lo em voz alta.

– Repita outra vez esse trecho... gostei muito – disse ela, a certa altura.

– Para mim, chega! – berrou ele, arremessando o livro longe.

Thiago pôs-se de pé e, quando ia deixando a sala, Melinda falou:

– Não quero ficar sozinha aqui...

Ele deu de ombros.

– Vem... faz um carinho nos meus pés.

Thiago controlou o riso, mas vazou por seu nariz:

– Não me provoques, Melinda!

– Tu não me provoques, senhor meu marido. Agora vem... vem acariciar meus pés delicados!

Cedendo ao bom senso, Thiago atendeu ao pedido da esposa:

– Um pouco mais para o canto... isso... agora entre os dedos – dizia ela, com delicadeza.

Minutos depois, ela respirou fundo e desabafou:

– Muito bom. Agora me leva para o quarto.

Thiago simplesmente não respondeu, apenas franziu o rosto, como se tivesse comido uma fruta ácida e amarga.

– Não sejas deselegante. Carrega-me nos braços, vamos! – ordenou a esposa com falsa calma.

Sem ver outra saída, Thiago a levantou nos braços, porém teve o cuidado de manter a cabeça pendendo para o lado para não encarar a esposa. Seu semblante transparecia nojo, repugnância e asco. E tudo aquilo invadia Melinda de prazer. A cada degrau que subia, pensamentos mórbidos cresciam dentro de Thiago. Como que lendo seus pensamentos, Melinda fez um alerta:

– Nem ouses derrubar-me! Lembra-te que tenho alguém informado que se...

Ele se manteve calado, trincando os dentes. Após pô-la na cama, ele limpou suas mãos em suas calças e cuspiu no chão, enojado. Sem se deixar perturbar pelo gesto deselegante, a esposa falou cheia de melindres:

– Ainda estou insone.

Ele deu-lhe as costas.

– Já sei o que podes fazer para relaxar-me! – exclamou ela, num tom empolgado e sensual.

Suas palavras travaram os passos do marido. Pelo tom de voz, ele compreendeu onde ela queria chegar: fazer sexo com ele. Ele ia interrompê-la, mas Melinda silenciou-o com um gesto decidido.

– Ora... senhor meu marido, sei que tu gostas... vem...

Thiago voltou-se para ela, olhando-a com descaso. Com o mesmo descaso, ele falou:

– Uma mulher pode fingir o orgasmo e a vontade de querer fazer sexo com um homem... já um homem não. Quando ela não o excita, ele não se excita.

– É verdade... mas se eu não te excito, como explicas o teu excitamento das outras noites?

Melinda pôde ver o sangue subir e fervilhar por toda a face do marido. Num repente, ela atreveu-se novamente a perguntar ao marido a respeito do seu amor secreto:

– Quem é ela, Thiago? – ela colocou uma pequena ênfase na palavra "ela" – quem é a mulher que te faz perderes a cabeça? A ponto de evitar cuidadosamente, desde que te casaste comigo, que eu engravide de ti? Diz, quem é ela. Prometo que guardo segredo.

– Não me irrites!

– Quem é a mulher por quem tu sofres calado?

A pergunta tinha um peso que empurrou Thiago para mais perto do abismo emocional.

– Cala-te a boca!

Ele engasgou. Levou a mão aos lábios.

– Diz!

– Cala essa boca, tua ordinária!

Ela pôde sentir a dor terrível na voz dele.

– Isso... fiques bem irritado, raivoso, quanto mais irritado ficares melhor na cama...

– Para, Melinda!

A mão de Thiago tombou muito lentamente para o lado, e seus dedos se fecharam, apertando-se uns aos outros em desespero. Tomando agora um tom ainda mais libidinoso, ela ordenou:

– Tira essa roupa já!

– Eu vou acabar perdendo a cabeça! – bramiu Thiago, avermelhando-se ainda mais de ódio.

– Tira tua roupa e vem... vem fazer um filho em mim!

– Eu tenho nojo de ti! Asco! Eu te odeio!

Melinda soltou uma gargalhada esnobe, arreganhando toda a boca.

– Odeias nada! Tens prazer comigo! Tira tua roupa!

Tomado de fúria, Thiago jogou-se sobre a mulher e fez o que ela pedia, enfurecido. O ódio o fazia excitar-se por mais que não quisesse. Era um modo de se sobrepor a ela.

Melinda contraía as mãos na colcha, enquanto vibrava de prazer, satisfeita não só pelo prazer sexual, mas por ter conseguido o que queria mais uma vez: dobrar aquele homem de pedra. Em breve, atingiria seu objetivo mór, engravidar dele para deixá-lo em total desespero a ponto de definhar.

Mais uma vez, Melinda se deleitou ao se ver presa nos braços de Thiago, sentindo a pele dela roçando na dele, as mãos dele entrando nos vãos e nas suas entranhas, o suor caindo sobre ela, sua respiração ofegante cutucando o pescoço dela e chegando até a nuca. Tudo enfim era um deleite. Era quase um delírio quando ele a apertava junto dele até levá-la ao clímax extasiante. Por mais que fosse um perigo ver-se presa nos braços daquele homem tão belo, másculo e viril, ainda assim ela se sentia aconchegada em seus braços e em paz.

Melinda não sossegaria, instigaria o homem ao seu lado a dar-lhe tudo o que ela acreditava que fosse capaz na cama, até mesmo o que ele próprio desconhecia sobre si mesmo. Sabia que ele podia amá-la ainda mais loucamente, como uma saraivada de fogos de artifício que explodem no céu, encobrindo o fundo negro e muitas vezes gélido das noites de junho.

O tempo inexorável seguiu tecendo na teia da vida o roteiro que cada ser humano escreve por meio das atitudes que escolhe em seu dia-a-dia.

Thiago estava atravessando a rua Sete de Setembro quando avistou a esposa em companhia de David, o negro que conhecera a bordo do navio na volta para o

Brasil durante sua viagem de lua-de-mel, em frente a um dos lugares mais frequentados pela alta sociedade. O jovem já percebera que muitas das pessoas que cruzavam o seu caminho, nos últimos tempos, tentavam dar-lhe indiretas a respeito da estranha amizade de sua esposa com aquele negro. Deveriam estar falando barbaridades nas suas costas.

Mas o que podia ele fazer diante daquilo? Tinha de aguentar calado mais aquela humilhação que a esposa tinha prazer de proporcionar a ele. Sim, ele sabia, tinha absoluta certeza de que ela fazia aquilo de propósito, para que todos a vissem em companhia do negro e tivessem o marido como um otário.

De repente, inúmeros rostos começaram a surgir na mente de Thiago, rindo dele maliciosamente. Aquilo foi sufocando-o como se estivesse sendo submergido num lago.

Num repente, mandou o cocheiro parar, saltou da carruagem e foi até a esposa, abrindo caminho em meio aos passantes, estugando os passos.

Quando alcançou Melinda, puxou-a discretamente pelo braço, deixando o negro a falar sozinho. O episódio chamou a atenção dos que por ali passavam. Admirada, Melinda parou bruscamente:

– O que pensas que estás fazendo?

– Não quero ver-te andando na companhia desse negro – rosnou ele, entre dentes.

Ela riu com prazer. Ele olhou para os lados, antes de dizer baixinho:

– Eu te mato! Eu juro que te mato!

– Fala mais alto para todos ouvirem! – disse ela, saboreando cada sílaba.

Fez-se uma pausa, os dois ficaram ali se afrontando face a face, até Melinda romper o silêncio:

– Vem!

O tom da esposa fez Thiago novamente cair em si, lembrando dos trunfos que ela guardava na manga para usar contra ele, se não lhe obedecesse. Submisso, ele acatou o pedido dela.

Melinda andava alegremente, parecendo flutuar, estava tão viçosa que os transeuntes, que passavam pelo caminho, viravam-se para contemplá-la.

O marido seguiu a esposa até uma joalheria, a mais famosa e refinada da Corte na época, localizada na tradicional rua dos joalheiros, a rua dos Ourives.

Melinda entrou na loja com a imponência de um veleiro ancorando no porto. Thiago, por sua vez, parecia um escaler qualquer seguindo a outra embarcação mais importante.

– Pois não, em que posso ajudar-vos? – perguntou o atendente.

– Procuro uma joia, a mais bela e valiosa que tiveres – adiantou-se a senhora Amorim.

Algo na voz dela fez os fregueses e os funcionários olharem-na com curiosidade. Thiago, porém, olhou-a, tomado de fúria. Discretamente, ele pegou no punho dela e começou a apertá-lo. Entre um sorriso forjado, a voz dela sobressaltou-se:

– Se continuares a apertar-me, eu grito! – ameaçou a esposa.

Duas noites depois, um pesadelo hediondo fez Thiago acordar na madrugada envolto de tristeza e temor. Ele se sentia como se estivesse prestes a enlouquecer de uma hora para outra. Ficou rodopiando na cama de um lado para o outro sem dormir mais, até o dia raiar. Estava obcecado por um sentimento obscuro de perigo iminente.

Ele saiu da casa e partiu pela calçada, a pé, sem direção certa. Ligeiras lufadas de vento agitavam-lhe os cabelos, deixando-os em desalinho. Seus passos o levaram à praia. Ele sentou-se sobre uma pedra e seus olhos se perderam de vista no mar onde havia pescadores desfraldando velas, e barcos pesqueiros deslizando sobre a insinuante superfície da água. Thiago lembrou-se, então, novamente do que fora dito no sonho que tivera com Maria Eduarda naquela noite e que desandou seu sono.

"A vida não nos permite errar", disse ela. "Mas nos permite reparar os erros, alguns pelo menos, e todos se considerares a vida eterna...", respondeu Maria Eduarda.

O sonho pareceu tão real para Thiago, tão real... que o tangiu com uma emoção inebriante que jamais sentira. Sonhos embaralhavam as ideias, eram loucos e sem propósito, pensava o jovem. Novamente, ele sentiu seu coração apertar-se ao pensar na mulher amada e sentiu-se inundado por uma saudade avassaladora. Ele precisava dela e agora mais que tudo. Ele a amava mais que tudo!

Saudoso, Thiago viu-se face a face com outra verdade irrefutável a seu respeito: puxara, e muito, à sua mãe verdadeira, Antônia Amorim, que foi capaz de prender a irmã, a própria irmã, no hospício, para não assustar o homem que amava;

e de adotar um bebê para substituir o que morrera para também não desagradar o homem amado, tampouco frustrar as expectativas dele. Sua mãe amara seu pai dilaceradamente, tanto quanto ele amava Maria Eduarda. Novamente, as palavras da mulher amada ecoaram na mente do jovem:

"A vida não nos permite errar... Mas nos permite reparar os erros, alguns pelo menos, e todos se considerares a vida eterna..."

Sob o influxo de suas palavras, Thiago sentiu uma fúlgida e efêmera onda de paz naquele instante.

Quando Melinda voltou para casa dos seus passeios vespertinos rotineiros com David, encontrou Thiago aguardando por ela em seu quarto. Imediatamente, ela percebeu que ele estava diferente, seguro de si como outrora. Nem bem entrou, ele falou asperamente:

– Acabou, Melinda. Acabou teu reinado, tua devassa.

O rosto da esposa não demonstrou nenhum sinal de tensão muscular, mantendo a mesma tranquilidade de pouco tempo atrás. O marido prosseguiu:

– Se tu contares para minha mãe o que pretendes contar, não serei só eu o prejudicado. Tu perderás tanto quanto eu... e, portanto, nunca poderás fazer o que ameaças, jamais! A minha ruína será a tua ruína! A minha desgraça será a tua desgraça!

Desta vez foi Melinda quem o aplaudiu e o parabenizou:

– Parabéns, parabéns. Estás, finalmente, pondo o teu cérebro para funcionar. Já não era sem tempo! Já ouvira dizer que aquele que se julga superior a seu semelhante, branco ou preto, amarelo ou mulato, cedo ou tarde percebe-se tratar-se de um ser inferior. I-n-f-e-r-i-o-r! Mas jamais pensei que fosse verdade!

Ele esperava que ela dissesse qualquer coisa menos aquilo. De certo modo, o comentário da esposa o fez sentir-se o maior dos imbecis do planeta. E o ódio desta vez foi de si próprio, por não ter se tocado daquilo antes, bem antes, podendo assim ter evitado todo o horror e a humilhação que passou nas mãos da esposa.

Dia seguinte...

Quando Melinda chegou à copa para tomar seu café da manhã, encontrou Thiago ali, já tomando o seu. Ao passar por ele, pousou a mão sobre seus cabelos e alisou-os como se alisa os pelos de um cão. Ele arrepiou-se todo naquele instante e, num gesto brusco, tirou a cabeça do alcance da mão da esposa. Melinda sorriu sarcasticamente de seu próprio gracejo.

— A vida é uma pilhéria, e é a morte quem ri por último — disse ela, repentinamente em meio ao café.

As palavras da esposa assustaram Thiago, que a mirou de olhos frisados.

— Come, bebe, diverte-te o quanto antes, pois a morte te aguarda no amanhã! — acrescentou Melinda, com certo prazer.

— Tua língua é viperina, como de uma naja traiçoeira, sanguinária, venenosa... — atacou ele, sem piedade.

Melinda balançou a cabeça em concordância, e desta vez seu rosto estava incógnito como o de uma esfinge.

Onze dias depois...

Quando a carruagem trazendo Thiago parou em frente à casa dele, o jovem novamente se surpreendeu ao ver Melinda parada diante da porta, ao lado de David. Fulo, o moço de olhos vivos saltou do carro e subiu rapidamente as escadas até se posicionar em frente ao negro e à esposa.

— O que é isso? Que pouca vergonha é essa? — ralhou Thiago entre dentes.

Mesmo diante dos maus modos de Thiago, o negro cumprimentou o jovem, cordialmente.

— Sai daqui, negro imundo!

David pareceu em dúvida quanto ao que fazer diante do acinte, se deveria ou não responder à altura. Procurou apoio no olhar de Melinda, que olhava para o marido tomada de um prazer indescritível.

Num estalo, Thiago puxou a esposa bruscamente pelo braço para dentro da casa e bateu a porta com um coice com toda a força. David pensou em impedir o gesto animal do rapaz, mas o olhar de Melinda o deteve. Ele compreendeu que o melhor a ser feito naquele momento era partir, e foi o que fez a seguir.

Thiago arremessou violentamente a esposa contra uma das poltronas, resfolegou e gritou asperamente:

— A Corte inteira já está comentando a respeito de tuas saídas com esse negro. Já foste vista, pelo que sei, em todos os lugares possíveis e impossíveis da cidade com ele. Eu te proíbo, Melinda, de sair com esse animal. Eu te proíbo!

Envernizada de calma, ela assuntou. Só então, defendeu-se:

– Eu sou uma mulher jovem, e toda mulher gosta da companhia de um homem, da sua presença, do seu calor, do seu carinho!

– Não sejas hipócrita, parasita!

– Eu, hipócrita? Não, senhor meu marido, não sou, não. Gosto de homem, branco ou preto, são todos homens. Gosto de ser bajulada por um, acariciada, paparicada... e se meu marido não me faz nada disso, abro espaço para aqueles que o façam!

– Um negro?

– Um negro de caráter, índole, carisma, tudo aquilo de que tu não dispões.

Thiago arremessou um tapa no rosto da esposa, cuja marca ficou por dias. Ela não chorou, manteve a calma, apenas disse:

– Eu estive pensando a respeito de tudo o que venho vivendo contigo e sobre tuas ameaças. Bem, cheguei à conclusão de que não me importa o que faças comigo... Estou disposta a jogar tudo para o alto em troca da minha felicidade!

Thiago soltou um riso nervoso e um soluço seco, e disse:

– Não ousarias... não saberias jamais viver na pobreza!

– Sou bem capaz de viver, sim! Quanto a ti, tenho certeza de que nunca sobreviverias à miséria. És dominado pelo orgulho e pela vaidade! São teus senhorios. És escravo deles!

Melinda alisou seus longos cabelos a escorrer pelas costas, pensando com seus botões. Ela queria que Thiago fosse dependente dela, tanto quanto ele era dependente do dinheiro. Sabia que o amor, a afeição e a empatia eram inconcebíveis para a alma do marido. Ainda assim, algo dentro dela dizia que poderia fazê-lo mudar. Se não, pelo amor, pela dor.

Dias depois, ao retornar para casa, Melinda encontrou o marido largado na poltrona da sala. Ao lado dele, repousava uma garrafa de cachaça já quase seca. Ela caminhou até ele com passos de gazela. Ao vê-la, os olhos esbugalhados de Thiago esquadrinharam a esposa com desprezo por alguns instantes. Sob as luzes das velas, o rosto da esposa parecia, igual ao de uma daquelas mulheres pintadas a óleo no período renascentista, austero e infeliz. Ao mesmo tempo, ela parecia alegre e realizada. Talvez nem uma coisa, nem outra. Thiago estava alcoolizado demais para definir o estado dela.

Entretanto, ao contrário do que ele pensou, ele não se equivocara quanto as suas observações. De fato, Melinda estava daquele modo. Ela fitou por segundos o rosto pálido e sério do marido jamais visto antes. Então, deu as costas para ele, e caminhou suavemente até a porta em arco envidraçada, e ali deixou seu olhar se perder ao longe. O silêncio assuntou-os por instantes até ela falar:

– Estive no médico... – sua voz soava lenta e pesada – fiz alguns exames...

– E o que eu tenho a ver com isso? – ralhou ele, num muxoxo.

Ela inspirou e expirou o ar, profundamente, antes de ser direta:

– Estou grávida.

As palavras atingiram Thiago em cheio. A adrenalina dele disparou naquele instante, a ponto de fazê-lo levantar-se tão bruscamente, que deixou a poltrona tombar no chão. O sangue já afluía por todo seu rosto, desvairadamente.

– Tens certeza?

– Absoluta!

Ele queria dizer: "Não pode ser", mas àquela altura, sabia que tudo era possível.

– Grávida? – a voz dele falhou, tornando-se um sussurro rouco.

– Sim, grávida!

Ela inspirou fundo e expirou lentamente. A voz melindrada revelava agora uma preocupação amistosa.

– Tu só podes estar brincando... – murmurou ele, em tom irônico de incredulidade, enquanto dava sinais de estar revirando tudo aquilo na cabeça.

Thiago levou a mão à boca, depois até os cabelos e ali as fincou remexendo-as num gesto desesperador. O futuro antolhava-se-lhe carregado das mais negras e sinistras cores. Ele percorria o pequeno aposento como um leão enjaulado, passando as mãos repetidas vezes pelo cabelo, como num tique nervoso.

Depois, despertando de suas pungentes e amargas preocupações, cravou os dedos feito torniquetes no braço de Melinda e vociferou:

– Tu não podes ter esse filho! Eu não quero... não podes!

Melinda soltou um riso abafado e, com um puxão, libertou-se do marido.

– Eu sinto muito!

– Tu tens de tirar esse feto o quanto antes!

Ela tornou a rir, dessa vez um sorriso um tanto sardônico. Ela não se lembrava de ter experimentado um sentimento como aquele antes, uma mistura cruel de prazer e tristeza.

– E o que tu vais dizer para tua mãe e meu pai?
– Como assim?
– Já lhes contei...

Thiago emudeceu atônito. Ela olhou-o com ar de satisfação. Balançando a cabeça judicioso, ele tornou a dizer:

– Essa criança não pode nascer... não pode! – as duas últimas palavras saíram num berro agonizante.

Thiago novamente mergulhou as mãos no cabelo e, andando em círculos pela sala, dizia:

– Tu acabaste com a minha vida, desgraçada. Acabaste comigo!

Assolado, o corpo do belo moço começou a estremecer convulsivamente. Resignada, Melinda defendeu-se:

– Tu vieste atrás de mim, Thiago. Estás colhendo o que plantaste, simplesmente isso, colhendo o que plantaste!

– Eu te odeio, marafona! Eu te odeio! – praguejava ele, tangido por um ódio inebriante que jamais sentira.

Thiago pegou uma garrafa de cachaça cheia e começou a bebê-la no gargalo, num gesto desesperador. Podia ouvir Melinda rindo dele por dentro. Teve a sensação de que seus músculos estavam transformando-se em água. Depois de ingerir todo o líquido, passou a mão noutra garrafa e, lânguido, deixou a casa sem rumo certo a seguir. Queria serenar um pouco a tempestade que lhe queimava a alma.

Caminhou pela rua de cenho franzido, alcoolizando-se ainda mais, desarmado, com o peito cada vez mais se dilatando de desespero e dor. Tão grave era sua tormenta que nem mais se preocupou com o que as pessoas que cruzavam seu caminho iriam pensar dele.

Andava simplesmente indiferente a tudo que o cercava. Para ele, nada mais importava. Tinha a impressão, quase uma sensação, de que sua vida estava prestes a chegar ao fim.

O carrilhão acabava de dar dez badaladas quando Thiago voltou a pôr os pés em sua casa, estava troncho de tanto se alcoolizar. As amargas reflexões a respeito de tudo o que lhe havia acontecido naquele fastidioso e nefasto dia também contribuíram para sua embriaguez.

Thiago deixou seu corpo cair numa poltrona e ficou ali entregue à bebida. Subitamente a escrava Isolda apareceu na sala em seus calcanhares, caminhando como sempre tão silenciosamente quanto um gato. Notou de imediato o estado em que seu patrão se encontrava e, imediatamente, ofereceu seus préstimos, mas Thiago não deu sinais de tê-la ouvido. Permaneceu inerte, olhando desconsoladamente para o chão. Ela aguardou calada ao seu lado, olhando-o curiosamente.

Por fim, ele se levantou, porém por pouco não foi ao chão. Ela apressou-se em ampará-lo e depois ajudá-lo até chegar ao quarto dele, mesmo diante de seus protestos.

– Larga-me, negra fedida! Larga-me!

Ao chegar ao quarto, Isolda deitou-o na cama, acendeu algumas velas e depois o despiu. O quarto parecia rodar para Thiago, ele estava tonto, enjoado e delirando.

Isolda voltou então até a porta do quarto a passos leves e cuidadosos para não fazer um ruído sequer. Fechou-a, despiu-se e, nua, sentou-se na cama ao lado de seu senhorio e com tato deitou a cabeça dele por sobre a colcha. Ficou ali por um tempo, fazendo-lhe um cafuné enquanto cantarolava baixinho uma canção. Depois se ajeitou de forma a confortar-lhe nos braços, e ficaram assim, até ela conseguir o que queria dele.

Tão logo raiou o dia, Thiago acordou grogue, com uma ressaca terrível. Ao encontrar Isolda deitada ao seu lado na cama ele estremeceu, chocado. Permaneceu sem ação, por instantes, como se tivesse sido transformado em pedra. Sua boca estava tremendo e havia mais do que medo em seus olhos, havia uma mistura cruel de nojo e pavor. A escrava despertou com o movimento brusco do seu dono e, assustada, deixou a cama em busca de suas vestes.

Thiago olhava para ela horrorizado. Puxou pela memória, agonizando de tensão, mas não havia dúvidas de que ele havia feito sexo com ela. A possibilidade de ele ter engravidado a escrava o deixou mais preocupado e enojado do que ter tocado o corpo de uma mulher negra, o que ele considerava repugnante.

Quando ele terminou suas conclusões, Isolda já havia deixado o quarto nos calcanhares e, como sempre, silenciosamente como um gato.

Poucas horas depois...

Sem delongas, Thiago perguntou a Isolda com espírito prático:

– Sabes por que te chamei aqui?

A negra apressou-se em dizer:

– Não, sinhozinho.

Ele franziu as sobrancelhas:

– Como não?

A moça baixou a cabeça sem graça, nada à vontade. Ele prosseguiu num tom imperioso, como se estivesse dando ordens a um cachorro:

– Chamei-a aqui para falar-te sobre o que aconteceu entre nós dois esta noite em meu quarto.

A moça olhou para ele, balançando a cabeça.

– Pois bem. Se por acaso descobrires que ficaste grávida de mim, como minha escrava, eu ordeno que faças um aborto!

A moça mordeu o canto da boca, demonstrando certa insegurança, antes de dizer:

– Eu não *sô* mais uma escrava.

A revelação tomou Thiago de assalto. Seu rosto escureceu, suas mãos agarraram a mesa, tensas... Perplexo, perguntou:

– Como não?

– Fui alforriada. Sou *daqueles escravo* que dona Melinda e o sinhô alforriaram naquele dia – explicou a moça com veemência.

Thiago estremeceu novamente, afundando-se num mar de revolta que beirava o desespero. O rosto dele tornou-se grave, franzido e apavorado. Seu autocontrole estava por um fio. Houve uma pausa até ele indagar:

– Alforriada? Então, por que continuas a morar nesta casa?

– Dona Melinda me pediu *prá ficá trabalhandu pra* ela e o sinhô.

Era evidente que ele estava surpreso. Mas, por que haveria de estar se Melinda era capaz de fazer as coisas mais impressionantes, o mais sorrateiramente possível? Thiago continuou lentamente, com perplexidade em sua voz.

– Isso só pode ser uma pilhéria. Ainda assim reforço o meu pedido. Não quero que dês à luz um filho meu!

Ele, na verdade, pensou em dizer: "Não quero ter um filho com sangue de negro, nascido do ventre de uma negra", mas achou por bem ser mais gentil para ganhar a confiança da moça. Enquanto ele ainda recuperava o fôlego, ela virou-se e saiu do quarto.

Thiago serviu-se de outra dose de cachaça que sorveu pensativamente. Algo obscuro estava acontecendo por ali, ele podia pressentir. Mas, como enxergar na escuridão?

No dia seguinte...

Melinda tirou o colar de dentro da caixa de joias e pendurou-o sobre o pescoço de Isolda para ver como ficava.

– Fica bonito, mas para vermos como fica realmente, precisamos prendê-lo de verdade ao redor do teu pescoço – sugeriu ela, gentilmente.

E foi exatamente o que Melinda fez em seguida. Depois, puxou a moça até o espelho para que ela pudesse se admirar. Diante do reflexo de ambas, Melinda sorriu afeiçoadamente para Isolda, parecendo estar com excelente humor.

– *Ficô* lindo, sinhá – disse a moça humildemente.

– É teu!

– Meu?! Não, sinhá, *num* posso *aceitá!*

– Tens de aceitar. És uma mulher como todas nós brancas. Só muda a cor, e a cor não pode determinar o que deves usar, vestir, nem quem deves amar.

Um rubor subiu às faces de Isolda que mudava de posição nervosamente, apoiando-se ora num pé, ora noutro.

– *Num* sei se devo, sinhá... – acrescentou Isolda num muxoxo.

Melinda contrapôs a jovem.

– Aceita, sim, o colar. Tu o mereces. No fundo, todas as escravas merecem um ou até vários. É graças ao suor delas que muitos brancos enriqueceram e até sobreviveram. Essa é a verdade, a mais pura verdade!

– A sinhá tem bom coração. *Bom coração*! Oxalá te proteja! – exultou Isolda.

Dezoito dias depois...

Thiago retornou para casa mais uma vez embriagado. Não provara nada desde o almoço senão bebidas alcoólicas. Nada lhe aprazia mais do que ficar longe da lucidez tão desalentadora. O turbilhão de tensões começou a se acumular excessivamente e a transparecer em seu rosto. Seus olhos viviam quase sempre angustiados. Ele e a esposa, assim que se viam, recaíam em silêncios prolongados e horríveis. Não havia fronteiras para o tempo e por essa razão parecia que a passagem das horas era interminável. Para ele, a sensação era quase igual a de estar confinado numa masmorra, ou a de estar preso a uma catacumba, esperando dar o último suspiro. Melinda, ao contrário do marido, parecia estar divertindo-se com tudo que se passava com ele.

Naquela noite, Thiago encontrou a esposa sentada em uma das poltronas, bordando um pano de prato. Serviu-se de mais uma dose de vinho tinto e, quando passou perto dela, ele propositadamente virou o cálice sobre seu vestido de veludo branco.

– Ah! Desculpa-me, minha esposa... mil perdões... não foi por querer – disse ele, cinicamente num resmungo.

Melinda manteve-se a mesma, nem um canto de sua boca se alteou, continuou bordando como se nada tivesse acontecido. Ele serviu-se de outra dose e, novamente, derrubou sobre ela, tendo o cuidado de molhar a outra extremidade do vestido. Indignado com a conformidade da esposa, Thiago bebeu no próprio gargalo da garrafa o resto da bebida.

Serena, Melinda comentou:

– É bom beber mesmo, senhor meu marido, em comemoração, pois em breve serás pai de um mulatinho.

Thiago tirou a garrafa dos lábios na mesma velocidade que seus olhos esbugalhados dilataram-se.

– Que bonito será quando o grande Thiago Amorim passear pela Corte com o filho que teve com uma negra – acrescentou Melinda, começando a rir antes de terminar a frase.

O coração calejado do jovem marido deu um pulo, parecendo prosseguir desde então descompassado. Melinda devorava com os olhos cada erupção que o nervoso e o desespero causava no belo moço à sua frente.

Num rompante descontrolado, Thiago arremessou a garrafa contra a parede, tomado de fúria. Em seguida, saiu da sala, veloz feito uma lebre, em busca de Isolda nos aposentos dos escravos. A raiva o dominava passo a passo, crescendo obstinadamente dentro dele. Ela, para decepção e amargura do jovem, não estava mais por lá.

– Onde foi parar aquela negra? Onde? – berrou ele para a esposa assim que a viu novamente.

– Já te falei, senhor meu marido, que não gosto que fales comigo nesse tom.

– Isso é coisa tua! Desembucha! Cadê aquela negra nojenta?

Melinda deu de ombros. No mesmo momento, Thiago foi até onde havia caído o bocal da garrafa em pedaços, catou-o e foi para cima da esposa. Pondo o objeto rente às veias do pescoço dela. Ele gritou com toda a força que dispunha em seu caótico interior:

– Onde está aquela negra?!

Antes de falar, ela soltou um sorrisinho insosso:

– Pediu demissão...

A resposta da esposa soou num tom natural, não havia sequer sinal de tensão, ao contrário, estava mais serena que o habitual.

– Não me tentes, Melinda!

– *Arre*, desculpa-me... eu a demiti. Não ficaria bem ela continuar trabalhando aqui conosco, gerando um filho teu na barriga. O que os outros iriam pensar e falar? E tua mãe então, qual seria a expressão no rosto dela, ao saber que o filho traiu a esposa com uma negra alforriada? Justo ele que dizia ter tanta repugnância aos negros... justo ele que se fazia de bom moço, ponderado, equilibrado...

Para Melinda foram suas palavras que fizeram o marido recuar seu corpo e sua mão com o pedaço da garrafa. Mas, na verdade, foi um vulto, como se uma pessoa estivesse passando ali pelo canto da sala, o que impressionou Thiago e o tirou daquele estado deplorável.

– Maria Eduarda... Maria Eduarda... – murmurou ele, numa voz entrecortada e trépida.

O nome pronunciado ficou suspenso no ar por alguns segundos. Ele fechou os olhos e deixou a cabeça pender para a frente, sentindo um aperto na garganta cada vez maior. Quando voltou a erguer a face, seus olhos castanhos, agora desbotados, estavam rasos de lágrimas.

O nome da mulher deixou Melinda em estado de alerta. Reflexiva e em silêncio, ela disse para si mesma: "Então esse é o nome da mulher amada que ele tanto escondeu. A razão pela qual ele nunca me entregou o coração por inteiro...".

A jovem despertou de seus pensamentos ao ouvir a porta da frente da casa fechar-se com uma batida brusca. O marido havia saído e ela nem se dera conta.

A luz que sempre se mantinha acesa no fundo das pupilas dos olhos de Melinda fraquejou e por pouco não se apagou. Seu espírito estava sendo fustigado por uma cruel inquietação.

A noite em breve cairia como uma cegueira repentina, apagando os últimos raios do crepúsculo e também a luz interior da jovem, aquela luz que mantém todos os seres vivos, acreditava Melinda. Um silêncio desconfortante atravessou-lhe a alma. Agora, era ela quem se sentia triste e amargurada ao vislumbrar o quanto aquela casa ficaria silenciosa e solitária, se Thiago partisse dali para nunca mais voltar. Ela contemplou mais uma vez o rosto do marido na memória, sentindo um amor imenso apertar seu coração e um desejo louco de privá-lo de qualquer felicidade que pudesse ser dele por direito divino.

Thiago deixou sua casa desesperado, folgando a gravata. Irritado, acabou tirando-a e jogando-a na rua. Caminhando a esmo, foi dar na praia. Quando ali chegou, parecia um velho alquebrado, porém são. Caminhou até uma pedra e sentou-se sobre ela, enrodilhando sobre si mesmo. Em seguida, pairou a vista em derredor e deixou seus olhos se perderem na paisagem à sua frente.

Ante seus olhos, muito nitidamente, ele via se estender uma encantadora paisagem, um céu pintado em tonalidades rosadas, azuladas e douradas desfazendo-se no horizonte, e separando o céu e o azul vivo e acinzentado do mar do Rio de Janeiro. A paisagem o inundava de calma, de riqueza, de infinita satisfação em ser um ser vivo. Thiago respirou fundo todo aquele ar, aquela visão, aquela paisagem e os sons esmaecendo-se, queria, quase inconscientemente, que tudo aquilo entrasse nele, corresse por suas veias e se tornasse seu próprio sangue.

A lembrança de Maria Eduarda não lhe trouxe consolo; ao contrário, deprimiu-o ainda mais. As memórias o inundaram por todos os lados. Disse consigo mesmo: "Tudo me faz lembrá-la"... em tudo a vejo... Meu Deus, como pude fazer o que fiz? Como pude, Maria Eduarda?".

A lembrança da vida que tanto quis levar ao lado da mulher amada parecia agora folha morta e seca soprada para bem longe pelo vento cortante de inverno.

Ele se sentia como uma barcaça à deriva, sem âncora, num mar de ilusões e desamor, sem bússola. Não sabia nem mesmo se havia um caminho que pudesse levá-lo aonde precisava ir. Viver nos últimos tempos era como caminhar submerso na água a muitas léguas de profundidade. Seu coração parecia prestes a dar a última batida. Uma pancada surda e depois.... nada.

Deixando as lembranças aflorarem novamente, Thiago tornou a projetar a imagem nítida de Maria Eduarda em sua mente e descobriu que os olhos dela também estavam sorrindo. Dentro deles, lá bem no fundo, ele podia ver o tesouro que ela ocultava por ali, um tesouro composto do mais precioso e puro amor.

Thiago recuperou os sentidos.

O sol em breve iria esconder-se, dando passagem para que a escuridão reinasse então sobre aquele canto do planeta, até a estrela mais próxima do nosso planeta ressurgir novamente na manhã seguinte.

Uma dúvida atravessou seus pensamentos como uma flecha atravessa um alvo: e se ele, o Sol, não nascesse no dia seguinte? Se por alguma razão fosse privado de nascer e se apagasse? O que seria de todo o ser humano?

A conjectura o deixou trêmulo.

O Sol era mais importante que tudo, até mais que o próprio ar, ou talvez tanto quanto. Sim, provavelmente, tanto quanto. Mas o homem não se dava conta disso, muitos jamais se davam conta do seu real valor, muitos atravessavam a vida sem dar conta do quão importante era o valor de certas coisas, além do dinheiro, riqueza e poder.

Thiago assustou-se novamente diante de seus próprios pensamentos.

Um lampejo de memória raiou no céu de sua mente naquele instante, levando-o de volta ao dia em que ele estava em companhia de Maria Eduarda às margens do riacho próximo da fazenda, quando ela disse:

"O silêncio da natureza nos é reconfortante. A natureza em meio ao silêncio nos permite que entremos em contato com os segundos, os minutos do prazer de ser um ser vivo. Aqui, longe do burburinho das pessoas, posso ter meus próprios pensamentos. Aqui posso entrar em contato com meu interior, deixar que meus próprios pensamentos emerjam em paz, e posso ouvi-los com clareza.

Para muitas pessoas isso aqui passa despercebido, jamais é observado e sentido. Para a maioria das pessoas, a vida se resume em cuidar dos filhos, fazer mexericos ou saber dos últimos que circulam pelos vilarejos e cidades; brigar, lidar com a raiva que vive em alternância com o amor pela pessoa amada. Para mim, a felicidade vai mais além. A vida vai mais além, e nesse além podemos aprender a lidar com tudo de modo mais gentil..."

Maria Eduarda não estava ali a seu lado, mas a sensação era a de que ela estava. Podia até sentir seu perfume suave chegando até ele pela brisa. Thiago lembrou-se também do que dissera à mulher amada, logo depois daquele comentário:

"A vida para mim és tu, Maria Eduarda..."

Ele sempre soube daquilo desde o primeiro segundo que pousou os olhos nela. E, no entanto, cometeu a loucura de jogar fora, ao léu, aquilo tudo que sabia. Que insensatez.

Novamente, ele clamou aos céus para ter a mulher amada mais uma vez em seus braços apaixonados. Para ele, ainda eram "os céus" que poderiam ajudá-lo, jamais Deus. Era orgulhoso demais para se curvar a Ele, admitir que precisava Dele na vida, admitir que toda a beleza à sua frente, bem como a da mulher amada, só poderiam ter sido criadas por um ser de infinita capacidade e intraduzível e imensurável inteligência – Deus.

De repente, uma brisa suave e gostosa do mar do Rio passou por ele, agitando levemente seus cabelos. Ele cravou as mãos por entre eles para arrumá-lo, e foi nesse instante que percebeu que era hora de abandonar de vez o caminho que escolhera tomar na vida e mudar suas atitudes para, quem sabe, ainda ser feliz.

Melinda acabava de entrar na sala, vindo da copa, quando ouviu o marido descendo as escadas. Ele trazia consigo uma mala pequena e, sem dizer aonde ia, nem uma palavra sequer, deixou a casa parecendo em transe. De tão aéreo que estava, deixou a porta e o portão entreabertos.

Quando Melinda chegou à porta para fechá-la, o tílburi que levava o marido já estava longe dali. Ela sentiu esfriar-lhe o coração. Em meio às lágrimas, ela bateu com o punho fechado no batente da porta. A expressão piedosa e apaixonada de seu rosto, lentamente, converteu-se numa máscara de aflição e ódio.

Ele fora atrás da mulher amada, Maria Eduarda. O sexto sentido de Melinda lhe dizia. A força e a determinação de Thiago não sucumbiram à tanta pressão. Se ele voltaria? Provavelmente, não. Nunca mais, certamente. Aquele era definitivamente o fim do casamento dos dois.

Imersa em lágrimas, desconsolada, petrificada de medo e ódio, Melinda foi até a cozinha, chamou por uma das escravas e pediu para preparar-lhe um chá. Chamou por um dos escravos e pediu que fosse até a casa de seu pai e o trouxesse ali, o quanto antes. Depois, foi até o local onde guardava as cartas de alforria e as depositou sobre a mesa. Quando o pai chegou, encontrou a filha num estado que nunca vira antes, talvez por causa da gravidez, pensou. Preocupado, perguntou:

– Estás bem, minha princesa? Não queres que eu chame um médico?

A filha forçou um sorriso, enquanto ajeitava ligeiramente o cabelo num penteado disforme. Sem delongas, explicou ao pai por que o havia chamado.

– Tens certeza, filha, que queres realmente alforriar esses escravos? Eles estão cada vez mais custando uma fortuna, valendo ouro! Desde o fim do comércio e a promulgação da Lei do Ventre Livre, há mais procura que oferta...

– Não importa, meu pai. Quero alforriá-los. Amanhã, comprarei outros... – falou ela, indiferente.

– Mas vais desperdiçar todo esse dinheiro. Esbodegar sua herança.

– Faz o que te peço, pai, agora.

O senhor Cassiano Florentes pegou a pena e, como exímio estelionatário, forjou a assinatura de Thiago em cada carta de alforria.

– Perfeito, pai. Nem o próprio Thiago duvidaria de que fora ele quem assinou tais documentos. Agora, assina o cheque. Quero tirar todo dinheiro que há da conta dele amanhã pela manhã.

– Pelo amor de Deus, filha, cuidado. Se teu marido desconfia... se ele me pegar fazendo isso, estamos perdidos. Será o meu fim de vez – confessou o pai, entre um suspirou pesado e preocupante.

– Fica tranquilo, pai, Thiago pensa que o senhor fugiu da Europa por ter perdido tudo no jogo, jamais te ligou a fraudes.

No dia seguinte, pela manhã, mesmo com cólicas causando-lhe certo mal-estar, Melinda foi ao leilão de escravos e arrematou a maioria deles expostos ali a preços absurdos. Apesar de haver um sorriso radiante de prazer pelo que fez, era notável que sua face, num todo, demonstrava tristeza.

Vilarejo da Mata

Era uma noite serena quando Thiago Amorim novamente pôs os pés no Vilarejo da Mata. As nuvens contra o céu noturno tinham o azul metálico, o ar estava ligeiramente úmido. Ele caminhou apressadamente pela rua de paralelepípedos, olhando ao redor, procurando pelas mudanças que ocorreram no tempo em que esteve fora, quase cinco anos de ausência. A velha taberna continuava ali do mesmo jeito que a deixara, um pouco mais desbotada apenas. A vila, num todo, pouco havia mudado, continuava merecendo, na sua opinião, o título de fim do mundo.

Ainda assim, por mais que fosse o fim do mundo, parecia ser o lugar mais completo e reconfortador que conheceu em toda sua vida. As pequenas ruas do lugar estavam, como sempre, iluminadas vagamente por tochas em meio a um silêncio pasmaceiro. Não esperava encontrar o vilarejo muito diferente quando regressasse para buscar Maria Eduarda. Apenas pensou que, neste dia, ele, Thiago, estaria soberbo, e não pele e osso como se encontrava.

Finalmente a casa que procurava aproximava-se. A cada passo que dava, seu coração pulsava mais forte, parecia despir-se de ímpetos e desejos negativos, influência do ego, da vaidade desmedida, de algo sobrenaturalmente ruim, porém que não dava conta que existia ao seu redor, tampouco influenciava nas suas atitudes.

Em frente à casa de Maria Eduarda, Thiago parou. Olhou a varanda escura, abriu lentamente o portão, que quase estava esfacelando-se de tanto que a madeira apodrecera. Teve a impressão de que a casa estava inabitada. Mas tratou logo de afastar da mente tal hipótese, por considerá-la fora de propósito, afinal, para onde Maria Eduarda teria se mudado?

A última vez que vira a casa ainda podia ver resquícios de tinta em suas ripas, agora, no entanto, as ripas pareciam na sua cor natural. Ao pisar na pequena varanda, as tábuas do piso rangeram com seu peso.

Não conseguia mais conter-se de ansiedade e bateu palmas, mas ninguém veio atendê-lo. Talvez fosse tarde demais para estar ali. Talvez não, talvez ela tivesse se mudado de verdade. Ele girou a maçaneta da porta da frente da casa e, para seu espanto, ela se abriu revelando seu interior. Mesmo sem luz, ele pôde ver que o local estava vazio, completamente vazio.

Thiago, então, dirigiu-se à varanda da casa-grande onde nascera e crescera, cerrando os olhos diante da ansiosa tensão que se abatia sobre ele a cada passo. Sentiu-se mal, abalado e cheio de uma apreensão inominável. "Acalma-te!" – disse para si, repetindo e repetindo mecanicamente as palavras. Seus olhos estavam inchados de chorar e seu rosto vinha carregado de força e expressão notáveis. Sua face bronzeada tinha agora um aspecto doentio de tonalidade ameixa.

Assim que o jovem entrou, encontrou o pai sentado à sala, imerso na leitura. Ao ouvir os passos de Thiago, Romeu ergueu o rosto na direção do filho e mobilizou o olhar. Ambos ficaram ali, pai e filho, imóveis, como que esculpidos em pedra.

Minutos depois, um deles moveu-se afinal, e foi Thiago. O rapaz tirou o chapéu, como faz um cavalheiro, e disse de modo submisso:

– Como estás, pai?

Romeu percebeu a tênue hesitação antes que Thiago o chamasse de pai. Sua voz profunda e rouca tremia. O pai conservou seus olhos nos do filho, emudecido. Sem graça, Thiago aproximou-se de Romeu, e estendeu-lhe uma das mãos, perguntando:

– Como estás?

A mão de Thiago ficou parada suspensa no ar por instantes até ele recolhê-la.

– Eu... – tentou dizer ele, mas a voz do pai o interpelou.

Romeu desviou o olhar ao falar:

– Por que voltaste, Thiago? Nunca se deste por feliz vivendo nestas terras. O que o traz de volta aqui?

A voz de Romeu era amável, mas suas palavras eram precisas e quase letais.

– Como podes dizer isso... para o teu próprio filho? Teu único filho de sangue? Como podes?

Romeu deu-lhe uma mirada rápida antes de insistir:

– Por que voltaste? Responde...

As palavras caíram nos ouvidos do rapaz como lâminas cortantes. Ainda submisso, Thiago perguntou:

– Por que nunca gostaste de mim, pai? Por quê?

Romeu novamente elevou seus olhos até o filho:

– Teu ciúme doentio por Breno cegou-te a visão e os sentimentos, por isso não podes sentir e compreender o meu amor por ti, a extensão do amor de um pai para o filho.

– Não podes fugir do fato irrefutável e definitivo de que eu sou seu único e verdadeiro filho! – reagiu Thiago.

Romeu foi incisivo ao dizer:

– O ciúme cega as pessoas e a inveja tanto quanto!

O pai bufou. Passou uma das mãos pela testa, esfregou os olhos, só depois voltou a falar:

– Tudo que sempre pedi a Deus, desde que eu me dei por gente, foi que me desse forças e lucidez, brio, amor ao próximo e que me tirasse de qualquer cegueira da visão para aderir ao Seu propósito de vida. E sabes, Thiago, Ele me atendeu...

O filho assentiu com a cabeça, em calma presunção.

– Então é isso... fui um tolo em vir aqui.

– Tens sido um tolo a vida toda, Thiago. A vida toda... – completou o pai, num tom resoluto.

O filho deu meia volta e saiu do aposento, sentindo-se pequeno e insignificante. Seu coração disparou a bater apressado, deixando-o tonto. Ao chegar à varanda, Luísa aguardava Thiago. Ele não conseguiu disfarçar o susto que levou ao encontrá-la ali. Desconfortável com o encontro, tudo o que ocorreu a ele no momento foi estender sua mão até a dela. Luísa correspondeu ao seu gesto, segurando a mão do sobrinho com força, com verdadeiro afeto, e Thiago gostou de sentir aquilo.

Com o toque, Luísa sentiu que o sobrinho se tornava tenso e prendia a respiração. A amargura que vislumbrou nos belos olhos dele partiu-lhe o coração. Luísa finalmente vislumbrou alguma coisa real em Thiago e não pôde evitar sentir pena dele. Por fim, ela disse:

– Deves estar faminto...

– Não, ceei na estalagem.

– Com sede, então?

– Sim... um copo d'água cairia bem.

– Vamos até a cozinha.

– É melhor eu aguardar aqui.

– Eu volto já.

Luísa desapareceu em direção à cozinha e dali a pouco reapareceu, trazendo consigo um copo e uma moringa. Prestimosamente, ela serviu o sobrinho.

– Cadê Breno?

– Visitando a outra fazenda.

Fez-se um breve silêncio até alguém ali voltar a falar.

– Tudo parece tão tranquilo... – comentou Thiago, percorrendo o local ao redor.

– Sim. Está, de fato!

– Bem eu já vou indo...

– Não queres ficar um pouco mais? – a voz da tia continuava cortês.

– É melhor seguir meu caminho...

Dando um sorriso sem graça novamente, ele se despediu. Ao dar as costas à tia, ela o fez parar:

– Vieste atrás dela, não é, Thiago?

Ao voltar seus olhos na direção da tia, Luísa se deparou com os olhos mais tristes que já vira em toda a vida.

– Voltaste para rever Maria Eduarda, não é? – insistiu ela com delicadeza.

– S... sim... sabes onde posso encontrá-la?

A tia balançou a cabeça positivamente:

– Ela me pediu para levá-lo até ela quando tu voltasses à procura dela.

Um sorriso iluminou a face escura do rapaz. Respirando ofegante, implorando à tia com os olhos, ele falou, atropelando as palavras:

– Por favor... Preciso revê-la!

– Eu o guiarei até ela.

Os dois seguiram em silêncio por meia hora antes de chegar a um planalto forrado de pés de café. Os ramos das árvores brandiam com as leves lufadas de vento, tal como o coração de Thiago brandia tomado de ansiedade. Uma andorinha circulou acima de suas cabeças no céu, como se os acompanhasse. Thiago correu os olhos pela ampla vista da plantação. Uma brisa suave acariciava-lhe de leve os pelos da nuca, propiciando-lhe uma sensação de paz.

Ali, naquele momento, um tanto quanto mais relaxado, Thiago perguntou:

– Onde está ela?

Tudo o que ouviu foi o silêncio como resposta. Ele avançou em meio àquele silêncio impressionante até que, por fim, avistou Maria Eduarda, ali parada contra a paisagem enluarada. Os olhos de Thiago se estreitaram, seus lábios tremeram, seu corpo estremeceu. Ali estava ele finalmente diante da mulher que tanto amara e ainda amava perdidamente. A mulher que tomou seu coração por inteiro e que não sairia dele nem mesmo após a morte, bem sabia o jovem.

De repente, por mais que tentasse, não conseguiu continuar olhando para ela. Tomado por um sentimento horrível de vergonha e nojo de si próprio, logo estava suando frio e com lágrimas doloridas, riscando-lhe o rosto.

Um silêncio desconfortável se estendeu por alguns minutos até que Thiago o rompesse, dizendo:

– Perdoa-me, minha amada. Perdoa-me, por favor. Eu te imploro. Tu és a única coisa que me importou em toda a minha vida. Eu juro. Eu juro por Deus!

Maria Eduarda manteve-se ali em silêncio, olhando-o com certa amargura. Thiago pigarreou, nervoso.

– Eu errei... eu errei, eu sei... errei muito, mas, por favor, dá-me uma chance para redimir-me pelo que fiz de mal a nós dois, por favor. Eu preciso de ti... preciso muito, minha amada.

Maria Eduarda se comoveu ao ver as lágrimas escorrendo pelo rosto do homem amado. Ainda assim, manteve-se em silêncio, um silêncio profundo, até que ele a compreendesse. Ele não apenas a viu com os olhos do físico, mas a viu com os olhos da alma.

Thiago estava tão tomado pela emoção que, quando deu por si, encontrava-se ajoelhado diante dela. O rosto da jovem continuou a exprimir nada além de serenidade. Ele esperou que ela dissesse alguma coisa, mas ela manteve-se em silêncio. O jovem sentiu um oceano se interpor entre eles.

– Perdoa-me. Perdoa-me! – implorou ele mais uma vez, a seguir fechou os olhos, e baixou a cabeça.

Segundos arrastaram-se até que ele, incerto, perguntasse:

– Tu ainda me amas? Diz-me, Maria Eduarda, tu ainda me amas?

Novamente o silêncio se interpôs entre os dois. Quando Thiago ergueu a cabeça para retomar a contemplação da mulher amada, Maria Eduarda não estava mais ali, nem ao redor. Thiago balbuciou seu nome, girando a cabeça à sua procura. O desespero começou a tomá-lo por inteiro, desconcertando-o e desequilibrando-o.

Foi quando a tia respirou profundamente que ele se lembrou dela parada ali, a poucos metros dele. Devagar, Luísa caminhou até ficar bem junto do sobrinho.

Ele queria levantar-se e correr atrás do grande amor de sua vida, mas por mais que tentasse não conseguia mover um músculo. Parecia preso ao chão, sentindo-se repentinamente mais fraco e trêmulo que o habitual. De súbito, começou a chorar, gemendo.

– Ela não me perdoou pelo que fiz... – desabafou ele, em meio ao choro dolorido.

– Ela te perdoou, sim, Thiago. Ela te perdoou... – confortou Luísa, calmamente.

Ele voltou o olhar para a tia, trazendo agora um cenho fechado:

– Como sabes?

Luísa engoliu em seco antes de responder:

– Porque ela me disse que te perdoou...

– Então por que ela me deixou aqui sozinho? Nessas condições?

– Thiago, meu Thiago... a vida nem sempre...

Num tom desnorteado, o sobrinho cortou o que a tia dizia:

– Tu me odeias, não é? Sei que me odeias... deves ter feito a cabeça dela para se voltar contra mim – inquiriu ele com aspereza, enquanto suspirava e limpava as lágrimas do nariz com as costas da mão.

– Não! – respondeu Luísa, amargurada.

– Fizeste, sim. Eu sei, eu sinto!

– Não fiz... não faria mal a ti, tens meu sangue, és meu sobrinho...

– Sempre me odiaste...

– Nunca... – condoeu-se a tia – tu que foste incapaz de ver o amor que eu sentia e sinto por ti!

Ela tomou ar, antes de acrescentar:

– Tu, Thiago, tens bom coração... sempre tiveste. Mas nem sempre sabemos proteger nosso coração bondoso da influência negativa do ego e da vaidade desmedidos, do sentimento de inveja e prepotência... de espíritos desencarnados mal-intencionados... E tu foste um alvo fácil para tudo isso.

Thiago deu um riso curto.

– Espíritos maus?! Não me venhas com essas pilhérias.

– É verdade. É por essa razão que precisamos orar para os espíritos de luz, vibrar, ler o Evangelho, receber um passe, afugentar os espíritos que chamamos de maus, mas que, na verdade, não o são, apenas têm compreensão e compaixão limitadas. Muitas vezes são vítimas de outros espíritos obsedados.

Sem dar mais ouvidos à tia, Thiago começou a chamar pela jovem amada, impondo na voz toda a força que ainda lhe restava na alma:

– Maria Eduarda! Maria Eduarda!

Cansado de chamar, Thiago escondeu o rosto entre as mãos e caiu num choro profundo.

Luísa manteve-se calada a princípio, depois, então, pousou as mãos no ombro do sobrinho e, com ternura, concedeu-lhe a única verdade disponível:

– Maria Eduarda desencarnou há quase dois anos, Thiago. Morreu de uma enfermidade sem cura.

Thiago voltou os olhos lacrimejantes para a tia, atônito. Neste exato momento, o braço dele travou, enrijeceu, e seu corpo curvou-se para a frente, num repentino espasmo de agonia...

– Enlouqueceste?! Perdeste o juízo?! – berrou ele, descontrolado.

A tia mordeu os lábios, penalizada.

– Queres enlouquecer-me, mas não vais... não vais...

– Estou dizendo-te a verdade, a mais pura verdade.

De repente, Thiago começou a grunhir:

– Ai, que dor no peito... ai... ai que dor...

Os gritos alarmados do jovem assustaram os pássaros que repousavam nos arredores. A tia acrescentou, sem titubear:

– Sabes que falo a verdade... Precisas ser forte para encarar a realidade!

– Ai... ai... – o sobrinho soltou mais um grito abafado.

A dor de Thiago se intensificava. Ele apertou as mãos contra a cabeça. Começou a puxar os cabelos e a arranhar a testa e o pescoço, num gesto desesperador. Parecia querer rasgar a pele para tirar o mal-estar que fervia e corria por baixo dela.

Ele não queria aceitar, mas os olhos da tia não mentiam. Suas palavras eram verdadeiras. Nada daquilo fora uma prosopopeia. Era real, ele sentia na própria alma. Sua vitalidade começou a desmoronar abruptamente, e logo se espatifou e afundou num lodaçal. Seu mundo mergulhou na desolação e no pânico.

– Maria Eduarda queria te ver pelo menos mais uma vez nesta vida, Thiago, só mais uma vez – observou Luísa, emocionada.

– Não! – berrou ele, desesperado, quase sem voz.

– Agora, ela pode seguir em paz, Thiago.

Os lábios da tia tremiam em meio às lágrimas que desciam pelos contornos de sua boca.

– Não... não... – a voz dele foi sumindo... sumindo... sumindo... até se apagar de vez.

– Agora, ela pode seguir em paz...

Tudo o que permaneceu no rosto daquele moço era a incredulidade. Ele abriu a boca, mas não conseguiu emitir som. Ele queria perguntar, gritar alguma coisa, mas sentia como se uma força sobrenatural estivesse apertando sua garganta. Sentia também como se tivesse levado um soco no estômago.

– Isso não existe! Não existe! Tu queres enlouquecer-me... é isso... Eu acabo de vê-la ali, bem ali à minha frente, em carne e osso! Eu vi!

– Viste o espírito dela, Thiago. O espírito dela!

– Não! Eu a vi... era ela... sei que era ela... se a vi é porque ela estava aqui... se fosse o espírito dela, todos, todos poderiam ver o de seus entes queridos mortos.

Thiago achava que falava aos gritos, mas, na verdade, sua voz saía como um sussurro entrecortado.

– A maioria das pessoas não vê os mortos porque têm medo. O medo torna-se uma barreira intransponível. Mas, se elas não sabem que aquela pessoa está morta, o medo não existe e, portanto, abrem a visão da alma. Se tu soubesses que Maria Eduarda já havia desencarnado, o medo o impediria de ver o espírito dela, mas Maria Eduarda quis que tu a visses em espírito, porque sabia que tu gostarias de ver a fisionomia dela, pelo menos mais uma vez, a última vez... Por essa razão ela me pediu para que eu não te contasse nada até que tu a visses.

Thiago pensou que estava usufruindo de seus últimos resquícios de lucidez. Continuava a lutar com pensamentos estranhos, ao mesmo tempo em que observava a tia de esguelha.

– Ela... – ele tentou falar, mas suas palavras morreram em silêncio.

Durante um momento, seu rosto permaneceu inexpressivo. Mas num repente desabafou num tom arrasado:

– Vai embora. Larga-me aqui! Sou um infeliz... um infeliz... Um desgraçado. Tudo o que me resta é morrer.

Luísa olhava para o sobrinho penalizada, verdadeiramente penalizada. Por fim, disse:

– Maria Eduarda ainda está aqui, Thiago. Ainda está aqui perto de nós.

Thiago engoliu em seco. Levantou a mão para enxugar sua testa molhada de suor.

— Onde? Onde? – perguntou ele, girando a cabeça ao redor.

Voltou o olhar na direção da tia e perguntou, arquejando:

— Por que não a vejo? Por que não a vejo mais?

— Estás demais de nervoso, deixando-te dominar pela cegueira da visão e pela ira. Estás perturbado. Respira fundo, Thiago, e extravasa toda essa amargura, assim poderás ao menos ouvi-la em meio ao silêncio. Vamos... tenta! Há algo que ela quer te dizer.

Percebendo a dificuldade que o sobrinho encontrava para acalmar-se, Luísa pairou sua mão direita sobre a cabeça dele, dando-lhe um passe, que o fez acalmar-se. Assim, Thiago pôde finalmente se entregar ao silêncio.

Os dois, tia e sobrinho, ficaram ali calados até que Thiago ouvisse de forma sobrenatural o que Maria Eduarda tinha a lhe dizer. Era simples, mas profundamente verdadeiro: "Eu te amo e sempre vou te amar...". Por trás daquela simples frase, havia algo mais, que ele só compreenderia com o passar dos dias...

Com uma torrente suave de palavras de amor, de um amor sincero e verdadeiro, Thiago transportou a si mesmo, seu coração e sua alma, para dentro da jovem amada. Depois, calou-se e aguardou ansiosamente por um sinal que indicasse que o calor de sua voz alcançara a escuridão do mundo frio, onde ele acreditava que ela agora estava. Mas o mundo não era frio, era quente, ele logo percebeu por meio das ondas de calor que ela vibrou até o jovem amado.

Quando o sobrinho voltou a abrir os olhos, trazia consigo um Thiago mais equilibrado e sereno. Ainda naquela posição, ele se manteve, ao falar:

— Eu sempre fui sozinho. Nunca tive ninguém para contar.

— Sempre tiveste a mim, teu irmão, teu pai, Deus...

Ele a interrompeu:

— Meu pai nunca teve tempo para mim... nem olhos...

— Os espíritos obsessores fizeram-te cismar com isso, Thiago. E cismas são catastróficas. Jamais nos permitem ver a realidade como ela é de fato, tampouco aceitá-la.

— Eu queria ter tido minha mãe só para mim. Só para mim, tia, não entendes? Os dias são tão curtos. Se Breno não existisse, teria sobrado mais tempo para que ela me desse carinho e atenção, bem mais tempo... eu amava minha mãe.

– Eu sei... Deixaste que o ciúme te dominasse, e o ciúme desmedido nos faz muito mal. Muito mal mesmo! Agora tu podes mudar teu destino!

Após esvaziar o pulmão, ele fez outro desabafo:

– A vida é feita de escolhas... desde que nascemos, estamos constantemente escolhendo, e agora compreendo que eu escolhi tudo errado... Sabes o que é mais terrível? É que no íntimo, no íntimo, tia, eu sabia, eu sabia que estava escolhendo errado, e, no entanto não quis ouvir-me...

– Erramos quando não nos permitimos ouvir a voz da nossa alma que, no íntimo, é a voz de Deus. Quando nós a ouvimos e a ignoramos... o resultado é sempre desastroso.

Thiago suspirou profundamente na esperança de desatar o nó que apertava sua garganta e seu coração naquele instante:

– Só de pensar que nunca mais vou poder sentir o toque, o carinho, os lábios de minha amada, ouvir sua voz doce, ver seu olhar cair sobre mim... É cruel demais... demais... a morte é cruel demais!

Ele soltou um suspiro tenso, e prosseguiu:

– Se eu tivesse apenas o direito de fazer uma única escolha, se me restasse só uma, eu reverteria o tempo... para poder tê-la de volta ao meu lado, como havia de ser...

– Não se pode reverter o tempo! – observou Luísa, severamente.

– Eu sei, infelizmente, eu sei.

– Mas tu podes seguir em frente, porque Maria Eduarda não reside no passado, ela agora reside no futuro. Um futuro que está além desta vida, e um dia, um dia, Thiago, vós haveis de reencontrar-vos, e a paixão e o vosso amor reacenderá, e vós, então, podereis viver lado a lado, se fizerdes as escolhas certas. Ela estará lá, esperando-te, no local, na hora e no dia certos, nem mais, nem menos, tudo de acordo com Deus. Ele há de guiá-los nesse reencontro. Por tudo isso, não adianta te desesperares, nem correr contra o tempo, pois tudo será quando tiver de ser.

Thiago, consternado, passou a mão pelos olhos e esfregou-os. A tia acrescentou:

– Maria Eduarda agora pode partir, seguir a luz do seu destino, seguir em paz até aqueles que a aguardam do outro lado da vida, entre eles o pai celestial. Ela pode, porque te disseste o que queria dizer. Ela te disse o que tu precisas fazer para libertares-te, se não por completo, ao menos um pouco da dor. Mas atenção, Thiago, muita atenção, o pedido dela é o segredo para levar-te até ela além da vida um dia. Só livrando-te dos erros, procurando redimir-te do que sabes que fizeste de errado é que poderás pôr-te novamente no caminho que levará até Maria Eduarda.

    Thiago voltou seus olhos lacrimejantes para o céu até perder-se no infinito, e ficou ali contemplando as estrelas que iluminavam o céu naquela noite triste, a mais triste de toda a sua vida. Ele sabia agora que toda vez que a mulher que tanto amou e ainda amava viesse à sua memória, sentiria a maior dor do mundo. Mas sabia, também, que trazê-la à memória era a única maneira de sentir novamente o maior amor do mundo.

Quinta parte

A verdade de cada um...

Thiago estava subindo o último degrau da pequena escada que levava à porta da frente de sua casa na Corte quando uma voz grossa soou atrás dele. Ao virar-se, assustou-se ao deparar-se com o dono dela. Era um policial acompanhado de outros dois.

– Pois não? – perguntou, sem disfarçar o susto.

– O senhor é Thiago Lins Amorim?

– Sim... eu mesmo.

– Marido de Melinda Florentes Amorim?

Thiago franziu a testa.

– Pois não?

– Sou da Guarda Nacional, o senhor queira nos acompanhar...

As sobrancelhas de Thiago arquearam-se e um leve espasmo de tensão transpareceu em seu rosto.

– O que houve?

– O senhor está preso.

– Preso? Por quê?

– Pelo assassinato de sua esposa Melinda Florentes Amorim.

O policial viu a cor sumir lentamente do rosto de Thiago e seu queixo começar a tremer ligeiramente.

– Assassinato? – Thiago perdeu o fôlego instantaneamente.

– Sim, assassinato. – Reforçou o policial e, num tom envolto de cinismo explícito, acrescentou: – A morte de um ser humano causada por outro ser humano.

O assombro de Thiago aumentou. Incrédulo, protestou:

– Mas que provas existem contra mim?

A surpresa de Thiago aumentou ao ver um sorriso sinistro espalhar-se no rosto do oficial de polícia.

– A mais evidente possível.

– Qual é ela? – a voz de Thiago soou aguda.

– Temos várias testemunhas!

– Eu não a matei! Eu juro! Estava fora da cidade. Tenho como provar!

– Espero que tenha mesmo, caso contrário, o senhor estará em maus lençóis...

Tudo aquilo não podia ser verdade. Não, em hipótese alguma. Melinda não podia ter sido assassinada, disse Thiago para si, sentindo seu corpo começar a tremer por inteiro de pavor.

Isolda, a ex-escrava dos Amorim, tinha acabado de instalar-se numa cadeira diante do delegado Antônio Pedro, quando ele perguntou:

– Ah! Então a senhorita vai nos ajudar, não?

– Sim, sinhô – a moça olhou fixamente para a frente.

Ele notou mais uma vez a linha firme da boca dela.

– Bem – disse ela indecisa.

– Prossiga... – incentivou o delegado determinado.

Isolda ficou calada um momento, franzindo ligeiramente a testa. Finalmente afirmou:

– Todos *nóis ouvimô* sinhozinho Thiago *ameaçá* sinhá de morte!

A voz da moça soava destituída de emoção. Seus olhos frios encontraram os do delegado. Fez uma pausa e depois acrescentou de supetão:

– *Num* foi só uma vez, *ameaçô* a sinhazinha de morte diversas *vez... qualqué* um daquela casa pode *confirmá* o que digo.

– Mas ela estava grávida... não achas que pela esposa estar grávida, ele não faria tal coisa?!

Isolda riu. Um riso agudo e cortante. Fez um gesto grandiloquente com a mão. Com uma ligeira careta acrescentou:

– Quando sinhozinho soube que sinhá *tava* grávida, ele *ficô loco!*

– Por que haveria de agir assim?

– Sinhozinho *num* queria a criança. *Num* queria de jeito nenhum!

– Compreendo. E quanto a inimigos? Tua ex-patroa tinha inimigos?

A negra corou, a princípio pareceu aturdida com a pergunta, por fim respondeu:

– Eles *num tinha muito amigo*... só família... *num* sei... talvez o moço que sinhá Melinda *namorô* antes do sinhozinho... Ela dizia que ele *divia odiá* ela e o sinhô Thiago!

– O que tu fazias naquela tarde na casa dos Amorim?

– Sinhá *tava* com saudade d'eu. Como o sinhozinho *num tava* em casa, *tava viajandu*, ela *mandô* um escravo me *buscá pra* ir até lá. Sinhozinho *num gostava* d'eu, na verdade, ele *num gosta* de ninguém!

– Segundo consta, tu saíste com dona Melinda para dar um passeio pela Corte à tarde, não?

Isolda respondeu balançando a cabeça positivamente.

– Foi dona Melinda quem quis fazer o passeio?

– Sim... sinhô. Ela *tava* muito *filiz* naquele dia... bem-humo... humo...

– Bem-humorada?

– Sim, sinhô... bem-humorada, como ela costumava *dizê*, e cheia de vida! Ela *tava filiz*... nunca vi tão *filiz*... até os *óio* da sinhá *briavam* de *filicidade*... Ela quis ir *pra* praia. O cocheiro nos *levô*. Fui com *a* sinhá até o monte de *pedra* perto do morro. *Ajudei ela* a subi. *Ficâmo* ali conversando e admirando o mar. Depois de um tempo, a sinhá pediu *pra eu deixá ela* só por alguns segundos. Obedeci.

– O que fizeste nesse período?

– Voltei até a *carruage* e fiquei conversando com o cocheiro *pra matá* o tempo.

– O cocheiro confirma o que ela diz! Segundo ele, isso ocorreu por volta das quatro e cinco – observou Marcos Otávio, o policial presente, auxiliar do delegado.

– E depois o que a senhorita fez?

– Voltei até a sinhá.

– Como estava ela quando a reencontrou?

– Normal. *Filiz,* como quando saiu de casa.

– Durante o passeio, dona Melinda encontrou algum conhecido?

As pupilas de Isolda pareceram dilatar diante da pergunta, parecia novamente incerta quanto ao que o ocorreu, ou se deveria ou não dizer o que ocorreu, observou o delegado Antônio Pedro.

– Sim... a sinhá *se encontrô* com o David.

– David?

– Um negro que sinhá Melinda conheceu no navio quando voltava da Europa. Os dois eram grandes amigos. Ele sempre ia *visitá* a sinhá quando o sinhozinho *num tava, é craro!*

Os dois homens se entreolharam.

– Quando foi isso? Antes ou depois de deixá-la só?

Novamente, Isolda se viu incerta quanto ao fato. Ela olhou fixamente para a parede até responder:

– A sinhá *tava* conversando com ele quando eu voltei até ela. Ele acompanhou *nóis* até a *carruage*.

O delegado balançou a cabeça pensativo. A voz da negra se exaltou:

– Ah! Dona Melinda *trocô* umas palavras também com um moço que passeava por ali. Ele foi até ela, mas não sei exatamente que *hora era...* foi antes *dela* se *encontrá* com o sinhô David.

– O que conversaram?

– *Num* lembro... *num* prestei atenção!

– Tu conhecias esse rapaz?

– Acho que já *vi ele* uma vez, *só num* lembro onde...

– Compreendo. O que fizeram a seguir?

– *Voltamo pra* casa da sinhá. *Tivemo* uma longa conversa até ela...

Isolda mordeu os lábios repentinamente, para controlar a emoção e a vontade de chorar que emergiu naquele instante.

– Prossegue, por favor.

– A sinhá pediu licença para ir até seu quarto e me pediu para *ir até a cozinha* mandá *prepará um chá e...*

A moça não se conteve e caiu num choro dolorido. O delegado suspirou impaciente. Em meio ao choro, ela prosseguiu:

– Foi cerca de uns cinco *minuto* depois que eu ouvi o grito da sinhá. Corri de volta *pra* sala, acompanhada da escrava cozinheira. Como *num* vi a sinhá, comecei a *chamá* por ela em voz alta. Sem resposta, *começamô* a procurar por ela nos *arredor*. Foi *intão* que me ocorreu de *subi* até o quarto dela e... – ela novamente levou a mão à boca, procurando conter o choro – *encontramô* a sinhá caída no *corredô* ao pé da escada. Mandei a escrava *mandá* o cocheiro *corrê* até lá *pra ajudá* a *levantá* sinhá, mas ela já *tava* morta!

As sobrancelhas de Marcos Otávio se arquearam. O delegado perguntou:
– Havia alguém mais por ali além da senhorita e da escrava cozinheira?
– *Num,* sinhô. Só eu e ela.
– A distância que havia entre o local onde Isolda e a escrava se encontravam e o local onde dona Melinda estava era considerável, porém suficiente para que um grito agudo de mulher chegasse até os ouvidos delas – observou o policial.

Antônio Pedro assentiu com a cabeça e voltou-se para a negra com outra pergunta:
– Os demais escravos ouviram o grito?

A pergunta deixou Isolda em dúvida mais uma vez, tanto que arqueou as sobrancelhas. Estava ali algo que ela não sabia dizer. Marcos Otávio e o delegado Antônio Pedro trocaram um rápido olhar. A moça franziu a testa, puxando pela memória. Por fim, ela inclinou para a frente e, com segurança, afirmou:
– O grito de sinhá*? Deve tê* ouvido, sim, sinhô*, tavam* nas *proximidade.*

Antônio Pedro olhou para Marcos Otávio com curiosidade.
– Tens certeza? – insistiu o delegado.

A moça apenas balançou a cabeça em concordância.

Enquanto a ex-escrava falava, Marcos Otávio, o investigador, examinava-a dos pés à cabeça, percorrendo com acurado interesse cada curva do corpo dela. Sempre fora atraído por mulheres negras e deitara-se com muitas, mas nenhuma possuía tamanha formosura quanto aquela. Isolda percebeu o interesse com que o homem a olhava. A atitude descarada dele a deixou pouco à vontade.

O investigador despertou de seus pensamentos ao ouvir uma tossidela proposital emitida pelo delegado, na intenção de despertá-lo do transe ao qual a mulher estava arremessando-lhe. Marcos Otávio desviou o olhar e alisou os bigodes. Mas nem bem passou um minuto, voltou a olhar a moça agudamente, algo no tom da voz dela o impressionava. De repente, algo nela chamou mais atenção que sua beleza. Era o colar que usava.
– Quem lhe deu essa joia? – perguntou, curioso.

O policial investigador poderia ter perguntado: onde comprou essa joia, mas a pergunta não cabia já que uma negra, ex-escrava, não teria condições financeiras de comprar um colar daqueles. Isolda respondeu sem titubear:
– Foi a sinhá.

O delegado soltou um assovio:

– Dona Melinda deu-lhe uma joia desse porte?
– *Tá* disconfiando *d'eu*?

O homem tossiu, desconcertado.

– Bem, é que...
– *Num* deu só *pra eu*... deu *pras outra* escravas *tumbém*...

A negra baixou o olhar e, com pesar, acrescentou:

– Sinhá era muito generosa...

A negra foi dispensada sem mais delongas. Isolda deixou a sala apertando os lábios.

Assim que a ex-escrava saiu, Marcos Otávio disse para Antônio Pedro, enquanto alisava o bigode:

– É mais uma a afirmar que ele ameaçava a esposa de morte. Ao todo, já são cinco.

– Se interrogarmos os outros escravos da casa, creio que obteremos o mesmo depoimento... – observou Antônio Pedro.

– O marido está perdido...
– Foi ele, não há dúvidas...
– Se ele não a matou para impedir que o filho nascesse, matou-a por ciúme ou ódio por ela tê-lo feito de otário. Eu mesmo já ouvi comentários maldosos, fofocas, a respeito dela e do negro vindo da Inglaterra. Os comentários devem ter chegado aos ouvidos dele e atiçado sua ira... ou... – Marco Otávio parou e um sorriso iluminou sua face antes de prosseguir – ou ele teve receio de que o filho não fosse dele, e sim do negro!

– É isso mesmo! Seria uma vergonha! – exclamou o delegado, atiçado.
– Seria uma desmoralização, caso isso ocorresse. E então...
– Ele tratou de impedir esse desfecho, envenenando-a.
– É isso, com certeza.
– Que danada... uma mulher refinada da Corte se envolver com um negro... quem diria...

Thiago viu-se apavorado ao ver os rostos perplexos, desconfiados e ressabiados que o abordavam assim que chegou à delegacia. Não levou muito tempo para que ele fosse introduzido em uma sala onde havia dois homens, o delegado Antônio Pedro e o investigador policial, Marcos Otávio. Ambos trocaram um rápido olhar ao vê-lo entrar. O delegado tamborilava com os dedos na mesa enquanto observava Thiago placidamente.

Marcos Otávio olhou longa e curiosamente para o suspeito sentado à sua frente. Já tivera a oportunidade de vê-lo em outras ocasiões pessoalmente. O investigador o notara não só por ser um homem que chamava a atenção por sua estirpe, e com isso se destacava na Corte, mas por notar que por onde ele passava arrancava suspiros das mulheres. Aquele que outrora parecera ser um homem tão esbelto, garboso, dono de si, agora se transformara num homem franzino, encolhido e apavorado. Poderia não tremer por fora, mas por dentro deveria estar tremendo por inteiro, observou o policial.

Thiago estremeceu ao encontrar os olhos dos dois homens sobre ele. Havia mais que curiosidade em ambos, havia um brilho de ironia. O investigador resumiu tudo o que havia sido apurado até aquele momento, para o suspeito ficar a par do caso nos mínimos detalhes:

"Melinda Lins Amorim foi encontrada morta por Isolda; ex-escrava da casa, com quem Melinda mantinha contato e a tinha como amiga; e por uma das escravas da casa. Por meio do exame médico foi constatado que dona Melinda Amorim foi envenenada com algum líquido. Provavelmente pelo remédio, uma espécie de tranquilizante, que vinha tomando recentemente. O veneno, provavelmente, foi depositado no medicamento horas antes de ela ingerir a dose fatídica."

Thiago franzia a testa, perplexo. Inclinou-se para a frente, procurando uma posição que lhe permitisse sentir-se mais à vontade, mas não encontrou. O delegado Antônio Pedro continuava a olhar para ele com curiosidade, enquanto roçava complacentemente seu cavanhaque, pensando pela segunda vez: "Este homem é um assassino!".

Ao término da narração, Thiago pareceu readquirir a segurança perdida, sentou-se mais à vontade, e afirmou:

– Foi ela... foi ela mesma que se envenenou!

Antônio Pedro o olhou firmemente.

– O que disseste? – perguntou, com certo espanto.

– Ela cometeu suicídio – Thiago afirmou convicto.

– Suicídio? – ecoou a voz do delegado.

– Crê mesmo nisso, senhor Amorim? – indagou Marcos Otávio friamente.

– Piamente!

– Mas por que haveria ela de atentar contra sua própria vida?

– Porque andava deprimida.

– Deprimida?

– Sim.

– Por qual razão?

Thiago deu de ombros e murmurou apenas:

– Eu não sei...

Marcos Otávio sorriu levemente. Antônio Pedro olhou o suspeito bem de frente, e murmurou:

– Bem... O senhor com certeza estava a par da gravidez de sua esposa, não estava?

Thiago enrubesceu ao encontrar o brilho irônico do olhar do interrogador. O homem prosseguiu:

– Sua esposa estava grávida, senhor Amorim, e, segundo testemunhas, feliz da vida. Nunca esteve tão feliz. O que o senhor diz não procede. Uma mulher feliz e realizada com uma gravidez não atenta contra a própria vida, o senhor bem sabe.

– Eu não a matei. Eu juro! Eu não a matei!

– Se não foi o senhor, quem foi e por qual razão?

– Um escravo revoltado contra os brancos. Já houve muitos casos semelhantes.

– Revoltados com dona Melinda?

– Sim!

O delegado sorriu. Inclinou-se para trás, divertindo-se com a resposta.

– Por que haveriam de fazer mal a ela, se era tão generosa para com eles?

– Eu não sei... só sei, estou certo, convicto, de que se ela não se suicidou, eles a mataram!

Os dois homens se entreolharam novamente, antes de o policial afirmar:

– Não, senhor Amorim, nenhum negro daquela casa tinha motivo algum para matar sua esposa. O senhor, ao contrário, segundo diversas testemunhas, ameaçou-a de morte várias vezes.

O delegado deliciou-se ao ver novamente a cor do rosto de Thiago sumir. Marcos Otávio sorriu para o colega de profissão, traduzindo o pensamento do colega: o suspeito está encurralado, derrotado e condenado!

– Confesse, senhor Amorim. Confesse, será melhor para o senhor... todas as pistas levam até sua pessoa. Todas o incriminam... Confesse que matou sua esposa. Confesse!

Num pulo, Thiago saltou da cadeira e, batendo com os punhos fechados na mesa, bramiu:

– Eu não a matei! Eu sou inocente!

– Controle-se, ou será preso também por desacato à autoridade.

Thiago voltou a ocupar a cadeira em que se encontrava sentado. Sua cabeça pendeu para o lado e seus olhos tornaram-se vagos. Lágrimas começaram a atravessar seus olhos consecutivamente. Sua mente tornou-se embriagada de vozes histéricas e de risos sarcásticos e irônicos. Os risos ele reconheceu de imediato, eram de Melinda, a própria. A seguir, sentiu um arrepio gelar até sua alma, e então se encolheu todo na cadeira, apavorado.

Naquela mesma manhã, assim que Thiago deixou a sala, o delegado e o investigador receberam outra mulher que quis prestar depoimento. Com vaga humildade, ela sentou-se na cadeira indicada.

– Posso assegurar-lhe, delegado – declarou logo Florípedes – que ficarei encantada em prestar toda a colaboração que estiver ao meu alcance. Sempre considerei que, em tais casos, temos um dever público a ser cumprido.

Quando a mulher deu ao delegado Antônio Pedro oportunidade, ele lhe fez a primeira pergunta:

– Pelo que nos informou, a senhora estava presente na joalheria no dia em que o senhor Thiago Lins Amorim foi lá com a esposa.

– Sim – suspirou a mulher, quase em êxtase. Tinha fascínio por assuntos escabrosos. Não era todo dia que participava de assuntos tão palpitantes.

– Podes contar-nos o que testemunhaste?

A mulher balançou a cabeça, eufórica.

– Tenho uma lembrança perfeita do que aconteceu naquela tarde – respondeu ela imediatamente –, não esquecerei jamais a entrada dela, foi marcante como sempre. Ela chamava a atenção. Caminhou loja adentro com a imponência de um veleiro ancorando no porto. O marido, no entanto, parecia uma embarcação qualquer, seguindo a outra mais importante.

A mulher sorriu-lhe com simpatia e continuou.

– Não foi só o ar imponente dela que me chamou a atenção... a atenção de todos ali, mas a roupa que usava... era deveras atraente para a ocasião...

– Por favor, continua...

– Ela não era bonita... o rosto dela era visivelmente destituído de beleza, mas seu ar imponente e seu modo de se vestir encobriam com eficiência essa sua deficiência...

O policial Marcos Otávio observou logo que o inquérito seria mais longo do que previra. A mulher não era daquelas que vão direto ao ponto, tampouco têm pressa de terminar sua participação em algo como aquilo. De novo ouviu-se um murmúrio de compreensão por parte do delegado Antônio Pedro. Era preciso fazê-lo, caso contrário, ao que percebeu, a senhora não prosseguiria na sua narrativa.

– Pelo que ouvi, ela queria uma joia de presente... Não, não... – disse Florípedes, rememorando – sim, foi exatamente isso. Ela fora até ali para escolher uma joia de presente, e escolheu a mais cara.

O policial pareceu curioso. O delegado foi obrigado a emitir mais um sinal de concordância, a contragosto, para que a mulher terminasse o seu depoimento.

– Ele, o marido, ralhou com ela, quando ela escolheu aquela joia. Ele a chamou de louca, disse que não compraria jamais por ser cara demais. Pude perceber que ela calou-o com o olhar... e, entre dentes, ele disse: "Tu ainda me farás matá-la!".

O oficial soltou um assovio. Antônio Pedro murmurou algo inaudível e, com o olhar, deu sinal mais uma vez para a mulher prosseguir.

– Devo confessar – disse Florípedes, enrubescendo – que fiz então um comentário ligeiramente maldoso comigo mesma, mas que deve ter soado alto sem dar-me conta, pois a moça, dona Melinda, olhou-me de esguelha.

Os dois policiais aguardaram por mais informações, mas o assunto terminou ali.

O delegado, então, fez uma pergunta direta à testemunha:

– A senhora acha que...

Segura de si, sacudindo a cabeça afirmativamente, a mulher completou o que ele ia dizer:

– Que ele a matou? Tenho absoluta certeza.

Florípedes parecia bastante positiva. Acrescentou com ênfase.

– A certa altura, tive a impressão de que ela o instigava a falar tudo aquilo para que, de fato, fosse ouvido por mim. Sabia que... – a mulher enrubesceu ligeiramente, e quando voltou a falar, parecia desconcertada – bem... ela sabia que eu poderia ouvi-la àquela distância...

O delegado compreendeu o cuidado que a testemunha tomou para não dizer que a vítima havia percebido que Florípedes estava atenta, ouvindo descaradamente o que Melinda e o marido discutiam.

– Tens algo mais a relatar?

– É só! – afirmou a mulher um tanto desapontada ao ver que o interrogatório acabara tão cedo.

Querendo prolongar, Florípedes acrescentou condescendente, com grande complacência.

– Minha tia sofreu muito nas mãos do marido...

Os dois homens se entreolharam e, após grande esforço, conseguiram que a mulher fosse embora.

– O que ela nos contou é de extrema importância. É uma pessoa de fora, uma observadora imparcial. Por esse motivo, a opinião dela sobre o caso tem especial significação.

– Não resta mais dúvida alguma.

– Pelo visto não, o marido assassinou mesmo a esposa.

– Creio que a vítima tomou o cuidado de fazer com que outras pessoas ouvissem o marido e ela, exatamente, para precaver-se, caso ele tentasse alguma coisa contra ela. Sendo assim, teria testemunhas que não permitiriam que ele escapasse da punição.

– Ela foi perspicaz...

– Sim... uma mulher inteligente...

Alguns dias depois...

Thiago acordou com o gosto amargo e persistente de mau hálito. Ao abrir os olhos, assustou-se novamente, percebeu que, por mais que estivesse encarcerado ali há dez longos dias, ainda assim não tinha se acostumado àquela situação. Voltou o olhar para o sol que nascia quadrado, e logo se viu rememorando os últimos acontecimentos e as últimas conclusões a que chegara a respeito de sua vida.

Ele não podia mais atender ao pedido que Maria Eduarda lhe fez por meio da sensação. Não podia redimir-se de seus erros, não mais. Se revelasse a Alzira que ocupara o lugar de Breno, seu filho verdadeiro, ela poderia se voltar contra ele, revoltada com o que ele foi capaz de fazer e incriminá-lo ainda mais, piorando a situação dele. Se ele fora capaz de fazer o que fez, fingir ser quem não era, teria sido bem capaz de cometer um assassinato, concluiria a polícia.

Poderiam suspeitar que Melinda havia descoberto que ele assumira o lugar do irmão e teria passado a chantageá-lo. Mais um bom motivo, irrefutável, para fazê-lo perder as estribeiras e assassiná-la. Não era preciso ter muita imaginação para levantar tal possibilidade. Os negros que o odiavam tanto confirmariam tudo, ouviram as discussões, pois nem ele, nem ela tiveram o tato de tomar cuidado quanto ao que falavam na frente deles.

Thiago desconsolado balançou a cabeça. Quanto mais ele procurava por uma saída, mais se via preso numa arapuca. Nem com o pai ele podia contar para ajudá-lo, pois se Romeu soubesse de tudo o que fizera...

Diante do sol quadrado, ele desabafou:

– Tu venceste, Melinda. Conseguiste o que queria, destruir-me. Tu venceste, ordinária!

Desolado, Thiago fechou os olhos, mas logo tratou de abri-los e mantê-los abertos, pois toda vez que os fechava – e algumas vezes mesmo de olhos bem abertos – ele via a esposa. Era exatamente como um fantasma, uma alma penada a lhe assombrar e açoitar sem piedade, com o olhar tomado de um prazer mórbido e vitorioso.

Os dias seguiram seu caminho, com Thiago preso àquela cela fúnebre e entediante, com o olhar sempre fixo ao chão. Olhava naquela direção, entretanto, não enxergava o que via. Sua mente vagava longe, perdida num vale de lágrimas e lamentações. Ruminando pensamentos ardis, tornou-se refém de seus próprios atos desumanos. Queria varrer para sempre da lembrança o que o destino cruel entornara sobre sua cabeça. Privando até mesmo sua sombra de tocar a alegria, mas...

Novamente, bateu aquela vontade de atentar contra a própria vida. Aquilo parecia ser para ele a única saída. Em meio à sua mente atribulada de pensamentos depressivos, uma voz conseguiu atravessar aqueles tristes tormentos. Era a voz da tia, dizendo:

"*Maria Eduarda agora pode partir, seguir a luz do seu destino, seguir em paz até aqueles que a aguardam do outro lado da vida, entre eles o pai celestial. Ela pode, porque te disseste o que queria dizer. Ela te disse que tu precisas fazer para libertares-te, se não por completo, ao menos um pouco da dor. Mas atenção, Thiago, muita atenção, o pedido dela é o segredo para levar-te até ela além da vida um dia. Só livrando-te dos erros, procurando redimir-te do que sabes que fizeste de errado é que poderás pôr-te novamente no caminho que levará até Maria Eduarda.*"

Passos foram ouvidos pelo corredor vindo na direção da cela de Thiago. Nem eles o despertaram do transe. Nem mesmo a chave sendo posta no trinco da cela e girando na fechadura para abrir a carceragem. Thiago permaneceu inerte, como que congelado, naquela posição, encolhido num canto, com as pernas dobradas num ângulo desajeitado.

Alguém entrara ali, mas ele não teve vontade de ver quem era. A visita permaneceu muda e o silêncio se intensificou no ar. Um minuto, talvez dois, passaram-se até que Thiago, a contragosto, voltasse seus olhos na direção da pessoa ali presente, parada e calada, aguardando pelo seu olhar. Ao reconhecer quem era, ele murmurou, incrédulo:

– Tu?

Thiago pensou que tinha enlouquecido. Houve um silêncio desconfortável. Breno o quebrou com sua voz bondosa de sempre.

– Estou aqui, meu irmão... vim ajudar-te...

Thiago enrubesceu, encabulado. Não pôde evitar a pergunta que queimava em sua boca, deixando um travo amargo.

– Por quê? – inquiriu com certa aspereza, derribado.

– Porque irmãos são para essas coisas.

Breno agachou-se de cócoras diante do irmão encolhido, pousou uma das mãos sobre seu joelho e ficou a fitar-lhe. A expressão no rosto de Thiago tomou outro aspecto. Poderia ser de surpresa ou de compaixão. Ambos ficaram ali por alguns segundos, lado a lado, olhos nos olhos.

Breno, então, pôs-se de pé, abriu os seus braços, convidando o irmão para um abraço. Thiago se viu naquele momento envolto de tensão e pavor. Seu semblante mudou, seus olhos vermelhos de choro agora ardiam de desespero. Não conseguiu dizer nada, mover um dedo sequer. Breno continuou ali, com os braços abertos, esperando o abraço do irmão.

Vendo que ele não ia até ele, Breno tomou a atitude de ir até Thiago e envolveu-o em seus braços.

– Meu irmão... meu irmão, quanta saudade! – desabafou ele, enquanto esfregava carinhosamente as costas de Thiago.

A princípio Thiago ficou inerte nos braços do irmão, mas sua carência por calor humano acabou forçando-o a retribuir o abraço caloroso. Assim, ele apertou Breno carinhosamente contra seu peito, relaxando o corpo e seu coração de pedra. Há quanto tempo não trocava um abraço sincero, tampouco não sentia aquele calor humano.

O mesmo calor humano foi derretendo suas defesas até não restar mais nenhuma. Ele sentia-se quase salvo.

Thiago jamais pensou que precisaria tanto de um abraço como aquele para afagar sua dor. Ele segurou as mãos do irmão e as apertou com firmeza. Ele queria fazer perguntas, mas não conseguia lembrar-se de nenhuma palavra de que precisava, ao menos por ora.

– Obrigado... obrigado por ter vindo... – desabafou Thiago, com repentina amargura, por fim.

Ao sentir as lágrimas do irmão cairem sobre seus ombros, os olhos de Breno começaram também a lacrimejar, e ele logo se viu chorando nos braços de Thiago. "Droga, havia prometido para mim mesmo que não choraria, para mostrar-me forte, mas... foi emoção demais", confidenciou tristemente dentro da alma.

Os dois irmãos ficaram ali agarrados um ao outro, até o tempo se perder de vista.

Ao desvencilharem-se do abraço, Thiago apertou o nariz por um segundo, para conter o choro. Desviou o olhar, encabulado, por alguns minutos e ficou emudecido. Quando voltou a encarar o irmão, Breno se viu diante de um rosto mais sereno. Thiago aprofundou seu olhar longo, abobado e penetrante sobre o irmão. Breno manteve-se calado e perrengue por alguns segundos antes de perquirir:

– Quando éramos crianças tu sempre me ajudavas nos meus momentos difíceis, lembras? Certa vez, tu me tiraste do lago quando eu estava prestes a me afogar... Tu me ajudaste a voltar para casa, amparando-me nos teus ombros, quando eu cortei o pé em um caco de uma garrafa, deixada imprudentemente nos arredores de onde costumávamos brincar...

Com uma expressão de perplexidade no rosto, Thiago balançou a cabeça em concordância, parecendo de repente mais humano. Breno pôde ver sua perplexidade crescer pelo seu olhar e sorriu, antes de acrescentar:

– Tu, apesar de não admitires, volta e meia, ias até o meu quarto quando eu ficava acamado para ver se eu estava melhor... Por considerar-te o montador de cavalos mais rápido da região, tu saíste numa noite chuvosa a cavalo em busca do médico no vilarejo para trazê-lo até nossa casa, para tratar-me num dia em que eu queimava de febre.

Thiago suspirou e limpou as lágrimas do nariz com as costas da mão. Aquelas poucas palavras, talvez nem elas, somente a presença do irmão ali ao seu lado, foram suficientes para derreter o ódio que ele havia alimentado pelo irmão ao longo dos anos. Breno acrescentou:

– Apesar da caturrice facial, tu não jantavas enquanto eu não me sentasse à mesa toda vez que estávamos sós em casa, sem o papai...

Thiago aprofundou o olhar sobre o irmão, envolto de amargura e perplexidade. Sim, tudo o que Breno acabara de dizer era a mais pura verdade. Ainda assim, algo fugia à compreensão de Thiago, por que ele se voltara contra Breno de forma tão asquerosa, tão inumana? Em que momento ele deixara o ódio dominá-lo cegamente a ponto de fazer tudo o que fez contra o irmão e rogar-lhe tanto mal?

Ele, Thiago não sabia, tampouco saberia dizer se um dia conseguiria precisar esse momento, tanto quanto compreender a razão. Só sabia que algo nele, algo ou alguém que não lhe pertencia, o estava abandonando, ou já o havia abandonado por completo, saído de seu corpo, assim que ele foi arremessado naquela jaula. Suas reflexões fizeram-no romper, subitamente, num choro agoniado.

– Acalma-te, meu irmão. Acalma-te. Tudo vai acabar bem – balbuciou Breno, olhando penalizado para Thiago. Ele quis dizer mais alguma coisa, mas não sabia por onde começar.

Thiago voltou a erguer seu rosto pálido riscado de lágrimas na direção do irmão. Pigarreou, nervoso, antes de dizer:

– Estou acabado, Breno, acabado...

O tom monocórdio da voz do prisioneiro em nada se parecia com seu tom de outrora.

– Não percas as esperanças...

– Melinda conseguiu... ela conseguiu aquilo que mais queria... levar-me à loucura, deixar-me no inferno!

– Tu sairás dessa! Eu sei que sairás.

– Há muitas testemunhas contra mim...

– Tem de haver alguém que possa testemunhar a teu favor... ajudar-te...

– Não há...

– Deve haver...

Fez-se um breve silêncio até Breno levantar uma sugestão a se pensar:

– Talvez ela fosse fraca das ideias...

– Suicídio? Já pensei nessa hipótese... mas a descartei. Melinda estava grávida, altamente feliz com a gravidez. Uma mulher grávida e feliz não comete suicídio. Além do mais, morta, ela não poderia regozijar do prazer mórbido de ver-me preso a seus pés e aos pés do filho não desejado pelo resto da minha vida. Portanto...

Breno surpreendeu-se ao ouvir aquilo. Thiago tratou logo de explicar-se:

– Eu não amava minha esposa, Breno... casei-me com ela por interesse financeiro... caí numa cilada... eu queria desquitar-me dela, assim que fosse possível para poder ficar finalmente com a mulher, a única mulher que amei de verdade.

Breno engoliu em seco. Seus lábios moveram-se, mas logo travaram. Ia dizer algo, mas preferiu guardar para si, ao menos, por ora. Tudo o que disse foi com profunda fé:

– Tu hás de sair dessa... Deus está ao teu lado! Ele há de amparar-te e alentar-te!

Thiago conservou-se olhando para o irmão em silêncio, quieto, pensativo e envergonhado. Breno sorriu, exibindo seus belos dentes, antes de fazer um adendo:

– Sei que papai vai sofrer muito, mas muito mesmo, se te vir aqui preso nesta cela, condenado...

A palavra "pai" doeu em Thiago como um golpe na laringe. Quando finalmente recuperou a voz, ela soou embotada e vazia.

– Tu não sabes o que dizes!

Breno deu-lhe um sorriso triste e compreensivo.

– Sei sim, Thiago. Ele te ama. Nem mais, nem menos que eu. Volta e meia papai diz: "Se teu irmão estivesse aqui, implicaria com isso ou com aquilo. Não concordaria com isso jamais... seu irmão...".

Havia naquele instante um misto de horror e surpresa no olhar de Thiago. Breno acrescentou:

– Papai diz tudo isso porque não consegue esquecer-te. Jamais um pai esquece o filho.

Thiago baixou a cabeça e recomeçou a chorar fortemente. Ambos ficaram ali entregues ao choro, apoiados um ao outro.

– Perdoa-me... perdoa-me por tudo que fiz contra ti – desabafou Thiago, em meio ao choro convulso.

– Não fizeste nada contra mim!

– Fiz, sim... tratei-te mal muitas vezes...

– Sempre sofreste dos nervos, Thiago, sempre.

Os lábios de Thiago tremeram ligeiramente. Breno acrescentou com sinceridade:

– O elo familiar é o que há de mais sagrado, meu irmão. Por mais que haja tempestades entre os membros de uma família, são os da família que estendem a mão quando mais precisamos.

As palavras de Breno tocaram Thiago de tal forma que seu coração pareceu bater novamente no ritmo certo. Mas a tranquilidade durou pouco, subitamente sentiu uma espécie de tontura que o fez encolher-se servilmente. Parecia lutar contra uma tenebrosa indecisão, por fim encontrou coragem em algum lugar dentro de si e disse, devagar e pensativamente.

– Eu tenho algo muito importante para revelar-te... refere-se ao passado.

Breno atalhou-o:

– Não, agora. Deixa o passado onde é seu devido lugar: no passado...

Foi a vez de Thiago interromper o irmão:

– Mas, eu preciso te contar...

– Depois... quando conseguirmos provar tua inocência. Tu não mataste aquela mulher e por isso não podes pagar por um crime que não cometeste...

Os olhos de Thiago se dilataram apreensivos:

– Como vamos provar isso?

– Investigando, meu irmão. Lembra quando éramos meninos e adorávamos brincar de esconder algo nos arredores da casa-grande, e até mesmo da senzala, para ver qual dos dois encontrava primeiro o que o outro escondeu? Pois bem, temos agora que fazer o mesmo. Só que em vez de um objeto, precisamos encontrar um assassino...

Breno estreitou os olhos ao acrescentar:

– Ou assassina.

Thiago olhou novamente com admiração para o irmão. Breno levou sua mão direita até o ombro esquerdo de Thiago e apertou-lhe carinhosamente. Com o mesmo carinho, acrescentou:

– Não percas as esperanças. Tu não estás só. Conta comigo, mas principalmente com Deus. Quando não nos resta mais ninguém com quem contar, Deus ainda está por nós, para nós! Peça a Ele, conte com Ele. Com Ele sua absolvição tem mais chances de acontecer...

Thiago manteve seus olhos graves e agora gentis sobre o irmão. As palavras de Breno expressas com sinceridade o comoveram ainda mais. Naquele instante, o irmão caçula ficou um tanto chocado por perceber o quanto ele não conhecia Breno. Sempre o tivera como um inimigo, um estranho, um usurpador do poder, jamais se permitiu vê-lo com outros olhos, saber quem era no íntimo, o que sentia, seus temores, suas alegrias. Alguma coisa havia se modificado no coração de Thiago, mas não sabia precisar o que era. Seu coração tornava-se agora o que sempre fora, em essência, na alma.

Breno ia retirando-se, quando a voz do irmão o deteve:

– Agradeço-te muito... muito por teres vindo... por estares aqui – desabafou o irmão, com sinceridade.

Um sorriso carinhoso iluminou o rosto de Breno naquele instante, um sorriso vindo da alma, a expressão real do seu espírito.

Dia do julgamento

Thiago Lins Amorim chegou ao fórum onde iria acontecer o julgamento com a sensação nítida de que caminhava para a forca. O lugar já era centro do interesse geral. Uma multidão de curiosos, desocupados e transeuntes pasmava diante do local, de boca aberta e olhar surpreso. Os repórteres dos jornais da Corte, ao verem o réu chegando, precipitaram-se de imediato sobre ele.

– Nada a declarar – dizia um dos guardas que acompanhavam Thiago, enquanto os outros afastavam com o braço repórteres e intrometidos.

Thiago olhava para todos assustado. Em cada olhar ele encontrava os olhos pretos de Melinda, encarando-o e vibrando de prazer por vê-lo naquela condição humilhante e deplorável. Um moço parado no topo da escada olhava com curiosidade um pouco mais aguçada que os demais para o réu sendo trazido pelos policiais escada acima. Ao vê-lo, Thiago o reconheceu de imediato, tratava-se de Eriberto Henrique. O prazer mórbido com que ele olhava para o acusado parecia muito com o olhar de Melinda.

Assim que Thiago e os guardas atravessaram a porta de entrada do fórum, ela se fechou imediatamente às suas costas. Os homens pararam por instantes aos pés de um volumoso lance de escadas antes de subi-las.

Minutos mais tarde, um guarda abriu uma porta e conduziu Thiago à sala de julgamento. Todos os olhares se voltaram para ele naquele momento. Em seguida, o julgamento teve início.

– Vossa Excelência quer um resumo da situação? – perguntou o advogado ao juiz.

O meritíssimo assentiu e o caso todo foi detalhado novamente.

Cerca de 35 minutos depois do julgamento ter sido iniciado, o senhor Cassiano Florentes, pai de Melinda, foi chamado para depor. O homem começou, em tom eficiente:

– Minha filha era uma moça muito segura de si mesma. Não era de perder a cabeça à toa.

Ele parou subitamente para conter o choro. Controlando-se, voltou a falar com determinação:

– Mexendo em seus pertences, encontrei esta carta escrita algumas semanas antes de ela ter sido assassinada. Quero ler para todos os presentes, se for permitido.

O juiz assentiu. O Conde se pôs a ler a missiva:

Querido pai.

Nunca estive tão feliz em toda a minha vida. Acabo de voltar do meu médico. Ele confirmou aquilo que já suspeitávamos, estou grávida. Por essa razão vinha enjoando tanto e sofrendo de ânsias de vômito. Saber que estou esperando um filho, algo com que tanto sonhei, é uma sensação maravilhosa, indescritível. Em breve, serei uma mamãe feliz. Em breve, o senhor será um vovô feliz.

Mas há algo que me preocupa violentamente, diz respeito ao meu marido, Thiago Amorim. Ele não gostou de saber sobre a minha gravidez. Não quer a criança de jeito algum e ameaçou-me. Sim, ameaçou *atentar contra a minha vida, se eu não fizer um aborto. Eu não quero fazer isso jamais... quero essa criança de qualquer jeito e vou tê-la, custe o que custar...*

Escrevo-te esta carta para que tenha em tuas mãos algo contra meu marido, caso ele tente alguma coisa contra mim. Se algo me acontecer, leva esta carta às autoridades para que possam fazer justiça a mim e ao bebê que trago em meu ventre... só esta carta poderá pôr esse facínora atrás das grades...

No íntimo, espero o melhor... espero que nada me aconteça. Ainda assim tenho medo, pois meu esposo parece cada dia mais descontrolado. Os empregados de casa são testemunhas, é só perguntar-lhes.

Eu te amo muito. Com carinho,
Melinda Florentes Amorim.

"Ela havia pensado em tudo. Em tudo...", murmurou Thiago consigo mesmo. Agora, ele sabia que estava condenado. Nada mais lhe restava.

Horas depois foi dado o veredicto: culpado!

Alguns dias após a prisão de Thiago, Breno voltou a visitar o irmão na cadeia. De súbito, assustou-se com a fisionomia de Thiago, estava cadavérico. Procurou, no entanto, não deixar transparecer seu espanto.

– Como estás? – perguntou Breno carinhosamente.

Thiago forçou um sorriso e tentou colocar em palavras o que sentira com a ausência do irmão, mas, como sempre, este tipo de franqueza lhe era difícil. Enquanto Breno contava a respeito da rebelião dos escravos na fazenda do coronel Domingues, na intenção de entreter o prisioneiro, Thiago pensava...

Sentia-se impelido a revelar toda a verdade ao irmão, ali, naquele exato momento, mas a covardia era maior que seu desejo. Teve medo de que se contasse tudo o que fez contra ele, Breno afastar-se-ia, o que não poderia acontecer, ainda mais agora, que finalmente estavam se dando bem e que, a seu ver, era a única pessoa, além da mãe, que ele adotou por meio da mentira, com quem ainda podia contar na Terra e que lhe queria bem.

Continuar omitindo-lhe a verdade era a decisão de um covarde, um fraco, um pulha, mas... o que fazer naquelas condições em que se encontrava? Se bem que no fundo não era só pelo medo de perder o amparo do irmão que ele não lhe revelava toda a verdade, havia também uma razão mais profunda, tinha medo de feri-lo. E ele, Breno, certamente não merecia mais sofrer por nada.

Por sorte, Breno pouco perguntou sobre a vida particular do irmão. Quanto à Dona Alzira, Thiago criou mais uma mentira para o seu próprio bem, disse que ela se encantara por ele e que o "adotara" como um filho.

– A vida dá voltas, hein, meu irmão? Quem diria que um dia estaríamos aqui, tu e eu, cercados por essas grades? – comentou Thiago, voltando a dar sinal de vida para Breno.

– Há muitas coisas na vida que fogem à nossa compreensão. O melhor a se fazer é seguirmos em frente, mesmo diante delas – opinou Breno, persentido.

Outras amenidades foram faladas até que Thiago dissesse:

– Volta e meia eu me vejo sonhando com Maria Eduarda e aquele lugar...

Breno arquejou uma das sobrancelhas de curiosidade:

– Que lugar?

– O hospício! – revelou Thiago cuidadosamente, lembrando que o irmão, na certa, nunca soubera nada sobre o passado de Luísa.

– Hospício? – espantou-se Breno.

– Sim. Na maioria dos meus sonhos eu o vejo. O Hospício Pedro II.

– Por que será? – indagou Breno, ressabiado.

– Eu não sei... – respondeu Thiago, pensativo.

Breno estava voltando para a estalagem onde sempre se hospedava quando ia à Corte, quando, de repente, as palavras do irmão despontaram em sua mente novamente. Ele perguntou ao cocheiro a respeito do Hospício Pedro II, se sabia o endereço. O homem respondeu que sim, o jovem então pediu para levá-lo até lá.

A carruagem estacionou a certa distância do lugar. Breno ficou ali observando o manicômio, pensativo. Por diversas vezes leu e releu o nome do lugar "Hospício Pedro II".

De repente, uma moça parada em frente à entrada da Santa Casa de Misericórdia, que ficava rente ao hospício, prendeu-lhe a atenção e ele logo compreendeu o porquê. Ela lembrava muito Maria Eduarda. Lembrava tanto que se ele não soubesse que estava morta, juraria ser ela ali parada em frente ao hospital, olhando na sua direção.

Breno sentiu certo furor percorrer-lhe as veias. Seus olhos ficaram então a ir e vir de um local para o outro, do hospício para a Santa Casa. Ir e vir, ir e vir. Vez ou outra batia seus olhos nos olhos da moça. Vez ou outra, vez ou outra...

Então, de repente, algo se acendeu em seu cérebro. Uma luz. Uma luz divina e, naquele instante, ele compreendeu o que significava o sonho de Thiago.

O hospício aparecia em seu sonho não para chamar atenção para o lugar e, sim, para o prédio que estava ao lado dele, a Santa Casa de Misericórdia. Agora, Breno estava quase certo do porquê.

Dias depois...

Breno estava debruçado sobre a amurada de um navio rumo à Europa, observando os passageiros a bordo, acenando adeus para seus parentes que estavam no cais. Dali podia contemplar e admirar toda a suntuosa beleza do Rio de Janeiro e comprovar que aquele canto do país fora escolhido para se transformar no que se transformou por ser um dos mais belos, senão o mais belo de todos.

O moço de aparência angelical ficou na ponta do convés admirando a grande colônia dos portugueses na América do Sul distanciando-se suavemente até perdê-la de vista. A colônia que a princípio fora batizada com o nome de Ilha de Vera Cruz e depois passou a ser colonizada com o nome de Brasil.

Em alto-mar, Breno se viu diante de inúmeras lembranças. Não quis ater-se somente às boas, às mais felizes, quis trazer à memória todas elas, boas e más, não importava, tudo fazia parte da vida. Mesmo as ruins, de certo modo, foram boas, pois o ensinaram muita coisa. Muitas vezes, aprendeu mais com os momentos amargurados do que com os isentos de amargura, privilegiados de paz, concluía ele consigo mesmo.

Observando o navio singrando sobre o oceano, teve a impressão de que a morte era mais ou menos como uma viagem de navio igual àquela. O Brasil era como a vida na Terra, Portugal, para onde o navio seguia, representava o céu, o lugar onde Deus habita. E o percurso de navio era a *viagem* do espírito entre um plano e outro. Assim era a vida do espírito no cosmos. Assim como aconteceria com ele, ou seja, só passaria um tempo na Europa, a fim de cumprir seu propósito, até poder regressar à Corte. O espírito passava um tempo nesse plano espiritual até poder regressar à Terra. A tia, Luísa, estava certa, muito certa quanto tudo aquilo que lhe explicara. Dentro dele, tudo aquilo fazia sentido.

Ao lembrar-se do propósito de sua viagem, Breno elevou seus pensamentos a Deus e a todas as forças espirituais que o acompanhavam, que a tia dizia existir, para que iluminassem seu caminho e ajudassem-no a concretizar sua missão. O rapaz de olhos gris voltou o olhar para o céu em oração.

13 de maio de 1888

Princesa Isabel assinou a Lei Áurea, dando fim a cerca de trezentos e oitenta anos de escravidão no Brasil. Por seu ato, recebeu o título de Redentora dos Negros.

Diversos fazendeiros, senão a maioria, ficaram enfurecidos com a promulgação da Lei e exigiram indenizações pela perda de seus escravos. Como não as conseguiram, aderiram ao movimento republicano que se tornava cada vez mais forte no país.

A notícia foi chegando aos poucos até as fazendas. Muitos dos ex-escravos começaram a cantar e a dançar em comemoração. Muitos seguiram para os pequenos vilarejos, ou até mesmo para as cidades, onde se uniram para celebrar a liberdade. Nada mais que a liberdade.

Muitos desses ex-escravos voltaram para as fazendas onde moraram até aquele dia, apenas para pegar seus poucos pertences, depois partiram dali certos de nunca mais voltarem ao lugar que lhes trazia lembranças tristes e desesperadoras. Memórias de uma vida inumana.

Outros negros, porém, não viram motivos para partir do local onde cresceram e viveram praticamente a vida toda. Foi o caso de Tonico e Santa. Preocupado com o destino que seus irmãos de coração teriam após o fim da escravidão no Brasil, Tonico tomou uns minutos da festa empolgada da qual todos participavam, para falar-lhes, dar-lhes um alerta:

– Eu *vô ficá* aqui, nas *terra* onde cresci, eu e minha *muié*. Sinhozinho sempre foi *bão pra nóis*. Não *há* porque *partí*. Aqui, bem ou *mar, nóis têm* trabalho, comida, morada. Longe daqui, o que *vamô tê*? É *mió ficá*... esse é o conselho desse irmão, é *mió ficá*!

Em seguida, Tonico passou os braços ao redor da cintura delgada de Santa e fitou-a com lágrimas emocionadas. Ele afagou os cabelos dela, devotando à esposa aquele amor sincero e abastado com que a maioria das mulheres sonham, mas que poucas encontram na vida. Ela ficou na ponta dos pés e o beijou com ímpeto. Santa sentiu que a ternura de seu toque era tão natural quanto a respiração, e tão transcendental quanto aquele momento na vida de toda aquela gente.

A celebração prosseguiu e da varanda Romeu, Luísa e Lívia contemplavam a festa, sendo contagiados pela emoção que aquela gente sofrida reluzia.

– Enfim, a liberdade tão almejada! – comentou Luísa, comovida.

– Breno ficará imensamente feliz, ao saber de tudo isso. Sempre foi a favor da abolição! – ajuntou Lívia, alegremente.

– O que vai ser dessa gente? No século passado, o chamado Século do Ouro, alguns escravos conseguiam comprar sua liberdade com os "trocados" que juntavam durante toda a vida. Mas após adquirirem a carta de alforria, as poucas oportunidades e o preconceito da sociedade acabaram fechando as portas para eles, escravizando-os novamente em uma vida tão amarga quanto a que levavam quando escravos. Temo que isso se repita com essa gente, ainda mais agora com a imigração de italianos para o Brasil em busca de emprego. Se ninguém oferecer-lhes trabalho, o que será desse povo? – refletia Romeu, preocupado.

– Eu não sei... Só nos cabe orar por eles e fazer aquilo que estiver ao nosso alcance.

– Que Deus os proteja! Que Deus os proteja!

As palavras flutuaram naquele lindo final de tarde até o encontro com a noite, em meio aos batuques dos agogôs, atabaques e reco-recos tocados pelos negros libertos e tomados de alegria, gás e vibração sobre-humana.

A preocupação de Romeu era, na verdade, uma premonição. Por trás de toda aquela alegria tão almejada pelos negros e abolicionistas, escondia-se um futuro indigno para essa gente no Brasil. Analfabetos, a maioria dos negros continuou na condição de subalternos e muitos desempregados. Mas esse não foi o maior e mais ousado desafio a ser superado pelos negros no Brasil e no mundo. Eles tiveram de enfrentar a discriminação e o racismo ao redor do planeta, algo tão dolorido quanto os açoites que muitos receberam.

Corte, sete meses depois...

Sete longos meses arrastaram-se até que Breno regressasse ao Brasil. Neste longo período, trancafiado numa cela imunda, Thiago conheceu níveis ainda mais profundos de dor e humilhação. Como se não bastassem o horror do cárcere, as tormentas inumanas a que foi submetido pelos colegas de cela que perfuraram sem dó sua honra, brio e dignidade. Aquilo era o inferno, só podia ser o próprio inferno, queimando-o vivo, reduzindo não só seu físico, seu moral, mas sua alma inatingível a cinzas, concluía Thiago em ruínas. Era como se ele estivesse lúcido dentro de seu corpo morto, que entrava em decomposição e era comido pelos vermes. Era pavoroso.

A porta da sala ocupada pelo delegado Antônio Pedro abriu-se e Breno entrou acompanhado de um homem alto, já na terceira idade, que cumprimentou o oficial cordialmente. O delegado acabou por erguer-se, deixando escapar um suspiro. Algo em sua voz fez os dois homens olharem-no com curiosidade.

– O que vos trazeis aqui exatamente?

– É a respeito do caso do assassinato de Melinda Amorim – respondeu Breno, apressadamente.

O rosto do delegado tornou-se convulso. Ele chegou-se mais à frente e rosnou:

– Esse caso já foi julgado, o réu condenado por provas evidentes.

– Nós sabemos... – prosseguiu Breno, em voz calma.

– Então?!

Breno limitou-se a continuar, ainda calmo:

– O senhor deve se lembrar do caso, não?

– Sim. Não. São tantos... – murmurou ele, disfarçando o interesse.

Era óbvio que o homem fingia-se de desentendido. O caso ainda era falado em toda a Corte, mesmo após meses de seu acontecimento. Até mesmo um engraxate se lembrava dele.

– A vítima, dona Melinda Florentes Amorim, deixou uma carta falando a respeito das ameaças que recebia do marido, lembra-se? – recordou Breno, seriamente.

O homem limitou-se a apenas balançar a cabeça. Breno prosseguiu:

– Pois bem. Na carta, ela dizia, segundo me lembro, o seguinte...

Breno resumiu o conteúdo da carta.

Com a mesma calma, completou:

– Bem, o que esse homem tem a dizer pode mudar totalmente o caso.

Breno apontou para o cavalheiro sentado ao seu lado.

– Por que não o trouxe antes? – perguntou o delegado.

O delegado não ocultou o desdém em suas palavras. O homem que acompanhava Breno adiantou-se na resposta:

– Porque me encontrava na Europa, meu senhor.

O delegado deu de ombros, mas antes que ele pudesse dizer alguma coisa, o estranho continuou:

– Acho melhor ouvires o que eu tenho a dizer.

O delegado bufou. Encostou-se na cadeira novamente, fechou o cenho e fez um sinal com a cabeça para o homem prosseguir:

– Bem, como eu lhe disse, não pude depor antes, pois estava na Europa. Mudei-me para lá, para fazer uma especialização, poucas semanas antes da tragédia. Não cheguei nem sequer a tomar conhecimento do caso até que este rapaz aqui me localizou, contou-me tudo a respeito e convenceu-me a vir depor. Não pude recusar, ainda mais quando percebi que um homem inocente estava pagando por um crime que não cometeu.

O delegado disse no seu tom mais burocrático:

– Estás querendo dizer que o marido não é o assassino? Impossível. As provas são evidentes... a mulher...

O homem sentado à sua frente o interrompeu educadamente, dizendo:

– Eu era médico de dona Melinda Amorim desde que ela se casou e bem... aquilo que ela afirmou na carta, segundo soube, não procede, não tem cabimento! Eu mesmo a examinei e sou capaz de testemunhar, se for necessário.

– O que não procede, meu senhor?

– A gravidez. Ela não estava grávida...

As sobrancelhas do delegado se arquearam automaticamente após ouvir a afirmação, e por pouco ele não soltou um assovio pelo espanto. Era visível agora que estava altamente interessado no assunto. A exclamação a seguir saiu num tom excitado:

– Não estava grávida?!

– Não! – salientou o médico.

– Então por que ela escreveu aquilo?

O médico mordeu os lábios apreensivo. Breno balançou a cabeça afirmativamente. O delegado ia falar alguma coisa, mas interrompeu-se ao ver que o médico queria acrescentar algo:

– A senhora Amorim estava acometida de uma doença terminal. Restavam-lhe apenas alguns meses de vida, nada mais. Eu a avisei a respeito.

– A senhora Amorim estava condenada? – o delegado perguntou perplexo.

– Sim. Após ser informada a respeito de seu estado de saúde, ela logo se viu amargurada e deprimida, terrivelmente amargurada e deprimida. Chegou a voltar ao meu consultório diversas vezes para ouvir uma segunda opinião e para que eu lhe prescrevesse algum calmante para os nervos. A jovem mulher estava totalmente desesperada, bem ao contrário do que ela disse na carta que deixou para o pai. Não é para menos que estivesse assim. Saber que seus dias estão contados não é nada fácil. Eu não queria por nenhum momento revelar-lhe seu diagnóstico, tentei contorná-lo, mas ela insistiu para que eu lhe dissesse a verdade... ela queria saber a qualquer custo e então...

O delegado encarou-o pensativamente por um minuto ou dois, até voltar a falar:

– O senhor tem os registros de suas consultas?

– Sim, senhor. Supus que iria me pedir, e por esse motivo os trouxe comigo...

O médico estendeu-lhe os papéis, e o delegado examinou-os rapidamente.

– O fim dessa história torna-se evidente – ajuntou Breno.

– Creio que sim... – disse o policial, com dignidade – creio que dona Melinda Amorim deixou a carta com o propósito maléfico de incriminar seu marido.

– Se interrogar os negros que trabalharam como escravos na época para o casal e perguntar-lhes como era seu modo de tratar o esposo, com certeza descobrirá que ela judiava dele com prazer... – observou Breno, seriamente.

Um mês depois...

O juiz pediu mais uma vez silêncio no recinto e numa voz branda leu o veredicto:

– O júri considera Thiago Lins Amorim inocente.

Thiago ergueu os olhos de onde os pousara, no chão, e voltou-os em busca do irmão. Ao avistá-lo ali sentado na primeira bancada do tribunal, ele sorriu em agradecimento a Breno que lhe retribuiu com o mesmo sorriso sincero e agradecido.

Ao ficarem frente a frente, Thiago lançou-se sobre Breno, abrigando-se em seus braços aos prantos, como se ainda fosse uma criancinha. Breno não conseguiu conter as lágrimas, ficou ali alisando os cabelos do irmão, emocionado até ele se recompor.

Alzira, como da outra vez, preferiu não assistir ao julgamento, pois era doloroso demais para ela ver o filho naquela condição tão triste e humilhante. Ela escolheu ficar em casa, orando por sua absolvição.

A seguir, os dois irmãos partiram de carruagem para a casa de Thiago. Pelo caminho, Thiago desabafou:

– Melinda quase conseguiu seu propósito... quase me destruiu por completo! Queria que eu apodrecesse atrás das grades. Quando ela soube que morreria, na certa, tomada de egoísmo e revolta, quis a qualquer custo impedir que eu vivesse em paz. Armou tudo para acabar comigo, forjando o seu próprio assassinato para incriminar-me. Como ela foi má... como ela foi má...

Naquele instante, a imagem da esposa, vinda de algum lugar de um passado recente, despontou em sua mente. Ali estava ela rindo com a boca arreganhada, intumescida de escárnio para ele. Thiago sentiu um arrepio percorrer-lhe toda a espinha, apagando a imagem da mulher de seus pensamentos, disposto a nunca mais trazê-la de volta à memória.

– Acabou Thiago... agora tu estás livre para recomeçares sua vida – disse Breno, caloroso.

Thiago intensificou o olhar sincero sobre o irmão antes de falar:

– Eu devo tudo isso a ti, Breno, só a ti.

– A Deus... não te esqueças Dele. Sem Ele, não somos nada!

Thiago manteve os olhos calados por instantes.

– Ainda não estou livre, Breno, falta algo... falta fazer algo e esse algo te envolve.

Breno sorriu, pousou a mão sobre a do irmão e, com carinho, acrescentou:

– Tudo isso, meu irmão, a Corte com toda sua majestosa beleza e todo esse *glamour* não foram feitos para mim, foram feitos para ti. Minha vida sempre foi lá, ao lado do meu pai e da lembrança de minha mãe, e agora, ao lado de minha esposa, de meu filho amado e de tudo aquilo de bonito que só aquele canto do planeta pode nos oferecer.

Thiago balançou a cabeça em compreensão, apesar de achar esquisitas as palavras do irmão sentado à sua frente.

A carruagem parou em frente à casa de número 818. Thiago voltou-se para o irmão e disse:

– Chegamos.

Os dois irmãos entraram na casa. Assim que Thiago se viu de volta ao interior daquele lugar, sentiu um calafrio percorrer-lhe a espinha.

– Quero partir daqui o quanto antes. Esta casa me dá arrepios... só me traz lembranças ruins, insanas... – desabafou Thiago com sinceridade.

– Antes, vamos beber algo em homenagem à justiça... à tua libertação – sugeriu Breno, empolgado.

Os dois encheram duas taças de vinho e fizeram um brinde a ambos, tendo como pano de fundo, um sorriso radiante de felicidade no rosto de cada um daqueles homens que a vida uniu.

O senhor Cassiano Florentes subiu o acanhado lance de escadas da casa de número 818 com lentidão, parecia arrastar o corpo com grande esforço, como se puxasse um saco de chumbo. Abriu a porta com as chaves que pertenceram à filha, entrou e a fechou sem passar o trinco. A casa estava silenciosa. Respirou fundo, como se o ar que inspirasse fosse a coragem que precisava para seguir adiante no seu propósito. Cruzou o *hall* de entrada e entrou silenciosamente na sala em frente, a sala de visitas.

O Conde estava em busca do genro, que estava ali naquele recinto de costas para o sogro, bem de frente para a porta em arco envidraçada, olhando para o jardim. O Conde caminhou na direção dele, enquanto o indivíduo demorava-se a percorrer o jardim com os olhos.

O Conde tirou do bolso do paletó um revólver e o empunhou com sua mão direita contra o homem indefeso, parado ali, a poucos metros de distância. Sem mais pensar, atirou à queima-roupa, levando a vítima ao chão.

– Pelo que fizeste à minha filha, desgraçado! Pensou que irias escapar dessa impune? Maldito... demônio! – bramiu ele, sendo acometido de uma estranha tremedeira.

O grito estridente de um homem tomado de pavor ecoou do canto da sala onde ficava a escada. Os olhos de Cassiano voltaram-se naquela direção e, ao reconhecer quem era, seus olhos esbugalharam de apoplexia, fazendo-o jogar a arma ao chão num gesto desesperador.

Thiago cruzou a sala correndo até chegar perto da vítima. Breno estava caído ao chão quase de bruços, pela roupa podia se ver uma mancha de sangue espalhando-se rapidamente. Thiago ajoelhou-se ao seu lado, virou o irmão baleado e debruçou-se sobre ele. Tentou escutar o coração do irmão, mas nada pôde ouvir acima do pulsar de seu próprio coração.

– Breno... Breno, meu irmão... – disse ele, agonizando de desespero.

Ainda restava um pouco de força dentro do rapaz baleado, e foi com essa força que ele falou numa voz entrecortada:

– Thiago... meu irmão querido... chegou a minha hora...

– Não! – gritou Thiago, exasperado.

– Eu te amo... eu te amo... diz a todos que os amo... – acrescentou Breno, por um fio.

Thiago passou a mão no cabelo do irmão, acariciando-o carinhosamente enquanto ele fazia um pedido.

– Cuida de meu filho! Thiago... Cuida do meu filho por mim...

– Não! Tu não podes morrer, não é justo... não é direito... não! Por Deus, não!

Os olhos embaciados de Thiago exprimiam um horror sem limites enquanto seus apelos pareciam cair em ouvidos surdos. Ele quis remover o irmão, mas suas mãos tremiam terrivelmente. Viu-se então diante de uma única alternativa, abraçar afetuosamente o irmão ferido e quase sem vida.

As palavras de Breno ecoaram novamente em sua mente: "Cuida de meu filho! Thiago... Cuida do meu filho por mim..."

A seguir, ele fez um juramento:

– Eu te prometo, meu irmão. Eu te prometo!

Thiago ficou ali abraçado a Breno que estava estirado no chão, cujo corpo inerte parecia não ter mais o sopro da vida.

Nesse ínterim, os negros empregados, que ainda moravam nos fundos da casa, chegaram à sala para descobrir o que fora aquele barulho que parecera ser um tiro. O senhor Cassiano Florentes não se encontrava mais lá, apenas a arma que ele usara para atirar permanecia ali largada ao chão.

Casa de Saúde Pedro II, Rio de Janeiro, 1887

No leito de um hospital, Thiago permanecia sentado junto à cama onde Breno parecia dormir natural e tranquilamente, longe, bem longe de estar entre a vida e a morte. Seus olhos pensativos detinham-se no irmão acamado cujo rosto iluminado pela chama de uma vela, tinha o ar diáfano de um quadro de Augusto Muller. Um triste suspiro escapou do peito condoído de Thiago.

Desde a tragédia, Thiago caíra num profundo abatimento, porém, ele podia sentir que em seu coração despertava aquilo que para muitos, inclusive ele próprio, era tido como impossível: sincera piedade. Não era somente Breno quem estava enfermo, Thiago também estava, com uma única diferença, o irmão mais velho estava enfermo no físico, ele, na alma.

Diante daqueles tristes e áridos minutos em que sua vida se arrastava, sufocada de ardis, Thiago percebia que tudo na vida era efêmero. Por esse motivo, cada segundo que a vida permitia ao ser humano viver ao lado das pessoas amadas, que verdadeiramente queriam-lhe bem, valia mais que qualquer fortuna do mundo material, pois só o amor, agora ele compreendia, era o que realmente valia alguma coisa na vida.

Vencido pela esquisita falta de ar, Thiago se arrastou para fora do quarto. O cheiro pesado da atmosfera hospitalar entrou rasgando suas narinas, provocando-lhe certa náusea. Taciturno, Thiago caminhou para fora do hospital, arquejando violentamente. Parecia que tinha ficado submerso na água por um longo e desagradável tempo. Ele buscou no ar fresco um lenitivo para sua angústia.

Ao avistar o céu noturno crivado de estrelas, sentiu-se pequeno e insignificante diante da vida. Estremeceu. Na verdade, agora ele se via como era realmente e não por meio dos olhos do ego e da vaidade exacerbados que o fizeram querer ser superior a tudo e todos, inclusive a Deus. Agora ele podia perceber o tamanho e o real significado do ser humano diante da vida.

Um pássaro o fez despertar daquele estado mórbido. Os olhos grandes de Thiago acompanharam a ave até perdê-la de vista. Seus olhos então pousaram no edifício construído ao lado da Santa Casa de Misericórdia, o Sanatório Pedro II.

O local assomava diante de seus olhos de maneira indistinta, contra um céu azul-escuro. Admirado, Thiago percorreu cada detalhe do imóvel com afetuosa atenção. Sem se dar conta, suas pernas o conduziram até a porta de entrada, enquanto seus pensamentos divagavam, presos a um fio do passado.

Fora ali que sua mãe internara a própria irmã, sua tia Luísa, e agora ele sabia, internara-a injustamente. Sentiu pena da tia, mas, também, muita pena da mãe que tomara aquela atitude impensada, cruel e mentecapta. Emergindo de suas reflexões, Thiago observou que o local o convidava a entrar, e ele atendeu o convite com uma obediência esquisita.

Subiu o lance de escadas, atravessou as colunas de pedra que sustentavam a balaustrada de mármore e entrou no sanatório. Parecia até que o local o aguardava. Não encontrou ninguém ali, a não ser o silêncio e um castiçal com algumas velas a iluminar modestamente o *hall* de entrada.

Thiago atendeu novamente o que seu coração pedia para ele e assim prosseguiu. Ele, então, caminhou claudicante por um corredor, apoiando-se pelas paredes que o cercavam. Percorria com os olhos incômodos os cômodos por onde passava. As cortinas das janelas agitavam-se com a leve brisa, assim como seu estado emocional. Thiago arrepiou-se ao avistar as pesadas grades de ferro que guarneciam as janelas, dando-lhe a sensação de que ele estava de volta à cadeia. Observando melhor, aquilo mais parecia um cárcere.

O corredor foi dar numa pequena sala, também iluminada modestamente por uma humilde vela. Nada ali lhe chamou mais atenção do que o objeto pendurado na parede. Surpreso, ele ergueu seu límpido olhar para apreciá-lo melhor. Tratava-se de um crucifixo. A incidência da luz fazia com que a cruz de metal brilhasse de modo sobrenatural, como se tivesse luz própria. Thiago sentiu um arrepio e ao mesmo tempo uma onda de calor. Soltou novamente um suspiro, pensativo. Diante do Cristo, preso na cruz, Thiago percebeu que Ele era tudo o que lhe restava. Pediria àquele que sempre ignorou para que salvasse o irmão. Suas pernas travaram-se, ele se sentiu intimidado a deixar-se sentar-se ali e pedir a Jesus que intercedesse pelo irmão enfermo. Nisso, uma voz feminina, leve e doce, soou no recinto:

– Ele sabe o quanto tu precisas Dele... não te sintas acanhado em pedir-lhe ajuda por tê-lo ignorado toda a sua vida... Ele tem o dom, um dos dons mais poderosos da vida, o dom do perdão... Ele o acolherá em seu generoso coração...

Thiago voltou-se para trás, ligeiramente assustado. A dona daquela voz era uma moça, deveria ter no máximo vinte anos, não mais que isso, mas sua voz era igual a de uma mulher madura, autoconfiante e prudente. Seus cabelos eram lisos e sedosos, os olhos castanho-claros, penetrantes e ao mesmo tempo singelos, donos de uma beleza rara. Sua face toda o lembrava uma joia rara.

– Eu... eu... – Thiago atropelou-se nas palavras – eu...

Enrugando o sobrecenho levemente, procurando firmar a voz, Thiago perguntou:

– Como sabes de mim... quem és tu?

A moça respondeu sem vacilar:

– Tu és um ser humano... e, como todos, precisas Dele para lidar melhor com a vida... Ele pode instigar-te o desejo do mais puro amor... abrir teus olhos para o bem, libertar-te do domínio perverso das ilusões terrenas... para assim alcançar a verdadeira essência da vida, o bálsamo mais precioso de todo o Universo, um espírito despojado de rancor, incumbido de zelar pelos desígnios de Deus e feliz por poder executar essa missão tão gloriosa.

Cada sílaba, cada palavra unida ao tom de voz daquela jovem encantadora tocou o coração daquele homem também jovem, porém perdido num vale de lágrimas e desilusões. Ele inspirou fundo e expirou lentamente.

– A fé em Deus deve ser teu chão, Thiago, não tenhas medo de pisar nele. Deve ser teu ar, não tenhas medo de respirá-lo. A fé em Deus deve ser tua água, não tenhas medo de bebê-la. Deve ser enfim, a luz de tua vida, não te receies em iluminares-te dela... caminha ao Seu lado que portas e janelas vão se abrir, até aquelas que tu pensaste que jamais iriam se abrir, até mesmo aquelas que tu pensavas não haver, vão se abrir para ti.

O rapaz refletiu durante certo tempo. A jovem o aguardou terminar suas reflexões, só então acrescentou:

– Teu irmão precisa de ti, tal como um veleiro precisa de um farol para não colidir contra as rochas... tu também precisas de um farol para evitar uma colisão contra as mesmas rochas... o teu farol está em Deus.

Thiago gostava da voz da jovem, vibrando em entonações suaves. Nova pausa se deu até que ela prosseguisse:

– Não tenhas medo de chorar, Thiago. Algumas lágrimas são necessárias na nossa vida. Precisamos derramá-las vez ou outra, porque elas, de certa forma, aliviam-nos, fazem-nos melhor... lavam as impurezas que as ilusões terrenas arremessam contra nós, tal como a poeira que se impregna em tudo...

Aquela era outra verdade que Thiago não conseguira ver na sua vida, concluiu ele, surpreso. Diante do olhar reconfortante daquela jovem cuja voz vibrava suavemente, Thiago se acalmou um pouco mais. Sua calma, porém se diluiu ao perceber-se diante de algo que julgava ser intransponível. Envergonhado, Thiago fez um desabafo:

– Eu não sei mais rezar... eu não sei como falar com Deus, eu não sei Sua linguagem, eu simplesmente não sei...

A jovem ajoelhou-se ao seu lado e disse:

– Acompanha-me.

Em seguida, pôs-se a orar. Thiago a acompanhou em oração, hipnotizado por aquelas palavras de esperança e pelo calor humano de sua acompanhante.

Aquelas palavras e aqueles conselhos, ditos com tanto tato, naquela voz doce e carinhosa, deram a Thiago o reforço emocional que ele precisava.

Thiago sentiu seu coração vibrar de intensa simpatia por aquela jovem mulher ali ao seu lado. Ao término da oração, Thiago voltou-se para a jovem e perguntou:

– Quem és?

– Chamo-me Linda. Estou internada aqui...

Intrigado, Thiago aquiesceu:

– Internada, mas tu pareces...

– Tão normal?

– Sim...

– Muitos aqui são "normais"... apenas tidos como loucos, insanos, ou dementes por uma questão de limitação da visão humana.

– Compreendo. Minha tia foi internada aqui há muitos anos pelas mesmas razões.

Thiago enxugou uma lágrima que vazou de um de seus olhos tristes. A jovem tentou confortá-lo com um sorriso angelical. Ele retribuiu o sorriso, ofertando-lhe um tão bonito quanto o dela.

– Abençoada seja a pureza de teu coração – elogiou Thiago, com sinceridade.

– Abençoado sejas tu também... – disse a jovem.

Ele balançou a cabeça negativamente e, antes que dissesse o que acabara de pensar, ela falou:

– Não te sintas desmerecedor de uma bênção... Tu poderias estar algemado à arrogância e ao rancor, mas não, estás libertando-te e isso, Thiago, é evolução espiritual...

De súbito, vindo de algum lugar no passado, uma fugidia lembrança ecoou em sua mente. A bela jovem disse:

– Aqui, olhando para essa imagem de Cristo pendurado na cruz, recordo-me do que minha tia-avó me disse certa vez a Seu respeito. Disse-me que as palavras de Jesus atravessaram os tempos porque elas são a verdade, o caminho e a vida. E as verdades o tempo não apaga.

A jovem sorriu carinhosamente antes de acrescentar:

– Ela dizia também que o verdadeiro amor o tempo também não apaga... e que não importa o lugar onde os espíritos reencarnem, aqueles que se amam de verdade, por mais longe que estejam, são unidos novamente pelo tempo porque ele, o tempo, ama a verdade e o amor... Para o tempo, a verdade e o amor são preciosidades da vida no cosmos, são eles que lhe dão vida. São os alimentos de sua alma, a alma de sua alma.

Thiago encontrou naquelas palavras um lenitivo forte e eficaz para seu coração opresso de saudade da mulher amada. Percebeu também que havia por trás de cada sílaba um significado mais profundo, mas não teve tempo de refletir a respeito. As últimas palavras da jovem antes de ela se despedir foram:

– Mas o grande amor nem sempre é aquele que nos encanta e nos entorpece de felicidade. Em muitos casos, o grande amor é aquele que nos ensina preciosas lições da vida, torna-nos melhores do que somos, faz-nos encarar nossas ilusões, nossas limitações e ajuda-nos a transcendê-las, permite-nos mudar para melhor... ele nos faz, enfim, desobstruir as veias entupidas pela ilusão e pelos falsos valores terrenos.

Os dois jovens se despediram cerimoniosamente. Tangido por uma emoção inebriante que jamais sentira, Thiago deixou o local.

Pelo caminho, ele buscou a "palavra" que o tinha resgatado da escuridão: "Deus...", e seguiu com ela, ecoando em sua mente.

Thiago voltou para junto do irmão. Reencontrou Breno como o deixara. Ele jazia imóvel na cama gradeada, como se estivesse morto. O único sinal que mostrava que ainda se fazia presente no mundo dos vivos era seu peito que subia e descia com irregularidade. Como sempre, a primeira visão que Thiago tinha do irmão tornava a respiração dele ofegante. Levou alguns segundos, talvez milésimos de segundos, para que ele percebesse que havia algo diferente circundando o quarto, havia uma grande calmaria. Essa calmaria desobstruiu um pouco mais seu coração opresso, e assim ele pôde dormir mais sereno naquela noite, ali mesmo, sentado em uma cadeira desconfortável.

Antes, porém de entregar-se ao sono tão necessário, Thiago segurou a mão sem vida do irmão, apertando-a delicadamente, para que Breno soubesse que ele estava ali, ao seu lado, simplesmente por ele, e acompanhado por Deus.

Thiago acordou com a entrada da enfermeira no quarto. Ela o cumprimentou com um sorriso e informou que seu pai havia chegado e o aguardava na sala de espera. A notícia branqueou o jovem. Um gemido escapou de seus lábios. "Meu pai...", murmurou, sentindo seu coração quebrar feito um vaso.

Thiago havia mandado seu cocheiro até a fazenda buscar Romeu. Nada do que acontecera a Breno era para ser dito para o pai, pois o próprio Thiago é quem queria dar-lhe a dolorosa notícia. Vendo-se paralisado pelo medo, um atributo sobrenatural tirou-lhe daquela paralisia e o fez seguir rumo ao homem que lhe pusera no mundo.

Assim que Thiago viu o pai, deu um passo calculado em sua direção e parou, inseguro. Teve receio de olhá-lo direto nos olhos, desviou seu olhar grave e envergonhado para o chão. Romeu assustou-se ao observar melhor o filho ali à sua frente. Não se via mais a avidez, a prepotência e a arrogância no rosto. Sua figura parecia ter encolhido. Ele agora parecia amedrontado, dono de um rosto austero e infeliz.

Thiago precisou de um momento para transformar seus pensamentos em palavras. Por fim, tudo o que conseguiu dizer foi:

– Bre-Breno...

A expressão de Romeu mudou. A voz de Thiago foi tornando-se cada vez mais e mais sem vida. E tudo o que conseguia dizer era "eu...". De repente, ele rompeu em lágrimas e escondeu seu rosto entre as mãos, aflito. Não suportava mais conter o pranto latejando dentro de si. Apenas pelo olhar faiscando de dor e medo, o pai captou o sentido das desconexas palavras do filho.

Romeu baixou a cabeça, rompendo num choro baixo e agonizante de dor.

– Breno... – a voz de Thiago vacilou novamente.

Ele tentou continuar lentamente, mas não conseguiu dizer mais nada, interrompido pelo choro profundo e ardil.

A voz de Romeu, então, soou no recinto, carregada de pesar e, ao mesmo tempo, de lascívia:

– Tu conseguiste... finalmente, tu conseguiste, Thiago.

O filho finalmente o encarou, tomado de desespero, e falou:

– Eu não tive culpa... eu não tive culpa, pai! Foi um acidente...

– Tu sempre... sempre quiseste vê-lo morto... sempre... – murmurou Romeu, arrasado.

Thiago sentiu-se novamente sufocado pela angústia, não esperava por aquele rompante de raiva de seu pai, tampouco sabia como suavizá-lo.

– Foi um acidente... Meu sogro, aquele desgraçado, atirou nele por engano. Ele confundiu Breno comigo...

Romeu manteve o olhar perdido num canto qualquer do aposento. O silêncio engoliu pai e filho naquele instante. O tempo se perdeu além da imaginação, até que o homem mais velho ali rompesse o silêncio. Romeu soltou um suspiro grave e disse:

– Não é justo... Ele sempre foi bom... por que pagar pelas tuas maldades? Por quê?

Romeu baixou o olhar, controlando-se para não ser derrubado por uma repentina sensação de labirintite, a seguir pareceu cair num transe profundo. Foi a voz do filho, alguns minutos depois, que o despertou daquele estágio letárgico.

– Pai... pai...

Romeu atalhou:

– Tu... tu mataste meu filho!

As palavras do pai saíram à queima-roupa. Em seguida, Romeu calou-se imerso em seus negros pensamentos. Um silêncio constrangedor pairou no ar, até que Thiago conseguisse dizer algo:

– Ele há de sobreviver, meu pai, há de sobreviver...

– Eu nunca... eu nunca vou perdoar-te por isso, nunca, Thiago, nunca!

Thiago ouviu em silêncio e, embora seu rosto não se perturbasse, em seu olhar uma tristeza infinita espelhava-se. Quando o pai voltou os olhos para o filho, Thiago lhe fez um pedido, talvez o mais sincero de todos de sua vida:

– Não peço teu perdão, meu pai, talvez jamais seja digno dele, só peço-te uma coisa, uma única coisa nesse momento... – Levando a mão ao coração, Thiago acrescentou: – ...Que tu te juntes a mim em oração agora, aqui, sem mais perdermos tempo com rancor, para pedirmos a Deus e a tudo que possa existir além do que julga haver nossa vã filosofia para fazer com que Breno sobreviva.

O pedido do filho tocou Romeu. Ele resfolegou e passou as costas da mão no nariz, procurando recompor-se.

– Pai... por favor... – era mais que um pedido, era uma súplica vital.

Romeu endureceu a princípio, enrijecendo até o rosto. Mas, a voz chorosa e suplicante de Thiago amoleceu novamente seu coração.

– Tira esse ódio do coração e volta-te para Deus já, o quanto antes, só Ele pode permitir que Breno, nosso Breno, sobreviva...

As palavras novamente tocaram profundamente o coração, sangrando de tristeza daquele pai naquele momento. Romeu tirou do peito um suspiro dolorido, amargurado, opresso, permitindo assim que o coração voltasse a pulsar como antes.

Novamente Thiago olhou para o pai, que estava com os olhos inundados de lágrimas, e estendeu-lhe a mão, ainda trêmulo, impondo toda a força que ainda lhe restava na voz para dizer:

– Vem, pai, vamos orar...

Romeu voltou os olhos vermelhos e esbugalhados, lacrimejando de dor sobre o filho e encarou-o por instantes. Só, então, caminhou até ele. Ao se posicionarem frente a frente, Romeu venceu o ódio que lhe amputava a compaixão e balançou a cabeça seriamente em concordância.

Num gesto súbito, agarrou-se a Thiago como se fosse ele a única força capaz de ajudá-lo a manter-se em pé e altivo. Pai e filho ficaram abraçados, agarrados um ao outro, tentando desesperadamente confortarem-se naquele abraço. O tempo pareceu parar por alguns minutos para ambos, e aquele momento tornou-se um dos mais preciosos da vida dos dois. Pai e filho sentaram-se lado a lado, fecharam os olhos e voltaram seus pensamentos a Deus em oração, com todo o fervor e fé que lhes ia na alma.

Ao submergir de sua entrega total, de corpo e alma, ao Criador, Thiago arrepiou-se ao ver alguém que tanto amou e ainda amava, e que não via há longa data ali, parada rente a ele e ao pai, observando-os em silêncio e admiração: sua mãe, Antônia Amorim.

Ela não precisava dizer ao que vinha. Ele sabia, estava ali unida a eles em oração pelo filho adotivo enfermo e tão amado. Desta vez, foi ela quem lhe estendeu a mão, não foi necessário dizer aonde ela queria levá-lo, ele compreendeu apenas pelo olhar dela, lera em seus olhos translúcidos. Thiago arrepiou-se novamente dos pés à cabeça, e o medo se apoderou dele perturbadoramente. O que a mãe lhe pedia era demais para ele, mais tortuoso do que tudo que vivera até aquele momento. Ele não conseguiria...

Percebendo o tremor nos lábios e na alma, Antônia Amorim incentivou o filho a tomar coragem para fazer o que era certo e sensato, lançando sobre ele um olhar encorajador. Thiago precisava resgatar a coragem perdida, elevar sua autoestima, acreditar que poderia fazer o que tinha de ser feito e sem demora, a qualquer custo, por mais que doesse e chegasse ao ápice da humilhação.

Thiago enxugou as lágrimas que riscavam seu rosto com a manga da camisa. Voltou-se para o pai, e, ternamente, pediu-lhe:

– Meu pai, eu preciso me ausentar por um tempo, fica com ele...

Romeu simplesmente assentiu com a cabeça, porém pegou firme no braço do filho, quando ele ia dar seu primeiro passo, e falou:

– Não demores. Por favor, não demores!

Thiago assentiu com a cabeça, pôs o chapéu e partiu.

Alzira encontrava-se sentada na sala principal de sua residência, acolhida dentro de um belo vestido aveludado, verde-musgo, abotoado até o pescoço. A noite já caía e a sala já estava àquela hora toda iluminada pelos castiçais com velas. Mal acabara de começar a fazer seu tricô quando escutou passos discretos vindos na sua direção. Ao erguer os olhos, encontrou Thiago ali parado à sua frente, afogueado. Os olhos dele estavam brilhantes e agudos, como se tivesse notícias frescas para participar.

– Meu filho... meu filho amado...

Thiago permaneceu com seus olhos fixos nos da mãe. Aqueles olhos graves e gentis arquejavam. Sentiu um tremor no peito. Tentou sorrir, mas o sorriso não passou de mero esboço.

A mão de Alzira encaminhou-se para um dos colares que usava, ela, então, segurou-o, como se o objetivo tivesse o poder de ampará-la. Com tristeza, perguntou:

– O que aconteceu? Sumiste. Onde estiveste?

Thiago respondeu-lhe numa voz baixa, porém, precisa:

– Eu vim aqui...

A expressão da senhora sentada à frente dele tornou-se desalentada. Vendo a dificuldade que o filho enfrentava para falar, foi ela quem dessa vez o interpelou num tom de desculpa. Uma súplica desculpa:

– Eu fiz o que pude, meu filho... Eu juro, eu fiz o que pude para tirar-te da cadeia... tudo que estava ao meu alcance... Tudo que meu dinheiro poderia pagar para impedir que fosses preso... perdoa-me se não fiz tudo o que tu achavas que eu deveria ter feito... De qualquer modo, eu rezei muito por ti... para que Deus fizesse justiça... eu sabia, eu sabia que eras inocente o tempo todo... o tempo todo.

Thiago mordeu o canto do lábio. Era visível que se segurava para não chorar, mas o pranto foi inevitável. Lacrimejando, e com a voz por um fio, ele tentou novamente falar ao que vinha:

– Eu...

Ele hesitou novamente, olhou para a mãe com os olhos turvos, por fim, disse, timidamente, com ardor:

– Eu... eu não sou seu filho...

O rosto de Alzira não sinalizou nenhum choque, ela simplesmente levou o dedo até os lábios e ficou ali por alguns segundos, pensativa, encarando o jovem rapaz em pé. Thiago levou as duas mãos até seu próprio cabelo e as mergulhou dentro dele repetidas vezes, num gesto desesperado.

Os pensamentos de Alzira estancaram confusos. Quando os olhos castanho-escuros do belo moço voltaram a encarar os dela, ele sentiu pena do seu olhar, parecia distante, tornando-se ligeiramente sombrio.

– O que foi que disseste? – perguntou ela, com certa trepidação na voz.

Thiago olhou de maneira temerosa para ela, em seguida, desviou os olhos, e balbuciou:

– Eu não sou seu filho... não sou o filho que deixou com Antônia Amorim na fazenda Novo Horizonte.

Alzira permaneceu encarando-o fixamente, com os olhos assustados, por um longo e desesperado momento, começando a agonizar por dentro. As lágrimas que começaram a descer por seu rosto faiscavam à luz fraca proporcionada pelas velas.

– Que brincadeira é essa? – perguntou num arrepio – estás assustando-me.

O rosto calmo e plácido de Alzira começou a derreter feito um rosto de cera. O de Thiago foi sendo marcado pelo medo e pela preocupação. Ele, então, expeliu o ar tenso de dentro de si numa baforada e, com um tom entrecortado, tornou a dizer:

– Isso mesmo que a senhora ouviu. Eu não sou o seu filho verdadeiro...

Thiago baixou os olhos e contou-lhe toda a verdade. A revelação era chocante e triste demais para ser absorvida de uma vez só por ela. Ao terminar de dizer tudo o que precisava, que era seu dever dizer, o tempo pareceu parar naquele recinto, deixando aquele moço de vinte e quatro anos e aquela senhora de 43 anos de idade suspensos no ar.

Foi Thiago quem rompeu o silêncio, ao pedir perdão:

– Tudo o que me resta é pedir-lhe perdão, nada mais que seu perdão.

Alzira olhava inquisidoramente para aquele que até há poucos minutos tivera como sendo seu filho de sangue. Apertava os lábios nervosamente, perdida num vale de lágrimas e pensamentos conturbados. Seu olhar então vagou pelos cantos da sala em busca de um apoio, sem encontrar o alvo almejado, ela voltou a pousá-lo em Thiago.

A senhora tomou ar pausadamente antes de dirigir ao jovem a pergunta, quando a fez, foi num tom desconsolado, com as mãos mexendo-se debilmente:

– Fizeste tudo isso por dinheiro?

Thiago permaneceu cabisbaixo, envergonhado, sem forças para responder. O nervosismo fez Alzira atirar a cabeça para trás. Levantou-se de súbito e começou a andar pela sala a esmo.

– Breno? É esse o nome do meu filho?

A pergunta foi lançada em tom casual, mas os olhos revelavam seu interesse.

Thiago balançou afirmativamente a cabeça devagar.

– Breno... – sublinhou Alzira, como só as mães sabem dizer e saborear cada sílaba que compõe o nome de um filho.

– Breno... Breno... – repetiu ela.

O silêncio imperou no ar mais uma vez naquele instante até que ela, Alzira, começasse a sentir um mal-estar como se pressentisse algo de ruim no ar. Amargurada, lançou seu olhar novamente sobre Thiago. Tomada de certo pavor, perguntou-lhe:

– Cadê meu filho, Thiago?

Ele não conseguiu encará-la mais e pendeu a cabeça para baixo, caindo num choro desesperado, dolorido e convulso.

Fitando os olhos daquele moço, Alzira se viu diante da verdade abominadora. Trêmula, começou a falar ao léu com a voz cada vez mais angustiada:

– Cadê meu filho, Thiago? Cadê meu filho? M-e-u f-i-l-h-o... meu filho amado... cadê?

A pergunta de Alzira ficou ecoando na sala por alguns segundos, até ela se perceber zonza. Deixou então seu corpo sentar-se na beirada da poltrona e mergulhou seu rosto entre as mãos.

Thiago hesitou quanto ao que responder. Por medo, vergonha, culpa...

– Breno foi baleado, o senhor Florentes atirou nele pensando ser eu... está internado na Santa Casa. Infelizmente, seu estado é grave... – Ele engoliu em seco antes de acrescentar: – ele está entre a vida e a morte.

– Tu! – berrou ela, repentinamente. – Tu me fizeste passar mais anos longe do meu filho... meu verdadeiro filho... meu filho tão amado, e vens agora me dizer que ele está morrendo... e que fez tudo isso por uma ambição sórdida... ordinária?

Houve um intervalo – uma leve pausa, antes de ela voltar a falar com asco:

– Que espécie de ser humano és tu? Que criatura és tu? Não, não és um ser humano, não podes ser... és muito baixo, medíocre... és desumano... tu só podes ser o próprio... o próprio demônio... o próprio... se não fores... se ainda assim fores filho de Deus... se ainda assim... Ele deve sentir vergonha... muita vergonha de ter te gerado... uma vergonha infinita!

Thiago olhou-a exasperadamente e tudo que conseguiu dizer foi:

– Não sou digno do seu perdão, eu sei, mas...

Alzira balançou a cabeça em sinal de discordância. E o que disse saiu vago, quase um mero murmúrio:

– Tu és um infeliz... tu me fizeste uma infeliz... meu filho está morrendo por tua causa e não terei chance de ouvir sua voz, de tocá-lo, olhar fundo nos seus olhos e dizer-lhe o quanto eu o amei... tu... tu acabaste com a minha vida!

O olhar da pobre mulher perdeu-se a seguir num estado deplorável. Uma dor indescritível latejava dentro de si, agonizante. A pele parecia começar a pesar como chumbo e cada movimento que fazia doía profundamente. Até para respirar.

Quando seu choro cessou, Alzira ficou ali sentada, quieta, com a testa franzida, e sua expressão delatava a dor agonizando dentro dela. A senhora e o rapaz ficaram ali por minutos, somente tendo ao fundo o som do pranto de Thiago.

Por fim, o jovem voltou os seus olhos inchados pelo pranto para a senhora. Então, com um suspiro, acrescentou com a esperança que lhe ia na alma:

– Breno há de sobreviver... – Interrompeu sua fala, ao ver as palavras que estava prestes a pronunciar, mas elas foram mais fortes que sua incerteza: – Ele há de sobreviver, com a graça de Deus.

A notícia mexeu com Alzira, ele pôde notar. Ela permaneceu pensativa antes de acrescentar:

– Sim, Deus é tudo o que nos resta...

Gradativamente, a mente de Alzira foi desanuviando-se até que subitamente uma onda de piedade a invadiu. Aliada àquele sentimento de compreensão, ela voltou os olhos para o moço de olhos intumescidos, sentado ali à sua frente e que não conseguia parar de chorar e tremer por inteiro. O rosto dela voltou a tornar-se calmo e plácido novamente, parecendo, então, normal. Balançou a cabeça em afável comiseração.

Ela se levantou e foi até o rapaz que ainda derramava lágrimas de profundo pesar e arrependimento. Pousou a mão sobre a cabeça dele e acrescentou numa voz amorosa e profunda:

– Acalma-te...

Alisando os cabelos de Thiago carinhosamente, ela completou:

– Tu és nada mais que uma criança... uma criança inconsequente que se esqueceu de crescer...

Thiago voltou os olhos vermelhos e chorosos para aquela senhora ali à sua frente. Alzira os recebeu em seu olhar com firmeza e carinho, e colocou o mesmo afeto nas palavras que disse a seguir:

– És uma criança que se esqueceu de crescer, mas é tal como um filho para mim... e por isso, Thiago, eu te perdoo... eu te perdoo, meu filho Thiago, eu te perdoo por tudo que fizeste...

O silêncio reinou mais uma vez no recinto, porém, desta vez em calmaria.

– Creio que te amo tal como tua mãe amou Breno... o que me faz perceber que um filho pego para criar não é menos querido que um de sangue...

Thiago levantou a cabeça com triste dignidade.

– No fundo, não somos filhos de ninguém... somos filhos de Deus. Ele é o nosso grande Pai e a nossa grande mãe, o nosso real progenitor... Dele nascemos, com Ele vivemos, morremos, tornamos a nascer... e essa é a maior verdade de ontem, hoje e sempre, e que jamais será apagada com o tempo. Jamais...

Lembrando-se do olhar da mãe Antônia, que o encorajara a ir até Alzira contar-lhe toda a verdade para que ela pudesse ao menos tocar o filho em vida, Thiago acrescentou:

– Vem comigo até o hospital para vê-lo... – o tom era também encorajador, mas não conseguiu encobrir a dúvida sobre a chance de sobrevivência do irmão que o apunhalava na nuca.

Confiante, Alzira atalhou:

– Não. Eu não conseguiria... eu vou aguardá-lo aqui... porque confio em Deus e Ele há de poupar a vida de meu filho... para que finalmente possamo-nos reencontrar...

Thiago voltou para o hospital, carregando consigo mais do que a comoção que as palavras de Alzira causaram em sua alma, mas um pouco mais descoberto da podridão que durante tantos anos cegou-lhe os sentidos...

Algumas semanas depois...

Quando Thiago e Breno atravessavam a porta da Santa Casa de partida, Thiago perdeu o rumo por instantes e ancorou junto ao batente da porta para apoiar-se, precisava de um momento para recompor-se e extravasar a angústia esmagadora que lhe batia na alma. Desatou a chorar, emocionalmente perturbado.

Breno tocou de leve o ombro do irmão, e perguntou num tom consolador:

– Por que choras?

Thiago levou um momento para responder, antes jogou a cabeça para trás, amargurado, depois voltou seus grandes olhos castanhos, embaçados de lágrimas, diretamente para o irmão e desabafou:

– Temi que morrerias por minha causa...

Colocando o braço por trás da cabeça do irmão, Breno o puxou para perto de si e o confortou no seu peito.

– Não te martirizes mais com isto, agora está tudo bem... estou aqui, não estou?

Thiago passou a mão pelos cabelos alinhados do irmão e sorriu, mas era um sorriso triste.

Assim que os dois irmãos tomaram a carruagem, Thiago caiu num silêncio profundo. Breno permaneceu olhando pela pequena janela do veículo, observando com admiração as ruas por onde passavam, opinando sobre a beleza do lugar. Percebendo a angústia do irmão, Breno se voltou para ele e sorriu na tentativa de confortá-lo e alegrá-lo:

– Eu estou bem, não precisa mais...

As palavras de Breno se perderam ao ver o irmão pousar sobre seu colo duas cartas. Breno olhou curiosamente para Thiago que disse vacilante:

– Essas cartas... elas... foram escritas por nossa mãe poucos dias antes de ela morrer...

Thiago tomou a respiração profundamente, antes de proferir as quatro últimas palavras. Seu rosto empalideceu ainda mais. Thiago voltou a se exprimir com cautela:

– Uma carta foi deixada para o papai. Nela, nossa mãe lhe revela segredos que não teve a coragem de dizer-lhe olhos nos olhos em vida. A segunda carta... bem... essa ela deixou para ti, Breno, para que tu lesses quando completasses dezoito anos.

Breno olhou-o grave e compassivamente.

– Papai prometeu a si mesmo jamais entregá-las a ti, eu as descobri sem querer e bem... não sei como te explicar, mas...

A voz de Breno se sobrepôs à do irmão repentinamente, exprimindo-se também com cautela:

– Há verdades, meu irmão, que preferimos deixar ocultas, ignorá-las, apagar de nossas memórias para sempre... – sua voz sumiu, porém, fez um esforço visível para controlar-se e continuar a falar – essa é uma delas, Thiago...

Os olhos de Thiago se dilataram, assumindo um ar trágico. Trepidante, ele disse:

– Oh! Meu Deus, tu... tu sabias... sabias o tempo todo... C-como, como soubeste? Como descobriste?

Em meio a um riso nervoso, Breno confessou:

– Vozes alteradas atravessam paredes, meu irmão...

Uma pausa dramática e silenciosa se interpôs entre os dois por instantes. Foi Thiago quem voltou a falar:

– Se sabias, por que, por que guardaste segredo?!

Breno o interrompeu rapidamente e com decisão:

– Por quê? Por que, Thiago? Porque a verdade doeu demais em mim... doeu muito, meu irmão... – Rompendo em lágrimas, ele acrescentou: – Doeu na alma...

Os olhos do jovem se perderam por instantes na paisagem que passava através da pequena janela do carro. Os dois irmãos sentados um na frente do outro, mesmo tendo constituições físicas diferentes, pareciam a mesma pessoa refletida num espelho.

Procurando tentar manter a voz calma, Breno prosseguiu:

– Eu tentei... Thiago, eu juro que eu tentei fugir das minhas próprias verdades, mas não há como fugir delas, meu irmão... vê tu, aqui estou tendo de encará-las novamente.

Um grave pesar tomou conta de Thiago:

– Eu sinto muito...

Voltando a fitar o irmão com seus olhos alquebrados, Breno acrescentou:

– Quando percebi o que tu tinhas feito, que tinhas tomado o meu lugar... foi um alívio para mim, um tremendo alívio, tu me poupaste de ter de encarar aquilo que eu não queria encarar jamais! Aquilo que eu tanto quis apagar de minha memória...

– Hoje eu me envergonho do que fiz e arrependo-me drasticamente, Breno. Eu fui um estúpido. Eu sinto muito...

– Não te envergonhes, não... repito o que já te disse, toda a vida que tu desfrutas na Corte, tudo foi feito para ti, Thiago, não para mim... Minha vida sempre foi lá, ao lado do meu pai que tanto amo, minha mulher, meu filho... naquelas terras, com aquela gente... tudo aquilo, enfim...

Ele tomou ar e enxugou as lágrimas com as costas da mão antes de prosseguir:

– Só te digo uma coisa, a verdade não mudou meus sentimentos por ti e meus pais; quando digo que somos do mesmo sangue, é porque sinto que somos mesmo...

– Devo confessar que eu também sempre senti isso, e é o que mais me incomodava...

Um sorriso sem graça encobriu as duas últimas palavras de Thiago. Nesse momento, Breno oscilou para a frente e segurou gentilmente no braço do irmão para fazer-lhe um adendo:

– É melhor deixarmos tudo como está, Thiago, será melhor para todos nós...

Breno terminou a frase com um ar de súplica em seu olhar e o tom categórico em sua voz. Thiago ficou paralisado, olhando para o irmão sem saber o que responder. O silêncio novamente reinou naqueles poucos metros quadrados.

Nesse ínterim, a carruagem estacionou no seu destino. Thiago mordeu os lábios fortemente antes de falar:

– Não mintas mais para ti mesmo, não fujas mais da verdade, foram as mentiras que nos levaram para todos esses momentos dolorosos de nossas vidas. Todos somos fortes o suficiente para lidarmos com a verdade. Tu não precisas mais temê-la, meu irmão...

Thiago abriu a porta e saiu, ao ver a insegurança e o temor dominando e paralisando Breno, ele estendeu sua mão direita para ele, dizendo:

– Vem... não tenhas medo.

Ainda inseguro e trêmulo, Breno desceu do carro. Antes, porém de subir o primeiro degrau do acanhado lance de escadas que levava até a porta principal da mansão de Alzira de Azevedo Soares, Breno hesitou novamente, permanecendo imóvel na calçada e balançando a cabeça com tristeza. O passado que ele tinha feito o possível e o impossível para ignorar estava ali, bem diante dele; na verdade, nunca o abandonara; durante todos aqueles anos, vivera apenas escondido num canto de seu ser, amordaçado para nunca mais dialogar com ele.

Breno voltou o olhar para Thiago, ainda atônito, e disse:

– Eu não sei... – seus olhos suplicavam pela intervenção do irmão.

Breno recuou. Seu autocontrole estava por um fio. Thiago olhou gravemente para ele com certa pena. Tomado de uma segurança vinda d'alma, o irmão mais novo falou:

– Há uma mulher lá dentro dessa casa que jamais se esqueceu de ti, desde que te pôs no mundo. É uma mãe formidável e merece conhecer o filho que ela tanto quis ter de volta em seus braços desde que ele foi deixado com Antônia Amorim, e esse filho és tu, meu irmão, tu.

Thiago intensificou seu olhar sobre Breno e estendeu-lhe a mão. Breno olhou para aquela mão forte com os olhos embaçados de lágrimas e suspirou pesadamente. Não, ele não sabia como sobreviveria àquela dor que lhe transpassava o coração, tanto quanto sua alma. Mas uma coisa era certa, assim como tudo na vida, só saberia o que aconteceria, vivendo-o na prática, e não fugindo da situação. Seu íntimo, ou alguém invisível aos seus olhos, dizia-lhe para não temer, porque seu coração havia sido dotado de resistência suficiente para encarar aquilo que a vida estava lhe pedindo para encarar e transcender.

A voz de Thiago atravessou suas reflexões:

– Na verdade não há só uma mãe lá dentro dessa casa, esperando por esse reencontro, Breno... Há duas... – replicou, seriamente.

As palavras do irmão conseguiram aquedar o coração de Breno. Um leve sorriso transpareceu em sua face, ainda que triste e cansado, era um sorriso emitido por uma onda de alívio.

A passos lentos, os dois subiram a escada do casarão. Ao entrarem na grande sala de estar, iluminada apenas pelos raios de sol que atravessavam as janelas, os dois jovens encontraram a dona da casa sentada, inerte numa poltrona, a olhar vagamente para o nada.

A voz de Thiago então ecoou e se propagou no recinto:

– Mãe... – ao perceber o que havia dito, Thiago tratou logo de corrigir-se, mas nem bem moveu os lábios, a voz de Alzira o interpelou:

– Sim, filho.

A mulher voltou-se para ele, calada.

– Dona Alzira... – a voz de Thiago fraquejou por instantes.

Fez-se uma pausa dramática antes que Thiago parecesse voltar a si novamente. Circunvagou o olhar pela sala. Por fim, voltou a encarar a senhora e, com triste dignidade, falou ao que vinha:

– Dona Alzira... esse é Breno, meu irmão Breno, seu filho... seu verdadeiro filho...

Só então a senhora voltou o olhar para o rapaz modesto parado ao lado de Thiago.

– Breno... – disse ela.

– Sim... este é Breno – confirmou Thiago, emocionado.

Quando a mãe voltou o olhar para o filho legítimo, Breno tentou encontrar um sorriso para ofertá-la.

– Meu filho...

– Sim, sou eu, seu filho... – respondeu Breno, embargado.

A mãe contemplou mais uma vez o rapaz, sentindo um amor imenso apertar seu coração.

Breno enxugou seus olhos lacrimejantes com a ponta dos dedos, enquanto ambos, filho e mãe, admiravam-se por instantes. Caminhou então até Alzira, pegou sua mão direita e a levou até seus lábios para beijá-la. A senhora piscou os olhos na direção daquele rosto desfocado, por causa das lágrimas a invadir seus olhos.

– Meu filho, meu filho querido...

Alzira acariciou os cabelos de Breno, percebendo que sua mão tremia de emoção. Lentamente, Breno se inclinou e beijou-lhe a testa, murmurando:

– Estou aqui...

Os olhos de ambos não se desgrudaram mais um do outro por nenhum segundo, envoltos de profunda admiração e um amor inexpremível em palavras. Um leve sorriso iluminou a face do filho, o mesmo aconteceu com a mãe, nada mais precisava ser falado, apenas sentido com os sentidos da alma.

Thiago deu dois passos para trás para deixar a mãe e o filho à vontade. Experimentou naquele instante um sentimento indescritível de paz. Sua aparência parecia agora mais descansada, menos amargurada. Despertou de seus pensamentos ao sentir suas mãos serem tocadas... ligeiramente tocadas, assim como estava sendo tocado na alma e no coração pela emoção do reencontro de Alzira com o filho.

Não precisava virar o rosto para ver quem havia tocado sua mão, tampouco confirmar quem sua intuição dizia ser. Tratava-se da mulher que a vida escolhera para ser sua mãe nessa encarnação, Antônia Amorim. Por meio dos sentidos de sua alma, Thiago podia perceber que agora ela estava sentindo-se melhor, mais em paz, aliviada, tal como ele se sentia também, ao ver o reencontro de mãe e filho. Os dois estavam na mesma sintonia de redenção, na mesma experiência de admiração.

Num tom rouco, Thiago disse a Antônia:

– Agora a senhora pode seguir em paz, minha mãe, em paz...

A voz do filho vibrou ardente e comovida, tomada da convicção pura do que lhe ia na alma. Dessa vez foi Antônia quem acolheu Thiago com um sorriso cristalino e translúcido.

O inexorável tempo continuou sua caminhada, traçando, em seu roteiro, o destino que cada um de nós, neste Universo, escolheu escrever com amor, ódio, rancor, dor, perdão, ilusão, iluminação ou fé... nossa própria vida.

Alguns meses depois...

Junto aos passos inaudíveis do tempo, ouviam-se os passos de um homem pisando sobre folhas secas, esparramadas por uma estreita ruela de paralelepípedos. Tinha um olhar sereno, tal como seu acompanhante, o tempo. Esse homem era Thiago Lins Amorim, já não se via mais a empáfia da beleza da juventude, tampouco sua arrogância marcante. Tudo que se via agora era aquilo de bom que brotava em seu interior e transparecia pelos poros, gestos e luz própria.

Ao chegar no seu destino ele tirou o chapéu num gesto de respeito e ficou ali, meditativo, apenas ao som da sua respiração. Por fim, depositou sobre o tampo o que havia levado consigo, três botões de rosas brancas. Um sorriso triste se insinuou em sua face, com carinho, novamente ajeitou as três rosas sobre o lugar.

Dez minutos depois, partiu ainda com os pensamentos elevados a Deus. Antes, porém, de dar as costas, Thiago leu mais uma vez o nome escrito sobre a lápide: Melinda Florentes Amorim. Pelo seu olhar, luzia uma chama de emoção indefinível e uma esquisita sensação de gratidão.

Melinda podia vê-lo mesmo do lugar em que se encontrava agora como espírito. Ainda que embotada de tristeza e pranto, uma onda de alívio lhe tocou a alma naquele instante e ela sabia o porquê. Não era somente por ver que Thiago, liberto das grades da prisão e da obscura arrogância e ódio vil, poderia ajudar muitas pessoas na Terra, mas por ler em seus olhos que ele, no íntimo, amava-a tanto quanto ela o amara... tanto quanto, na verdade, ela ainda o amava e almejava um dia, dentro do inexorável tempo, reencontrar-se com ele novamente, frente a frente, para enfim viverem as verdades do coração. Pois elas, o tempo eterno nunca apaga...

"Assim como Deus vos perdoou,
assim fazei vós também..."
Colossians 3:13b

Nota Final

Após perceber que também tinha o dom para ver e comunicar-se com os espíritos, Thiago Lins Amorim, em companhia de sua tia Luísa, visitaram até o fim de suas vidas todos os hospícios existentes na época para identificar as pessoas tidas como loucas, mas que, na verdade, eram atormentadas por espíritos desencarnados e desequilibrados. Assim, sobrinho e tia puderam ajudar essas pessoas consideradas alienadas, bem como seus familiares a compreenderem o que realmente se passava com elas e como superar tal problema.

Ao findar do século XIX, a escravidão foi mundialmente proibida. De todo o mal que a escravidão causou aos negros, podemos colher pelo menos algo de bom. Foi graças à vinda deles para o Brasil que nossa cultura tornou-se tão especial.

Os instrumentos usados pelos escravos, produzidos até então naquela época de forma rústica, tais como agogôs, atabaques, reco-recos, entre outros, na celebração de seus orixás nas senzalas das fazendas, ou nas danças típicas e na capoeira, são até hoje usados pelos percussionistas do Brasil e do mundo. Muitos dos ritmos, das danças, do folclore, do carnaval, das comidas típicas do nosso país têm origem negra. Corre pelas veias de quase todos os brasileiros sangue negro e, cada um, por mais que não queira admitir, tem um pouco de negro dentro de si.

A partir do século XX, Chico Xavier pôde ajudar inúmeras pessoas a compreenderem a mediunidade e certos tormentos provocados por ela, bem como afastar-se de influências negativas, compreender suas vidas, suas missões, seus resgates e obter uma palavra, um recado, uma carta daqueles que partiram sem ter tempo de dizer adeus, sem ter tempo de dizer: "Eu te amo! Fique com Deus, como eu agora estou com Ele".

Consta da história do país que a loucura recebeu diversas definições que vão desde perda das faculdades mentais, até sofrimento da alma e possuídos por espíritos. Esta última definição nos revela que muitas das pessoas que se dedicaram a ajudar esses "loucos" notaram a certa altura que o mal que se abatia sobre elas se dava por influência de espíritos obsessores desencarnados, dispostos a atormentar alguém por ódio, vingança ou para fazer o mal através dela a um próximo.

Percebemos aqui, como na história, mais uma vez a importância de procurar ajuda espiritual com aqueles que abriram o coração para esse propósito de vida, e são guiados por espíritos de luz, centros e literatura do bem. Tão importante quanto buscar ajuda é levar também ajuda àqueles que precisam dela.

Algumas das pessoas que fizeram parte desta história foram omitidas, outras apenas citadas, outras tiveram suas participações resumidas para que a história pudesse tornar-se o mais claro possível e não tão extensa. Trechos foram suavizados e contados superficialmente pelas mesmas razões.

Com carinho,
Américo Simões

Contato com o autor: americosimoes@2me.com.br
Sucessos de Américo Simões

Leia agora um trecho do romance "Paixão não se apaga com a dor", outro sucesso de Américo Simões/Clara/Barbara Editora.

Theodore segurou firme nos ombros de Bárbara e disse:
– Olhe para mim, Bárbara. Olhe!

Quando ela atendeu ao pedido, quando ambos estavam face a face, olhos nos olhos, ele puxou-a contra seu peito e roubou-lhe um beijo. Suas mãos foram rápidas: cravaram-lhe na nuca para não permitir que ela recuasse a face da dele. O que ela tratou de fazer imediatamente, a todo custo, enquanto procurava afastá-lo dela com as mãos. Mas Theodore se manteve firme no seu domínio sobre ela.

– Theodore! – soou uma voz firme dentro da estufa.

O rapaz recuou esbaforido e assustado. Ao ver o pai, avermelhou-se até a raiz do cabelo.

– O que é isso? – perguntou Lionel Leconte, seriamente.

Theodore soltou um suspiro ofegante, ajeitou os cabelos sem graça enquanto tentava se explicar:

– Eu...

– Peça desculpas à amiga de sua irmã agora mesmo – ordenou o pai. – Onde já se viu agir assim com uma mulher?

O rosto de Theodore estava sombrio quando ele se desculpou:

– Desculpe-me.

Bárbara não respondeu. Ficou ali imóvel, cabisbaixa, respirando ofegante.

Lionel fez sinal então para o filho se retirar. Mas ao seu sinal, Theodore descordou:

– Mas, papai...

O pai repetiu o sinal para que ele deixasse a jovem a sós. O filho obedeceu a contragosto, partindo, pisando duro. Lionel Leconte aproximou-se de Bárbara e perguntou:

– Você está bem?

A jovem balançou a cabeça, sem graça, dirigindo o olhar para Lionel somente quando ele lhe estendeu um lenço para que ela enxugasse suas lágrimas.

– Obrigada – agradeceu ela, evitando olhar nos olhos dele.

– Desculpe a atitude do meu filho. Ele não deveria ter agido assim. Mas você há de compreender que um jovem quando se encanta por uma jovem acaba, muitas vezes, perdendo a compostura.

Ela tornou a concordar com um ligeiro movimento da cabeça.

– Venha, vou levá-la até a casa.

Pelo caminho Lionel Leconte pareceu se sentir cada vez mais à vontade ao lado da jovem amiga de sua filha. A cada passo que davam, mais e mais ele se sentia à vontade para falar de sua vida, de tudo o que viveu desde que se mudou para ali.

– Essa casa – dizia Bárbara –, deve significar muito para o senhor.

– Senhor?... Chame-me apenas de Lionel. Eu me sentirei melhor se me chamar apenas pelo meu primeiro nome: Lionel.

– Se o *senhor* prefere...

Ao perceber o que havia dito, Bárbara achou graça. Os dois riram e o riso pareceu derrubar mais algumas barreiras que geralmente cercam os desconhecidos.

Quando alcançaram a grande porta que ficava na frente da casa, ambos falavam como se fossem dois velhos grandes amigos. Tão descontraidamente saltavam-lhe as palavras de suas bocas que Ludvine se assustou ao encontrá-los conversando daquele jeito. Assim que os dois avistaram a jovem ambos pararam ao mesmo tempo. Talvez Lionel é quem houvesse parado, forçando Bárbara a imitá-lo.

– *Ma chère!* – exclamou Ludvine correndo ao encontro da amiga. – Desculpe os maus modos de Theodore. O pobre coitado está arrependidíssimo pelo que fez. Não se perdoará, se você não desculpá-lo.

– Diga a ele que já o perdoei.

Um sorriso bonito cobriu a face de Ludvine, que agarrando o pai, disse:

– Emma está preparando uma de suas especialidades na cozinha, papai.

– Então teremos um jantar e tanto – sorriu o homem.

– Vou tomar meu banho – disse Bárbara, retirando-se para a escada que levava à parte superior do casarão.

– Vá, meu bem – apoiou Ludvine –, que dentro em breve o jantar será servido.

Pai e filha ficaram olhando para Bárbara subindo a escada até não mais poderem vê-la.

– Ela não é encantadora, papai?

– Sim, Ludvine... ela é encantadora.

Havia mais que admiração na voz de Lionel Leconte; havia encanto.

O jantar estava alegre. Lionel Leconte estava animado e alegre como Emma Belmondo nunca antes o vira. Durante o jantar, Theodore se mostrou o tempo todo quebrantado.

O prato preparado por Emma estava como sempre muito bom. Foi aprovado e elogiado por Bárbara.

– Que bom, querida, que você gostou – comentou Emma estendendo a mão direita até alcançar a de Bárbara.

Bárbara retribuiu o sorriso que a mulher lhe oferecia.

Aquela noite, quando somente Ludvine e Bárbara permaneceram na sala de estar, Ludvine comentou com a amiga:

– Meu pai gostou mesmo de você.

– Eu também o achei uma simpatia.

– Ele gostou muito, eu sei... pude ver em seus olhos.

– Ora, Ludvine, do jeito que fala até parece que...

– Meu pai se interessou por você? – completou Ludvine com certa frieza.

Bárbara exaltou-se diante da sugestão da amiga.

– Não era isso que eu ia dizer – protestou com aparente indignação na voz.

Ludvine estudou o rosto da amiga com um olhar maroto antes de indagar:

– E se isso fosse verdade? E se meu pai realmente tivesse se interessado por você? Como você se sentiria?

– ... – Bárbara não encontrou palavras para responder à pergunta.

– A mim, incomodaria muito, se quer saber. Afinal, você é minha amiga, minha melhor amiga e meu pai, bem, ele é meu pai. Não ficaria bem, não teria cabimento vocês dois juntos, você tem idade para ser filha dele e ele para ser seu pai.

Um riso nervoso interrompeu o que Ludvine falava:

– O que não tem cabimento mesmo é o que estou dizendo. Quanta bobagem, esqueça o que eu disse, passe uma borracha, por favor.

Bárbara assentiu com o olhar e um sorriso, ambos encantadores como sempre. Ludvine desviou o assunto a seguir para aquilo que realmente despertava seu interesse: homens. Em menos de meia hora as duas se recolheram e dormiram assim que pousaram a cabeça no travesseiro. Não era para menos, o dia fora exaustivo.

Além das janelas, a noite caía serena, tranquila, aparentemente em paz.

À tarde do sexto dia das moças em Chére Maison caiu serena. Theodore, por volta das três horas da tarde, foi caçar como era habitual e as duas moças ficaram na varanda da casa jogando conversa fora até cochilarem em suas cadeiras. Ao despertar, Ludvine retirou-se para ir tomar seu banho.

Enquanto aguardava a amiga se banhar, Bárbara resolveu dar uma nova espiada no belíssimo piano de calda que vira no primeiro dia de sua estada em Chére Maison, objeto que a deixara deslumbrada.

Bárbara tomou a liberdade de erguer o tampo do piano e dedilhar algumas notas. Logo se viu invadida pela sensação prazerosa que ecoava em seu interior toda vez que tocava o instrumento.

O dedilhado foi desligando-a de si mesma a ponto de não perceber que no minuto seguinte estava sentada no banquinho e executava com maestria um soneto de Beethoven.*

A melodia quebrou majestosamente o silêncio com que a tarde banhava o lugar. Até os empregados pararam por instantes para apreciar a bela canção que corria pelos corredores da casa e chegava até seus ouvidos.

Os minutos foram se passando e Bárbara pareceu se esquecer de onde estava, o que fazia, e de toda sua timidez. Terminava uma canção, começava outra. Parecia em transe.

Tão em transe estava que nem notou que havia alguém ali parado na soleira da porta admirando seu dom divino.

Lionel Leconte estava estupidamente encantado com o que ouvia. Havia tempos que o instrumento não era tocado com tamanha maestria. Desde a morte da esposa. Fora ali que ele a encontrara, com o rosto pendido sobre as teclas do piano. Morta. Foi de certo modo a maneira menos triste que a vida encontrou para tirar-lhe o último suspiro de vida.

E, agora, depois de anos, uma jovem estava sentada no mesmo lugar, tocando o instrumento tão bem como a esposa o tocava, voltando a dar alegria àquela casa que desde a morte dela só ouvira canções tristes e mal executadas pela filha durante suas lições de piano.

Lionel voltou o olhar para o quadro da esposa pintado a óleo e sentiu o peito incendiar. Era como se a esposa tão adorada estivesse ali, presente novamente, como no passado.

Ele se pôs a admirar os olhos da esposa no quadro, com paixão, até que algo lhe ocorreu. Os olhos dela, tão encantadores, eram iguais aos de Bárbara. Transmitiam a mesma vitalidade e paixão. Incrível como ele não se dera conta do fato até então.

Ele voltou os olhos para a jovem sentada ao piano, de perfil para ele, olhando para ela agora ainda com mais admiração. Era incrível para ele, simplesmente incrível o quanto ela lembrava sua falecida e adorada esposa. Simplesmente surpreendente.

Ao tocar a última nota da canção Bárbara deu uma pausa para respirar, foi só então que notou o dono da casa parado na soleira da porta olhando para ela com um olhar de outro mundo.

– Desculpe-me – disse Lionel –, não quis assustá-la. Continue tocando, por favor. Há tempos que não ouço alguém tocar esse instrumento com tanta emoção e transmitir a mesma emoção por meio da música.

– E-eu... – gaguejou Bárbara –, eu é que peço desculpas, nem me dei conta do que estava fazendo. Ao ver o piano, simplesmente não resisti ao seu encanto e quis apenas tocar algumas notas. Eu juro, juro que nem percebi o que estava fazendo, foi como se o som do piano houvesse me posto em transe.

– Acontece. – Os olhos do dono da casa brilharam. – Não sabia que era pianista.

Bárbara sorriu quebrantada e, com ligeira insegurança na voz, disse:

– Quis aprender piano desde que vi e ouvi um pela primeira vez. Tocá-lo faz-me sentir mais viva, livra-me das turbulências que pesam sobre as minhas costas e o coração... Liberta-me, extravasa-me, reconstrói-me... se é que me entende?

– Compreendo-a perfeitamente.

Ele aproximou-se do instrumento, pousou a mão sobre o piano e tornou a repetir seu pedido, com toda força que lhe vinha da alma:

– Por favor, toque mais um pouco para mim.

Ainda que constrangida, Bárbara decidiu atender ao pedido e assim começou a tocar a *Sonata para Piano nº 23 em Fá menor, Op.57*, intitulada *Appassionata* pelo compositor Beethoven.

Cada nota que os dedos delicados de Bárbara tocavam transportavam Lionel Leconte para outra dimensão. A dimensão do coração. A música pairava agora sobre eles como uma deliciosa sombra projetada por uma encantadora macieira.

Olhar para Bárbara ao piano era o mesmo que olhar para a esposa amada quando se punha a tocar o instrumento, percebia Lionel naquele momento. Ambas tocavam divinamente, parecendo dar um toque pessoal e sobrenatural à canção.

Se Lionel não soubesse que diante dele estava a amiga da filha, ele poderia jurar que era a própria esposa adorada quem estava ali tocando o instrumento. A esposa cuja vida foi levada tão cedo pelas mãos do misterioso e cruel destino.

Os olhos de Bárbara voltaram a se encontrar com os de Lionel provocando em ambos dessa vez um calor intenso em seus corações. A sensação pegou ambos desprevenidos, especialmente Bárbara. Ela nunca sentira aquilo antes, era como se uma fogueira houvesse sido acesa dentro dela, bem dentro do seu coração e as chamas atingissem os quatro cantos do seu ser.

Suas mãos continuavam a percorrer o teclado de notas como que por vontade própria e a canção parecia se propagar pela sala cada vez mais alta e mais tocante, alcançando a alma de ambos, mudando tudo que havia por lá tal como uma chuva que cai numa região depois de muitos meses de seca.

De repente, Bárbara parou de tocar. Sua interrupção assustou Lionel.

– O que foi, por que parou?

– Preciso ir. Ludvine deve estar me esperando.

– Não se preocupe. Ela sabe que você está aqui. Todos da casa sabem, afinal, esse piano não é tocado há muito tempo. Se está sendo tocado, só pode ser pela amiga de minha filha. E eu que pensei que esse instrumento estaria desafinado por ter sido ignorado por tantos anos.

Ela voltou lentamente os olhos para o teclado e depois novamente para ele. A sensação de intimidade que os dois haviam desfrutado dias antes voltou a pairar sobre ambos. Bárbara, sentindo-se agora mais a vontade, disse:

– Adoro a música de Bach.* É como se o espírito dele residisse em sua música.

– Santo Deus! Bach era também o compositor predileto de minha esposa!

Ele voltou os olhos para o quadro da esposa. Bárbara também olhou para ele, por sobre os ombros.

– Ela era muito bonita – comentou.

O dono da casa concordou com a cabeça.

– Sim – murmurou. – Ela era muito bonita. Como você.

A moça novamente enrubesceu e voltou a se concentrar no piano, no qual tocou a seguir uma das mais encantadoras composições de Bach. Ao término, ela pediu licença para se retirar.

– Obrigado – agradeceu Lionel, comovido. – Muito obrigado por ter atendido ao meu pedido. Não sabe o quanto você me fez feliz hoje tocando esse instrumento. Ressuscitando-o, na verdade.

– Não há de que, meu... – Bárbara ia dizer "meu senhor", mas deixou a frase inacabada.

Num repente, Lionel tomou a mão da moça, curvou-se e a beijou carinhosamente. O gesto ruborizou Bárbara não de constrangimento, mas de encanto. Por nenhum momento em toda a sua vida, ela fora tratada com tanto galanteio.

– Preciso ir agora – mentiu ela. Na verdade ela queria ficar, ficar por mais tempo na companhia daquele homem agradável. Diferentemente agradável.

Foi um brilho no olhar, um tremor entre as vogais e consoantes que fez com que Lionel percebesse que Bárbara não falava o que ditava o seu coração.

– Venha – disse ele, perdendo de vez suas ressalvas e puxando a mão da moça delicadamente.

Ao ver o constrangimento se sobrepujar à sua real vontade, Lionel disse:

– Eu lhe fiz um pedido há pouco e você aceitou. Aceite mais este, por favor.

Um sorriso sem graça iluminou a face rosada de Bárbara. Receando que ela mudasse de idéia, Lionel puxou-a delicadamente para fora da sala. Antes, porém, de deixar o local, voltou o olhar para o retrato da esposa pintado a óleo. Teve a impressão de que aqueles olhos brilharam. Brilharam por vê-lo tão alegre como se encontrava agora. Gozando de uma alegria que havia tempos não gozava. Desde a morte dela.

A tensão de Bárbara diminuiu quando ambos cruzaram a porta que dava acesso à ala oeste da casa.

A mão delicada da moça que Lionel tinha passivamente entre às suas lembrou-lhe por um momento duas plumas de tão leves e tão belas que eram. Mãos que jamais poderiam fazer mal a alguém. Eram, a seu ver, um par de mão divinas.

O tom de voz daquele homem que se revelava cada vez mais interessante fez com que Bárbara se despisse de suas inibições e se sentisse cada vez mais à vontade ao lado dele.

Os dois passearam pelos jardins que ficavam nessa parte da propriedade, Bárbara se mostrava cada vez mais impressionada com tudo que via. Chère Maison, era sem dúvida alguma, uma senhora propriedade e não era sem razão que Lionel Leconte tinha tanto orgulho dela.

Quando Ludvine reencontrou a amiga, ela estava voltando para a casa na companhia de Lionel. Ludvine foi logo dizendo:

– Procurei você pela casa toda, *ma chère*. Por onde andou?

– Seu pai me levou para um passeio pela propriedade – respondeu Bárbara com certo orgulho.

– Uma verdadeira via sacra – acrescentou Lionel com bom humor. – Eu não sabia que essa jovem era uma excelente musicista, Ludvine. Toca um piano com a supremacia dos grandes pianistas.

– Assim que ouvi o som do piano ecoando pela casa soube imediatamente que só podia ser você quem tocava o instrumento, *ma chère*. Você sempre me falou da sua afinidade com o piano, mas jamais pensei que essa afinidade fosse tão forte assim.

– Ela toca o instrumento com impressionante maestria, Ludvine. Divinamente encantador.

Ludvine enlaçou a amiga e disse sorrindo:

– Para tirar um elogio desses de papai é porque você realmente toca piano muito bem.

Bárbara sorriu com certo constrangimento.

– Não se sinta constrangida – opinou Lionel. – O que é bom deve ser elogiado. A verdade deve ser dita.

– Acho que é dom – disse Bárbara com modéstia. – Desde menina, logo nas primeiras aulas eu já sentia minhas mãos correndo pelas teclas do piano como que por vontade própria. Com uma intimidade com as teclas, impressionante.

O dia terminou com uma noite serena e todos foram mais uma vez agraciados por um delicioso jantar preparado por Emma Belmondo. Todos se fartaram não só de comida, mas de vinho também. Beberam tanto que foi difícil para todos subirem as escadas que levava até os quartos da casa. Emma precisou ser escorada por uma criada até a carruagem que a levou de volta para sua casa. Todos dormiram pesados e felizes. Uns mais felizes, no entanto.

§

Na noite do dia seguinte, após o jantar, Bárbara atendeu ao pedido de Lionel para tocar piano para eles. Todos se deliciaram com o seu talento.

Theodore observava o pai com atenção, atento aos seus olhares para Bárbara. Sentindo o coração se apertar de ciúme. A noite terminou sufocante para ele, tanto que foi o primeiro a se recolher. E sua noite de sono não foi uma das melhores.

No dia seguinte quando o sol já caminhava para o crepúsculo, Theodore estava mais uma vez com a espingarda em punho, mirando um alvo, quando ouviu vozes alegres e descontraídas a uma certa distância. Era o pai que caminhava ao lado de Bárbara pelo jardim. Os dois caminhavam rindo e muito interessados um no outro. Theodore suspirou pesado, perdeu o alvo e perdeu o interesse de caçar. Voltou para a casa, cabisbaixo e angustiado.

O oceano havia perdido inteiramente a coloração enquanto linhas cinzentas se moviam na direção da praia castanho-escura, quando Ludvine encontrou o irmão na sala de estar da mansão.

– O que foi? – perguntou ela, surpresa com o olhar que sombreava a face de Theodore. Seus lábios estavam com uma cor azul, cor de náusea, e ele parecia completamente confuso. – Parece até que viu um fantasma.

– Foi mesmo como se eu tivesse visto – respondeu ele secamente.

A irmã enviesou o cenho voltando o olhar na direção que o irmão mantinha seu olhar sombrio.

– O papai... – disse ele.
– O que tem o nosso pai?
– Ele está diferente, não notou?
– De fato, ele parece mais alegre ou menos triste, sei lá...
– Receio que a razão por trás de sua alegria seja Bárbara.
– Bárbara? Ora...
– Sim. Bárbara... Papai parece-me encantado por ela.
– Quem não se encantaria? Ela é um doce de moça. Você mesmo se encantou por ela desde a primeira vez em que a viu.
– Não é a esse tipo de encantamento que me refiro, Ludvine! – a voz de Theodore soou alta e cortante.
– Você não está insinuando por acaso que...
– Sim, é isso mesmo. O encantamento de papai por Bárbara é paixão...

Ludvine começou a rir e logo sua risada tornou-se uma gargalhada tão forte que a moça se contorceu toda por sobre o sofá onde havia se sentado.

– Você está vendo coisas, Theodore – disse ela, ainda rindo espalhafatosamente.
– Você verá que o que eu digo tem o maior fundamento.

– Papai batendo asinhas para cima da Bárbara, nunca! Não seja ridículo. Até parece que não conhece o nosso pai.

– E desde quando conhecemos alguém realmente, Ludvine? Todos somos caixinhas de surpresa. Quantas e quantas pessoas já não se surpreenderam com amigos, parentes, filhos e cônjuges com quem conviveram por 50, 80 anos, quando essa pessoa teve uma reação totalmente inesperada e inédita que a fez perceber que nunca a conhecera de fato. Quantas, Ludvine?

– Você está delirando, só pode. A bebida e o cigarro danificaram o seu cérebro.

– O que digo é verdade.

– Ainda que papai esteja, como você insiste em dizer, apaixonando-se por Bárbara, Bárbara nunca lhe dará trela, não só por ela amar Anthony, seu noivo, mas porque papai é quase trinta anos mais velho do que ela.

– E desde quando idade impede que duas pessoas se apaixonem?

– Sei lá. Mas conheço Bárbara e sei que ela...

– Você pensa que a conhece, Ludvine. Esse é o seu maior defeito desde garotinha. Sempre interpreta as pessoas pelo que elas se mostram para você, pelo superficial delas.

A voz da moça, subitamente dura, interrompeu a fala dele:

– Papai ama Emma, Theodore, não a trocaria por nada nesse mundo.

– Você me decepciona, Ludvine. Principalmente quando diz coisas tão tolas como essas. Para mim você é tão tola ou, até mais, quanto um mosquito. Já que não pode usar o cérebro, porque não tem, pelo menos use os olhos, ouvidos e nariz, se preciso for, até onde os ditames da honra o permitem. Só assim descobrirá que o que digo é verdade.

– E se for?

– E se for o que?

– E se for verdade, o que podemos fazer?

– Eu, simplesmente, não vou aceitar uma coisa dessas, jamais.

– Eu sei, sentirá seu orgulho ferido, não é?

Ludvine pousou a mão no antebraço de Theodore e disse procurando consolá-lo:

– Não se avexe, meu irmão. Nada do que você pensa está realmente acontecendo. Tudo não passa de um delírio dessa sua mente ciumenta e possessiva.

Ele puxou o braço de forma abrupta, da mesma forma com que se retirou da sala.

Ludvine balançou a cabeça como quem diz "pobre Theodore... Que imaginação fértil".

Naquela noite Theodore manteve-se mais uma vez o tempo todo atento ao olhar do pai para Bárbara e ainda que os dois trocassem apenas olhares ligeiros, habituais, ele se convencia cada vez mais de que o pai estava nutrindo sentimentos por Bárbara e o que era pior, Bárbara também estava nutrindo sentimentos por ele.

Em meio às suas observações, Theodore voltou o olhar para Emma e pensou:

"Sua tonta, boba, estúpida... Será que não está percebendo o que está se passando com o seu querido Lionel? Preste atenção, sua burra, abra os olhos... Ele está se apaixonando por Bárbara...". Seus olhos baixaram, entristecido. "Quem não se apaixonaria?", completou em pensamento.

Theodore dormiu mais aquela noite, sentindo-se muito mal. Acordando por diversas vezes suando frio no meio da noite silenciosa e misteriosa. Quanto mais procurava não pensar em Bárbara e no pai, mais e mais sua mente era invadida pelas cenas que presenciou entre os dois.

Bárbara já era a terceira jovem por quem ele se interessava que não correspondia à sua paixão, ao seu amor, levando-o a se afogar na bebida. No entanto, perder a jovem – que decidira sob qualquer circunstância conquistar – para o pai, um homem quase trinta anos mais velho do que ele, era intolerável.

Para ele, Bárbara tinha de partir dali o mais breve possível. Seria o único modo de pôr fim àquele sentimento que crescia entre ela e o pai, antes que fosse tarde demais. Bárbara era só dele e ele não a perderia por nada desse mundo. Nem que fosse para o pai que amava tanto. Ou ao menos pensava amar.

Estaria, de fato, Lionel Leconte se apaixonando por Bárbara Calandre? Só o tempo poderia dizer... Todavia, uma tragédia estava prestes a acontecer mudando a vida de todos, revelando mais tarde que paixão não se apaga com a dor, jamais!

"Paixão não se apaga com a dor" é um dos romances mais surpreendentes e reveladores já publicado. Prende o leitor do começo ao fim e se torna inesquecível.

Outros livros do autor
Nem que o mundo caia sobre mim

Mamãe foi uma mulher, mais uma dentre tantas, que nunca se ressentia do temperamento explosivo do marido, nunca se agarrava a sua própria opinião, nunca tentava impor uma conduta própria. Sacrificava, o tempo todo, suas vontades para satisfazer as dele. Em resumo: anulava-se totalmente diante dele. Por ele.

No entanto, quanto mais ela se sacrificava, menos ele lhe dava valor, mais e mais a ignorava e era ríspido com ela. Seu comportamento a deixava tiririca, pois não conseguia entender como alguém que tanto fazia o bem, podia ser tratado com tanto descaso.

Ela, Dona Rosa, quisera ser a mulher ideal para o marido, para ajudá-lo a enfrentar os períodos negros da vida, mas ele não reconhecia sua dedicação e grandeza.

Ficava sentada em silêncio, apertando os dentes, tentando não falar nada, porque sabia por amarga experiência que ao fazê-lo, o marido piorava seu mau humor imediatamente. O jeito era aguentar calada, aguentar e aguentar...

Todavia, mesmo assim, ele explodia. Muitas vezes, sem o menor motivo. E ela sempre se assustava, pois nunca sabia quando esses rompantes iam acontecer da mesma forma que os achava um exagero, um auê desnecessário.

Para comigo e meus dois irmãos papai não era muito diferente, não. Andava sempre impaciente demais para nos ouvir e apreciar nossa meninice e, por isso, mamãe acabava exercendo o papel de mãe e pai ao mesmo tempo.

O casamento dos dois chegou ao fim no dia em que mamãe pôs para fora, finalmente, aquilo que há muito estava entalado na sua garganta:
– Você jurou na frente do padre que viveria ao meu lado na alegria e na tristeza, na saúde e na doença... Você jurou diante de Deus!
Papai, com a maior naturalidade do mundo, respondeu, sem pesar algum:
– Se jurei, jurei em falso.
Sua resposta foi chocante demais para Dona Rosa. Jamais pensou que o homem por quem se apaixonara e jurara viver na alegria e na tristeza, na saúde e na doença, amando-o e respeitando-o, diante de Deus, pudesse lhe dizer aquilo. Algo que a feriu profundamente.
Mamãe, trêmula, tentou demonstrar em palavras a sua indignação, mas papai levantou-se do sofá e disse, com voz calma:
– Vou até o bar da esquina comprar um maço de cigarros e volto já.
Assim que ele passou pela porta, fechando-a atrás de si, mamãe levantou-se e dirigiu-se até lá. Abriu-a novamente e espiou pela fresta o marido, seguindo para a rua. Acompanhou-o com o olhar até perdê-lo de vista. Foi a última vez que o viu. As horas passaram, ela adormeceu, só se deu conta de que ele não havia voltado para casa no dia seguinte. Saiu às ruas a sua procura, mas ninguém o havia visto. Ele parecia ter se evaporado na noite. Restou-lhe apenas chamar a polícia para dar parte do seu desaparecimento...
"Nem que o mundo caia sobre mim" vai surpreender o leitor com uma história bem atual, que fala de dramas humanos, cheia de reviravoltas. Impossível adivinhar seu rumo e o final surpreendente e inspirador.

E O AMOR RESISTIU AO TEMPO...

Diante do olhar arguto de Caroline sobre si, examinando-o de cima a baixo, o rapaz pareceu se encolher. Meio sem jeito, quase encabulado, perguntou:
– É verdade que sou seu filho?
Os olhos dela apresentaram leve sinal de choque. Mas foi só. No geral se manteve a mesma.
– Ah! – exclamou com desdém. – É isso?
Ele assentiu com a cabeça, torcendo o chapéu em suas mãos.
– Quem lhe disse isso?
– Agatha. Primeiramente foi ela. Depois minha mãe - sua irmã - acabou confirmando. Ela não queria, mas eu insisti. Precisava saber da verdade.
– Pra que?
– Ora, porque mereço saber quem foram meus pais. Sempre quis saber, desde que morava no orfanato.
– Sei...
Caroline fez bico e se concentrou novamente nos cabelos.
– A senhora precisa me dizer, por favor, se é mesmo verdade que sou filho da senhora... Que pensei durante todos esses anos ser minha tia.

A mulher de trinta e cinco anos ficou quieta por um instante como se estivesse meditando. Por fim, disse autoritária:
– Sim, é verdade...
O rosto do rapaz se iluminou.
Caroline, voltando a escovar os cabelos, completou:
– É verdade e, ao mesmo tempo, não.
O rapaz fitou-a com um ar de quem está mesmo querendo entender. Ela prosseguiu:
– Você nasceu mesmo de mim, mas... foi um equívoco. Um grave equívoco.
Se estas palavras o surpreenderam, as seguintes o magoaram profundamente:
– Foi uma brincadeira do destino. Um desatino do destino.
Ela riu.
– Onde já se viu me fazer dar à luz a uma criança... Aleijada?

O romance "E o amor resistiu ao tempo" fala sobre os sofrimentos que cada um passa por causa das convenções sociais, dos preconceitos, egoísmos em geral e, principalmente, de quando o passado volta à sua vida para assombrar o presente.

Com uma narrativa surpreendente, o romance responde às perguntas existencialistas e profundas que a maioria de nós faz ao longo da vida: por que cada um nasce com uma sorte diferente? Por que nos apaixonamos por pessoas que nos parecem conhecidas de longa data sem nunca termos estado juntos antes? Se há outras vidas, pode o amor persistir e triunfar, enfim, de forma mais lúcida e pacífica, após a morte?

Uma comovente história que se desenvolve ao longo de três reencarnações. Para reflexão no final, inspirar o leitor a uma transformação positiva em sua existência.

FALSO BRILHANTE, DIAMANTE VERDADEIRO

Marina está radiante, pois acaba de conquistar o título de Miss Brasil. Os olhos do mundo estão voltados para sua beleza e seu carisma.

Ela é uma das favoritas do Concurso de Miss Universo. Se ganhar, muitas portas lhe serão abertas em termos de prosperidade, mas o que ela mais deseja, acima de tudo, é ser feliz ao lado de Luciano, seu namorado, por quem está perdidamente apaixonada.

Enquanto isso, Beatriz, sua irmã, se pergunta: como pode alguém como Marina ter tanta sorte na vida e ela não? Ter um amor e ela ninguém, sequer alguém que a paquere?

Pessoas na cidade, de todas as idades, questionam: Como pode Beatriz ser irmã de Marina, tão linda e Beatriz, tão feia, como se uma fosse um brilhante e a outra um diamante bruto?

Entre choques e decepções, reviravoltas e desilusões segue a história dessas duas irmãs cujas vidas mostram que nem tudo que reluz é ouro, nem tudo que brilha é brilhante e que aquilo que ainda é bruto também pode irradiar luz.

AS APARÊNCIAS ENGANAM

Carla está muito apaixonada por Caíne, um rapaz brilhante, herdeiro de uma famosa rede de farmácias do país. Durante a brincadeira do Amigo Secreto (Amigo Oculto) do curso de inglês da qual participam, ele recebe um bilhete dizendo: "Você vai morrer!".

Todos os colegas de classe consideram aquilo uma brincadeira de muito mau gosto.

Para a surpresa e espanto de todos, o rapaz é assassinado uma semana depois. Teria sido morto pela pessoa que lhe enviou aquele misterioso bilhete? É isso o que todos querem saber. Qual o verdadeiro motivo por trás daquela apavorante morte que chocou todos?

O leitor não vai conseguir se desprender deste romance. Ainda que ansioso para chegar ao final, não deve pular as páginas, pois em cada uma há muito mais do que pistas, há vida real, surpreendente e fatal.

A VIDA SEMPRE CONTINUA...

Geórgia perde totalmente o interesse pela vida depois da morte de seu alguém especial. Foram meses de sofrimento até sua partida e muitos outros depois. Só lhe resta agora chorar e aguardar a própria morte, diz ela para si mesma. Acontece então algo surpreendente: uma tia que não via há mais de vinte anos deixa-lhe como herança, a casa no litoral na qual viveu com o marido nos últimos anos de vida. Por causa desta herança, Geórgia é obrigada a ir até o local para decidir o que será feito de tudo aquilo. Acontecimentos misteriosos vão surpreendê-la e resgatá-la do caos emocional, da depressão pós-luto, e dar uma nova guinada em sua vida, na sua existência dentro do cosmos.

A OUTRA FACE DO AMOR

Eles passavam a lua de mel na Europa quando ela avistou, ao longe, pela primeira vez, uma mulher de rosto pálido, vestida de preto da cabeça aos pés, olhando atentamente na sua direção. Então, subitamente, esta mulher arrancou uma rosa vermelha, jogou-a no chão e pisou até destruí-la.

Por que fizera aquilo?

Quem era aquela misteriosa e assustadora figura?

E por que estava seguindo o casal por todos os países para os quais iam?

Prepare-se para viver emoções fortes a cada página deste romance que nos revela a outra face do amor, aquela que poucos pensam existir e os que sabem, preferem ignorá-la.

A SOLIDÃO DO ESPINHO

Virginia Accetti sonha, desde menina, com a vinda de um moço encantador, que se apaixone por ela e lhe possibilite uma vida repleta de amor e alegrias.

Evângelo Felician é um jovem pintor, talentoso, que desde o início da adolescência apaixonou-se por Virginia, mas ela o ignora por não ter o perfil do moço com quem sonha se casar.

Os dois vivem num pequeno vilarejo próximo a famosa prisão "Écharde" para onde são mandados os piores criminosos do país. Um lugar assustador e deprimente onde Virginia conhece uma pessoa que mudará para sempre o seu destino.

"A Solidão do Espinho" nos fala sobre a estrada da vida a qual, para muitos, é cheia de espinhos e quem não tem cuidado se fere. Só mesmo um grande amor para cicatrizar esses ferimentos, superar desilusões, reconstruir a vida... Um amor que nasce de onde menos se espera. Uma história de amor como poucas que você já ouviu falar ou leu. Cheia de emoção e suspense. Com um final arrepiante.

SEM AMOR EU NADA SERIA...

Em meio a Segunda Guerra Mundial, Viveck Shmelzer, um jovem alemão do exército nazista, apaixona-se perdidamente por Sarah Baeck, uma jovem judia, residente na Polônia.

Diante da determinação nazista de exterminar todos os judeus em campos de concentração, Viveck se vê desesperado para salvar a moça do desalmado destino reservado para sua raça.

Somente unindo-se a Deus é que ele encontra um modo de protegê-la, impedir que morra numa câmara de gás.

Enquanto isso, num convento, na Polônia, uma freira se vê desesperada para encobrir uma gravidez inesperada, fruto de uma paixão avassaladora.

Destinos se cruzarão em meio a guerra sanguinária que teve o poder de destruir tudo e todos exceto o amor. E é sobre esse amor indestrutível que fala a nossa história, transformada neste romance, um amor que uniu corações, almas, mudou vidas, salvou vidas, foi no final de tudo o maior vitorioso e sobrevivente ao Holocausto.

Uma história forte, real e marcante. Cheia de emoções e surpresas a cada página... Simplesmente imperdível.

SÓ O CORAÇÃO PODE ENTENDER

Tudo preparado para uma grande festa de casamento quando uma tragédia muda o plano dos personagens, o rumo de suas vidas e os enche de revolta. É preciso recomeçar. Retirar as pedras do caminho para prosseguir... Mas recomeçar por onde e com que forças? Então, quando menos se espera, as pedras do caminho tornam-se forças espirituais para ajudar quem precisa reerguer-se e reencontrar-se num mundo onde **só o coração pode entender**. É preciso escutá-lo, é preciso aprender a escutá-lo, é preciso tirar dele as impurezas deixadas pela revolta, para que seja audível, límpido e feliz como nunca foi...

Uma história verdadeira, profunda, real que fala direto ao coração e nos revela que o coração sabe bem mais do que pensamos, que pode compreender muito mais do que julgamos, principalmente quando o assunto for amor e paixão.

NINGUÉM DESVIA O DESTINO

Heloise ama Álvaro. Os dois se casam, prometendo serem felizes até que a morte os separe.

Surge então algo inesperado.

Visões e pesadelos assustadores começam a perturbar Heloise.

Seriam um presságio?

Ou lembranças fragmentadas de uma outra vida? De fatos que marcaram profundamente sua alma?

Ninguém desvia o destino é uma história de tirar o fôlego do leitor do começo ao fim. Uma história emocionante e surpreendente. Onde o destino traçado por nós em outras vidas reserva surpresas maiores do que imaginam a nossa vã filosofia e as grutas do nosso coração.

SE NÃO AMÁSSEMOS TANTO ASSIM

No Egito antigo, 3400 anos antes de Cristo, Hazem, filho do faraó, herdeiro do trono se apaixona perdidamente por Nebseni, uma linda moça, exímia atriz. Com a morte do pai, Hazem assume o trono e se casa com Nebseni. O tempo passa e o filho tão necessário para o faraó não chega. Nebseni se vê forçada a pedir ao marido que arranje uma segunda esposa para poder gerar um herdeiro, algo tido como natural na época. Sem escolha, Hazem aceita a sugestão e se casa com Nofretiti, jovem apaixonada por ele desde menina e irmã de seu melhor amigo.

Nofretiti, feliz, casa-se, prometendo dar um filho ao homem que sempre amou e jurando a si mesma destruir Nebseni, apagá-la para todo o sempre do coração do marido para que somente ela, Nofretiti, brilhe.

Mas pode alguém apagar do coração de um ser apaixonado a razão do seu afeto? **Se não amássemos tanto assim** é um romance comovente com um final surpreendente, que vai instigar o leitor a ler o livro outras tantas vezes.

A LÁGRIMA NÃO É SÓ DE QUEM CHORA

Christopher Angel, pouco antes de partir para a guerra, conhece Anne Campbell, uma jovem linda e misteriosa, muda, depois de uma tragédia que abalou profundamente sua vida. Os dois se apaixonam perdidamente e decidem se casar o quanto antes, entretanto, seus planos são alterados da noite para o dia com a explosão da guerra. Christopher parte, então, para os campos de batalha prometendo a Anne voltar para casa o quanto antes, casar-se com ela e ter os filhos com quem tanto sonham.

Durante a guerra, Christopher conhece Benedict Simons de quem se torna grande amigo. Ele é um rapaz recém-casado que anseia voltar para a esposa que deixara grávida. No entanto, durante um bombardeio, Benedict é atingido e antes de morrer faz um pedido muito sério a Christopher. Implora ao amigo que vá até a sua casa e ampare a esposa e o filho que já deve ter nascido. Que lhe diga que ele, Benedict, os amava e que ele, Christopher, não lhes deixará faltar nada. É assim que Christopher Angel conhece Elizabeth Simons e, juntos, descobrem que quando o amor se declara nem a morte separa as pessoas que se amam.

POR ENTRE AS FLORES DO PERDÃO

No dia da formatura de segundo grau de sua filha Samantha, o Dr. Richard Johnson recebe uma ligação do hospital onde trabalha, solicitando sua presença para fazer uma operação de urgência numa paciente idosa que está entre a vida e a morte.

Como um bom médico, Richard deixa para depois a surpresa que preparara para a filha e para a esposa para aquele dia especial. Vai atender ao chamado de emergência. Um chamado que vai mudar a vida de todos, dar um rumo completamente diferente do almejado. Ensinar lições árduas...

"Por entre as flores do perdão" fará o leitor sentir na pele o drama de cada personagem e se perguntar o que faria se estivesse no lugar de cada um deles. A cada página viverá fortes emoções e descobrirá, ao final, que só as flores do perdão podem nos libertar dos lapsos do destino. Fazer renascer o amor afastado por uma tragédia.

Uma história de amor vivida nos dias de hoje, surpreendentemente reveladora e espiritual.

QUANDO O CORAÇÃO ESCOLHE

(Publicado anteriormente com o título: "A Alma Ajuda")

Sofia mal pôde acreditar quando apresentou Saulo, seu namorado, à sua família e eles lhe deram as costas.

– Você deveria ter-lhes dito que eu era negro – observou Saulo.

– Imagine se meu pai é racista! Vive cumprimentando todos os negros da região, até os abraça, beija seus filhos...

– Por campanha política, minha irmã – observou o irmão.

Em nome do amor que Sofia sentia por Saulo, ela foi capaz de jogar para o alto todo o conforto e *status* que tinha em família para se casar com ele.

Ettore, seu irmão, decidiu se tornar padre para esconder seus verdadeiros sentimentos.

Mas a vida dá voltas e nestas voltas a família Guiarone aprendeu que amor não tem cor, nem raça, nem idade, e que toda forma de amor deve ser vivida plenamente. E essa foi a maior lição naquela reencarnação para a evolução espiritual de todos.

ALEXANDRE (PAIXÃO, ÓDIO E AMBIÇÃO)

Seu sonho é dominar o mundo, tornar-se o homem mais rico do mundo para mostrar ao pai que é melhor do que ele e vingar-se de todo o sofrimento que causara a sua mãe. Quer também tirar tudo que pertence à irmã, Cleópatra, por desforra, por tê-lo ofuscado desde seu nascimento.

Entra então o amor na sua vida, capaz de mudar tudo e todos, antes que seja tarde. É preciso amar como se não houvesse amanhã...

Um romance forte para quem tem coragem de mergulhar na podridão que se esconde por trás da indústria farmacêutica e dos milionários e poderosos do mundo.

Aconselhável para maiores de dezoito anos.

AMOR INCONDICIONAL

Um livro repleto de lindas fotos coloridas com um texto primoroso, descrevendo a importância do cão na vida do ser humano, em prol do seu equilíbrio físico e mental. Um livro para todas as idades! Imperdível!

GATOS MUITO GATOS

Um livro repleto de lindas fotos coloridas com um texto primoroso sobre a importância de viver a vida sem medo de ser feliz. Um livro para todas as idades.

ENTRE OUTROS...
visite o nosso site: www.barbaraeditora.com.br

Para adquirir um dos livros ou obter informações sobre os próximos lançamentos da Editora Barbara, visite nosso site:

www.barbaraeditora.com.br
E-mail: barbara_ed@2me.com.br

ou escreva para:
BARBARA EDITORA
Rua Primeiro de Janeiro, 396 – 81
Vila Clementino – São Paulo – SP
CEP 04044-060
(11) 5594 5385

Contato c/ autor: americosimoes@2me.com.br
Facebook: Américo Simões
Orkut: Américo Simões
Blog: http://americosimoes.blogspot.com.br